IGNACIO SORET

LOGÍSTICA COMERCIAL Y EMPRESARIAL

3.ª edición

Madrid, 2001

Primera edición: Noviembre, 1994
Segunda edición: Septiembre, 1997
Tercera edición: Febrero, 2001

Avda. Valdenigrales, s/n
Tel.: 91 452 41 00
28223 Pozuelo de Alarcón (Madrid)

ISBN: 84-7356-274-7
Depósito Legal: M. 9.237-2001
Portada: Carla Esteban
Imprime: Gráficas Dehon
La Morera, 23-25
28850 Torrejón de Ardoz (Madrid)

Impreso en España

A mis padres, Jesús y María

A mis hijos, Laura y Alejandro

Índice

Presentación

Ignacio Soret, consciente sin duda de la importancia acrecentada que adquiere en la empresa el flujo físico de materiales en tiempos de crisis como los que atravesamos, ha decidido verter sus conocimientos en la materia precisamente ahora en el libro que tiene el lector entre sus manos, ante sus ojos, insinuándose a su inteligencia.

El título advierte con lealtad de que su contenido no es ligero, como no lo es el análisis que el autor lleva a cabo de la fundamentación teórica y las innumerables aplicaciones prácticas de la logística. Por su título, cabe presumir que el lector no es del todo un neófito en la materia, y que su interés por ella va más allá de la mera curiosidad. Aspira, sin duda, a dominar y absorber los problemas que este difícil ejercicio de previsión y gestión supone, por necesidad, bien sea para mejorar el funcionamiento de su empresa, bien porque está estudiando ciencias empresariales y no conoce a fondo lo que es la logística.

En el fondo, todos la aplicamos de un modo más o menos intuitivo, por aproximación, en nuestra vida cotidiana. Es lógico que una familia procure no derrochar, y que trate de comprar exactamente la cantidad de pan o leche que va a consumir en el día. Del mismo modo, un industrial o un comerciante no puede incurrir en gastos innecesarios, y encargar y almacenar más materias primas o productos que aquellos que puede utilizar o vender antes de que se le queden obsoletos, pierdan sus propiedades o, en el caso de los bienes perecederos, se deterioren. Este problema, en sí difícil de resolver, y que requiere mucha experiencia del negocio, o amplios conocimientos teóricos, se agrava cuando la demanda se debilita, y aumenta el riesgo de no encontrar rápidamente una salida a la producción o suficientes clientes, lo que obliga a plantearlo de otra manera, con mayor complejidad.

No es, creo que será evidente para cualquiera que se disponga a leer el libro, una cuestión secundaria; se trata de un problema siempre importante, del que en ocasiones –sobre todo en los momentos difíciles– puede depender la misma supervivencia de la empresa. Agradecemos, pues, a Ignacio Soret que se haya decidido, generosamente, a compartir con los demás su profundo conocimiento de este problema y las posibles soluciones que cabe darle.

Adrián Piera

Presidente de la Cámara de Comercio
e Industria de Madrid

Prólogo

Sin recurrir a definiciones tipificadas, la logística es el conjunto de conocimientos y actitudes que prestan apoyo al desarrollo más conveniente de la actividad empresarial. Desde este punto de vista, muchas son las teorías y ciencias, en definitiva herramientas, de que puede disponerse para conseguir dicho cometido. Pero prestaremos especial atención a aquellas encaminadas a disminuir costes innecesarios o actividades sin valor añadido.

Son muchas las filosofías para mejorar el beneficio empresarial. Sin embargo, siempre se ha dicho que la mejor forma de ganar es no gastar, así como la mejor forma de no limpiar es no manchar.

Necesariamente hemos de recurrir a modelos cuantitativos que proporcionan una operativa mecánica, casi tediosa, para resolver ciertos problemas logísticos, a veces de forma incompleta. Sin embargo, detrás de estos procedimientos automáticos existe una lógica y una realidad por descubrir y, lo que es más importante, un hábito de trabajo. No en vano son métodos ampliamente difundidos por el mundo entero y aunque la aplicación concreta no se vea inmediatamente o parezca excesivamente académica, es cierto que proporcionan una capacidad de razonamiento y un conocimiento exhaustivo de las diversas problemáticas, si bien puntuales, con las que podamos encontrarnos en la práctica.

Así, pues, quiero transmitir un mensaje a estudiantes y empresarios, de confianza en el desarrollo de los temas tratados. Con esfuerzo y amplitud mental pueden encontrar en cada capítulo algo que incrementará sus conocimientos y posibilidades para avanzar hacia el éxito empresarial.

Dado que el concepto de logística, según he comentado, es muy amplio, he tenido que seleccionar las actividades que he creído fundamentales por su aplicación práctica y por su interés actual. Y debo señalar que existen métodos que se describen en un capítulo concreto que bien pudieran desarrollarse en otro. Un modelo determinado puede servir en producción de la misma forma que en transporte, si sabemos identificar correctamente las variables y características que inciden en él.

La obra la he subdividido en siete capítulos. En el primero trato de comentar, desde una óptica cualitativa, las principales implicaciones de cada área de actividad y su importancia económica. También incluyo unas consideraciones sobre la situación actual española y algo de las tendencias mundiales en los sectores de mayor interés.

El capítulo dos consta de unas imprescindibles nociones sobre teoría de grafos, redes, para pasar inmediatamente a los primeros modelos logísticos clásicos de distribución sobre cálculos de caminos más cortos y más largos, incluyendo capacidades máximas.

El capítulo tres, modelos de transporte, bien pudiera estar incluido en el anterior. De hecho, algunos autores funden transporte y distribución como un solo problema. Yo he optado por esta división sobre todo por acotar la extensión de cada tema tratado en el libro.

En el capítulo cuatro he recogido diversos modelos clásicos de asignación de recursos, optimización de tareas y localización. Los modelos de localización hacen referencia tanto a localización de puntos nodales en redes, como a distribución *layout* en planta (producción y almacenes).

El capítulo cinco recoge diversas situaciones de gestión de stocks. A pesar de ser, quizá, algo extenso, todavía faltan tratamientos para problemáticas que, por ser demasiado particulares, he creído oportuno no comentar.

El capítulo seis, aprovisionamiento, es un tema de especial importancia en la empresa. La selección de proveedores y las políticas de compras y negociación de precios han hecho en casos concretos conocidos que se haya alcanzado no sólo la supervivencia sino la supremacía en el sector. No obstante, salvo pequeñas herramientas estadísticas, el tratamiento de este tema puede ser competencia de departamentos de alto nivel soportados por información financiera y vía acuerdos sectoriales.

Por último, en el capítulo siete se hace referencia al diseño y capacidad de instalaciones, productivas o de almacenamiento, y a distribución en planta. Ya he señalado qué metodologías de localización pueden servirnos en este último aspecto.

Al final se recoge bibliografía para cada capítulo en particular, que puede servir al lector para ampliar conceptos y complementar cada uno de los modelos expuestos.

Por último, es mi deseo agradecer con toda sinceridad la confianza que ESIC ha depositado en mí para escribir este libro y, particularmente, dar las gracias a Simón Reyes, Fco. Javier Larrea y María Jesús Merino. Y en especial a Ramón Torres por su inestimable esfuerzo y ayuda, a Pilar y María por su preocupación para proveerme de bibliografía adecuada, y a todos cuantos constituyen Editorial ESIC. Y, por supuesto, a todos mis alumnos, con quienes he pasado las mejores horas de mi actividad profesional.

IGNACIO SORET

Capítulo 1
La logística empresarial

1. Un sistema logístico. Organigrama de empresa
2. Red logística. Intermediarios
3. Diseño de un sistema logístico. El sistema comercial
4. Manutención y almacenaje en la red logística
5. Costes logísticos
6. Conceptos avanzados en la logística
   6.1. Cambios en el mercado
   6.2. Conceptos logísticos a mejorar
   6.3. Operadores logísticos
   6.4. Plataformas logísticas multimodales
   6.5. Centros logísticos en España
7. Nuevas tendencias para la competitividad

1. UN SISTEMA LOGÍSTICO. ORGANIGRAMA DE EMPRESA

Hay actividades clásicas empresariales que, agrupadas en grandes departamentos, podrían ser:

— aprovisionamiento,
— producción,
— distribución física.

Todas deben ser descompuestas y soportadas por otras funciones de importancia relativa al tipo de empresa, al mercado en el que opera, al tipo de producto, etc.

A lo largo del presente libro desarrollaremos como actividades clave las siguientes:

— localización,
— gestión de stocks:
  • almacenaje,
  • manutención,
— transporte,
— distribución,
— aprovisionamiento,
— producción.

En la figura 1 puede apreciarse un esquema simplificado de la influencia de varios departamentos típicos en el proceso general empresarial.

Todavía es frecuente encontrar las actividades logísticas dispersas en departamentos financiero, producción y comercial, como muestra el esquema de la figura 2.

Una primera evolución en distribución de actividades nos aproximaría a una organización logística por funciones, según el esquema de la figura 3.

Por último, y considerando como departamentos de primer nivel del «departamento de logística», podríamos establecer el siguiente diagrama de bloque de la figura 4.

DEPARTAMENTO COMERCIAL Y MARKETING
PUNTO DE VENTA
PROVEEDOR
PROVEEDOR
PROVEEDOR
ALMACÉN ENTRADA
PRODUCCIÓN
ALMACÉN SALIDA CENTRAL
ALMACÉN REGIONAL
ALMACÉN LOCAL
ALMACÉN LOCAL
CLIENTE
DEPARTAMENTO DE LOGÍSTICA
DEPARTAMENTO TÉCNICO
DEPARTAMENTO DE LOGÍSTICA
DEPARTAMENTO FINANCIERO

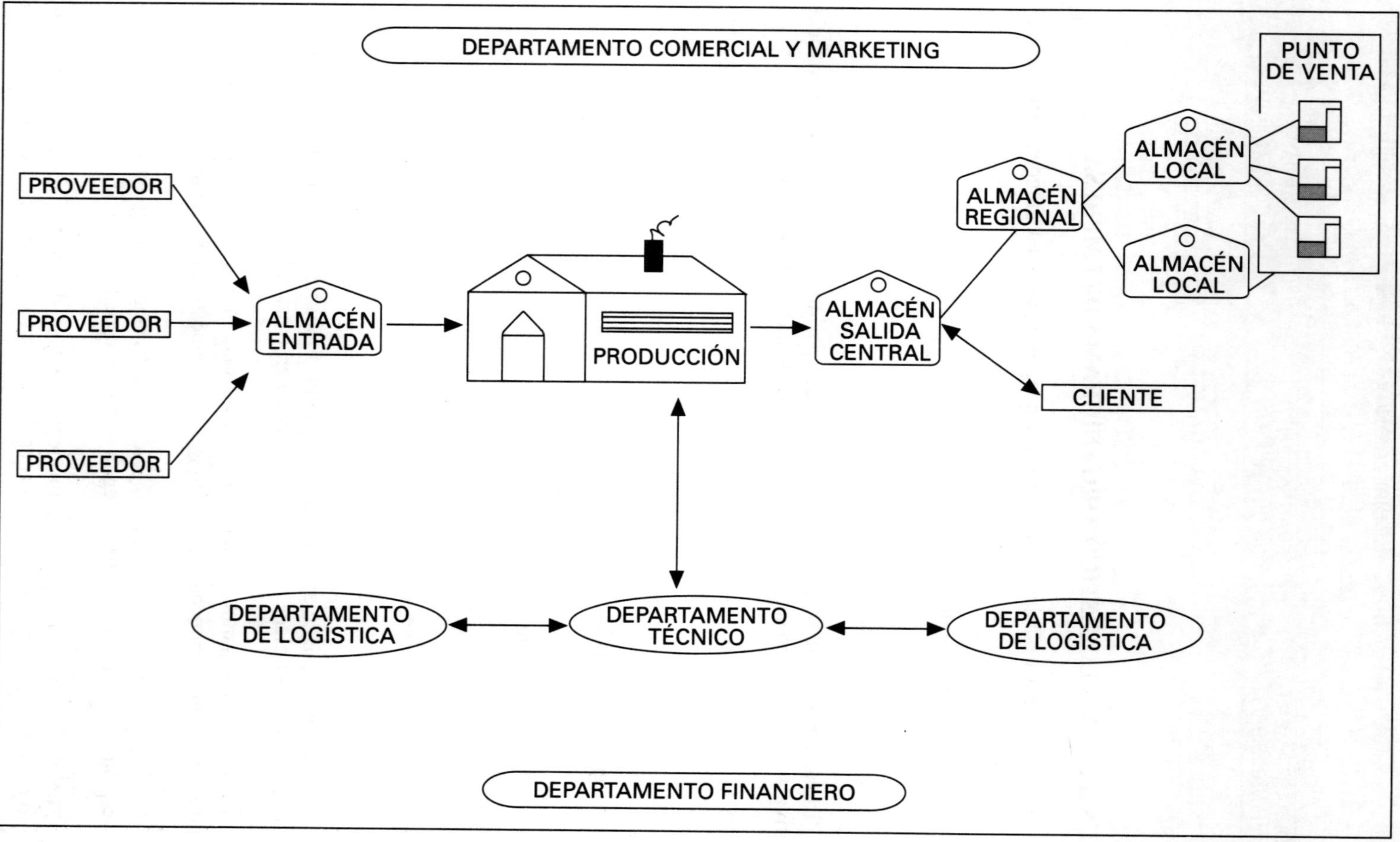

Figura 1

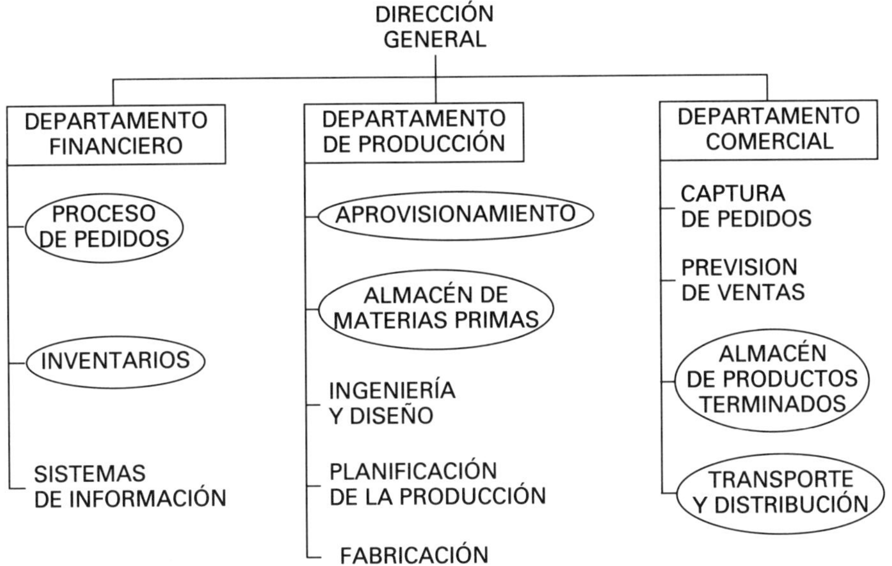

Figura 2. Actividades típicas logísticas.

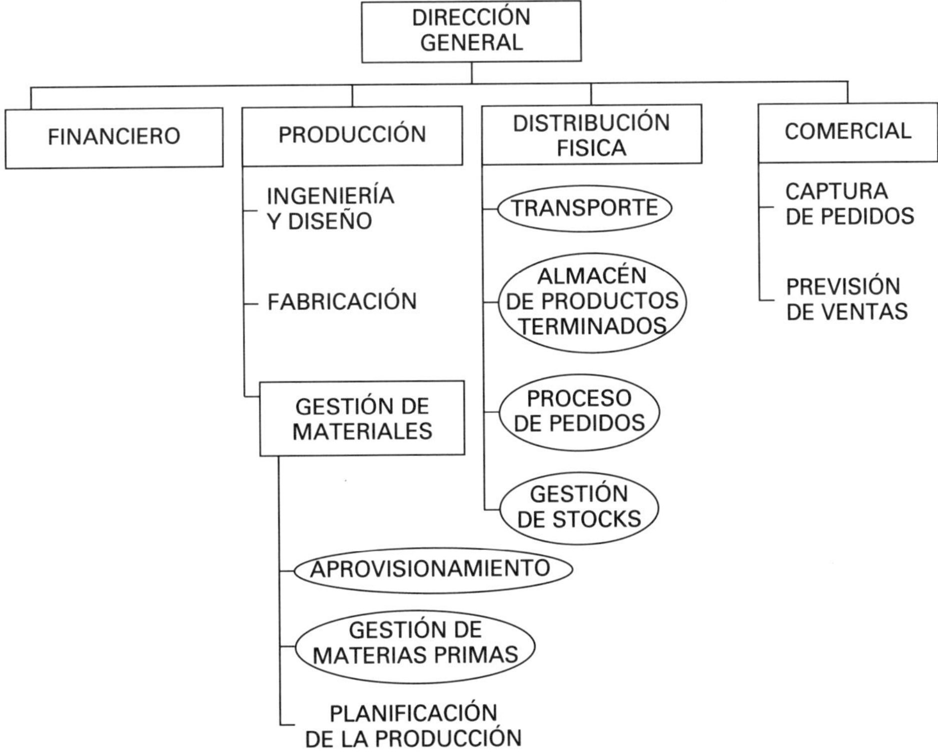

Figura 3. Actividades típicas logísticas.

Figura 4

2. RED LOGÍSTICA. INTERMEDIARIOS

Una red logística puede caracterizarse por los siguientes elementos:

— Proveedores.
— Centros de producción.
— Almacenes centrales.
— Almacenes nacionales.
— Almacenes regionales.
— Almacenes locales.
— Almacenes de tránsito.
— Puntos de venta.
— Clientes.

Esquemáticamente pueden representarse estos diversos niveles mediante un grafo, donde los arcos son las relaciones entre ellos.

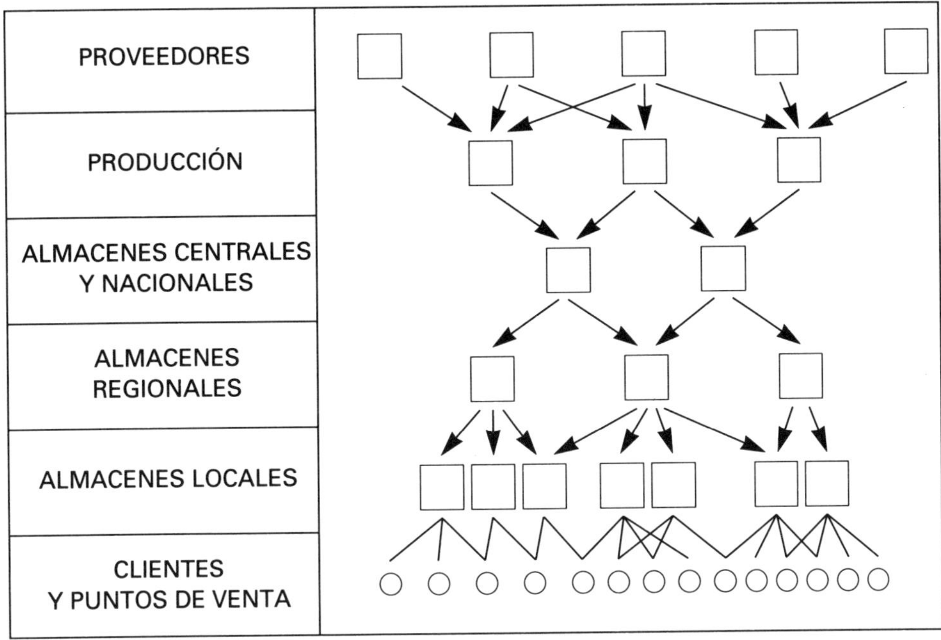

También puede considerarse como una red logística la originada por el flujo de actividades y materiales dentro de una unidad de producción.

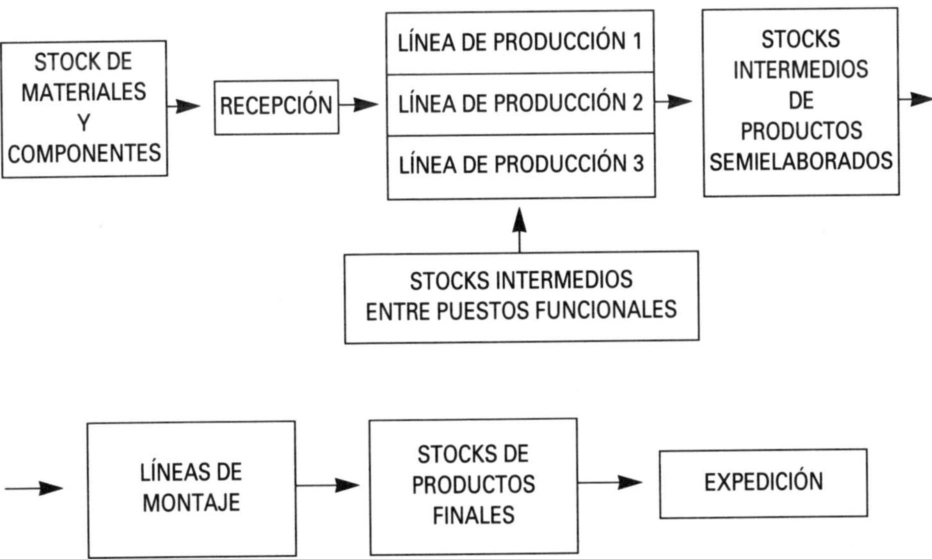

En este último sentido cabe hablar de «logística en planta» como el conjunto de operaciones destinadas a proporcionar a cada puesto funcional en planta de fabricación los factores de producción necesarios.

En un sentido más general, cabe hablar de «canal de distribución» como el camino o ruta seguida por un determinado producto o servicio desde la fase de aprovisionamiento hasta la de consumo por el cliente. El tamaño de los canales puede verse incrementado por los intermediarios. Pueden ser «largos» o «cortos». Según el número de éstos que intervenga, la actividad de un intermediario suele ser puramente comercial, existiendo la mayoría de las veces varias ventajas en su intervención:

— Financiación para la empresa.

— Absorción de una parte importante del riesgo.

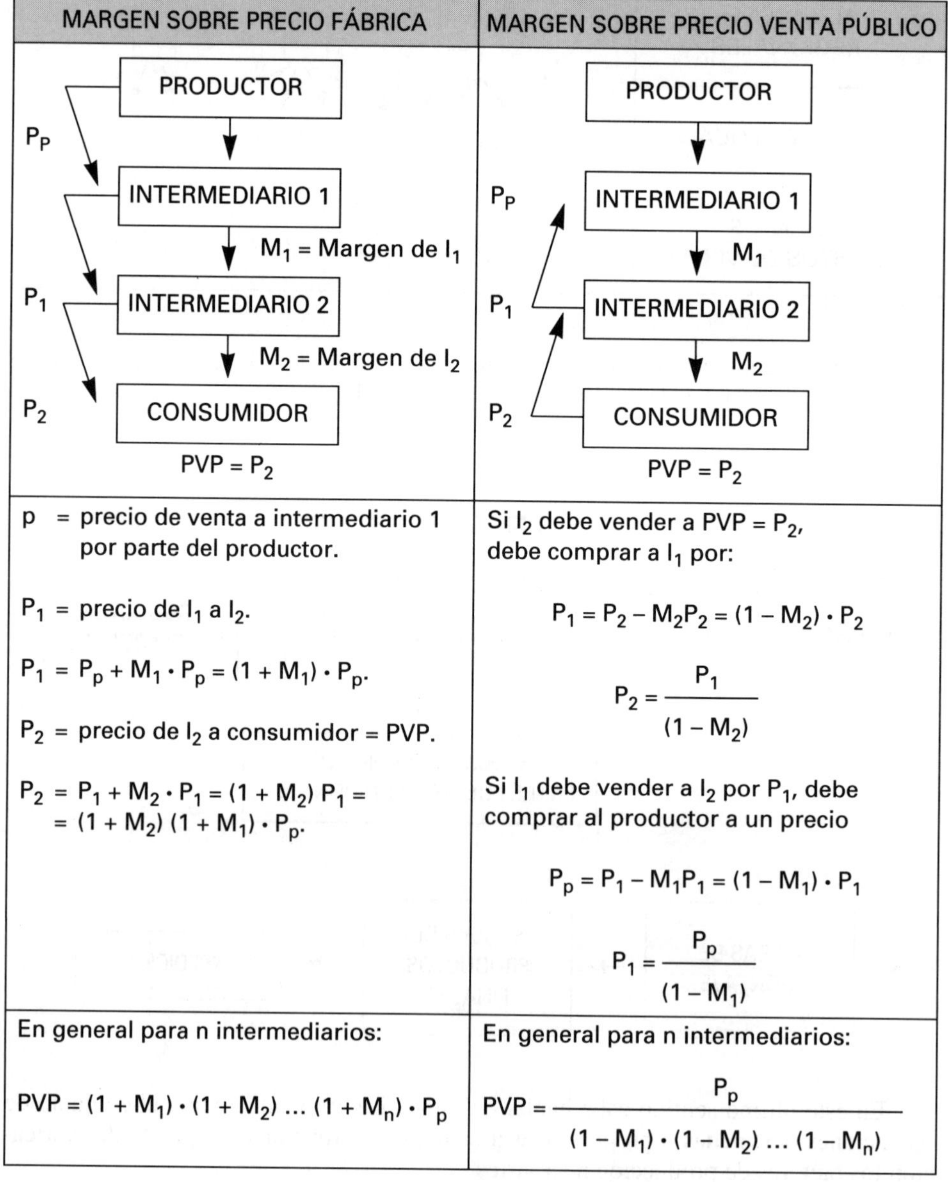

MARGEN SOBRE PRECIO FÁBRICA	MARGEN SOBRE PRECIO VENTA PÚBLICO
PRODUCTOR P_P INTERMEDIARIO 1 M_1 = Margen de I_1 P_1 INTERMEDIARIO 2 M_2 = Margen de I_2 P_2 CONSUMIDOR PVP = P_2	PRODUCTOR P_P INTERMEDIARIO 1 M_1 P_1 INTERMEDIARIO 2 M_2 P_2 CONSUMIDOR PVP = P_2
p = precio de venta a intermediario 1 por parte del productor. P_1 = precio de I_1 a I_2. $P_1 = P_p + M_1 \cdot P_p = (1 + M_1) \cdot P_p$. P_2 = precio de I_2 a consumidor = PVP. $P_2 = P_1 + M_2 \cdot P_1 = (1 + M_2)\, P_1 = (1 + M_2)(1 + M_1) \cdot P_p$.	Si I_2 debe vender a PVP = P_2, debe comprar a I_1 por: $P_1 = P_2 - M_2P_2 = (1 - M_2) \cdot P_2$ $P_2 = \frac{P_1}{(1 - M_2)}$ Si I_1 debe vender a I_2 por P_1, debe comprar al productor a un precio $P_p = P_1 - M_1P_1 = (1 - M_1) \cdot P_1$ $P_1 = \frac{P_p}{(1 - M_1)}$
En general para n intermediarios: $PVP = (1 + M_1) \cdot (1 + M_2) \dots (1 + M_n) \cdot P_p$	En general para n intermediarios: $PVP = \frac{P_p}{(1 - M_1) \cdot (1 - M_2) \dots (1 - M_n)}$

— Pueden disminuir coste de almacenamiento y de transporte.

— Están más cerca del consumidor.

— Reducen el número de contactos entre fabricante y consumidor.

Pero a cambio de estas ventajas, los intermediarios toman un margen de beneficios, pudiendo repercutir sobre el precio de venta al público.

Normalmente, el margen del intermediario es un tanto por ciento calculado sobre el precio de coste o sobre el precio de venta. Ambas modalidades de cálculo ofrecen distintos resultados sobre el PVP y sobre el beneficio del intermediario.

Veamos con un ejemplo ambos sistemas:

Un fabricante ofrece un producto valorado en 100 unidades monetarias. Cuenta con dos intermediarios cuyos márgenes de beneficio son del 20% y del 10% respectivamente, pero falta negociar la base de cálculo del margen. ¿Cuál es la opción más interesante?

MARGEN SOBRE P_P	MARGEN SOBRE PVP
$P_P = 100$	$P_P = 100$
$PVP = (1 + 0{,}2)\ (1 + 0{,}1) \cdot 100 = 132$	$PVP = \dfrac{100}{(1 - 0{,}2)\ (1 - 0{,}1)} = 138{,}88$

Por supuesto, el fabricante tiene algo que decir sobre estos precios.

La segunda opción proporciona un PVP mayor que la primera, y desde luego le interesa que un producto tenga un precio menor para que se venda más.

Otra cuestión es comparar intermediarios cuando los márgenes son distintos. Sean cuatro intermediarios cuyos márgenes son:

		MÁRGENES
CANAL 1	Intermediario 1	30% / P_p
	Intermediario 2	15% / P_p
CANAL 2	Intermediario 3	25% / PVP
	Intermediario 4	10% / PVP

El fabricante sabe que el producto tiene un precio de mercado de 250 pesetas.

La elección de canales es obvia. No obstante, no sólo ésta es una cuestión relevante. La fiabilidad, la confianza, la cartera de clientes de los intermediarios y otras

CANAL 1 Sobre precio de fábrica	CANAL 2 Sobre PVP
PVP = 250 ptas.	PVP = 250 ptas.
$P_p = \dfrac{PVP}{(1 + M_1)(1 + M_2)} =$	$P_p = PVP\,[(1 - M_1)(1 - M_2)] =$
$= \dfrac{250}{(1 + 0{,}3)(1 + 0{,}15)} = 167{,}22$	$= 250\,(1 - 0{,}25)(1 - 0{,}10) = 168{,}75$

circunstancias influirán en la decisión, ya que el fabricante suele perder el control de sus productos toda vez que salen de sus centros de producción. Y no olvidemos que los mayoristas suelen tener la información y los medios necesarios para controlar la distribución. Rara vez se fija el precio de fábrica en función de PVP o de los márgenes de intermediación. El mayorista apretará al productor y tratará de negociar márgenes sobre PVP. En todo este proceso, poco pueden hacer los consumidores.

Tenemos hasta aquí un criterio de selección de canales de distribución, vía márgenes de beneficio. Pero existen otros en función de las características del producto y del mercado en el que operan, así como la experiencia en nuestro sector de interés. Nos parecen particularmente importantes dos características del canal:

— Control sobre el canal.

— Flexibilidad.

Sobre la primera de ellas, el control, ya hemos hecho algún comentario. Hay quien se negará a proporcionar información de las ventas, por eliminar trabajo administrativo, o por mantener la totalidad del control sin concesiones. En cuanto a la flexibilidad, es importante para ciertas empresas fabricantes que operan en varios sectores. Pongamos un ejemplo: Un fabricante de productos de alimentación no tendrá problema con el canal al diversificar su producción. Donde se vende un producto se puede vender otro. Pero pensemos en un gran productor que fabrica ruedas para automóviles y cables de telecomunicación. Dificilmente podrá contar con el mismo canal de distribución para todas las gamas de productos. Aunque son dos ejemplos extremos, se pueden encontrar casos de productos más próximos en alguna característica, y en este caso puede ocurrir que los intermediarios posean la flexibilidad suficiente como para poder actuar con rapidez y eficacia.

Desde luego, la elección del canal no tiene por qué ser para toda la vida, pero sí es una elección a largo plazo y, por consiguiente, debe ser acertada.

Desarrollaremos, en el capítulo de aprovisionamiento, una metodología para la calificación de proveedores. Todo lo dicho allí puede servir para la evaluación de intermediarios.

De la misma forma, en el capítulo de asignación y localización se encontrarán herramientas para la ubicación de puntos nodales en la red de distribución física, así como en el capítulo de modelos de distribución y teoría de grafos, y en el de transporte.

Se hablará también de rentabilidad en el capítulo de aprovisionamiento, observando los distintos parámetros en que puede ser descompuesta para su mejor cálculo y control.

Por último, citar el término «operador logístico», que en muchos casos viene a sustituir al de intermediario. Los operadores logísticos vienen a proporcionar un mayor servicio en todas las áreas de la logística que la simple actuación comercial del intermediario. En principio, sólo prestarían servicios de transporte, distribución y almacenamiento.

3. DISEÑO DE UN SISTEMA LOGÍSTICO. EL SISTEMA COMERCIAL

La primera determinación a tomar es sobre el tipo de estrategia de distribución elegida. Será propia, creando para ello una red logística, o será por cuenta ajena, utilizando los canales de distribución establecidos. Cuestiones económicas aconsejan elegir en la mayoría de los casos la segunda opción. No olvidemos que la inversión para el establecimiento de una nueva red es muy grande, y mayor lo es el riesgo. Pero, desde luego, existen alternativas intermedias. Por otra parte, los intermediarios asentados no sólo distribuirán nuestros productos sino otros en el mismo sector, con lo que su volumen de ventas garantiza los menores costes de distribución.

En lo que se refiere a la cobertura de mercado, esto es, la mayor o menor amplitud de puntos de venta en una determinada zona, podemos clasificar la estrategia de distribución en:

— intensiva,
— exclusiva,
— selectiva.

La distribución intensiva pretende llegar al mayor número posible de puntos de venta, aunque alguno de ellos puede no ser rentable. El principal inconveniente de este método es la gran cantidad de intermediarios necesarios y su difícil control.

La distribución exclusiva, por el contrario, pretende la presencia de nuestro producto en un solo punto de venta por área geográfica delimitada, bien sea por mayorista o por minorista. Desaparecen los inconvenientes de la distribución intensiva.

La distribución selectiva es una estrategia intermedia entre las anteriores.

Diversas consideraciones nos llevarían a elegir una u otra, como por ejemplo la capacidad de ventas de los distribuidores, su imagen, los servicios que prestan, instalación, mantenimiento, etc., y el tamaño de los pedidos. Si este último es grande, reduce nuestra necesidad de almacenaje y puede, incluso, aumentar la financiación. También puede ser importante la participación de los distribuidores en los gastos promocionales y de publicidad.

RED LOGÍSTICA PROPIA	RED LOGÍSTICA AJENA	ESTRATEGIAS DE DISTRIBUCIÓN EN FUNCIÓN DEL TIPO DE PRODUCTO	
		Intensiva	Productos contra corriente: Productos base; Productos de impulso; Productos de urgencia
		Exclusiva	Productos especiales (lujo, elitistas)
		Selectiva	Productos de compra reflexiva Productos no buscados

La eficacia del sistema de distribución dependerá en gran medida de todas las consideraciones expuestas anteriormente y, sobre todo, del comportamiento de los intermediarios. Podemos utilizar los conceptos eficacia y eficiencia descritos en el capítulo de «gestión de la producción» para valorar y clasificar a todos los agentes de la distribución. Por la forma de integración entre intermediarios, podemos clasificar un sistema comercial de distribución según la siguiente tabla:

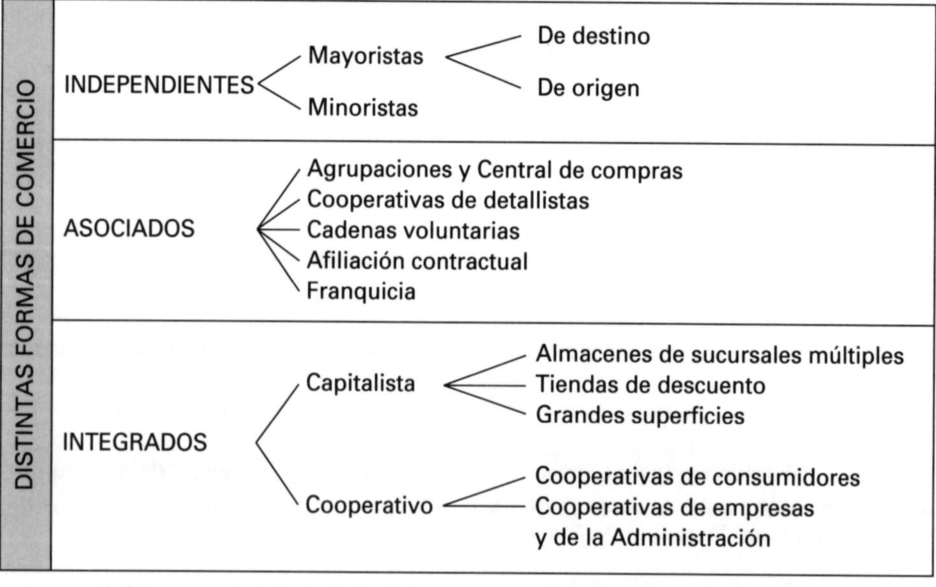

Las agrupaciones de compras son asociaciones de carácter horizontal para comprar en común y obtener mejores condiciones de compra. Las centrales de compra tienen el mismo cometido, aunque adoptan la figura jurídica de sociedad.

Las cooperativas de detallistas son un conjunto de minoristas asociados con forma jurídica de cooperativa. La cadena voluntaria es una agrupación organizada por uno o más mayoristas a los que se adhieren los minoristas mediante contrato relativo a aprovisionamiento. La afiliación contractual supone cooperación entre empresas comerciales integradas (mayorista-minorista) y detallistas independientes.

La franquicia o concesión liga a empresas diferentes mediante un contrato de tal forma que las franquiciadas, mediante el pago de un canon, tienen derecho a explotar una marca o fórmula comercial y servicios regulares necesarios para facilitar dicha explotación.

Los almacenes de sucursales múltiples son empresas que explotan un cierto número de establecimientos de venta al detalle. También se llaman cadenas sucursalistas. Las tiendas de descuento son establecimientos de venta minoristas cuya finalidad es ofrecer un número reducido de artículos al precio más bajo posible. El método de venta se basa casi exclusivamente en la variable precio.

Las cooperativas de consumidores son asociaciones de consumidores que se agrupan en régimen cooperativo para fundar uno o varios establecimientos comerciales en donde se puedan adquirir productos de consumo a precios más reducidos que en el comercio normal. Las cooperativas de empresas y de la Administración (economatos) tienen por objetivo la venta a miembros de ciertas empresas u organismos.

Existen otras formas de distribución que solamente mencionaremos: mercados centrales de mayoristas, mercados en origen (alhóndigas, lonjas), autoservicio de mayoristas y otros.

A la hora de diseñar una red logística ha de tenerse en cuenta también una serie importante de actividades puntuales que merecen ser clasificadas por la frecuencia de revisión y de ajuste.

Muy frecuentemente (casi a diario) deben realizarse:

— Planificación de pedidos en almacén.
— Control de nivel de stocks.
— Selección de rutas de transporte.
— Facturas de carga.
— Órdenes de producción.

Frecuentemente (una vez al mes):

— Análisis y previsión de la demanda.
— Control de facturas de carga.

Anualmente como mínimo:

— *Layout* de planta de almacén.
— Revisión de equipo de manutención.
— Asignación de demanda a los almacenes.
— Planificación de la producción.
— Evaluación de proveedores.
— Envases y embalajes. Diseño.

Es poco frecuente:

— Capacidad máxima de almacenes.
— Renovación de transporte propio.
— Cambios en la red logística.
— Cambios de líneas de producción.

Esquema para el diseño de redes logísticas:

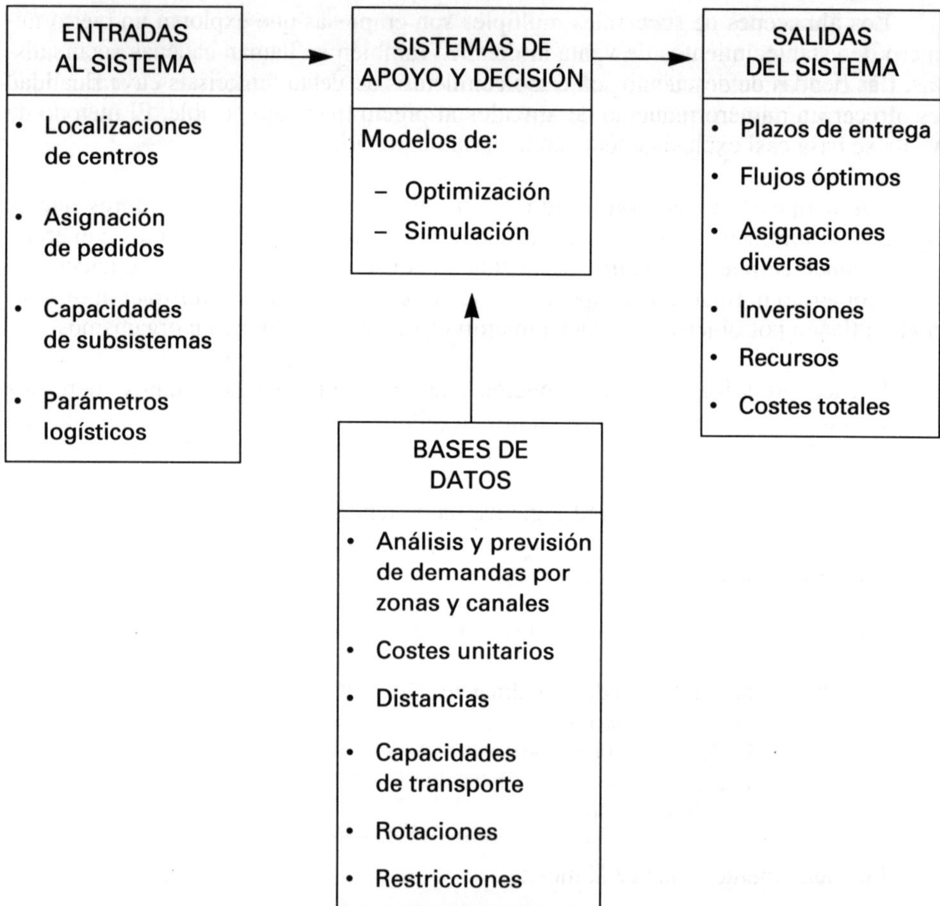

4. MANUTENCIÓN Y ALMACENAJE EN LA RED LOGÍSTICA

Existen muchas alternativas de almacenamiento en lo que a la propiedad se refiere. La mayoría de los grandes fabricantes poseen almacenes propios, aunque cada vez con más frecuencia se combina esta opción con otras: alquiler de espacio, *leasing,* almacenes de tránsito. El mantenimiento de una red de almacenes propia supone una inversión y unos costes fijos muy elevados, tanto en equipo y material de manejo de mercancías como en otros conceptos: seguros, seguridad, etc.

Están apareciendo en todo el mundo empresas de servicios logísticos de almacén mediante contrato. Estos servicios son, básicamente, recepción de mercancías, almacenamiento, envíos.

Los almacenes, según el tipo de mercancía tratado, pueden ser de muchos tipos:

— De productos deteriorables rápidamente.
— De paquetería.
— Frigoríficos.
— De propósito general.

Es conveniente, pues, realizar una clasificación de los materiales a tratar, indicando características fundamentales, como por ejemplo:

— De gestión de stocks:
  • lote de pedido,
  • rotación,
  • nivel máximo de stock,
  • stock de seguridad.

— De transporte:
  • embalajes,
  • peso,
  • volumen,
  • expedición.

— De manejo:
  • fragilidad,
  • soporte.

— De almacenaje:
  • disposición,
  • combustibilidad,
  • caducidad.

Una herramienta útil es la clasificación ABC y curva de Pareto, que se detalla en el capítulo de aprovisionamiento.

Las zonas más comunes en un almacén son:

— Muelles de recepción.
— Recepción de mercancías.
— Zonas de almacenamiento.
— Expedición (control de salidas y preparación de envíos).
— Muelles de expedición.

La disposición de estas zonas corresponderá a los resultados de un exhaustivo estudio de las mercancías a almacenar, en función de los tiempos de almacenamientos, rotación, número de movimientos entre zonas y cargas trasladadas por movimiento, características de los productos, etc. De lo que se deduce que puede establecerse un auténtico modelo de transporte interior de almacén, considerando que los costes también son proporcionales al tiempo de dedicación por parte de la mano de obra a las mercancías. De hecho, llega a diseñarse una red de tráfico interno con vías de diversas categorías (circulación, servicio, etc.) con sus distintas prioridades. Esto es particularmente útil cuando tratamos con almacenes automatizados y robotizados (vehículos autoguiados).

Con carácter general, los artículos de mayor movimiento deberían almacenarse cerca de la salida, y los artículos pesados y de difícil manejo en zonas bajas, reservando las altas a los más cómodos. Pueden destinarse zonas especiales para:

— artículos inflamables y peligrosos,
— artículos defectuosos,
— artículos obsoletos.

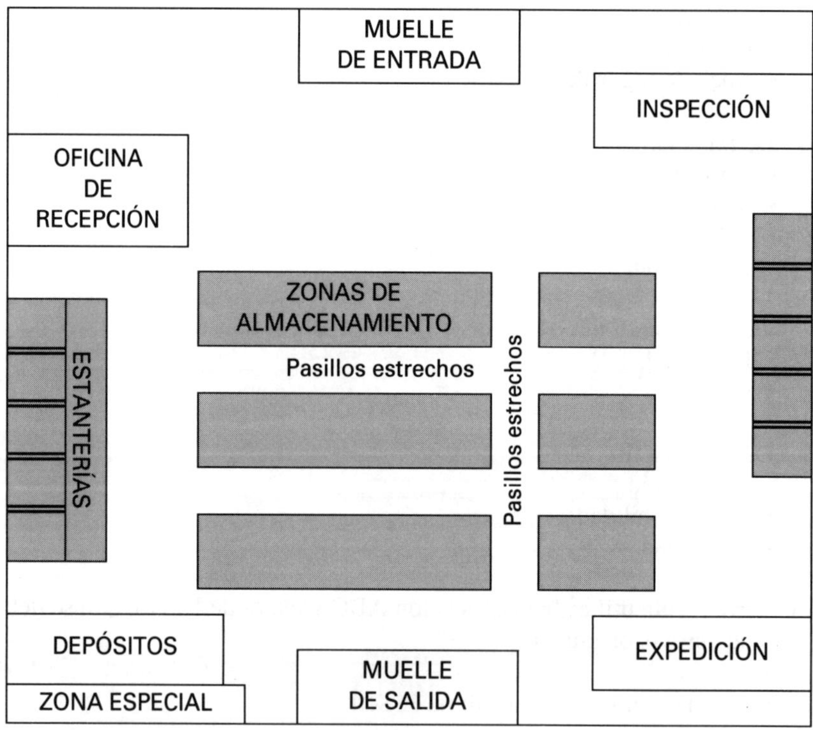

Figura 5

En la figura 5 se presenta una posible disposición interna en un almacén destinado a la función almacenamiento, es decir, donde los movimientos de mercancías son pocos. En este caso podrá aprovecharse al máximo el volumen, ya que los artículos, convenientemente embalados, podrán apilarse hasta su altura máxima, cuidando de mantener la estabilidad de la carga. Además los pasillos podrán ser más estrechos que en otros tipos de almacenes destinados en gran parte a la recepción y expedición.

En general, la expedición es una labor mucho más lenta que la recepción y almacenamiento.

En este segundo caso, las zonas de preparación de pedidos deben ser mucho menores que las de almacenamiento para permitir el trabajo cómodo a los encargados, minimizando así el número y la dimensión de los movimientos. Así, pues, en el diseño de la distribución de planta *(layout)* habrá de tenerse en cuenta:

- — la secuenciación de recogida de productos,
- — la asignación de zonas a encargados,
- — la agrupación de pedidos (no siempre es conveniente),
- — la urgencia de los pedidos.

En la figura 6 se muestra una distribución tipo para un almacén con gran rotación de los artículos, orientado al tratamiento de pedidos.

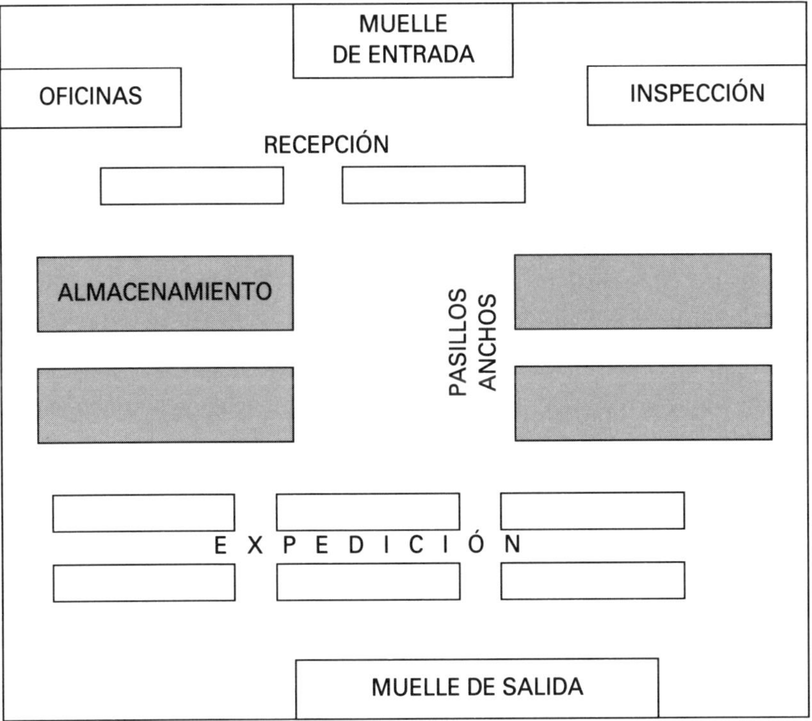

Figura 6

El tratamiento de los pedidos requiere, muchas veces, de reglas de prioridad. Es frecuente que el personal prefiera empezar a preparar los pedidos menos complicados, retrasando con ello los grandes de clientes importantes y afectando incluso a sus períodos de aprovisionamiento.

Algunas reglas de prioridad a elegir según el tipo de almacén son:

— Preparar primero los pedidos más pequeños.
— Preparar pedidos por orden de fecha de entrada.
— Preparar según código establecido por gestión de stocks.
— Según fecha prevista de entrada. No todos los clientes gozan del mismo plazo de entrega.
— Preparar primero los más voluminosos.

Es posible que no se pueda preparar completamente algún pedido por faltar algún artículo. Hay clientes que aceptan entregas parciales, pero esto incrementa los costes de preparación de pedidos, transporte y control. Los costes de preparación de pedidos son generalmente una pequeña parte de los costes totales logísticos, pero una baja eficacia en esta función puede afectar seriamente a otras actividades, como el transporte, y, lo que es peor, al nivel de servicio al cliente. Por todo lo visto, el equipo de manutención y transporte para manejo de mercancías es fundamental.

Los movimientos posibles en un sistema logístico se pueden subdividir en cuatro clases:

— Movimientos en los puestos funcionales de producción.
— Manutención. Movimientos entre puestos.
— Transporte interior en planta.
— Transporte exterior.

Los movimientos en los puestos suelen ser mínimos y, generalmente, no requieren de máquinas especiales. El transporte interior se produce cuando existen grandes desplazamientos entre distintas naves de un conjunto de almacenes, y el exterior se produce al transportar grandes volúmenes de carga a grandes distancias.

La manutención es la actividad que más sistemas presenta, por ser la que más variedad de movimientos comporta. Los sistemas de manutención o movimiento de materiales pueden clasificarse en sistemas de:

— Transporte horizontal (de superficie):
  • sin instalación fija (carretillas),
  • con guías (calles, rieles).
  • instalaciones autotransportadas.

— Transporte vertical:
  • ascensores,
  • montacargas,
  • elevadores de cangilones (noria de agua).

— Transporte mixto:
  • grúas
    - puente
    - pórtico
    - torre
    - móviles
  • manutención continua
    - de cinta
    - por gravedad

— *Handling* (carga, descarga, posicionamiento):
- neumáticos,
- contenedores,
- paletas,
- carretillas.

Las paletas son plataformas portátiles que permiten agrupar varias cargas para su transporte y/o almacenamiento. Existen muchas clases de paletas, siendo las medidas (80 x 120 cm) y (100 x 120 cm) las que representan casi el 70% del total del parque de paletas.

Como dato curioso, el parque de paletas en Francia es casi de cincuenta millones de unidades.

Según la norma UNE, la paleta es «una plataforma horizontal cuya altura está reducida al mínimo compatible con su manejo mediante carretillas, elevadoras, transpaletas o cualquier otro mecanismo elevador adecuado, utilizada como base para apilar, almacenar, manipular y transportar mercancías y cargas en general». Lo más adecuado es mantener la misma «unidad de carga» a lo largo de todo el sistema, desde la línea de aprovisionamiento, pasando por producción hasta llegar al punto de venta, cosa que facilitaría una estandarización de esta plataforma.

Existen empresas de servicios de paletas: alquiler y punto de recogida. Entregan en todos los centros de producción las necesarias y las recogen en los puntos de entrega a clientes, realizando el mantenimiento y reparación cuando fuera preciso.

Existen paletas «a fondo perdido» de baja calidad diseñadas para un solo envío. Pueden comprarse, ya que son baratas, pero se añade el problema de la eliminación de la paleta por el distribuidor.

Por el contrario, disponer de un parque de paletas propio supone un coste a veces excesivo. Hay quien da una vida media de la paleta de alta calidad en propiedad de entre 40 y 60 viajes. Por supuesto, dependerá no sólo del tipo de viajes, sino del trato al que se les someta.

Las paletas pueden ser:

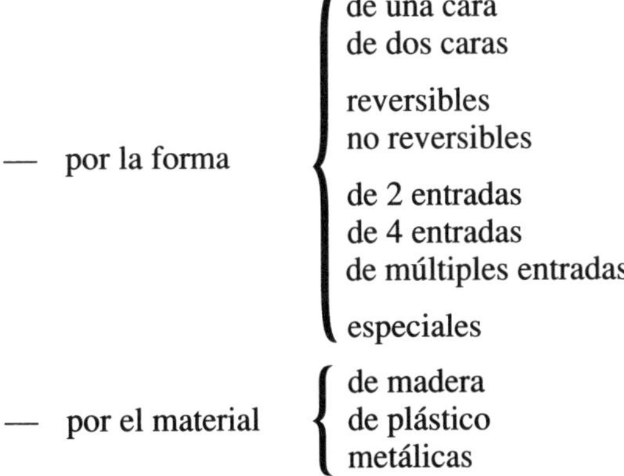

— por la forma
- de una cara
- de dos caras
- reversibles
- no reversibles
- de 2 entradas
- de 4 entradas
- de múltiples entradas
- especiales

— por el material
- de madera
- de plástico
- metálicas

CLASES DE PALETAS

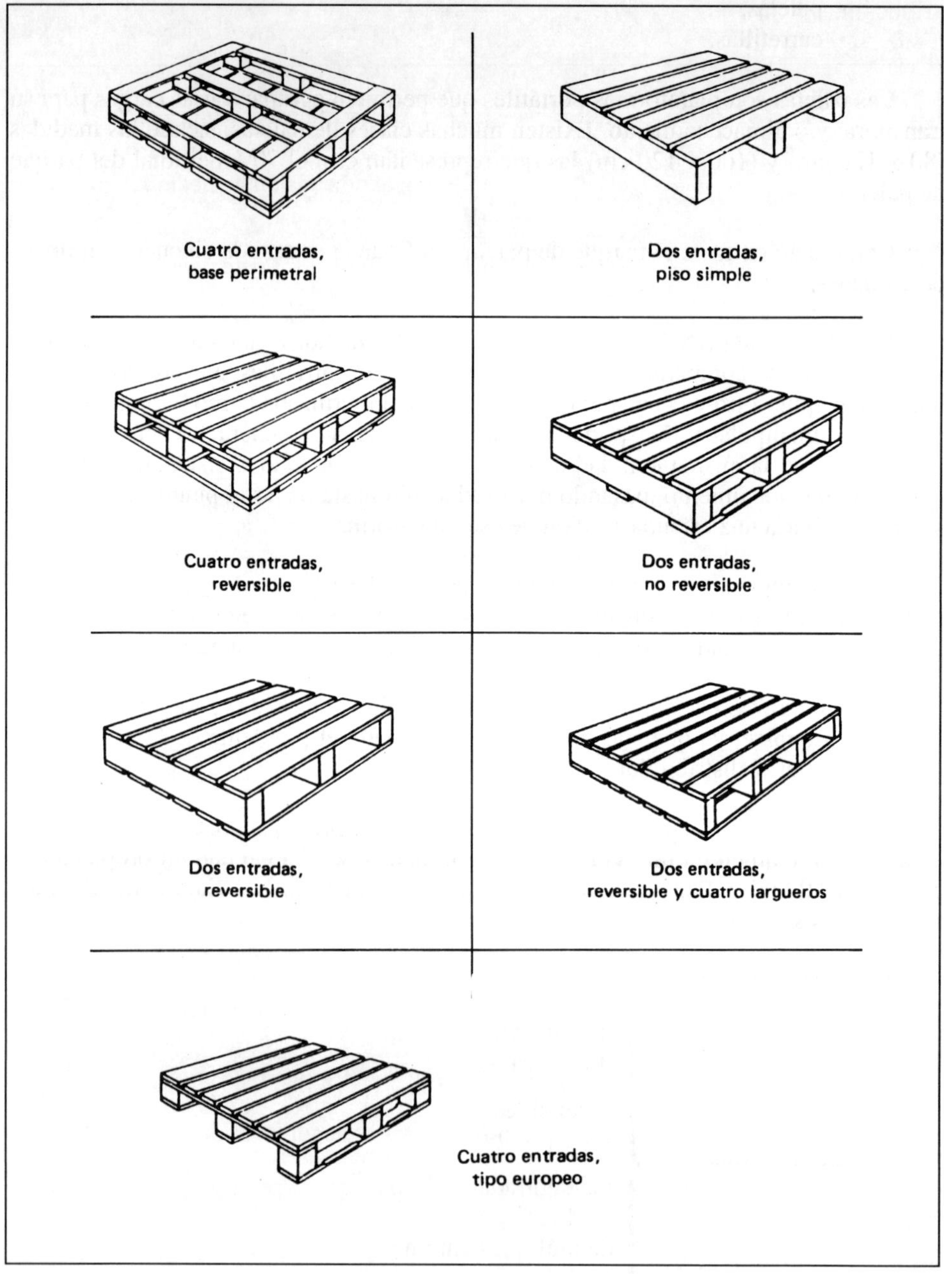

En España, según diversas fuentes, sólo un 45% de las mercancías están paletizadas. En Alemania, los ferrocarriles intercambian paletas con los países europeos excepto con Inglaterra, España y Portugal.

5. COSTES LOGÍSTICOS

Veamos los costes logísticos más importantes en tres distintas alternativas de distribución:

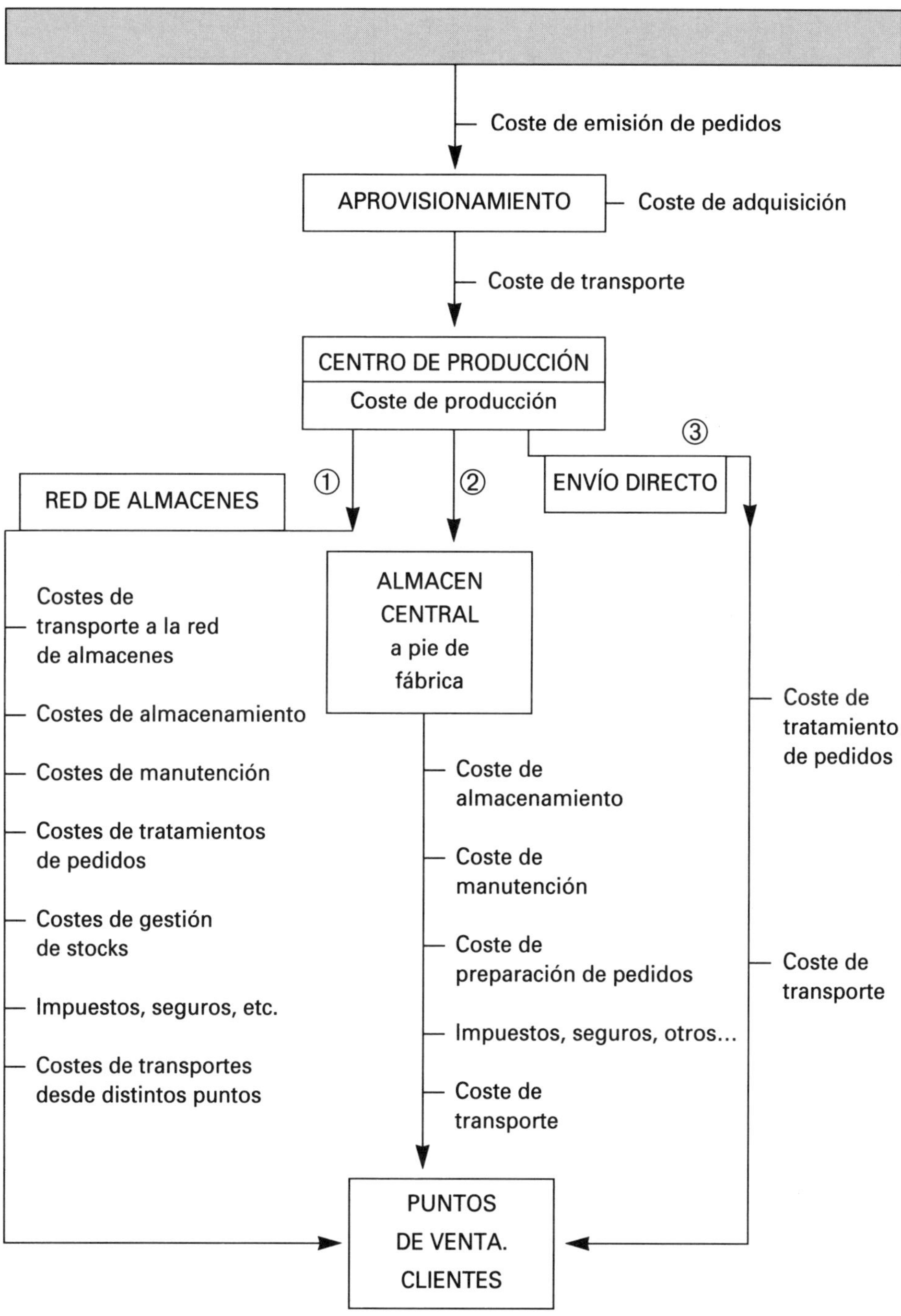

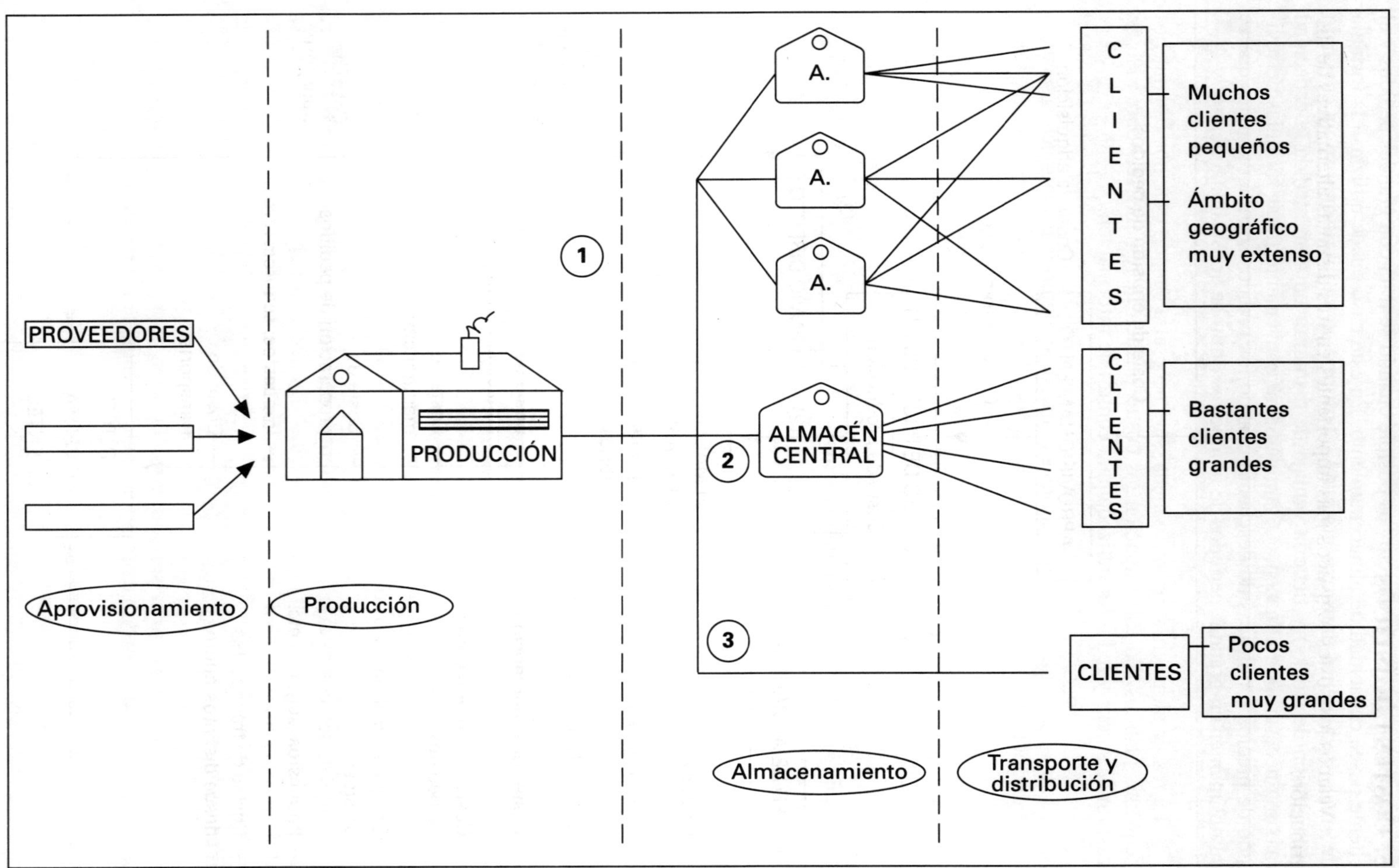
PROVEEDORES
PRODUCCIÓN
1
A.
A.
A.
ALMACÉN CENTRAL
2
3
CLIENTES
Muchos clientes pequeños
Ámbito geográfico muy extenso
CLIENTES
Bastantes clientes grandes
CLIENTES
Pocos clientes muy grandes
Aprovisionamiento
Producción
Almacenamiento
Transporte y distribución

La opción de «envío directo» es posible cuando se trata con grandes pedidos y el cliente posee capacidad de almacenamiento. En este caso puede utilizarse la fórmula de «reabastecimiento uniforme gradual»: conforme se va fabricando se va enviando (ver gestión de stocks) y tiene la ventaja de disminuir en gran medida la capacidad máxima necesaria de almacenaje. También será conveniente tratar fórmulas de revisión de precios y políticas de descuento cuando los pedidos sean tan grandes que se cumplimenten en grandes períodos de tiempo (capítulo de aprovisionamiento).

La red de almacenes, propia o ajena, será necesaria cuando tratemos con muchos pequeños pedidos. En esta situación los costes pueden incrementarse, sobre todo en gestión de sotcks y red informatizada para control de información.

El almacén central a pie de fábrica es una opción intermedia en muchos sectores de producción.

Por supuesto que en muy grandes fabricantes pueden contemplarse las tres alternativas a la vez, clasificando previamente por ABC los tipos de clientes y productos. En este último caso la gestión de stocks es una importantísima función a desarrollar.

Costes de gestión de stocks e inventarios

Para cada tipo de empresa existe una contabilidad adecuada y un tratamiento específico de los costes por partidas. Ahora bien, en general conviene agruparlos de manera que resulte fácil su estudio y análisis cara a la optimización. Consideraremos cinco grandes grupos:

— **Coste de mantenimiento.** También llamado de almacenaje o de infraestructura. Corresponde a los conceptos siguientes:

- Terrenos.
- Edificios.
- Material de transporte y manutención.
- Amortizaciones.
- Mantenimiento de instalaciones.
- Impuestos, seguros.
- Seguridad y otros.

Suelen ser costes fijos, independientes del nivel o grado de actividad. Ahora bien, debe tenerse en cuenta que el coste unitario que se puede asignar a cada artículo disminuye con la cantidad tratada de éstos. Es frecuente calcular el coste de mantenimiento unitario como pesetas por unidad de artículo o carga por unidad de tiempo de mantenimiento.

— **Coste de reaprovisionamiento.** También conocido en los modelos de Wilson como coste de emisión de pedidos. Incluye fundamentalmente:

- Costes de personal.
- Costes de administración.
- Costes financieros de material de oficina.

- Amortización de material de oficina (equipos informáticos, etc.).
- Gastos varios (teléfono, fax, electricidad, etc.).

Existe una parte de costes fijos y otra de costes variables de difícil diferenciación. Al crecer el nivel de actividad, es decir, al emitir mayor número de pedidos, a igualdad de recursos, el coste unitario de reaprovisionamiento decrece y puede darse en pesetas por lote o pedido.

— **Costes de ruptura o de demanda insatisfecha.** Son costes originados por no poder satisfacer la demanda de los clientes. Podrían incorporarse a estos costes los siguientes conceptos:

- Coste añadido de tratamiento y expedición de pedidos.
- Costes de administración debidos a la ruptura de stock.
- Costes de comunicación de la ruptura de todo el sistema.
- Costes extra de almacenamiento y manutención.
- Costes derivados de la posible pérdida del pedido.
- Costes originados por la posible pérdida del cliente.
- Costes por devoluciones en el caso de demanda insatisfecha por defectuosos o bajo nivel de calidad.

Estos costes son de difícil cuantificación, en especial los que se refieren a la demanda insatisfecha o perdida. Pueden darse los costes de ruptura unitarios o penuria en las siguientes unidades: pesetas por unidad insatisfecha por la unidad de tiempo.

— **Costes de manutención.** Se relacionarán en este capítulo de costes aquellos que se refieren a la actividad física en el almacén, operaciones como:

- Paletización y despaletización.
- Embalajes.
- Traslados a zonas de almacenamientos de carga y descarga, expedición y otras.
- Posicionamiento de cargas.
- Etiquetado.
- Formación de unidades de presentación para envíos.
- Preparación y tratamiento de pedidos.
- Operaciones administrativas relacionadas con la manutención.

En general, son costes de capital las amortizaciones, mantenimiento y personal, y financieros los relativos a posicionamiento, obsolescencia, seguros y seguridad.

— **Costes de adquisición**. Es el valor de los productos en almacén. Por tanto, son directamente proporcionales al precio unitario de los artículos y al número de ellos adquirido. Su valor puede disminuirse negociando políticas de descuento, condiciones de pago y financiación, y mediante fórmulas de revisión de precio en algunos casos.

Algunos ratios pueden ser de utilidad para determinar el grado de aprovechamiento de un almacén:

$$\text{Aprovechamiento volumétrico} = \frac{\text{Volumen ocupado por huecos}}{\text{Volumen total disponible}}$$

$$\text{Aprovechamiento de huecos} = \frac{\text{Número de huecos ocupados}}{\text{Número total de huecos}}$$

Puede calcularse el coste al año por hueco ocupado mediante la información sobre el nivel de actividad anual. Asimismo, puede ser útil la relación entre los costes de reaprovisionamiento y los de mantenimiento (ver capítulo de gestión de stocks).

6. CONCEPTOS AVANZADOS EN LA LOGÍSTICA

6.1. Cambios en el mercado

Podemos destacar como consideraciones actuales de importancia los siguientes cambios en las fuerzas del mercado:

- Competencia internacional.
- Exigencias crecientes de los consumidores. Sobre todo en lo que se refiere a calidad de servicio y producto.
- Incremento de las opciones de producto (diversificación).
- Formas de presentación de los productos.
- Concentración y especialización de la distribución.
- Aumento de la importancia de los costes logísticos sobre el valor añadido.

Respecto a los consumidores cabe citar:

- Reducción del tiempo de compra.
- Internacionalización de gustos.
- Estancamiento demográfico.
- Demanda creciente de productos frescos, preparados y bienes duraderos.

Se observa una creciente sinergia entre los principales agentes del mercado: consumidores, fabricantes y distribuidores. A tal efecto, aparecen los «operadores logísticos» con el objeto de mejorar el servicio y reducir los costes.

La clave para ganar cuota de mercado es la mejora del servicio al cliente proporcionando diferenciación e innovación a los productos ofertados, garantizando plazos de entrega más cortos y ofreciendo servicios de valor añadido, como apoyo post-venta y formación.

Se detecta una concentración creciente de la distribución comercial, incrementándose así el poder de negociación frente a fabricantes ante exigencias de servicio, tales como:

- Respuesta rápida.
- Entrega en «hora fija».

— Unidad de manipulación.
— Plataformas logísticas.
— EDI (transmisión electrónica de datos).
— Reducción de costes de existencias.

Dado, por otra parte, que el ciclo de vida del producto se ha visto reducido considerablemente, es aconsejable producir lotes pequeños con el objeto de generar restos de serie sin costes por obsolescencia.

Además, es importante operar con cero roturas de stock y proporcionar suficiente y rápida información a los clientes.

Un fenómeno que aparece en los últimos años en todo el mundo es la identificación de la protección del medio ambiente como un «valor de marca» y, por consiguiente, un elemento más a considerar en la estrategia empresarial (logística verde), mediante:

— Relocalización de actividades en zonas de menor congestión.
— Nuevas formas de:
  • envase,
  • embalaje,
  • unidades de manipulación.
— Vehículos especiales.
— Tecnología y operaciones de reciclado.

6.2. Conceptos logísticos a mejorar

Entre los aspectos logísticos que han mejorado últimamente, podemos destacar:

— Plazos de entrega.
— Nivel de stocks y gestión.
— Roturas de existencias.
— Calidad de servicio en la distribución.

Sin embargo, parece insuficiente todavía la aplicación de:

— Sistemas de planificación de la necesidad de materiales para la producción (MRP).
— Planificación de recursos de distribución (DRP).
— *Just in time* (JIT).
— Intercambio electrónico de datos (EDI).

Aunque, en muchos casos, los niveles de existencia y de calidad o servicio al cliente han mejorado simplemente mediante un análisis ABC de rotación.

6.3. Operadores logísticos

Los servicios básicos que ofrecen los operadores logísticos son:

— Recepción de la mercancía.
— Descarga de mercancías.
— Ubicación o posicionamiento por:
  • referencia,
  • familia,
  • grupo,
  • subgrupo,
  • otras.
— Órdenes de servicios de *packing:*
  • embalajes,
  • etiquetado normal,
  • códigos de barras.
— Órdenes de servicio de *picking:*
  • preparación de pedidos,
  • expedición.
— Labores administrativas:
  • confección de albaranes,
  • facturas de carga.
— Entrega de pedidos hasta en 24 horas.
— Devolución de comprobantes de entrega.
— Gestión de cobro.
— Entradas y salidas por:
  • unidades (kilos, m^3, etc.),
  • fechas,
  • referencias.
— Stocks por fechas:
  • de caducidad,
  • de seguridad,
  • máximos-mínimos.
— Rotación.
— Sistemas FIFO y LIFO.

En cuanto a las tarifas, cabe decir que existen muchos tipos de clientes: a unos se les cobra por espacios de almacén, a otros, por hueco de paleta o por kilo entrado. La mayor parte entra en europaleta EUR (0,80 x 1,20 m.).

Cuanto mayor sea la distancia entre los centros de producción y los almacenes, mayor es el volumen almacenado y mayor el stock de seguridad.

6.4. Plataformas logísticas multimodales

Las plataformas logísticas son zonas de actividades logísticas (ZAL) debidamente preparadas y estructuradas para realizar el conjunto de estas funciones. También se las conoce por central integrada de mercancías (CIM), que no debemos confundir con el concepto CIM para gestión de la producción.

Los criterios de localización obedecen fundamentalmente a razones de carácter inmobiliario y de cercanía a los lugares donde se generan las actividades logísticas.

El advenimiento del mercado único europeo con la desaparición de fronteras hace que se vayan consolidando espacios logísticos de dimensión internacional. Europa está presente en las estrategias comerciales de multinacionales americanas, japonesas y del Sudeste asiático, como base de exportación a otras áreas mundiales.

Otros importantes criterios de localización son:

— Tamaño de mercados.
— Tasa de crecimiento de mercados.
— Cercanía a centros de distribución.
— Coste y disponibilidad de mano de obra.
— Localización de la competencia.
— Régimen fiscal (repatriación de beneficios).
— Estabilidad política.

La tendencia general es hacia la concentración geográfica de operadores industriales y logísticos, tanto en plataformas como en las cercanías, para aprovecharse de las «economías externas».

Esto favorece la tendencia de los fabricantes a desempeñar casi únicamente la actividad de producción, subcontratando los restantes servicios.

Otro importante factor de localización es el tipo de producto. Hoy por hoy, los operadores logísticos tratan con productos de gran consumo o de bienes de equipo. En Europa podemos destacar como posibles ciudades ZAL Londres, París, Glasgow, Lyon, Bruselas, Amberes, Frankfort, Hamburgo, Munich, Milán, Roma, Barcelona, Valencia, Bilbao y Madrid, ciudades de gran aglomeración.

Para las zonas logísticas multimodales, son localizaciones idóneas los nudos de comunicaciones donde se producen intercambios modales y, por tanto, rupturas de carga:

— Puertos.
— Aeropuertos.
— Nudos ferroviarios.

En Europa existen una veintena de plataformas con un radio de influencia de aproximadamente 250 Kms. Aparte de las citadas en el párrafo anterior, son las siguientes: Rotterdam, Colonia, Stuttgart, Basilea, Manchester, Praga, Berlín, Viena, Budapest.

6.5. Centros logísticos en España

Podemos citar como los más importantes:

— Centro de Transportes de Madrid. Concesión del Ayuntamiento a empresa privada. Más de 30 hectáreas con 130.000 m^2 construidos.
— Centro Integral de Transportes Internacionales de Coslada. 100 hectáreas y 350.000 m^2 construidos.

- Central de Transportes de Valencia (43 hectáreas).
- Central de Oviedo. Gestión: Ayuntamiento, Comunidad y asociaciones de transportistas.
- Central de Gijón.
- Central en el polígono de Bergondo, La Coruña.
- Central en Coto Grande, Vigo.
- Aparcavisa, Vizcaya. 15 hectáreas. Diputación Foral de Vizcaya.
- Central Integrada de Mercancías del Vallés y del Baix Llobregat. 44 y 40 hectáreas respectivamente.
- Zona de Actividades Logísticas del Puerto de Barcelona. 200 hectáreas. Puerto Autónomo de Barcelona.

Describiremos brevemente la ZAL del Puerto Autónomo de Barcelona.

Cambios de mercado:

- Cambio en transporte marítimo.
- Contenerización creciente de cargas.
- Crecimiento de intercambios comerciales con Extremo Oriente.
- Demanda de servicios más completos.
- Necesidad de plataforma intermodal (transporte marítimo, aéreo y terrestre).

Servicios:

- Intercambio modal (ruptura de carga en transporte).
- Control telemático.
- Procesos industriales ligeros.
- Control de calidad.
- Embalaje, *picking*.
- Facturación.
- Información y procesos estadísticos.
- Administración de aduanas.

Destinada a:

- Operadores logísticos (almacenamiento en depósito franco).
- Importadores/exportadores.

Servicios de alto valor añadido:

- Servicios a vehículos *(Truck Center)* (gasolinera, báscula, taller, hoteles...).
- Servicios empresariales *(Business Center)* (alquiler oficinas, bancos, mensajería, seguridad...).
- Servicios de alquiler de manutención.
- Terminal pública de ferrocarril.
- Transporte interno de mercancías.
- Servicios telemáticos (EDI, red privada por fibra óptica...).

7. NUEVAS TENDENCIAS PARA LA COMPETITIVIDAD

Es imprescindible una mentalidad y actitud abierta ante las nuevas técnicas de organización, como un primer paso hacia la simplificación y automatización de las operaciones. Las variables en juego se derivan de la relación entre exigencias de:

— Mercado y productos.
— Producción y logística.
— Recursos humanos.

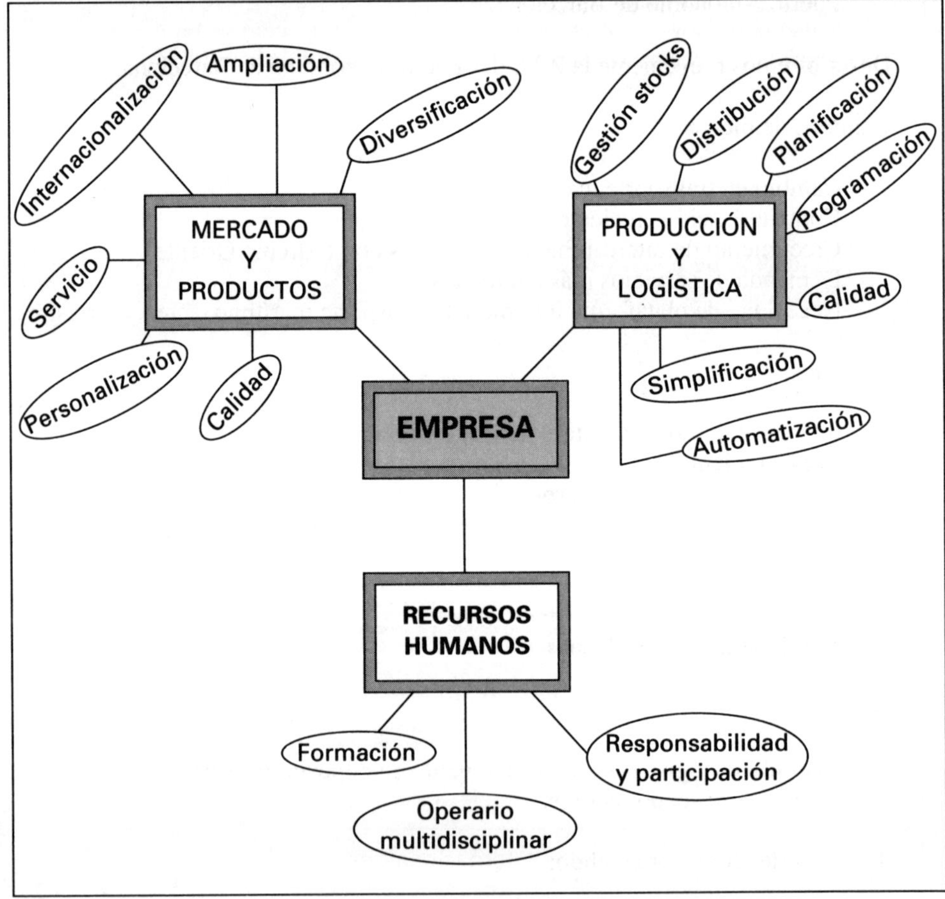

La incidencia en estas áreas de todas las circunstancias expuestas hasta ahora en el presente capítulo se resume en el esquema anterior.

La diversificación de productos y formas de envase puede ocasionar el incremento de las roturas de stock y el aumento en los plazos de entrega. Y no es solución fabricar más y almacenar. La tendencia general mundial es la reducción de existencias mediante la planificación y gestión integrada del aprovisionamiento, producción y distribución, con el objeto de minimizar costes totales pero satisfaciendo la demanda en plazos cada vez más reducidos. Lo que se traduce en:

— Fabricar sólo lo que se necesita	Previsión de la demanda Justo a tiempo (JIT)
— Reducir tiempos de operación	Medida del tiempo de los métodos (MTM)
— Calidad total	Control total de la calidad (CTC)
— Reducir costes de producto	Análisis del valor (AV)
— Planificar cuidadosamente la necesidad de los materiales	Planificación de recursos de producción (MRP)
— Planificar cuidadosamente los canales de distribución	Planificación de recursos de distribución (DRP)

La reducción de niveles de stocks pasa por la clasificación de existencias sobre las que aplicaremos con preferencia las diversas metodologías comentadas.

EXISTENCIAS	CONCEPTOS	TÉCNICAS	
Por tamaño de lote	• Ciclos productivos	MRP	JIT
	• Ciclos de distribución	DRP	
Stocks de seguridad	• Ciclos de expedición • Fluctuaciones de la demanda • Plazos de pedidos • Planificación de recursos • Dispersión geográfica	JIT / DRP MRP DRP	
Stocks estacionales	• Previsión de la demanda • Planificación de recursos	 MRP / DRP	
Stocks en tránsito	• Internacionalización	OL / ZAL	

MRP

Es una herramienta de planificación para controlar y coordinar los materiales en curso de fabricación, para reducir al máximo los niveles de inventario. El método es muy simple en su concepto, si bien se complica por la cantidad de datos a procesar.

El *software* MRP es de gran aplicación en los modelos de demanda dependiente, es decir, cuando un producto incorpora necesidades de otros subproductos, compo-

NIVEL	ESTRUCTURA POR NIVELES	PRODUCTO	EJEMPLO
0	P	Acabado	COCHE
1	S_1 (1), S_2 (1), S_3 (1), S_4 (5)	Subconjunto	MOTOR (1), CARROCERÍA (1), INTERIOR (1), RUEDAS (5)
2	C 1, C 2, C 3, C 4, C 5, C 6, C 7, C 8, C 9	Componentes	llantas, cubiertas

nentes y diversos materiales auxiliares, pudiéndose establecer una estructura de conjunto por niveles.

En la figura se presenta un sistema muy simplificado. Para obtener un coche (producto acabado nivel cero) hacen falta un motor, una carrocería, un juego completo interior y cinco ruedas (los números sobre las líneas de relación expresan estas necesidades). A su vez, cada subconjunto nivel uno necesita de otros componentes nivel dos. Así, pues, al recibir un pedido de un coche, se produce una «explosión de materiales», detallando cada cantidad necesitada, lugar, tiempos, etc., dando lugar a la ordenación de la producción, mediante órdenes concretas de producción, aprovisionamiento, montaje, etc.

El MRP, sistema para la producción basado en previsiones de la demanda (todavía no es «contra pedido»), reduce las existencias en curso respecto al tradicional sistema por «punto de pedido», aunque, debido al nivel de confianza de la previsión, la fabricación es de grandes lotes. En la figura de la página siguiente se presenta un simple esquema del funcionamiento por MRP.

La estructura de datos precisa para la puesta en marcha de un programa MRP hace necesaria la disposición de un ordenador, siendo una posible organización por ficheros lo que se detalla a continuación:

— Fichero maestro de artículos:
- código de artículo,
- descripción,
- planos,
- clasificación ABC,
- localización en almacén,
- unidad de medida,

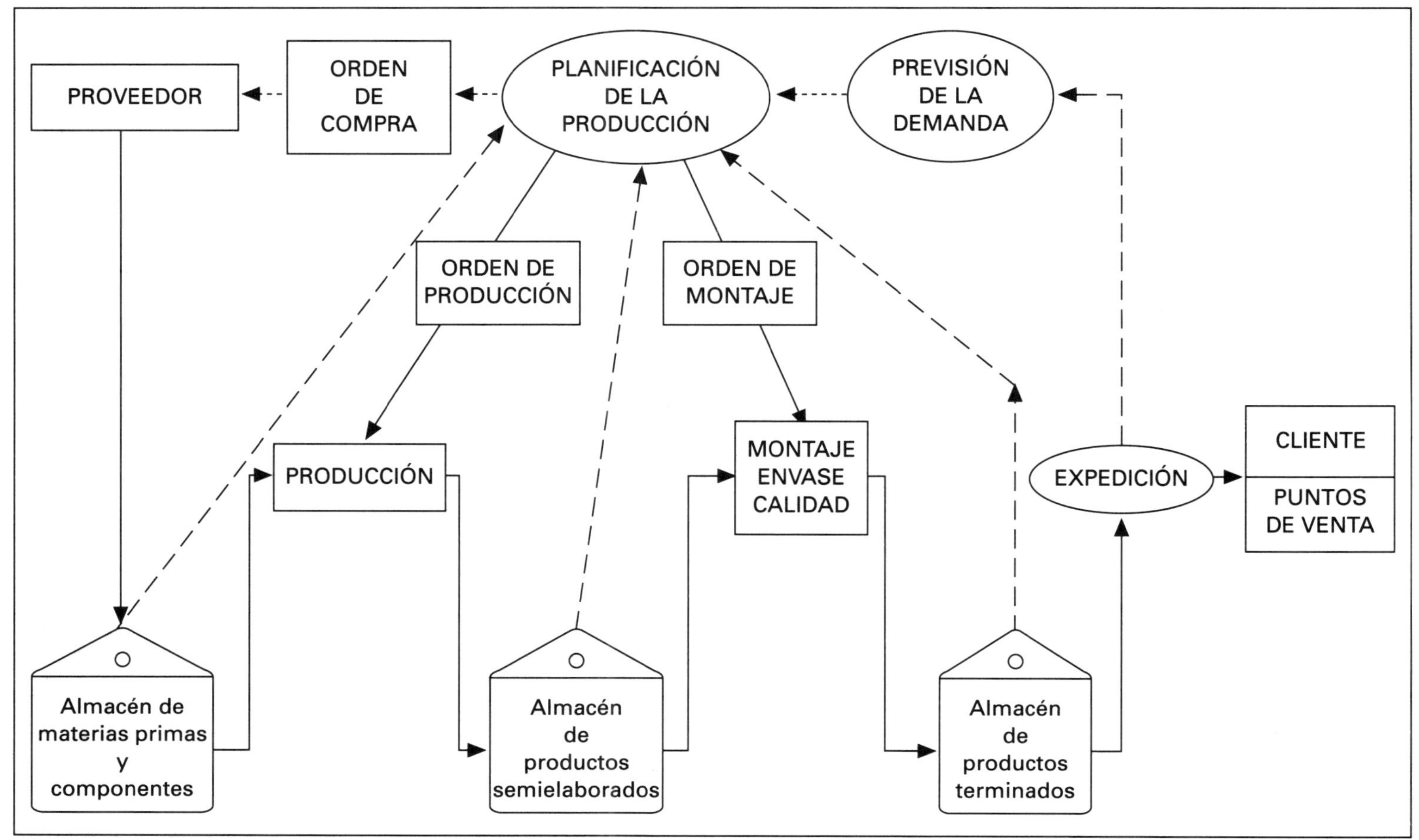

(——▶): Flujo de órdenes. (- - -▶): Flujo de información.

- costes unitarios (adquisición, almacenamiento, ruptura, emisión),
- precios de venta,
- curva histórica de demanda,
- estadística,
- roturas de stock/stock de seguridad,
- plazo de compra a proveedor,
- plazo de entrega a cliente,
- rotación,
- período de aprovisionamiento,
- punto de pedido,
- control de calidad/defectuosos,
- coste económico de pedido,
- lote de pedido.

— Fichero de estructuras de productos:
- código artículo acabado,
- fecha y otros datos de interés,
- código de subconjuntos primer nivel,
- datos de interés,
- código de componentes nivel dos,
- datos de interés,
- otros artículos acabados que son a su vez subconjuntos o componentes.

— Fichero de rutas:
- código de artículo/número de operación,
- puesto funcional,
- tiempo de preparación,
- tiempo de operación,
- tamaño de lote,
- herramientas,
- otras operaciones.

— Fichero de centros de trabajo:
- código,
- localización en planta,
- capacidad,
- eficacia,
- eficiencia,
- stock intermedio,
- tasa imputación de costes por mano de obra y materiales.

Destacaremos a título de curiosidad que la implantación de un sistema MRP tiene un tiempo de puesta en funcionamiento de un año como mínimo para lograr el máximo rendimiento de su aplicación.

DRP

La planificación de centros de distribución permite reducir y concentrar existencias en el número más adecuado de centros para suministrar de forma continua a otros puntos de consumo. Para ello, es necesaria la existencia de una red integrada logística de distribución física.

El sistema gestiona el lanzamiento y control de órdenes de expedición para cada artículo, planificando las funciones de transporte y aprovisionamiento y detallando las necesidades concretas para su realización. El sistema DRP requiere estar conectado con todos los centros de la red para obtención, proceso e intercambio de datos e información en tiempo real.

Justo a tiempo (JIT)

Se trata de sincronizar todas las operaciones de un proceso para fabricar contra pedidos. Todos los materiales deben permanecer en la cadena el menor tiempo posible, mediante el concepto *pull system* (cadena hacia atrás), para series cortas.

Esquemáticamente, puede representarse el flujo de operaciones en la siguiente figura:

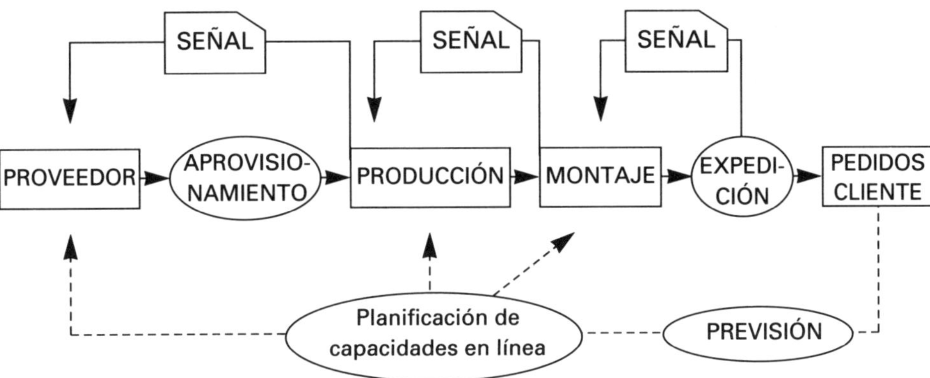

Las órdenes de producción clásicas de sustituyen por señales. Éstas pueden ser unas fichas o tarjetas (en japonés *Kanban*) con instrucciones de producción y desplazamiento muy concretas.

Los lotes pueden ser reducidos incluso a la unidad, gracias a la rapidez y flexibilidad para cambios de serie y de lote. Es necesario un perfecto equilibrio de línea y dimensionado del sistema, incorporando células de fabricación flexible robotizadas.

Así, pues, JIT es una filosofía de trabajo que puede aunar todas las herramientas a nivel organizativo y tecnológicas existentes:

- Flujo continuo de producción mediante información y control por *Kanban.*
- Producción contra pedidos.
- Reducción del tiempo de preparación de máquinas.
- Reducción del tamaño de lotes.
- Equilibrado de línea.
- Estandarización de operaciones.
- *Layout* de planta ajustado.
- Operarios multifuncionales.
- Círculos de calidad defectos cero.

— Stocks cero.
— Sistema de gestión por funciones.

Por último, señalamos algunos ejemplos de indicadores de control de gestión logística:

SUBÁREA	INDICADORES
Servicio al cliente	(%) de líneas servidas en plazo. (%) de roturas de existencias. Medida de días de plazo de entrega. Desviación típica de plazo de entrega. (%) de devoluciones. (%) de errores en facturas.
Coste de distribución por tipo de cliente o canal de distribución	Líneas de pedido por Kg servido a canal (ej.: detallistas y grandes superficies). Tamaños medios de entrega a cada canal (ej.: detallistas y grandes superficies).
Gestión de existencias de producto acabado o materias primas	«Días de venta» en existencias. Rotaciones de producto.
Almacenaje y manipulación	Líneas de pedido por día. Bultos/albaranes/Kg por día. (%) de ocupación de almacén. Cargas y descargas por día.
Transporte	Tm/Km recorridos por Tm servida. (%) de ocupación de vehículos. (%) de utilización de vehículos.
Planificación y fábricas	(%) de cumplimiento de previsiones de venta (acumulado). (%) de cumplimiento del plan diario de producción (acumulado). (%) de cambios no previstos. Tiempo medio de cambio de máquina. Utilización de instalaciones. Paradas previstas.
Proveedores	(%) de entregas con rechazos. (%) de entregas en plazo. Media de plazos de entrega. (%) de roturas de existencias.

Capítulo 2
Modelos de distribución

1. Introducción a la teoría de grafos
   1.1. Definiciones fundamentales
   1.2. Subconjuntos de un grafo
   1.3. Grado de un vértice y número grado de un grafo
   1.4. Matrices de un grafo
   1.5. Operaciones con matrices de grafos. Número de caminos de longitud determinada
   1.6. Ordenación de grafos
   1.7. Principales aplicaciones de la teoría de grafos
2. Algoritmo de Ford
   2.1. Determinación de tiempos
   2.2. Determinación de caminos
   2.3. Caso práctico resuelto
3. Algoritmo de Bellman-Kalaba
4. Caminos especiales
   4.1. Número de desviación. Determinación de pistas
   4.2 Cadenas eulerianas
   4.3. Caminos y circuitos hamiltonianos. Método de Kaufmann
5. Algoritmo de Ford-Fulkerson. Flujo máximo. Casos prácticos resueltos
6. Conceptos a recordar
7. Problemas propuestos

1. INTRODUCCIÓN A LA TEORÍA DE GRAFOS

1.1. Definiciones fundamentales

Un grafo G viene definido por un conjunto de elementos X_i y por una ley de correspondencia C entre dichos elementos. El grafo podrá representarse esquemáticamente por

$$G = (X, C)$$

donde C es la ley de correspondencia

$$X = \{X_i\} = \{X_1, X_2, ..., X_n\}$$

y X es el conjunto de elementos, genéricamente designados por X_i, hasta un total de n. Una ley de correspondencia simple es aquella que establece una conexión entre elementos en el grafo.

Sea la figura 1.

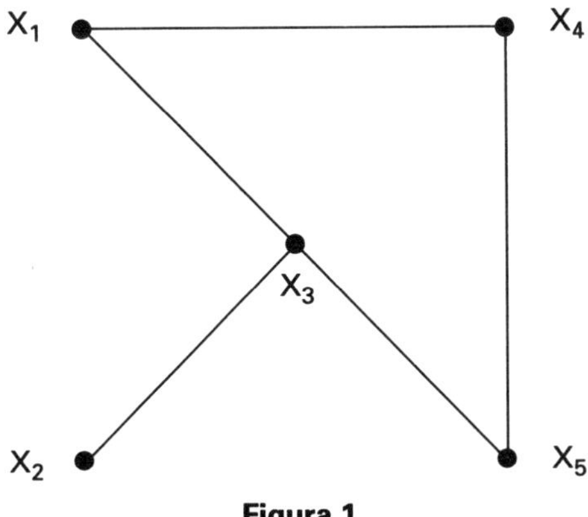

Figura 1

En este grafo

$$X = \{X_i\} = \{X_1, X_2, X_3, X_4, X_5,\}$$

donde n = 5 (el grafo G tiene 5 elementos). La ley de correspondencia para el elemento X_1 establece conexión directa con X_3 y X_4; para el elemento X_2, establece conexión directa con el elemento X_3 solamente. De tal forma podremos escribir:

$$C(X_1) = (X_3, X_4)$$
$$C(X_2) = (X_3)$$
$$C(X_3) = (X_2, X_5)$$
$$C(X_4) = (X_1, X_5)$$
$$C(X_5) = (X_3, X_4)$$

Los elementos X_i del grafo G van a recibir la denominación de vértice o nudo, y a las líneas o aristas que conectan vértices las llamaremos arcos.

Los grafos pueden ser orientados o no, y lo serán cuando sus arcos lo sean o no. El grafo de la figura 1 es no orientado, ya que al no existir ninguna restricción en cuanto al sentido de recorrido, puede irse indistintamente de un vértice X_i a otro cualquiera con conexión X_j, y de X_j a X_i.

Si un arco estuviera orientado, se indicará el sentido de recorrido mediante una flecha.

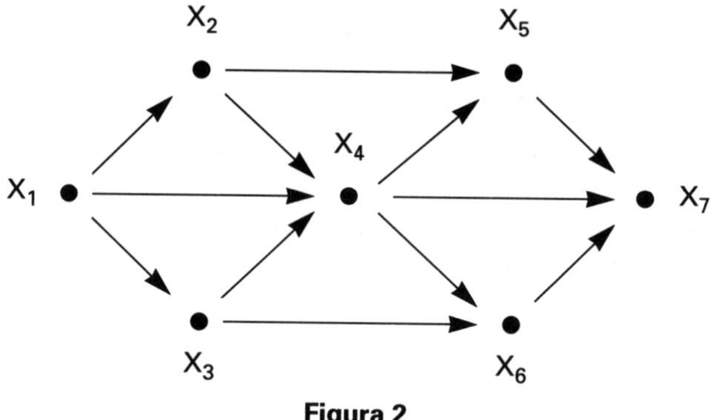

Figura 2

El grafo de la figura 2 está orientado, y puede escribirse para él:

$$X = (X_1, X_2, X_3, X_4, X_5, X_6, X_7,)$$
$$C(X_1) = (X_2, X_3, X_4)$$
$$C(X_2) = (X_4, X_5)$$
$$C(X_3) = (X_4, X_6)$$
$$C(X_4) = (X_5, X_6, X_7)$$
$$C(X_5) = (X_7)$$
$$C(X_6) = (X_7)$$
$$C(X_7) = (\emptyset)$$

Observemos que aunque existe conexión entre, por ejemplo, X_5 y X_4, al estar el arco orientado no puede avanzarse de X_5 a X_4. El vértice X_7 está conectado con X_4, X_5, y X_6, pero no se puede ir en contra de la flecha. Así, la ley de correspondencia para X_7 la denotamos como el conjunto vacío Ø.

Hasta aquí, ya se nos ha ocurrido la analogía entre vértices y ciudades o establecimientos, y entre arcos y carreteras posibles.

Para un grafo orientado se define:

Camino: Conjunto de dos o más arcos.

Circuito: Camino que termina donde empieza. O sea, es un camino cerrado.

Bucle: Circuito de un solo arco.

Para el grafo de la figura 3 orientado:

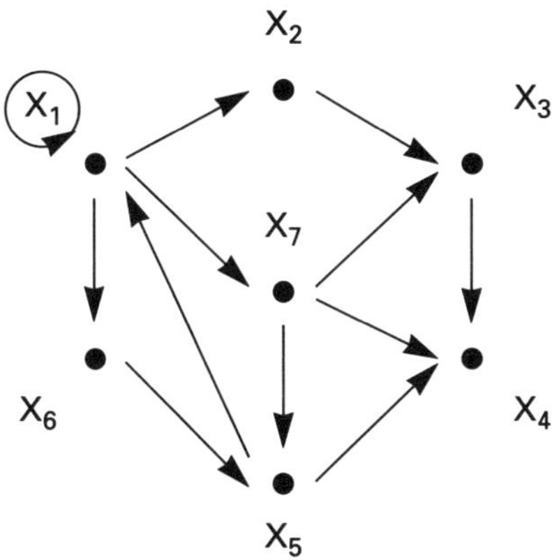

Figura 3

Caminos ($X_1 - X_4$):

Se anotan a continuación algunos de los caminos posibles entre X_1 y X_4:

$$X_1 - X_7 - X_4$$
$$X_1 - X_2 - X_3 - X_4$$
$$X_1 - X_7 - X_5 - X_4$$
$$X_1 - X_7 - X_3 - X_4$$
$$X_1 - X_5 - X_4$$
$$X_1 - X_6 - X_5 - X_4$$
$$X_1 - X_7 - X_5 - X_1 - X_2 - X_3 - X_4$$

Circuitos (X_1):

$$X_1 - X_7 - X_5 - X_1$$
$$X_1 - X_6 - X_5 - X_1$$

Bucles (X_1):

Único bucle: $X_1 - X_1$

El camino para un grafo no orientado se llama **cadena**, y el circuito, **ciclo**.

La longitud de un camino o circuito es el número de arcos que lo componen.

Los caminos pueden ser simples, si no se repite ningún arco, y compuestos, si se repiten arcos. Y pueden ser elementales, si no se repite ningún vertice, y no elementales, si se repite alguno.

Existen caminos y circuitos especiales que, por su interés en distribución, veremos:

Camino hamiltoniano: Es aquel que comprende a todos los vértices del grafo y, además, una sola vez cada uno.

Circuito hamiltoniano: Es el camino hamiltoniano cerrado.

Camino euleriano: Es el camino que comprende a todos los arcos del grafo y, además, una sola vez.

Circuito euleriano: Es el camino que se inicia y termino en el mismo vértice.

Consideremos el grafo de la figura 4, donde vamos a ver unos ejemplos de los conceptos anteriormente definidos.

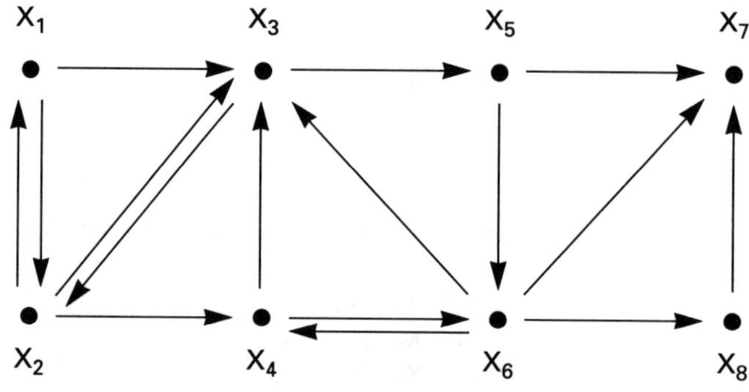

Figura 4

- Camino simple elemental:

$$X_1 - X_3 - X_5 - X_6 - X_8 - X_7$$

- Camino simple no elemental:

$$X_1 - X_3 - X_6 - X_4 - X_3 - X_5 - X_7$$

(no se repite ningún arco, pero se repite el vértice X_3)

- Camino compuesto no elemental:

$$X_1 - X_3 - X_5 - X_6 - X_4 - X_3 - X_5 - X_7$$

[se repite el arco (X_3, X_5) y los vértices X_3 y X_5]

- Circuito simple elemental:

$$X_2 - X_4 - X_3 - X_2$$

- Circuito simple no elemental:

$$X_1 - X_3 - X_5 - X_6 - X_4 - X_3 - X_2 - X_1$$
(se repite el vértice X_3, pero ningún arco)

- Circuito compuesto:

$$X_3 - X_5 - X_6 - X_4 - X_3 - X_5 - X_6 - X_4 - X_3$$
(se repiten dos veces todos los arcos)

- Camino hamiltoniano:

$$X_1 - X_2 - X_4 - X_3 - X_5 - X_6 - X_8 - X_7$$

- Circuito hamiltoniano:

No es posible encontrar uno
(ver método de Kaufmann más adelante)

- El grafo no tiene caminos ni circuitos eulerianos.

Veamos otro grafo en la figura 5.

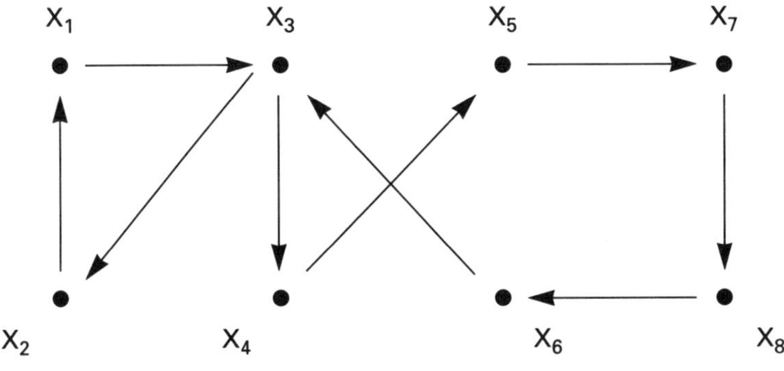

Figura 5

- Circuito euleriano:

$$X_1 - X_3 - X_4 - X_5 - X_7 - X_8 - X_6 - X_3 - X_2 - X_1$$

Comprende todos los arcos del grafo una sola vez. Sin embargo, no es hamiltoniano porque se repite el vértice X_3.

1.2. Subconjuntos de un grafo

Ya vimos que un grafo queda definido por un conjunto de elementos (vértices) y por una ley de correspondencia entre ellos.

Si de todos los vértices consideramos solamente algunos de ellos, tendremos un subconjunto que definirá un subgrafo concreto. Así, podríamos expresarlo analíticamente del siguiente modo:

$$\text{Grafo } G\ (X, C_x)$$

$$\text{Subgrafo } G_1\ (Y, C_y)$$

de tal forma que el subconjunto Y está incluido en X:

$$Y \subset X$$

Dicho de otra forma, el subgrafo posee una parte de los vértices del grafo, afectados éstos con todos los arcos del grafo total. En el caso de que el grafo total representara una red nacional de carreteras, un subgrafo sería la red completa de carreteras de una sola provincia.

Por ejemplo, sea el grafo de la figura 6.

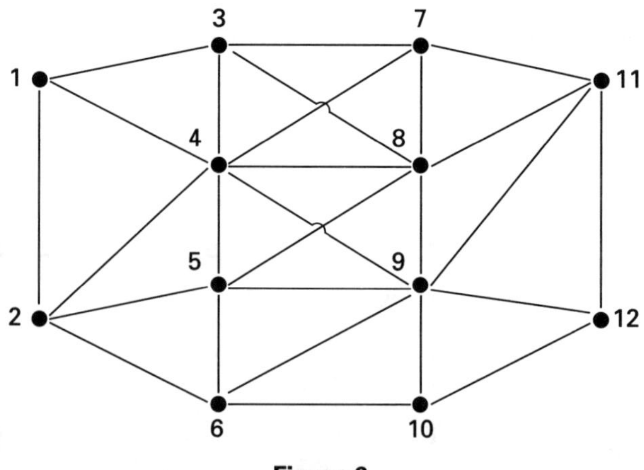

Figura 6

Si sólo queremos estudiar las rutas entre los puntos 4, 5, 8, 9, 11 y 12, lugares donde es conveniente instalar una red de almacenes para la distribución de un cierto producto, el subgrafo que nos queda es el de la figura 7.

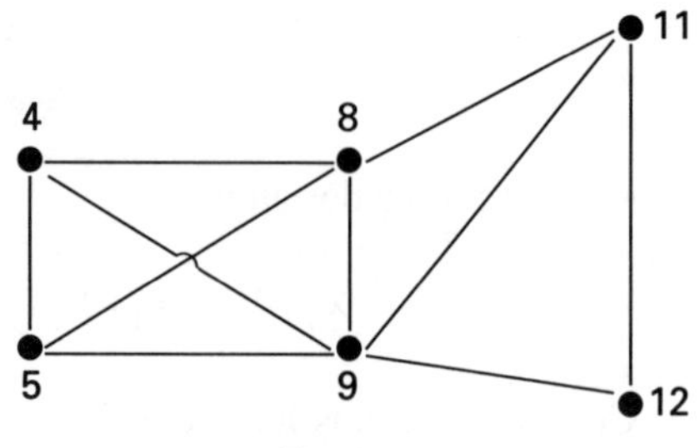

Figura 7

Si, por otra parte, no varía el número de vértices, pero acotamos la ley de correspondencia entre ellos, obtenemos un grafo parcial. Si tratáramos con la red nacional de carreteras, podría interesarnos estudiar sólo las comarcales o las locales.

Sea el grafo de la figura 8.

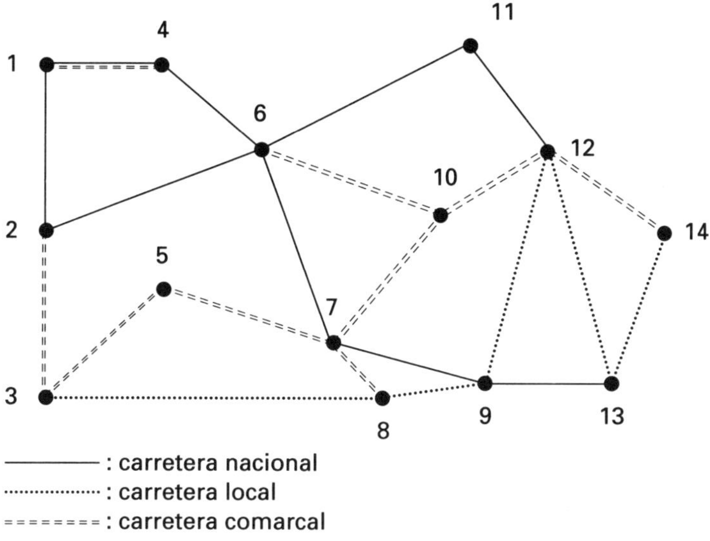

Figura 8

Si sólo nos importara el estudio de las carreteras nacionales, obtendríamos el grafo parcial de la figura 9.

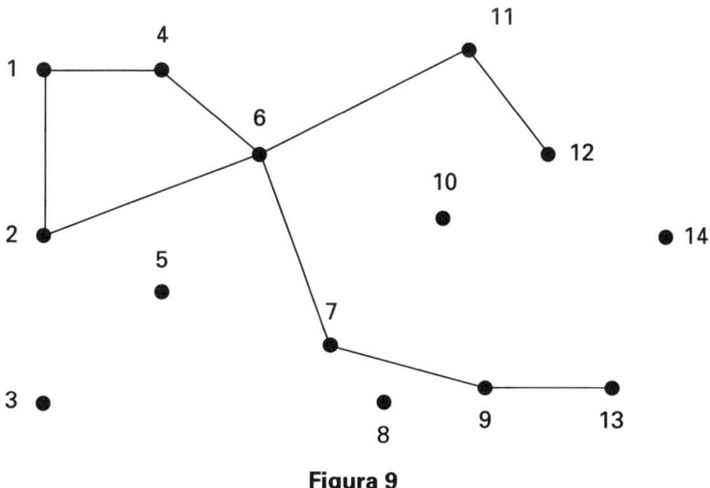

Figura 9

Analíticamente, el grafo total puede expresarse:

$$G(X, C)$$

y el grafo parcial como

$$G_1\ (X, C_1)$$

Es decir, sobre todos los vértices del grafo total se aplica una ley de correspondencia C_1 de menor número de aplicaciones que C.

1.3. Grado de un vértice y número grado de un grafo

Para un grafo no orientado, el grado de cada uno de sus vértices es el número de arcos que llegan a él.

En la figura 8, el grado del vértice X_6 es cinco, y el del vértice X_{14} es dos. Se expresa así:

$$g\ (X_6) = 5$$
$$g\ (X_{14}) = 2$$

Si el grafo está orientado, cabe hablar de semigrado interior y exterior. Semigrado interior es el número de arcos que inciden o entran en el vértice, y semigrado exterior es el número de arcos que emergen o salen de él.

En la figura 10:

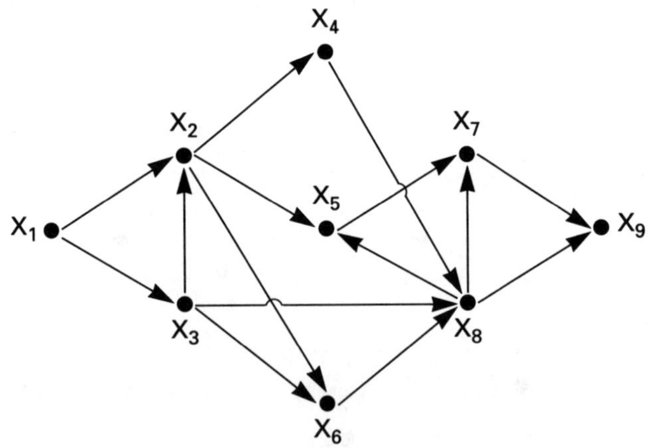

Figura 10

$g_e(X_1) = 2$ $g_i(X_1) = 0$
$g_e(X_2) = 3$ $g_i(X_2) = 2$
$g_e(X_3) = 3$ $g_i(X_3) = 1$
$g_e(X_4) = 1$ $g_i(X_4) = 1$
$g_e(X_5) = 1$ $g_i(X_5) = 2$
$g_e(X_6) = 1$ $g_i(X_6) = 2$
$g_e(X_7) = 1$ $g_i(X_7) = 2$

$g_e(X_8) = 3$ $g_i(X_8) = 2$
$g_e(X_9) = 0$ $g_i(X_9) = 2$

donde:

$g_e(X_i)$ es el semigrado exterior de X_i
$g_i(X_i)$ es el semigrado interior de X_i

En el grafo no orientado de la figura 11:

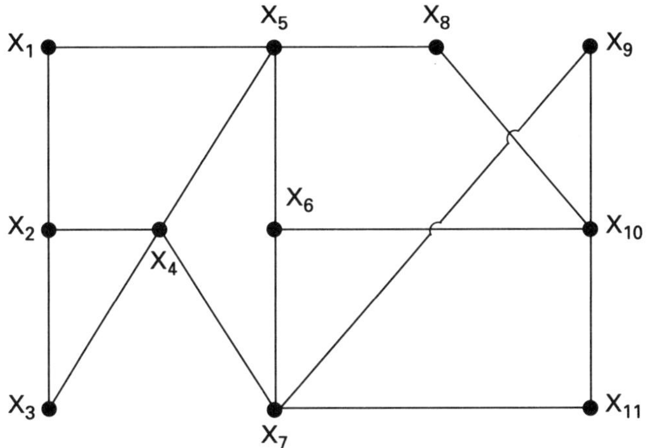

Figura 11

$g(X_1) = 2$ $g(X_7) = 4$
$g(X_2) = 3$ $g(X_8) = 2$
$g(X_3) = 2$ $g(X_9) = 2$
$g(X_4) = 4$ $g(X_{10}) = 4$
$g(X_5) = 4$ $g(X_{11}) = 2$
$g(X_6) = 3$

Número grado de un grafo, g (G), es el máximo de los grados de sus vértices, si no está orientado, y el máximo de los semigrados si está orientado. Es decir:

$$g(G) = \text{máx} \left\{ g(X_i) \right\}$$

En el grafo de la figura 11:

$$g(G) = 4$$

Por supuesto, se cumple que:

$$g(X_i) = g_e(X_i) + g_i(X_i)$$

en el caso de que reconsideremos un grafo orientado como no orientado.

1.4. Matrices de un grafo

Matriz boleana

Es una matriz cuadrada que expresa la existencia o no de un arco al menos entre los vértices del grafo. Es una matriz de ceros y unos, donde el uno indica existencia de conexión y el cero la no existencia.

Sea la figura 12.

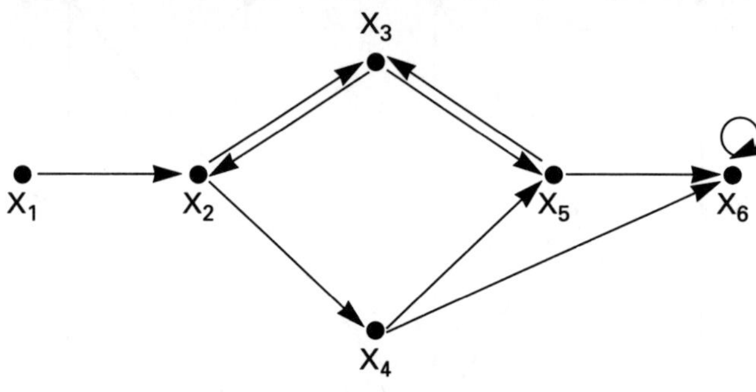

Figura 12

Como hay seis vértices, puede establecerse la matriz cuadrada (6 x 6) siguiente:

	X_1	X_2	X_3	X_4	X_5	X_6
X_1	0	1	0	0	0	0
X_2	0	0	1	1	0	0
X_3	0	1	0	0	1	0
X_4	0	0	0	0	1	1
X_5	0	0	1	0	0	1
X_6	0	0	0	0	0	1

El vector suma de todas las filas y el vector suma de todas las columnas expresan los semigrados exterior e interior respectivamente de cada uno de los vértices del grafo: (ver ①).

Recordando que el grado de un vértice es la suma de sus semigrados exterior e interior, podemos sumar el vector columna de semigrados exteriores con el transpuesto fila de los semigrados interiores, para obtener los grados de cada vértice del grafo: (ver ②).

①

$$
\begin{array}{ccccccccccccc}
0 & + & 1 & + & 0 & + & 0 & + & 0 & + & 0 & = & 1 \\
+ & & + & & + & & + & & + & & + & & \\
0 & + & 0 & + & 1 & + & 1 & + & 0 & + & 0 & = & 2 \\
+ & & + & & + & & + & & + & & + & & \\
0 & + & 1 & + & 0 & + & 0 & + & 1 & + & 0 & = & 2 \\
+ & & + & & + & & + & & + & & + & & \\
0 & + & 0 & + & 0 & + & 0 & + & 1 & + & 1 & = & 2 \\
+ & & + & & + & & + & & + & & + & & \\
0 & + & 0 & + & 1 & + & 0 & + & 0 & + & 1 & = & 2 \\
+ & & + & & + & & + & & + & & + & & \\
0 & + & 0 & + & 0 & + & 0 & + & 0 & + & 1 & = & 1 \\
= & & = & & = & & = & & = & & = & & \\
\end{array}
\qquad
\begin{bmatrix} 1 \\ 2 \\ 2 \\ 2 \\ 2 \\ 1 \end{bmatrix}
=
\begin{bmatrix} g_e(X_1) \\ g_e(X_2) \\ g_e(X_3) \\ g_e(X_4) \\ g_e(X_5) \\ g_e(X_6) \end{bmatrix}
$$

$$
[\,0,\; 2,\; 2,\; 1,\; 2,\; 3\,] \qquad \boxed{10}
$$

$$
\|
$$

$$
[\, g_i(X_1),\; g_i(X_2),\; g_i(X_3),\; g_i(X_4),\; g_i(X_5),\; g_i(X_6)\,]
$$

②

$$
\begin{bmatrix} 1 \\ 2 \\ 2 \\ 2 \\ 2 \\ 1 \end{bmatrix}
+
\begin{bmatrix} 0 \\ 2 \\ 2 \\ 1 \\ 2 \\ 3 \end{bmatrix}
=
\begin{bmatrix} 1 \\ 4 \\ 4 \\ 3 \\ 4 \\ 4 \end{bmatrix}
=
\begin{bmatrix} g(X_1) \\ g(X_2) \\ g(X_3) \\ g(X_4) \\ g(X_5) \\ g(X_6) \end{bmatrix}
$$

Sumando las componentes de cada vector anterior, se obtiene el número de arcos del grafo o, lo que es más interesante, el número de caminos de longitud uno (l =1).

Así pues:

$$
(1 + 2 + 2 + 2 + 2 + 1) = 10
$$
$$
(0 + 2 + 2 + 1 + 2 + 3) = 10
$$

lo que quiere decir que el grafo tiene diez arcos o, bien, que los caminos de longitud uno (caminos de un solo arco) son diez. Además, este simple cálculo sirve de comprobación de que la matriz booleana está correctamente planteada.

Matriz asociada

Estructuralmente es como la matriz booleana, pero su elemento i–j expresa todos los caminos existentes entre el vértice X_i y X_j. La matriz asociada del grafo de la figura 12 es igual que la booleana, aunque, por definición, no siempre deberá ocurrir esto para un grafo determinado. Sea el grafo de la figura 13 *.

* Ambas representaciones son equivalentes.

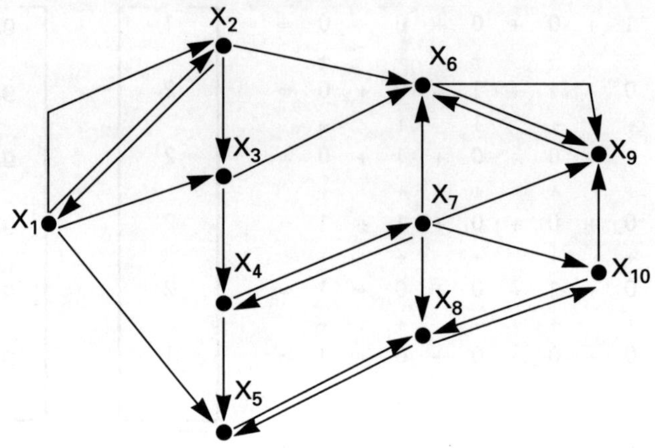

Figura 13

Su matriz asociada es:

	X_1	X_2	X_3	X_4	X_5	X_6	X_7	X_8	X_9	X_{10}		$ge(X_i)$
X_1	0	2	1	0	1	0	0	0	0	0		4
X_2	1	0	1	0	0	1	0	0	0	0		3
X_3	0	0	0	1	0	1	0	0	0	0		2
X_4	0	0	0	0	0	0	2	0	0	0		2
X_5	0	0	0	1	0	0	0	1	0	0	⊕	2
X_6	0	0	0	0	0	0	0	0	2	0	=	2
X_7	0	0	0	0	0	1	0	1	1	1		4
X_8	0	0	0	0	1	0	0	0	0	1		2
X_9	0	0	0	0	0	1	0	0	0	0		1
X_{10}	0	0	0	0	0	0	0	1	1	0		2
					‖⊕							‖‖
$g_i \equiv$ [	1,	2,	2,	2,	2,	4,	2,	3,	4,	2,]	≡	**24**

Si no existen bucles, como vemos, la diagonal de la matriz booleana es nula.

Si leemos en la fila X_7 los «no ceros», deducimos inmediatamente, por las columnas que ocupan estos «no ceros», que de X_7 se puede ir directamente a X_6, X_8, X_9 y X_{10}.

Y si leemos en cualquier columna, por ejemplo la columna X_6, deducimos que a X_6 se puede llegar directamente, por la posición fila que ocupan los no ceros, desde X_2, X_3, X_7 y X_9.

Los grados de cada vértice son:

$$\begin{bmatrix} 4 \\ 3 \\ 2 \\ 2 \\ 2 \\ 2 \\ 4 \\ 2 \\ 1 \\ 2 \end{bmatrix} + \begin{bmatrix} 1 \\ 2 \\ 2 \\ 2 \\ 2 \\ 4 \\ 2 \\ 3 \\ 4 \\ 2 \end{bmatrix} = \begin{bmatrix} 5 \\ 5 \\ 4 \\ 4 \\ 4 \\ 6 \\ 6 \\ 5 \\ 5 \\ 4 \end{bmatrix} = \begin{bmatrix} g(X_1) \\ g(X_2) \\ g(X_3) \\ g(X_4) \\ g(X_5) \\ g(X_6) \\ g(X_7) \\ g(X_8) \\ g(X_9) \\ g(X_{10}) \end{bmatrix}$$

recordando que el semigrado exterior es como el número de formas posibles de salir de un vértice (o establecimiento), y el semigrado interior es como el número de formas posibles (o carreteras) de llegar a él, puede deducirse que de X_1 se pueden tomar cuatro rutas distintas: dos que llevan a X_2, una a X_3 y otra a X_5.

Por similar razonamiento, a X_8 se puede entrar por tres rutas, o desde tres enclaves directamente, desde X_5, X_7 o X_{10}.

El número total de entradas y salidas a controlar en cada vértice o ciudad lo da el grado del vértice. Así, en X_7 habrá que controlar seis accesos, cuatro de salida y dos de entrada.

Esta situación es realmente aplicable en la práctica. Es frecuente la existencia de varias rutas posibles entre un origen y un destino. Ciertas consideraciones pueden simplificar el problema eliminando alguna posibilidad. Una por razón, quizá, de precio: imaginemos una autopista de peaje. Otra por razón, quizá, de tiempo: imaginemos una ruta con trazado irregular y puertos de montaña. Otra, tal vez, por razón de capacidad: el transporte entre un punto y otro es insuficiente.

En cualquier caso, es cómodo simbolizar un conjunto de posibilidades de la forma descrita, sobre todo cara al trabajo y estudio automatizado en ordenador.

Matriz complementaria

Los elementos de la matriz complementaria de un grafo se obtienen estableciendo la diferencia entre el número máximo de arcos entre dos cualesquiera de los vértices y los elementos de la matriz asociada. En el caso de la figura 13, el número máximo de arcos entre dos vértices es tres (entre X_1 y X_2, entre X_6 y X_9).

Así pues, la matriz complementaria será:

	X_1	X_2	X_3	X_4	X_5	X_6	X_7	X_8	X_9	X_{10}
X_1	3	1	2	3	2	3	3	3	3	3
X_2	2	3	2	3	3	2	3	3	3	3
X_3	3	3	3	2	3	2	3	3	3	3
X_4	3	3	3	3	3	3	1	3	3	3
X_5	3	3	3	2	3	3	3	2	3	3
X_6	3	3	3	3	3	3	3	3	1	3
X_7	3	3	3	3	3	2	3	2	2	2
X_8	3	3	3	3	2	3	3	3	3	2
X_9	3	3	3	3	3	2	3	3	3	3
X_{10}	3	3	3	3	3	3	3	2	2	3

1.5. Operaciones con matrices de grafos. Número de caminos de longitud determinada

Sea el grafo de la figura 14.

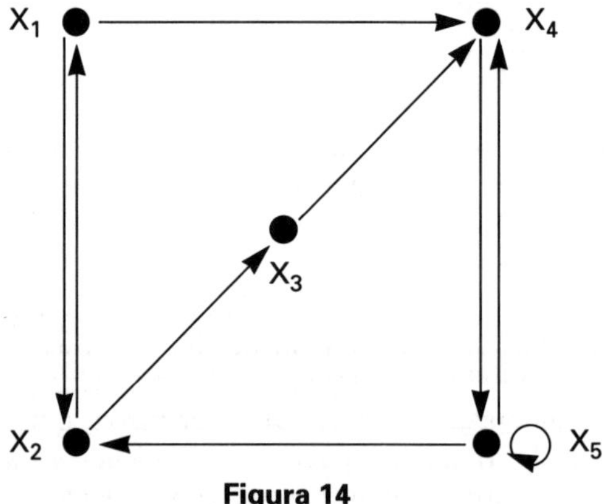

Figura 14

Caminos de longitud uno

Ya hemos visto que el número de caminos de longitud uno es el número de arcos del grafo. Para su cálculo utilizaremos la matriz asociada, que denominaremos $[M]^1$:

$$[M]^1 = \begin{bmatrix} 0 & 1 & 0 & 1 & 0 \\ 1 & 0 & 1 & 0 & 0 \\ 0 & 0 & 0 & 1 & 0 \\ 0 & 0 & 0 & 0 & 1 \\ 0 & 1 & 0 & 1 & 1 \end{bmatrix}$$

Ya sabemos, por otra parte, que:

$$g_e(X_i) + g_i(X_i) = g(X_i)$$

$$\begin{bmatrix} 2 \\ 2 \\ 1 \\ 1 \\ 3 \end{bmatrix} + \begin{bmatrix} 1 \\ 2 \\ 1 \\ 3 \\ 2 \end{bmatrix} = \begin{bmatrix} 3 \\ 4 \\ 2 \\ 4 \\ 5 \end{bmatrix}$$

$$\Sigma g_e(X_i) = \Sigma g_i(X_i) = 9$$

Es decir, existen nueve caminos de longitud uno, o nueve arcos en el grafo.

Si ahora queremos calcular el número de caminos de longitud dos, es decir, el número de caminos compuestos por dos arcos, podemos elevar al cuadrado la matriz asociada y realizar las mismas operaciones sumando los números de cada fila y columna.

La operación puede representarse como:

$$[M]^2 = [M]^1 \cdot [M]^1 \, *$$

$$[M]^2 = \begin{bmatrix} 0 & 1 & 0 & 1 & 0 \\ 1 & 0 & 1 & 0 & 0 \\ 0 & 0 & 0 & 1 & 0 \\ 0 & 0 & 0 & 0 & 1 \\ 0 & 1 & 0 & 1 & 1 \end{bmatrix} \cdot \begin{bmatrix} 0 & 1 & 0 & 1 & 0 \\ 1 & 0 & 1 & 0 & 0 \\ 0 & 0 & 0 & 1 & 0 \\ 0 & 0 & 0 & 0 & 1 \\ 0 & 1 & 0 & 1 & 1 \end{bmatrix} =$$

$$= \begin{bmatrix} 1 & 0 & 1 & 0 & 1 \\ 0 & 1 & 0 & 2 & 0 \\ 0 & 0 & 0 & 0 & 1 \\ 0 & 1 & 0 & 1 & 1 \\ 1 & 1 & 1 & 1 & 2 \end{bmatrix} \xrightarrow{\oplus} \begin{bmatrix} 3 \\ 3 \\ 1 \\ 3 \\ 6 \end{bmatrix}$$

$$\downarrow\oplus \qquad\qquad \downarrow\oplus$$

$$[2,\ 3,\ 2,\ 4,\ 5] \xrightarrow{\oplus} \boxed{16}$$

---

* Por definición de producto de matrices:

$$\begin{bmatrix} a & b & c \\ d & e & f \\ g & h & i \end{bmatrix} \cdot \begin{bmatrix} A & B & C \\ D & E & F \\ G & H & I \end{bmatrix} = \begin{bmatrix} (aA + bD + cG), (aB + bE + cH), (aC + bF + cI) \\ (dA + dD + dG), (dB + eE + fH), (dC + eF + fI) \\ (gA + hD + iG), (gB + hE + iH), (gC + hF + iI) \end{bmatrix}$$

Existen dieciséis caminos posibles de longitud dos en el grafo de la figura.

Análogamente, podemos calcular los caminos de longitud tres, haciendo:

$$[M]^3 = [M]^1 \cdot [M]^1 \cdot [M]^1 = [M]^2 \cdot [M]^1$$

$$[M]^3 = \begin{bmatrix} 1 & 0 & 1 & 0 & 1 \\ 0 & 1 & 0 & 2 & 0 \\ 0 & 0 & 0 & 0 & 1 \\ 0 & 1 & 0 & 1 & 1 \\ 1 & 1 & 1 & 1 & 2 \end{bmatrix} \cdot \begin{bmatrix} 0 & 1 & 0 & 1 & 0 \\ 1 & 0 & 1 & 0 & 0 \\ 0 & 0 & 0 & 1 & 0 \\ 0 & 0 & 0 & 0 & 1 \\ 0 & 1 & 0 & 1 & 1 \end{bmatrix} =$$

$$= \begin{bmatrix} 0 & 2 & 0 & 3 & 1 \\ 1 & 0 & 1 & 0 & 2 \\ 0 & 1 & 0 & 1 & 1 \\ 1 & 1 & 1 & 1 & 2 \\ 1 & 3 & 1 & 4 & 3 \end{bmatrix} \overset{\oplus}{\Rightarrow} \begin{bmatrix} 6 \\ 4 \\ 3 \\ 6 \\ 12 \end{bmatrix}$$

$$\Downarrow \oplus \qquad\qquad \Downarrow \oplus$$

$$[3, \; 7, \; 3, \; 9, \; 9,] \overset{\oplus}{\Rightarrow} \boxed{31}$$

Existen treinta y un caminos de longitud tres. Y así, sucesivamente, podríamos calcular cualquier número de caminos de longitud cualquiera n, sin más que hacer:

$$[M]^n = [M]^{n-1} \cdot [M]^1$$

$$= [M]^{n-2} \cdot [M]^2$$

$$= [M]^{n-3} \cdot [M]^3$$

Veamos otro ejemplo en la figura 15.

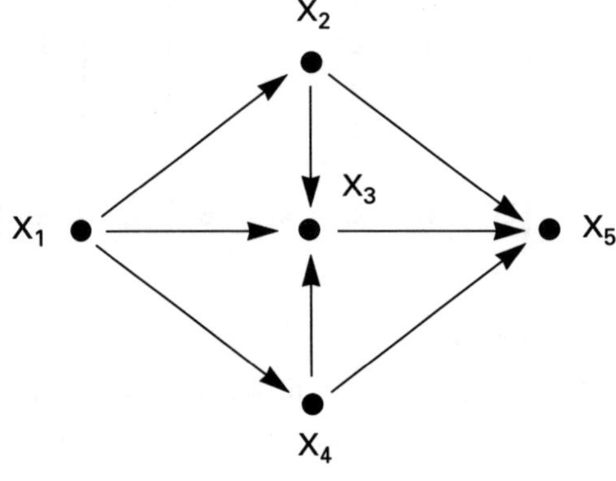

Figura 15

$$[M]^1 = \begin{bmatrix} 0 & 1 & 1 & 1 & 0 \\ 0 & 0 & 1 & 0 & 1 \\ 0 & 0 & 0 & 0 & 1 \\ 0 & 0 & 1 & 0 & 1 \\ 0 & 0 & 0 & 0 & 0 \end{bmatrix} \xrightarrow{\oplus} \begin{bmatrix} 3 \\ 2 \\ 1 \\ 2 \\ 0 \end{bmatrix}$$

$$\downarrow \oplus \qquad\qquad\qquad \downarrow \oplus$$

$$[0, \; 1, \; 3, \; 1, \; 3] \xrightarrow{\oplus} \boxed{8}$$

$$[M]^2 = \begin{bmatrix} 0 & 1 & 1 & 1 & 0 \\ 0 & 0 & 1 & 0 & 1 \\ 0 & 0 & 0 & 0 & 1 \\ 0 & 0 & 1 & 0 & 1 \\ 0 & 0 & 0 & 0 & 0 \end{bmatrix} \bullet \begin{bmatrix} 0 & 1 & 1 & 1 & 0 \\ 0 & 0 & 1 & 0 & 1 \\ 0 & 0 & 0 & 0 & 1 \\ 0 & 0 & 1 & 0 & 1 \\ 0 & 0 & 0 & 0 & 0 \end{bmatrix} =$$

$$= \begin{bmatrix} 0 & 0 & 2 & 0 & 3 \\ 0 & 0 & 0 & 0 & 1 \\ 0 & 0 & 0 & 0 & 0 \\ 0 & 0 & 0 & 0 & 1 \\ 0 & 0 & 0 & 0 & 0 \end{bmatrix} \xrightarrow{\oplus} \begin{bmatrix} 5 \\ 1 \\ 0 \\ 1 \\ 0 \end{bmatrix}$$

$$\downarrow \oplus \qquad\qquad\qquad \downarrow \oplus$$

$$[0, \; 0, \; 2, \; 0, \; 5] \xrightarrow{\oplus} \boxed{7}$$

$$[M]^3 = [M]^2 \bullet [M]^1 =$$

$$= \begin{bmatrix} 0 & 0 & 2 & 0 & 3 \\ 0 & 0 & 0 & 0 & 1 \\ 0 & 0 & 0 & 0 & 0 \\ 0 & 0 & 0 & 0 & 1 \\ 0 & 0 & 0 & 0 & 0 \end{bmatrix} \bullet \begin{bmatrix} 0 & 1 & 1 & 1 & 0 \\ 0 & 0 & 1 & 0 & 1 \\ 0 & 0 & 0 & 0 & 1 \\ 0 & 0 & 1 & 0 & 1 \\ 0 & 0 & 0 & 0 & 0 \end{bmatrix} =$$

$$= \begin{bmatrix} 0 & 0 & 0 & 0 & 2 \\ 0 & 0 & 0 & 0 & 0 \\ 0 & 0 & 0 & 0 & 0 \\ 0 & 0 & 0 & 0 & 0 \\ 0 & 0 & 0 & 0 & 0 \end{bmatrix} \xrightarrow{\oplus} \begin{bmatrix} 2 \\ 0 \\ 0 \\ 0 \\ 0 \end{bmatrix}$$

$$\downarrow \oplus \qquad\qquad\qquad \downarrow \oplus$$

$$[0, \; 0, \; 0, \; 0, \; 2] \xrightarrow{\oplus} \boxed{2}$$

$$[M]^4 = [M]^3 \cdot [M]^1 =$$

$$= \begin{bmatrix} 0 & 0 & 0 & 0 & 2 \\ 0 & 0 & 0 & 0 & 0 \\ 0 & 0 & 0 & 0 & 0 \\ 0 & 0 & 0 & 0 & 0 \\ 0 & 0 & 0 & 0 & 0 \end{bmatrix} \cdot \begin{bmatrix} 0 & 1 & 1 & 1 & 0 \\ 0 & 0 & 1 & 0 & 1 \\ 0 & 0 & 0 & 0 & 1 \\ 0 & 0 & 1 & 0 & 1 \\ 0 & 0 & 0 & 0 & 0 \end{bmatrix} =$$

$$= \begin{bmatrix} 0 & 0 & 0 & 0 & 0 \\ 0 & 0 & 0 & 0 & 0 \\ 0 & 0 & 0 & 0 & 0 \\ 0 & 0 & 0 & 0 & 0 \\ 0 & 0 & 0 & 0 & 0 \end{bmatrix} \xrightarrow{\oplus} \begin{bmatrix} 0 \\ 0 \\ 0 \\ 0 \\ 0 \end{bmatrix}$$

$$\downarrow \oplus \qquad\qquad \downarrow \oplus$$

$$[0,\ 0,\ 0,\ 0,\ 0] \xrightarrow{\oplus} \boxed{0}$$

En la figura 15, los caminos son los siguientes:

l = 1 ⇒ $X_1 - X_2$
$X_1 - X_3$
$X_1 - X_4$
$X_2 - X_3$
$X_2 - X_5$
$X_3 - X_5$
$X_4 - X_3$
$X_4 - X_5$

l = 2 ⇒ $X_1 - X_2 - X_5$
$X_1 - X_3 - X_5$
$X_1 - X_4 - X_5$
$X_1 - X_2 - X_3$
$X_1 - X_4 - X_3$
$X_2 - X_3 - X_5$
$X_4 - X_3 - X_5$

l = 3 ⇒ $X_1 - X_2 - X_3 - X_5$
$X_1 - X_4 - X_3 - X_5$

l = 4 ⇒ No existen caminos de longitud cuatro,
ni superiores tampoco.

1.6. Ordenación de grafos

Vamos a ver mediante casos prácticos dos formas de ordenar un grafo en niveles, y poco a poco comprenderemos el sentido práctico de este concepto.

Ordenación por el método de los semigrados exteriores

Al hablar de semigrados estamos tratando, implícitamente, de grafos ordenados. Sea el grafo de la figura 16. Vamos a plantear su matriz booleana.

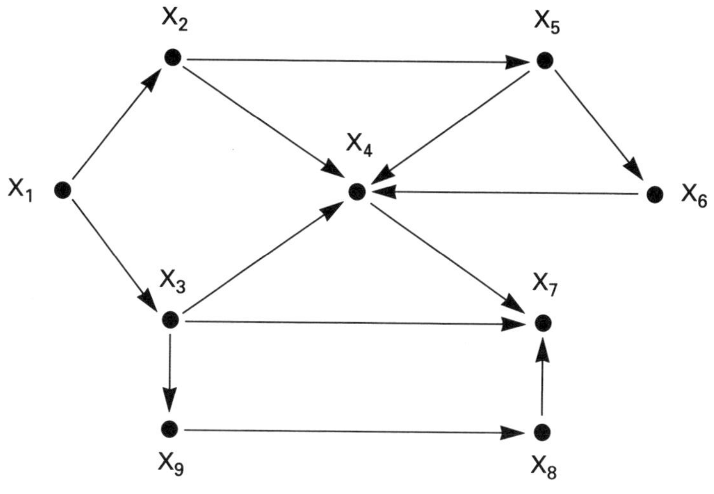

Figura 16

	V_{X_1}	V_{X_2}	V_{X_3}	V_{X_4}	V_{X_5}	V_{X_6}	V_{X_7}	V_{X_8}	V_{X_9}	V_0	V_1	V_2	V_3	V_4	V_5
	0	1	1	0	0	0	0	0	0	2	2	2	2	1	0
	0	0	0	1	1	0	0	0	0	2	2	1	1	0	X
	0	0	0	1	0	0	1	0	1	3	2	1	0	X	X
	0	0	0	0	0	0	1	0	0	1	0	X	X	X	X
[M] =	0	0	0	1	0	1	0	0	0	2	2	1	0	X	X
	0	0	0	1	0	0	0	0	0	1	1	0	X	X	X
	0	0	0	0	0	0	0	0	0	0	X	X	X	X	X
	0	0	0	0	0	0	1	0	0	1	0	X	X	X	X
	0	0	0	0	0	0	0	1	0	1	1	0	X	X	X

El primer paso consiste en calcular un vector columna V_0, que es el correspondiente a los semigrados exteriores de los vértices del grafo. Este vector columna se halla escrito al lado de la matriz booleana [M]. Como recordaremos, el hecho de que una componente de V_0 sea cero significa que el semigrado exterior del vértice que corresponda es nulo, es decir, que no sale ningún arco de él. Esto se traduce en que dicho vértice, o vértices, es el nudo final del grafo.

En nuestro caso, se anula la séptima componente de V_0. Entonces, el vértice X_7 es el nudo final del grafo y él solo constituye un nivel. Le llamaremos «nivel 0».

El siguiente paso consiste en formar otro nuevo vector V_1 que resulta de restar al anterior vector V_0 los vectores correspondientes a los vértices que hayan integrado el nivel cero.

Analíticamente puede ponerse:

$$V_1 = V_0 - V_{X_7}$$

La posición de los vértices eliminados en el nivel anterior se marcará sucesivamente con una X.

Detallando la operación:

$$\overset{V_0}{\begin{bmatrix} 2 \\ 2 \\ 3 \\ 1 \\ 2 \\ 1 \\ 0 \\ 1 \\ 1 \end{bmatrix}} - \overset{V_{X_7}}{\begin{bmatrix} 0 \\ 0 \\ 1 \\ 1 \\ 0 \\ 0 \\ 0 \\ 1 \\ 0 \end{bmatrix}} = \overset{V_1}{\begin{bmatrix} 2 \\ 2 \\ 2 \\ 0 \\ 2 \\ 1 \\ X \\ 0 \\ 1 \end{bmatrix}}$$

Los vértices que integrarán el «nivel 1» son los correspondientes a las posiciones nulas de V_1: son el X_4 y el X_8.

Para el siguiente nivel haremos

$$V_2 = V_1 - V_{X_4} - V_{X_8}$$

$$\overset{V_1}{\begin{bmatrix} 2 \\ 2 \\ 2 \\ X \\ 2 \\ 1 \\ X \\ X \\ 1 \end{bmatrix}} - \overset{V_{X_4}}{\begin{bmatrix} 0 \\ 1 \\ 1 \\ 0 \\ 1 \\ 1 \\ 0 \\ 0 \\ 0 \end{bmatrix}} - \overset{V_{X_8}}{\begin{bmatrix} 0 \\ 0 \\ 0 \\ 0 \\ 0 \\ 0 \\ 0 \\ 0 \\ 1 \end{bmatrix}} = \overset{V_2}{\begin{bmatrix} 2 \\ 1 \\ 1 \\ X \\ 1 \\ 0 \\ X \\ X \\ 0 \end{bmatrix}}$$

Los vértices X_6 y X_9 integran el «nivel 2». Análogamente:

$$V_3 = V_2 - V_{X_6} - V_{X_9}$$

$$\overset{V_2}{\begin{bmatrix} 2 \\ 1 \\ 1 \\ X \\ 1 \\ X \\ X \\ X \\ X \end{bmatrix}} - \overset{V_{X_6}}{\begin{bmatrix} 0 \\ 0 \\ 0 \\ 0 \\ 1 \\ 0 \\ 0 \\ 0 \\ 0 \end{bmatrix}} - \overset{V_{X_9}}{\begin{bmatrix} 0 \\ 0 \\ 1 \\ 0 \\ 0 \\ 0 \\ 0 \\ 0 \\ 0 \end{bmatrix}} = \overset{V_3}{\begin{bmatrix} 2 \\ 1 \\ 0 \\ X \\ 0 \\ X \\ X \\ X \\ X \end{bmatrix}}$$

El «nivel 3» lo integran los vértices X_3 y X_5. De nuevo:

$$V_4 = V_3 - V_{X_3} - V_{X_5}$$

$$\overset{V_3}{\begin{bmatrix} 2 \\ 1 \\ X \\ X \\ X \\ X \\ X \\ X \\ X \end{bmatrix}} - \overset{V_{X_3}}{\begin{bmatrix} 1 \\ 0 \\ 0 \\ 0 \\ 0 \\ 0 \\ 0 \\ 0 \\ 0 \end{bmatrix}} - \overset{V_{X_5}}{\begin{bmatrix} 0 \\ 1 \\ 0 \\ 0 \\ 0 \\ 0 \\ 0 \\ 0 \\ 0 \end{bmatrix}} = \overset{V_4}{\begin{bmatrix} 1 \\ 0 \\ X \\ X \\ X \\ X \\ X \\ X \\ X \end{bmatrix}}$$

El «nivel 4» es el vértice X_2. Así pues:

$$V_5 = V_4 - V_{X_2}$$

$$\overset{V_4}{\begin{bmatrix} 1 \\ X \\ X \\ X \\ X \\ X \\ X \\ X \\ X \end{bmatrix}} - \overset{V_{X_2}}{\begin{bmatrix} 1 \\ 0 \\ 0 \\ 0 \\ 0 \\ 0 \\ 0 \\ 0 \\ 0 \end{bmatrix}} = \overset{V_5}{\begin{bmatrix} 0 \\ X \\ X \\ X \\ X \\ X \\ X \\ X \\ X \end{bmatrix}}$$

El «nivel 5» lo compone el vértice X_1. De esta forma, tenemos seis niveles que podemos reflejar mediante el siguiente cuadro:

NIVEL	0 N 0	1 N I	2 N II	3 N III	4 N IV	5 N V
VÉRTICES	X_7	X_4 X_8	X_6 X_9	X_3 X_5	X_2	X_1

La ordenación en niveles del grafo es la dada en la figura 17.

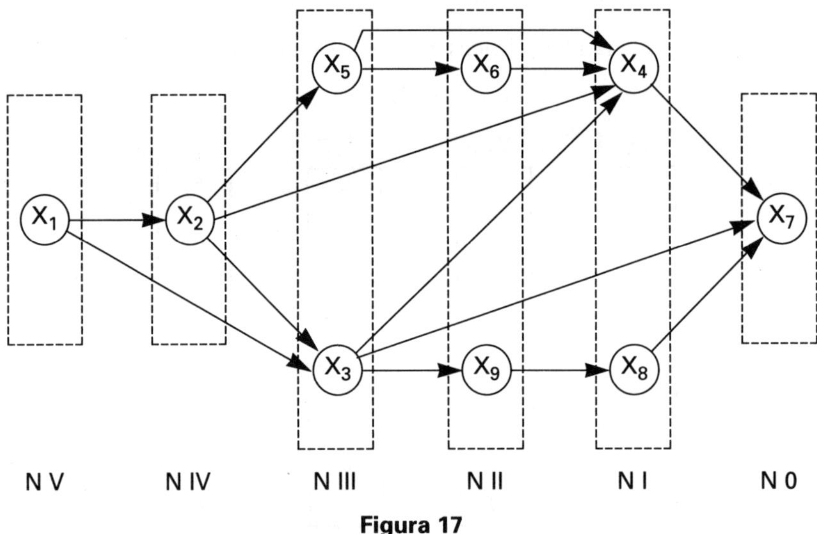

Figura 17

Mediante la ordenación se consigue agrupar los vértices que en cada nivel no están relacionados. Observar que X_5 no tienen conexión con X_3, ni X_6 con X_9, ni X_4 con X_8. Además, si eliminamos el nivel cero, los nudos del siguiente nivel X_4 y X_8 tienen entonces un semigrado nulo. Lo mismo ocurre con X_6 y X_9 del nivel II si eliminamos el nivel I. Y así sucesivamente. Estas deducciones tendrán particular importancia al estudiar el método PERT (técnica de revisión y evaluación de proyectos).

Ordenación por el método del producto de matrices booleanas

Vamos a realizar la ordenación del mismo grafo de la figura 16, pero por el método del producto de matrices booleanas.

El primer paso es multiplicar por sí misma la matriz booleana del grafo, pero colocando en la diagonal todos los elementos uno.

$$[M] \cdot [M] = [M]^2 \quad \begin{bmatrix} 1 & 1 & 1 & 0 & 0 & 0 & 0 & 0 & 0 \\ 0 & 1 & 0 & 1 & 1 & 0 & 0 & 0 & 0 \\ 0 & 0 & 1 & 1 & 0 & 0 & 1 & 0 & 1 \\ 0 & 0 & 0 & 1 & 0 & 0 & 1 & 0 & 0 \\ 0 & 0 & 0 & 1 & 1 & 1 & 0 & 0 & 0 \\ 0 & 0 & 0 & 1 & 0 & 1 & 0 & 0 & 0 \\ 0 & 0 & 0 & 0 & 0 & 0 & 1 & 0 & 0 \\ 0 & 0 & 0 & 0 & 0 & 0 & 1 & 1 & 0 \\ 0 & 0 & 0 & 0 & 0 & 0 & 0 & 1 & 1 \end{bmatrix} \cdot \begin{bmatrix} 1 & 1 & 1 & 0 & 0 & 0 & 0 & 0 & 0 \\ 0 & 1 & 0 & 1 & 1 & 0 & 0 & 0 & 0 \\ 0 & 0 & 1 & 1 & 0 & 0 & 1 & 0 & 1 \\ 0 & 0 & 0 & 1 & 0 & 0 & 1 & 0 & 0 \\ 0 & 0 & 0 & 1 & 1 & 1 & 0 & 0 & 0 \\ 0 & 0 & 0 & 1 & 0 & 1 & 0 & 0 & 0 \\ 0 & 0 & 0 & 0 & 0 & 0 & 1 & 0 & 0 \\ 0 & 0 & 0 & 0 & 0 & 0 & 1 & 1 & 0 \\ 0 & 0 & 0 & 0 & 0 & 0 & 0 & 1 & 1 \end{bmatrix} =$$

$$= \begin{bmatrix} 1 & 2 & 2 & 2 & 1 & 0 & 1 & 0 & 1 \\ 0 & 1 & 0 & 3 & 2 & 1 & 1 & 0 & 0 \\ 0 & 0 & 1 & 2 & 0 & 0 & 3 & 1 & 2 \\ 0 & 0 & 0 & 1 & 0 & 0 & 2 & 0 & 0 \\ 0 & 0 & 0 & 3 & 1 & 2 & 1 & 0 & 0 \\ 0 & 0 & 0 & 2 & 0 & 1 & 1 & 0 & 0 \\ 0 & 0 & 0 & 0 & 0 & 0 & 1 & 0 & 0 \\ 0 & 0 & 0 & 0 & 0 & 0 & 2 & 1 & 0 \\ 0 & 0 & 0 & 0 & 0 & 0 & 1 & 2 & 1 \end{bmatrix}$$

En la matriz resultante se sustituye cualquier elemento no nulo por un 1:

$$[M]^2 = \begin{bmatrix} 1 & 1 & 1 & 1 & 1 & 0 & 1 & 0 & 1 \\ 0 & 1 & 0 & 1 & 1 & 1 & 1 & 0 & 0 \\ 0 & 0 & 1 & 1 & 0 & 0 & 1 & 1 & 1 \\ 0 & 0 & 0 & 1 & 0 & 0 & 1 & 0 & 0 \\ 0 & 0 & 0 & 1 & 1 & 1 & 1 & 0 & 0 \\ 0 & 0 & 0 & 1 & 0 & 1 & 1 & 0 & 0 \\ 0 & 0 & 0 & 0 & 0 & 0 & 1 & 0 & 0 \\ 0 & 0 & 0 & 0 & 0 & 0 & 1 & 1 & 0 \\ 0 & 0 & 0 & 0 & 0 & 0 & 1 & 1 & 1 \end{bmatrix} \begin{matrix} \\ \\ \\ \\ \\ \\ \longleftarrow \text{fila } X_7 \\ \\ \\ \end{matrix}$$

Las componentes de cada nivel se obtienen fijándonos en las filas en las que todos los elementos son iguales a cero, menos uno de ellos. Así pues, el primer nivel, el «nivel cero», lo compone el vértice X_7, pues la fila séptima es la que de la matriz $[M]^2$ tiene todos sus elementos nulos menos uno. Para el cálculo de los siguientes niveles, se van realizando los cuadrados de las matrices que se han obtenido, previamente eliminadas la fila y la columna que corresponden a los vértices considerados en ese nivel determinado.

En nuestro caso, eliminamos la fila y columna de X_7.

$$\begin{matrix} X_1 \\ X_2 \\ X_3 \\ X_4 \\ X_5 \\ X_6 \\ \\ X_8 \\ X_9 \end{matrix}
\begin{bmatrix}
1 & 1 & 1 & 1 & 1 & 0 & 1 & 0 & 1 \\
0 & 1 & 0 & 1 & 1 & 1 & 1 & 0 & 0 \\
0 & 0 & 1 & 1 & 0 & 0 & 1 & 1 & 1 \\
0 & 0 & 0 & 1 & 0 & 0 & 1 & 0 & 0 \\
0 & 0 & 0 & 1 & 1 & 1 & 1 & 0 & 0 \\
0 & 0 & 0 & 1 & 0 & 1 & 1 & 0 & 0 \\
\not 0 & \not 0 & \not 0 & \not 0 & \not 0 & \not 0 & 1 & \not 0 & \not 0 \\
0 & 0 & 0 & 0 & 0 & 0 & 1 & 1 & 0 \\
0 & 0 & 0 & 0 & 0 & 0 & 1 & 1 & 1
\end{bmatrix}
\cdot
\begin{bmatrix}
1 & 1 & 1 & 1 & 1 & 0 & 1 & 0 & 1 \\
0 & 1 & 0 & 1 & 1 & 1 & 1 & 0 & 0 \\
0 & 0 & 1 & 1 & 0 & 0 & 1 & 1 & 1 \\
0 & 0 & 0 & 1 & 0 & 0 & 1 & 0 & 0 \\
0 & 0 & 0 & 1 & 1 & 1 & 1 & 0 & 0 \\
0 & 0 & 0 & 1 & 0 & 1 & 1 & 0 & 0 \\
\not 0 & \not 0 & \not 0 & \not 0 & \not 0 & \not 0 & 1 & \not 0 & \not 0 \\
0 & 0 & 0 & 0 & 0 & 0 & 1 & 1 & 0 \\
0 & 0 & 0 & 0 & 0 & 0 & 1 & 1 & 1
\end{bmatrix} =$$

$$= \begin{bmatrix}
1 & 2 & 2 & 5 & 3 & 2 & 2 & 3 \\
0 & 1 & 0 & 4 & 2 & 3 & 0 & 0 \\
0 & 0 & 1 & 2 & 0 & 0 & 3 & 2 \\
0 & 0 & 0 & 1 & 0 & 0 & 0 & 0 \\
0 & 0 & 0 & 3 & 1 & 2 & 0 & 0 \\
0 & 0 & 0 & 2 & 0 & 1 & 0 & 0 \\
0 & 0 & 0 & 0 & 0 & 0 & 1 & 0 \\
0 & 0 & 0 & 0 & 0 & 0 & 2 & 1
\end{bmatrix}$$

Sustituimos los elementos no nulos por unos:

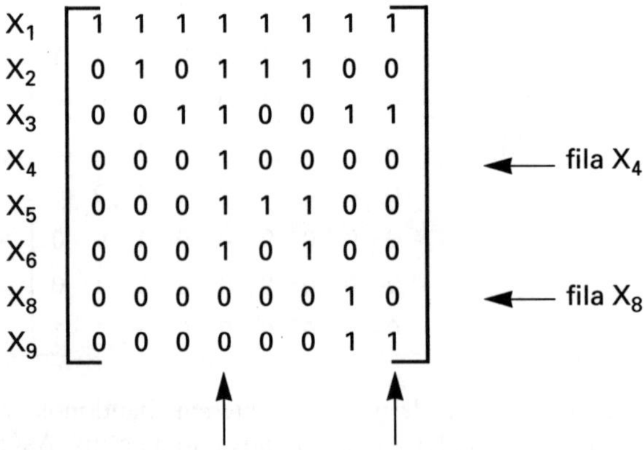

Nivel I ⇒ Vértices X_4 y X_8

Para el siguiente producto de matrices no consideramos las filas ni las columnas que corresponden a X_4 y X_8.

$$\begin{matrix} X_1 \\ X_2 \\ X_3 \\ X_5 \\ X_6 \\ X_9 \end{matrix} \begin{bmatrix} 1 & 1 & 1 & 1 & 1 & 1 \\ 0 & 1 & 0 & 1 & 1 & 0 \\ 0 & 0 & 1 & 0 & 0 & 1 \\ 0 & 0 & 0 & 1 & 1 & 0 \\ 0 & 0 & 0 & 0 & 1 & 0 \\ 0 & 0 & 0 & 0 & 0 & 1 \end{bmatrix} \cdot \begin{bmatrix} 1 & 1 & 1 & 1 & 1 & 1 \\ 0 & 1 & 0 & 1 & 1 & 0 \\ 0 & 0 & 1 & 0 & 0 & 1 \\ 0 & 0 & 0 & 1 & 1 & 0 \\ 0 & 0 & 0 & 0 & 1 & 0 \\ 0 & 0 & 0 & 0 & 0 & 1 \end{bmatrix} = \begin{bmatrix} 1 & 2 & 2 & 3 & 4 & 3 \\ 0 & 1 & 0 & 2 & 3 & 0 \\ 0 & 0 & 1 & 0 & 0 & 2 \\ 0 & 0 & 0 & 1 & 2 & 0 \\ 0 & 0 & 0 & 0 & 1 & 0 \\ 0 & 0 & 0 & 0 & 0 & 1 \end{bmatrix}$$

La matriz de unos y ceros es:

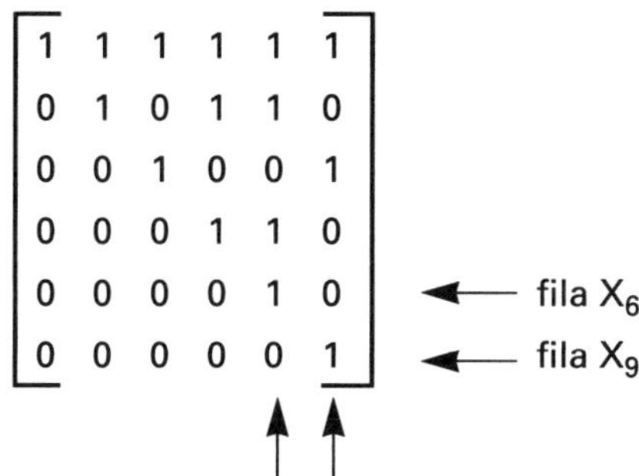

Nivel II $\Rightarrow$ Vértices X_6 y X_9

Siguiente paso:

$$\begin{matrix} X_1 \\ X_2 \\ X_3 \\ X_5 \end{matrix} \begin{bmatrix} 1 & 1 & 1 & 1 \\ 0 & 1 & 0 & 1 \\ 0 & 0 & 1 & 0 \\ 0 & 0 & 0 & 1 \end{bmatrix} \cdot \begin{bmatrix} 1 & 1 & 1 & 1 \\ 0 & 1 & 0 & 1 \\ 0 & 0 & 1 & 0 \\ 0 & 0 & 0 & 1 \end{bmatrix} =$$

$$= \begin{bmatrix} 1 & 2 & 2 & 3 \\ 0 & 1 & 0 & 2 \\ 0 & 0 & 1 & 0 \\ 0 & 0 & 0 & 1 \end{bmatrix} \rightarrow \begin{bmatrix} 1 & 1 & 1 & 1 \\ 0 & 1 & 0 & 1 \\ 0 & 0 & 1 & 0 \\ 0 & 0 & 0 & 1 \end{bmatrix} \begin{matrix} \\ \\ \leftarrow X_3 \\ \leftarrow X_5 \end{matrix}$$

Nivel III $\Rightarrow X_3$ y X_5

Siguiente iteración:

$$\begin{matrix} X_1 \\ X_2 \end{matrix} \begin{bmatrix} 1 & 1 \\ 0 & 1 \end{bmatrix} \cdot \begin{bmatrix} 1 & 1 \\ 0 & 1 \end{bmatrix} = \begin{bmatrix} 1 & 2 \\ 0 & 1 \end{bmatrix} \begin{matrix} \\ \leftarrow X_2 \leftarrow \text{Nivel IV} \end{matrix}$$

Y por tanto el nivel V es el nudo X_1. Resultado que coincide con el método empleado anteriormente.

1.7. Principales aplicaciones de la teoría de grafos

Hasta ahora en un grafo hemos considerado dos conceptos clave: vértices o nudos y arcos. El arco simboliza la existencia de relación o simple conexión entre dos vértices. Pero todavía podemos añadir más información en el grafo; podemos introducir otra variable a controlar: es el «valor del arco». Por ejemplo, dos ciudades A y B pueden estar conectadas por tres distintas carreteras (figura 18).

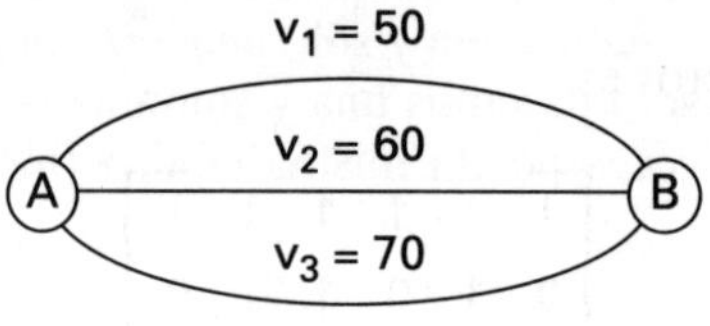

Figura 18

Si añadimos valor al arco, podremos decir, además, que la distancia entre A y B es de 50, 60 ó 70 kilómetros, según se circule por una carretera u otra. En este caso concreto, el valor sobre el arco expresa el valor de la variable distancia. Pero podría interesarnos otra variable distinta, por ejemplo el tiempo. Y entonces el valor de cada arco será distinto, aunque siga estableciendo la misma conexión entre A y B. La figura 19 indica sobre cada arco el tiempo empleado en ir desde A hasta B, y viceversa, y no es de extrañar que no guarde una razón proporcional la distancia con el tiempo, ya que el tiempo dependerá de la velocidad media, del estado de las carreteras, del medio de transporte empleado, etc. Estas consideraciones deben tenerse en cuenta a la hora de elegir las variables que intervienen en el grafo, ya que según el tipo de gestión empresarial elegido, la variable a optimizar será una u otra.

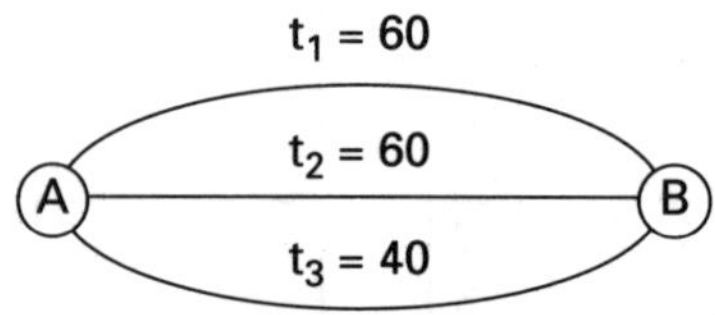

Figura 19

Otras veces no nos interesará tanto ni el tiempo ni la distancia, como la capacidad de un transporte por la red o grafo, y la elección de una variable u otra será función de otros parámetros comerciales y empresariales. Habrá ocasiones en que lo que más interese sea el coste total de transporte, optimizado en función de la distancia, siendo el coste en pesetas por kilómetro recorrido. Otras veces, interesará más el cumplimietno de un plazo de entrega comprometido que el coste que pueda suponer dicho cumplimiento. De esta forma, debermos optimizar el tiempo de transporte. Y otras veces interesará dar un determinado nivel de servicio al cliente en el plazo fijado, debiendo para ello transportar la cantidad necesaria para su satisfacción, debiendo tener la ruta la capacidad suficiente y, a ser posible, la justa para optimizar igualmente el medio de transporte elegido. Todo esto conduce al tratamiento de las componentes del grafo de un forma u otra según las variables a optimizar, y surgen problemas cuya resolución se consigue mediante distintos modelos de gestión con denominaciones típicas.

Los algoritmos más utilizados son aquellos en los que se trata de optimizar:

a) tiempos de ejecución de una actividad,
b) distancias entre puntos determinados,
c) capacidad entre puntos determinados o flujo.

Dentro de la optimización de tiempos puede interesar el considerar ciertas restricciones o condiciones. Por ejemplo, si queremos recorrer una red de varias ciudades de tal manera que sólo pasemos una y sólo una vez por cada ciudad (problema del agente viajero), o bien que sólo pasemos una y sólo una vez por cada tramo de carretera, aunque pasemos dos veces por la misma ciudad (inspección de tráfico). Estos problemas se relacionan con los conceptos de caminos y circuitos hamiltonianos, y caminos eulerianos citados anteriormente.

También trataremos en optimización de recursos el tema de asignación o correspondencia entre un conjunto de elementos y otro, donde podremos graficamente visualizar de una forma trivial dichas relaciones convenientes. Lo resumido hasta aquí podemos esquematizarlo en el cuadro siguiente:

VARIABLE A OPTIMIZAR	TIEMPO	DISTANCIA	CAPACIDAD	ACOPLAMIENTO
MODELOS DE GESTIÓN TÍPICOS	**Ordenamiento**	**Transporte**	**Flujo máximo**	**Producción**
	PERT CPM ROY	• Esquina NO • Coste mínimo • Vogel (MAV) • *Stepping-stone* • MODI **Caminos mínimo y máximo** • Algoritmo de Ford • Bellman-Kabala **Distribución** • Hamilton • Euler • Kaufmann	• Algoritmo de Ford-Fulkerson **Distribución** • Método húngaro	• Diagramas de flujo • Asignación y compatibilidad • *Layout* • Manutención y almacenaje • Diagrama de cargas

Todos estos temas son tratados en los distintos capítulos de este libro.

2. ALGORITMO DE FORD

2.1. Determinación de tiempos

El algoritmo de Ford está diseñado para determinar en un cierto grafo o red el camino más corto o más largo entre dos puntos elegidos, un origen y un final.

Utilizaremos la notación de la figura 20.

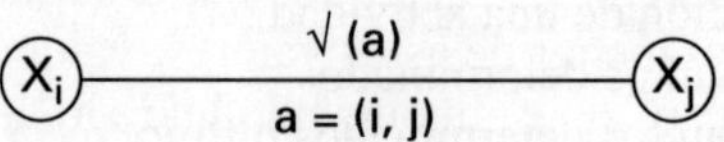

Figura 20

donde X_i y X_j son dos vértices genéricos del grafo, a = (i, j) es el arco entre X_i y X_j, y √ (a) es el valor de dicho arco (distancias o tiempo).

Sea el grafo de la figura 21, donde los valores de arco son tiempos (horas).

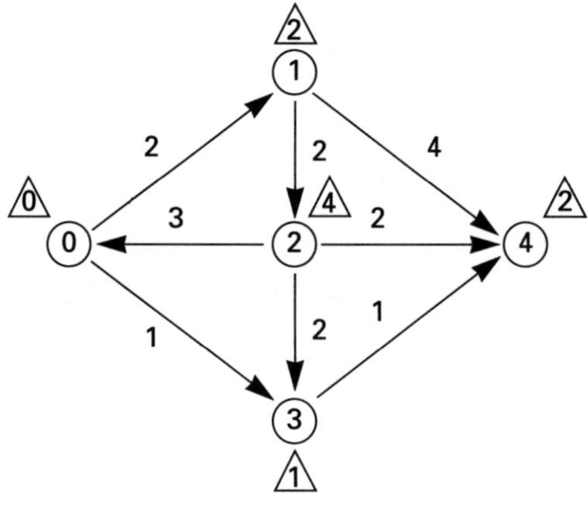

Figura 21

Se trata de encontrar el camino más corto entre el origen 0 (o X_0 si se quiere) y el final 4 (ó X_4). Antes de presentar expresiones analíticas, tratemos de razonar:

Supongamos que un camión sale del origen en el tiempo t = 0. El origen siempre se marca con t = 0 y este valor se anota al lado de X_0 en un triángulo. El camión puede llegar a ① sólo por el arco (0,1) y tardará precisamente el valor del arco, √ (0,1) = 2 horas. Como no hay otro camino para llegar a ①, «lo antes posible» que llegará a ① será en 2 horas. Este valor se anota en otro triángulo al lado de ①.

Al nudo ② sólo se puede acceder desde 1 a través de la carretera (1,2) tardando dos horas. ¿Cuánto se tardará en llegar desde el origen a ②? Como sólo hay una ruta posible, será el tiempo empleado en llegar a ①, que ya lo hemos calculado, más el empleado en llegar de ① a ②. Así pues, sumando ambos valores será (△2 + 2) = 4. Y se anota en ② como △4.

Analicemos ahora el nudo ③. Siempre trataremos de responder primero a la pregunta: «¿Por cuántos caminos puedo llegar?» y, de aquí, obtendremos el tiempo más corto en llegar, sin preocuparnos de momento por todo el camino. A ③ puedo entrar por dos caminos: desde ② por (2,3) y desde ⓪ por (0,3). Como interesa «lo antes posible» en llegar, usaré los valores de los nudos anteriores ya calculados sin tener la necesidad de empezar desde el origen explorando todos los caminos. Es decir, lo antes posible que se puede llegar a ②, sea por donde sea, ya sabemos que es △4. Luego en llegar a ③ desde ② tardaremos: △4 + 2 = 6. Y a ③ desde ⓪ tardaremos △0 + 1 = 1. Por supuesto, elegiremos el menor de estos valores, ya que se trata de caminos mínimos. Entonces en ③ colocaré △1, simbolizando que «lo antes posible» que podemos estar partiendo de ⓪ es △1.

Y una vez fijado este valor en un vértice, no es preciso analizar la parte de grafo anterior a él para determinar otros tiempos posteriores.

Por último, para llegar a ④ observamos en primer lugar que puede accederse por tres sitios:

Desde ① por (1,4)
Desde ② por (2,4)
Desde ③ por (3,4)

Ya sabemos que a ① lo antes posible que se llega, por el camino que sea (ahora esto no nos importa), es △2.

A ② se llega lo antes posible en △4 por el camino que sea. Y a ③ en △1 por el camino que sea. Entonces, a ④ se podrá tardar en llegar:

Por (1,4): △2 + √ (1,4) = △2 + 4 = 6 horas

Por (2,4): △4 + √ (2,4) + △4 + 2 = 6 horas

Por (3,4): △1 + √ (3,4) = △1 + 1 = 2 horas

Lo antes posible en llegar a ④ es, pues, △2 horas. Y este valor es el tiempo o camino mínimo para llegar a ④.

Sistematizando esta forma de operar, podemos poner:

$$(i,j): \triangle x_j = \text{mín} \left[\triangle x_i + \surd\ (i,j) \right], \forall\ (i,j)$$

Es decir, «lo antes posible» en llegar a un nudo $\triangle x_j$, expresado por X_j, se calculará mediante todas las sumas posibles $\triangle x_i + \surd\ (i,j)$, para todos los caminos posibles entre $\triangle x_i$ y X_j, $\forall$ (i,j), y después tomando el mínimo.

Es decir, en nuestro grafo de la figura 21 puede escribirse:

Nudo ⓪: Siempre △0

Nudo ①: Caminos posibles para llegar a él: (0,1)

$$\triangle x_1 = \text{mín} \left[\triangle x_0 + \surd\ (0,1) \right] =$$

$$= \text{mín} \left[0 + 2 \right] = 2$$

Nudo ②: Caminos posibles para llegar a él: (1,2)

$$\triangle x_2 = \text{mín}\left[\triangle x_1 + \surd\,(1,2)\right] =$$

$$= \text{mín}\left[2 + 2\right] = 4$$

Nudo ③: Caminos posibles: (0,3) y (2,3)

$$\triangle x_3 = \text{mín}\left[\left(\triangle x_0 + \surd\,(0,3)\right), \left(\triangle x_2 + \surd\,(2,3)\right)\right] =$$

$$= \text{mín}\left[(0 + 1), (4 + 2)\right] = \text{mín}\left[1,6\right] = 1$$

Nudo ④: Caminos posibles: (1,4), (2,4) y (3,4)

$$\triangle x_4 = \text{mín}\left[\left(\triangle x_1 + \surd\,(1,4)\right), \left(\triangle x_2 + \surd\,(2,4)\right), \left(\triangle x_3 + \surd\,(3,4)\right)\right] =$$

$$= \text{mín}\left[(2 + 4), (4 + 2), (1 + 1)\right] = \text{mín}\left[6,6,2\right] = 2$$

El siguiente paso será la determinación del camino entre ⓪ y ④, que se tratará en el siguiente apartado. Antes, vamos a realizar otro ejercicio de determinación de tiempos. Sea el grafo de la figura 22.

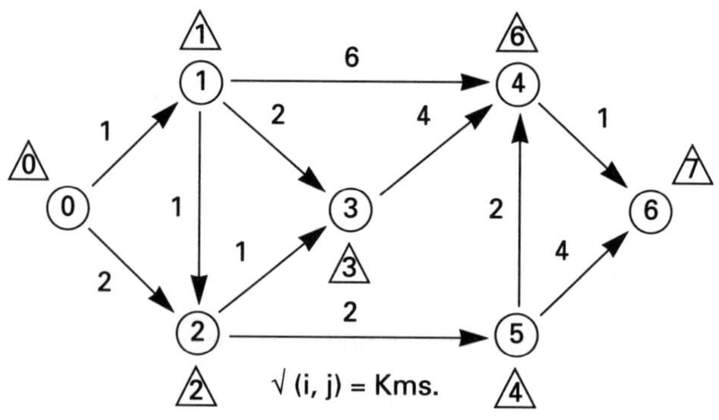

Figura 22

$$\forall\,(i,j): \triangle x_j = \text{mín}\left[\triangle x_i + \surd\,(i,j)\right]$$

Nudo ⓪: Punto de partida $\triangle x_0 = 0$

Nudo ①: Caminos posibles de llegar a él: (0,1)

$$\triangle x_1 = \text{mín}\left[\triangle x_0 + \surd\,(0,1)\right] = \text{mín}\left[0 + 1\right] = \text{mín}\,(1) = 1$$

Nudo ②: Caminos posibles de acceso: (0,2) y (1,2)

$$\triangle x_2 = \text{mín}\left[\left(\triangle x_0 + \surd\,(0,2)\right), \left(\triangle x_1 + \surd\,(1,2)\right)\right] =$$

$$= \text{mín}\left[(0 + 2), (1 + 1)\right] = \text{mín}\,(2,2) = 2$$

Nudo ③: Caminos posibles: (1,3) y (2,3)

$$\triangle x_3 = \text{mín} \left[\left(\triangle x_1 + \surd\,(1,3) \right), \left(\triangle x_2 + (2,3) \right) \right] =$$

$$= \text{mín} \left[(1 + 2), (2 + 1) \right] = \text{mín}\ (3,3) = 3$$

Nudo ④: Caminos posibles: (1,4), (3,4) y (5,4)

Pero vamos a necesitar el valor $\triangle x_5$ para calcular $\triangle x_4$. Luego antes vamos a resolver el nudo ⑤:

Nudo ⑤: Caminos posibles: (2,5)

$$\triangle x_5 = \text{mín} \left[\triangle x_2 + \surd\,(2,5) \right) = \text{mín} \left[(2 + 2) \right] = 4$$

Y ahora volvemos al

Nudo ④: Caminos: (1,4), (3,4) y (5,4)

$$\triangle x_4 = \text{mín} \left[\left(\triangle x_1 + \surd\,(1,4) \right), \left(\triangle x_3 + \surd\,(3,4) \right), \left(\triangle x_5 + \surd\,(5,4) \right) \right] =$$

$$= \text{mín} \left[(1 + 6), (3 + 4), (4 + 2) \right] = \text{mín}\ (7,7,6) = 6$$

Nudo ⑥: Caminos posibles: (4,6) y (5,6)

$$\triangle x_6 = \text{mín} \left[\left(\triangle x_4 + \surd\,(4,6) \right), \left(\triangle x_5 + \surd + (5,6) \right) \right] =$$

$$= \text{mín} \left[(6 + 1), (4 + 4) \right] = \text{mín}\ (7,8) = 7$$

Luego el camino más corto entre ⓪ y ⑥ tiene por valor $\triangle 7$.

2.2. Determinación de caminos

Volvamos al grafo de la figura 21. Para determinar los tramos (arcos) que componen el camino mínimo utilizaremos la siguiente expresión: «Un arco puede pertenecer al camino óptimo si se cumple que»:

$$\triangle x_j - \triangle x_i = \surd\,(i,j),\ \forall\ (i,j)$$

Reproduzcamos el grafo en la figura 23.

Arco (3,4): $\triangle x_4 - \triangle x_3 = 2 - 1 = 1 = \surd\,(3,4) = 1$

↑

(3,4) Puede pertenecer

Arco (2,4): $\triangle x_4 - \triangle x_2 = 2 - 4 = -2 \neq \surd\,(2,4) = 2$
↑
(2,4) No puede pertenecer

Arco (1,4): $\triangle x_4 - \triangle x_1 = 2 - 2 = 0 \neq \surd\,(1,4) = 4$
↑
(1,4) No pertenece

Arco (2,3): $\triangle x_3 - \triangle x_2 = 1 - 4 = -3 \neq \surd\,(2,3) = 2$
↑
(2,3) No pertenece

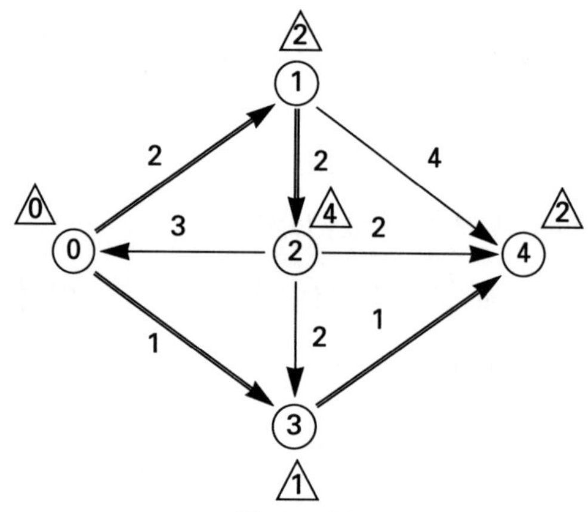

Figura 23

Arco (1,2): $\triangle x_2 - \triangle x_1 = 4 - 2 = 2 = \surd\,(1,2) = 2$
↑
(1,2) Puede pertenecer

Arco (0,3): $\triangle x_3 - \triangle x_0 = 1 - 0 = 1 = \surd\,(0,3) = 1$
↑
(0,3) Puede pertenecer

Arco (0,2): $\triangle x_2 - \triangle x_0 = 4 - 0 = 4 \neq \surd\,(0,2) = 3$
↑
(0,2) No pertenece

Arco (0,1): $\triangle x_1 - \triangle x_0 = 2 - 0 = 2 = \surd\,(0,1) = 2$
↑
(0,1) Puede pertenecer

Hemos marcado con trazo grueso los arcos que «pueden» pertenecer al camino óptimo. Y al decir pueden pertenecer, queremos indicar que no todos los arcos que cumplan la relación expuesta van a constituir camino. De hecho, en la figura 23 no puede completarse un camino con (0,1) y (1,2). Sin embargo, entre ⓪ y ④ puede completarse un camino pasando por

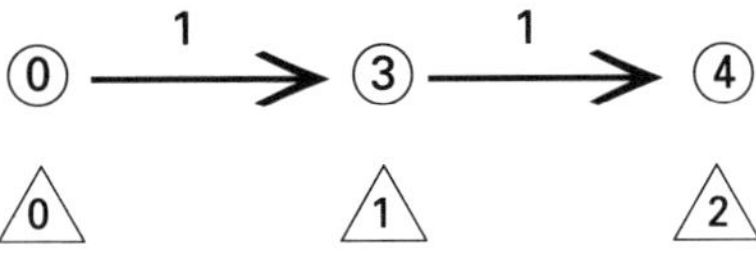

y que es el óptimo (lo marcamos con trazo grueso en la figura 23).

Reproducimos, ahora, el grafo de la figura 22 en la figura 24.

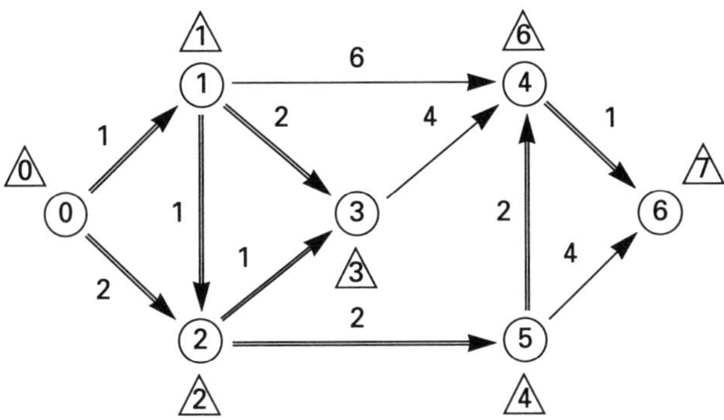

Figura 24

Arco (5,6): $\triangle x_6 - \triangle x_5 = 7 - 4 = 3 \neq \surd\ (5,6) = 4$

Arco (4,6): $\triangle x_6 - \triangle x_4 = 7 - 6 = 1 = \surd\ (4,6) = 1$

Arco (5,4): $\triangle x_4 - \triangle x_5 = 6 - 4 = 2 = \surd\ (5,4) = 2$

Arco (3,4): $\triangle x_4 - \triangle x_3 = 6 - 3 = 3 \neq \surd\ (3,4) = 4$

Arco (1,4): $\triangle x_4 - \triangle x_1 = 6 - 1 = 5 \neq \surd\ (1,4) = 6$

Arco (2,5): $\triangle x_5 - \triangle x_2 = 4 - 2 = 2 = \surd\ (2,5) = 2$

Arco (1,3): $\triangle x_3 - \triangle x_1 = 3 - 1 = 2 = \surd\ (1,3) = 2$

Arco (2,3): $\triangle x_3 - \triangle x_2 = 3 - 2 = 1 = \surd\ (2,3) = 1$

Arco (1,2): $\triangle x_2 - \triangle x_1 = 2 - 1 = 1 = \surd\ (1,2) = 1$

Arco (0,2): $\triangle x_2 - \triangle x_0 = 2 - 0 = 2 = \surd\ (0,2) = 2$

Arco (0,1): $\triangle x_1 - \triangle x_0 = 1 - 0 = 1 = \surd\ (0,1) = 1$

Los caminos mínimos son:

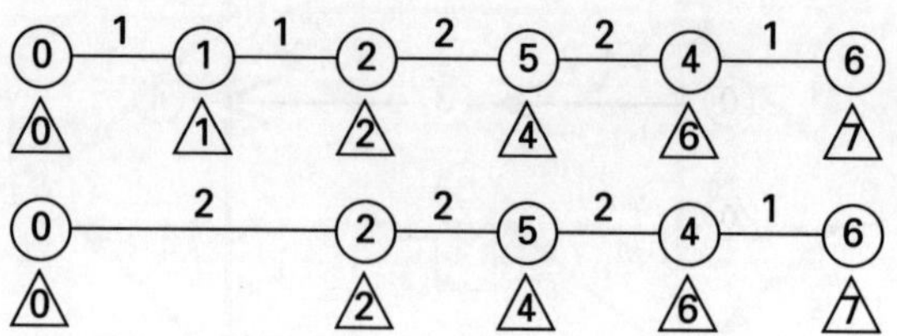

Simplificadamente puede ponerse:

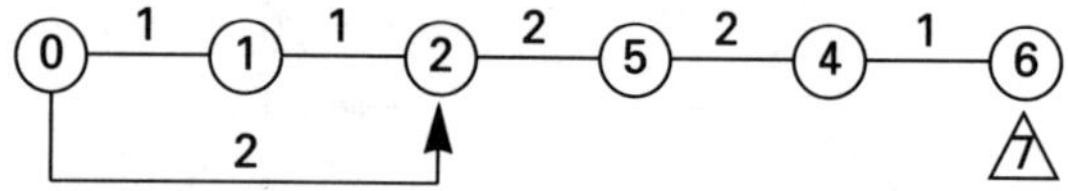

Caminos óptimos máximos

Conceptualmente, todo lo visto hasta ahora para caminos óptimos mínimos sirve para los máximos. Simplemente cambiaremos la palabra «mín» por «máx» en las siguientes fórmulas:

$$\forall\ (i,j)\ \boxed{X_j} = \text{máx}\left[\boxed{X_i} + \surd\ (i,j)\right]$$

$$(i,j)\ \text{camino si}\ \boxed{X_j} - \boxed{X_i} = \surd\ (i,j)$$

«Lo más tarde posible» lo representaremos por un cuadrado. Calcularemos los caminos máximos en los grafos anteriores.

La solución se da en las figuras 25 y 26.

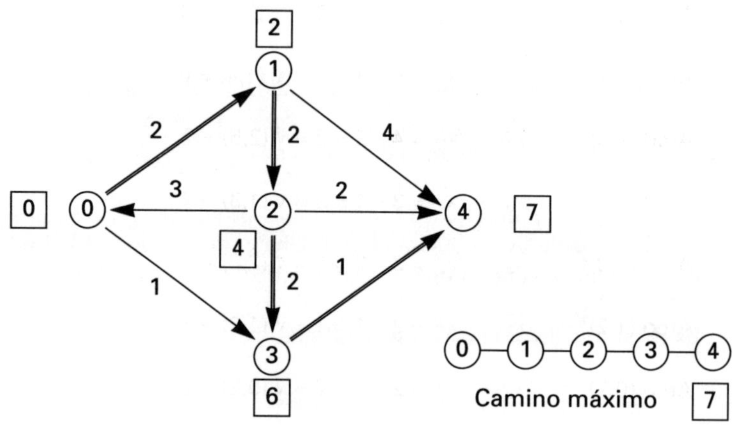

Figura 25

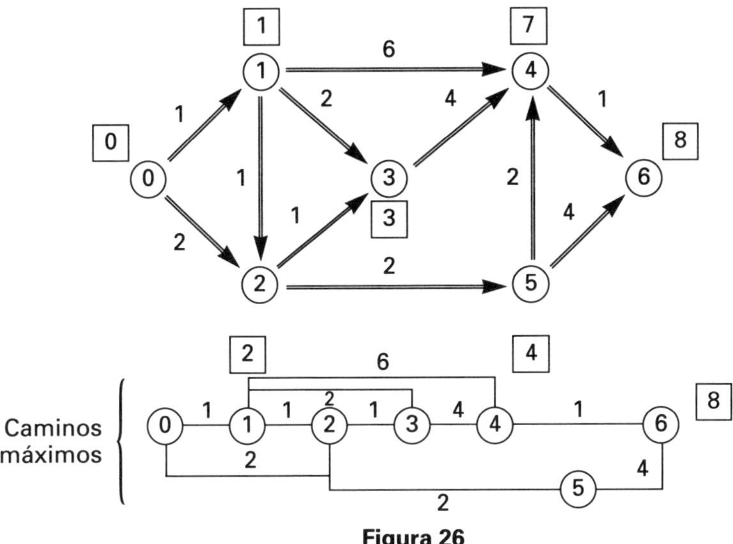

Figura 26

Caso práctico resuelto

Sea el grafo de la figura 27.

Es un grafo no orientado. Se trata de determinar mediante el algoritmo de Ford el camino mínimo. La precaución a tener en cuenta es que se puede acceder a cada nudo por todos los arcos que afluyen a él. Recordemos que para marcar un nudo con un tiempo «lo más pronto posible» es necesario haber marcado antes los nudos desde los que se pueden llegara a aquél, empezando siempre por el origen con $\triangle 0$.

Otra precaución especial con grafos no orientados, que además corresponden más fielmente a la realidad, es a la hora de calcular los arcos que componen el camino. Ya sabemos que

$$(i,j) \text{ es del camino si } \triangle x_j - \triangle x_i = \sqrt{}\,(i,j)$$

Con arcos de doble sentido, no orientados, también puede ocurrir que

$$(i,j) \text{ es del camino si } \triangle x_i - \triangle x_j = \sqrt{}\,(i,j)$$

Es decir, restaremos los valores «lo más pronto posible» de los nudos del arco y el valor absoluto de la resta será el que deba coincidir con el valor del arco. El signo determinará cuál es el nudo final y cuál el inicial y, por tanto, su sentido real a recorrer.

Es decir, puede ponerse en general que

$$(i,j) \text{ es del camino si } \left| \triangle x_i - \triangle x_j \right| = \sqrt{}\,(i,j)$$

Si el resultado es positivo, el arco va de X_i a X_j, y si es negativo, de X_j a X_i.

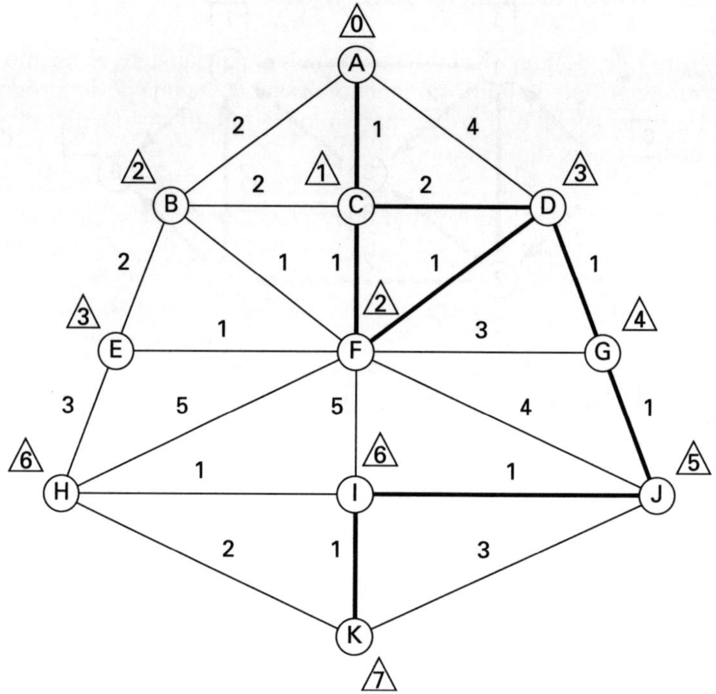

Figura 27

Analizamos por ejemplo el arco (F,D) o (D,F).

$$\triangle x_D - \triangle x_F = 3 - 2 = 1 = \surd\,(D,F) = \surd\,(F,D)$$

Por esta razón es un arco que puede pertenecer al camino óptimo mínimo.

Por otra parte:

$$\triangle x_F - \triangle x_D = 2 - 3 = -1 < 0$$

Luego el sentido correcto de recorrido será de X_F a X_D, siendo X_F el nudo inicial del arco y X_D el nudo final.

Los caminos mínimos posibles son:

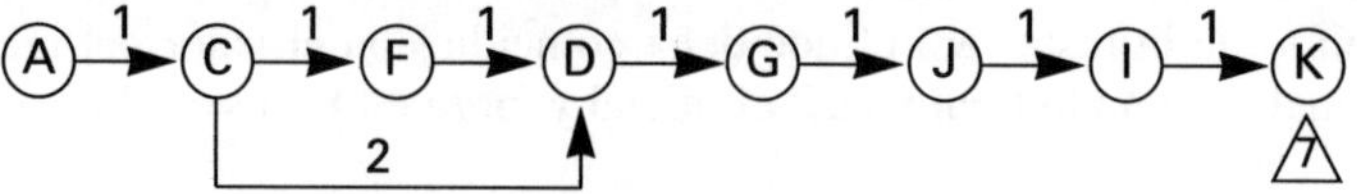

De hecho, la lógica también nos da los sentidos del recorrido sin más que tener presente que el valor total del camino debe ser 7. Si tratáramos de recorrer (F,D) en el sentido contrario al lógico, daríamos vueltas estableciendo circuitos y retardando la llegada al nudo final.

3. ALGORITMO DE BELLMAN–KALABA

El algoritmo de Bellman-Kalaba nos resuelve exactamente el mismo problema que el anterior algoritmo de Ford; sin embargo tiene la ventaja de ser programable en ordenador, mientras que el de Ford es más simple e intuitivamente más claro. El procedimiento consta de las siguientes fases.

A partir del grafo (figura 28) debe establecerse la matriz de «valores de arco» (figura 29).

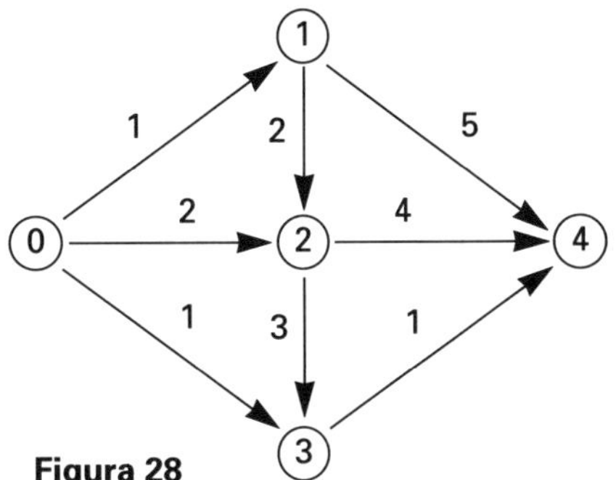

Figura 28

nudos	0	1	2	3	4
0	0	1	2	1	∞
1	∞	0	2	∞	5
2	∞	∞	0	3	4
3	∞	∞	∞	0	1
4	∞	∞	∞	∞	0

Figura 29

Los elementos de esta matriz los designaremos por C_{ij}. Como podemos apreciar al no considerar la existencia de bucles, los elementos C_{ii} (C_{00}, C_{11}, C_{22}, C_{33} y C_{44}) son nulos, y cuando una trayectoria es imposible, los elementos correspondientes son infinitos. Los restantes C_{ij} toman el valor del arco (coste, distancia, tiempo, etc.).

Camino mínimo

Una vez establecida la matriz de valores de arco, vamos a calcular las siguientes funciones $V_i^{(K)}$. i denota el número n de vértices del grafo:

$$i = 0, 1, 2, \ldots, n$$

En nuestro caso,

$$n = 4$$

$$i = 0, 1, 2, 3, 4$$

K es un parámetro de cálculo que va tomando sucesivamente valores enteros positivos a partir de cero, hasta el que sea preciso para terminar

$$K = 0, 1, 2, 3, \ldots$$

Para K = 0 Se calcula la función

$$V_i^{(K=0)} = C_{i,n}, \forall i$$

Es decir, manteniendo K = 0 y n = 4, hago variar el subíndice i en su rango de valores.

$$V_i^{(0)} = C_{i,4}$$

Para i = 0

$$V_0^{(0)} = C_{0,4} = \infty$$

Para i = 1 ;

$$V_1^{(0)} = C_{1,4} = 5$$

Para i = 2 ;

$$V_2^{(0)} = C_{2,4} = 4$$

Para i = 3 ;

$$V_3^{(0)} = C_{3,4} = 1$$

Para i = 4 ;

$$V_4^{(0)} = C_{4,4} = 0$$

Para cualquier otro valor de K, calcularemos las funciones:

$$\begin{cases} V_i^{(K)} = \min\limits_{j \neq i} \left[V_j^{(K-1)} + C_{ij} \right], & \begin{Bmatrix} \forall i = 0, 1, ..., (n-1) \\ j = 0, 1, ..., n \end{Bmatrix} \\ V_n^{(K)} = 0 \end{cases}$$

Para K = 1 Las funciones son:

$$V_i^{(1)} = \min\limits_{j \neq i} \left[V_j^{(0)} + C_{ij} \right], \quad \begin{cases} i = 0, 1, 2, 3 \\ j = 0, 1, 2, 3, 4 \end{cases}$$

Para i = 0

$$V_0^{(1)} = \min\limits_{j \neq 0} \left[V_j^{(0)} + C_{0,j} \right] =$$

$$= \min\limits_{j = 1, 2, 3, 4} \left[\left(V_1^{(0)} + C_{01}\right), \left(V_2^{(0)} + C_{02}\right), \left(V_3^{(0)} + C_{03}\right), \left(V_4^{(0)} + C_{04}\right) \right] =$$

$$= \min \left[(5 + 1), (4 + 2), (1 + 1), (0 + \infty) \right] =$$

$$= \min \left[6, 6, 2, \infty \right] = 2$$

Para i = 1

$$V_1^{(1)} = \min\limits_{j \neq 1} \left[V_j^{(0)} + C_{1,j} \right] =$$

$$= \underset{j=0,2,3,4}{\text{mín}} \left[\left(V_0{}^{(0)} + C_{10}\right), \left(V_2{}^{(0)} + C_{12}\right), \left(V_3{}^{(0)} + C_{13}\right), \left(V_4{}^{(0)} + C_{14}\right) \right] =$$

$$= \text{mín} \left[(\infty), (4+2), (\infty), (0+5) \right] =$$

$$= \text{mín} \left[\infty, 6, \infty, 5 \right] = 5$$

Para i = 2

$$V_2{}^{(1)} = \underset{j \neq 2}{\text{mín}} \left[V_j{}^{(0)} + C_{2,j} \right] =$$

$$= \underset{j=0,1,3,4}{\text{mín}} \left[\left(V_0{}^{(0)} + C_{20}\right), \left(V_1{}^{(0)} + C_{21}\right), \left(V_3{}^{(0)} + C_{23}\right), \left(V_4{}^{(0)} + C_{24}\right) \right] =$$

$$= \text{mín} \left[(\infty + \infty), (5 + \infty), (1+3), (0+4) \right] = 4$$

Para i = 3

$$V_3{}^{(1)} = \underset{j \neq 3}{\text{mín}} \left[V_j{}^{(0)} + C_{3,j} \right] =$$

$$= \underset{j=0,1,2,4}{\text{mín}} \left[\left(V_0{}^{(0)} + C_{30}\right), \left(V_1{}^{(0)} + C_{31}\right), \left(V_2{}^{(0)} + C_{32}\right), \left(V_4{}^{(0)} + C_{34}\right) \right] =$$

$$= \text{mín} \left[(\infty), (5 + \infty), (4 + \infty), (0+1) \right] = 1$$

Para i = n = 4

$$V_4{}^{(0)} = 0$$

Para K = 2 Las funciones son:

$$V_i{}^{(2)} = \underset{j \neq i}{\text{mín}} \left[V_j{}^{(1)} + C_{ij} \right], \qquad \begin{cases} i = 0, 1, 2, 3 \\ j = 0, 1, 2, 3, 4 \end{cases}$$

Para i = 0

$$V_0{}^{(2)} = \underset{j \neq 0}{\text{mín}} \left[V_j{}^{(1)} + C_{0j} \right] =$$

$$= \underset{j=1,2,3,4}{\text{mín}} \left[\left(V_1{}^{(1)} + C_{01}\right), \left(V_2{}^{(1)} + C_{02}\right), \left(V_3{}^{(1)} + C_{03}\right), \left(V_4{}^{(1)} + C_{04}\right) \right] =$$

$$= \text{mín} \left[(5+1), (4+2), (1+1), (0+\infty) \right] = 2$$

Para i = 1

$$V_1^{(2)} = \underset{j \neq 1}{\text{mín}} \left[V_j^{(1)} + C_{1j} \right] =$$

$$= \underset{j = 0, 2, 3, 4}{\text{mín}} \left[\left(V_0^{(1)} + C_{10}\right), \left(V_2^{(1)} + C_{12}\right), \left(V_3^{(1)} + C_{13}\right), \left(V_4^{(1)} + C_{14}\right) \right] =$$

$$= \text{mín} \left[(2 + \infty), (4 + 2), (1 + \infty), (0 + 5) \right] = 5$$

Para i = 2

$$V_2^{(2)} = \underset{j \neq 2}{\text{mín}} \left[V_j^{(1)} + C_{2j} \right] =$$

$$= \underset{j = 0, 1, 3, 4}{\text{mín}} \left[(2 + \infty), (5 + \infty), (1 + 3), (0 + 4) \right] = 4$$

Para i = 3

$$V_3^{(2)} = \underset{j \neq 3}{\text{mín}} \left[V_j^{(1)} + C_{3j} \right] =$$

$$= \underset{j = 0, 1, 2, 4}{\text{mín}} \left[(2 + \infty), (5 + \infty), (4 + \infty), (0 + 1) \right] = 1$$

Para i = 4

$$V_{4 = n}^{(2)} = 0$$

Todos los valores los pasamos, según los vamos obteniendo, a una tabla como la siguiente:

	V_0^K	V_1^K	V_2^K	V_3^K	V_4^K
K = 0	∞	5	4	1	0
K = 1	2	5	4	1	0
K = 2	(2)	5	4	1	0
K = 3					

Paramos cuando

$$V_i^{(K)} = V_i^{(K-1)}, \forall i = 0, 1, \ldots, n$$

Es decir, en la tabla vemos que todos los valores V_0^K, V_1^K, V_2^K, V_3^K y V_4^K coinciden en las filas de K = 1 y K = 2.

Siendo

$$V_i^{(2)} = V_i^{(1)}$$

En esta situación, el valor del camino mínimo es

$$\triangle x_4 = V_0^K = V_0^{(2)} = 2$$

Determinación del camino

Para ello debemos tener presentes la tabla de valores anterior y el grafo.

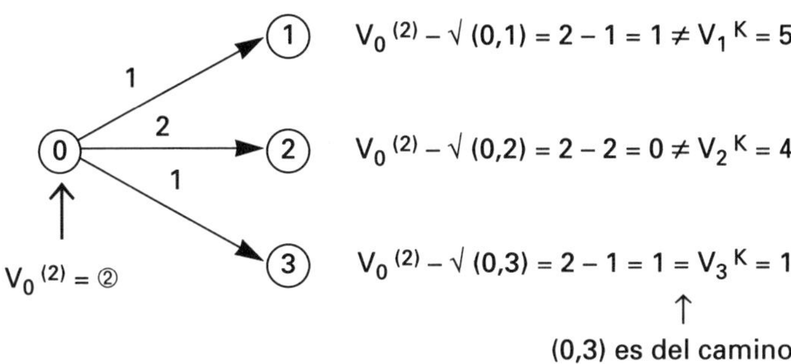

Como (0,3) ya está determinado, hago los mismos cálculos a partir del vértice ③.

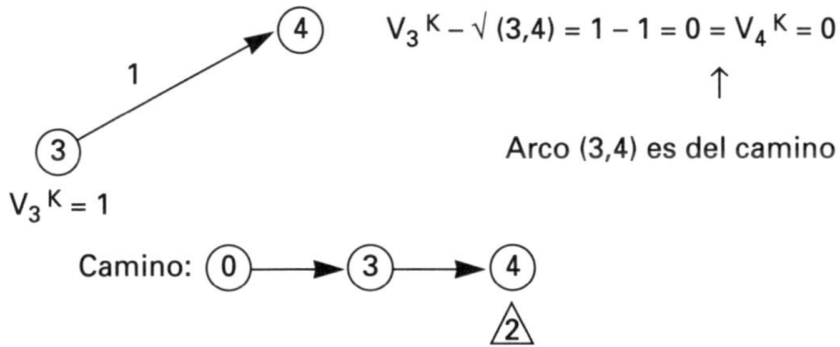

Camino máximo

Toda la metodología es similar a la vista para el camino mínimo cambiando la palabra «mín» por «máx», y estableciendo una matriz de valores de arco donde las rutas imposibles sean (–∞) en vez de ∞.

nudos	0	1	2	3	4
0	0	1	2	1	–∞
1	–∞	0	2	–∞	5
2	–∞	–∞	0	3	4
3	–∞	–∞	–∞	0	1
4	–∞	–∞	–∞	–∞	0

Para K = 0

$$V_i^{(0)} = C_{i,4}$$

Para i = 0

$$V_0^{(0)} = C_{0,4} = -\infty$$

Para i = 1

$$V_1^{(0)} = C_{1,4} = 5$$

Para i = 2

$$V_2^{(0)} = C_{2,4} = 4$$

Para i = 3

$$V_3^{(0)} = C_{3,4} = 1$$

Para i = 4

$$V_4^{(0)} = C_{4,4} = 0$$

Para K = 1

$$V_i^{(1)} = \max_{j \neq i} \left[V_j^{(0)} + C_{ij} \right]$$

Para i = 0

$$V_0^{(1)} = \max_{j \neq 0} \left[V_j^{(0)} + C_{0,j} \right] =$$

$$= \max_{j = 1, 2, 3, 4} \left[(5 + 1), (4 + 2), (1 + 1), (-\infty - \infty) \right] = 6$$

Para i = 1

$$V_1^{(1)} = \max_{j = 0, 2, 3, 4} \left[V_j^{(0)} + C_{1j} \right] =$$

$$= \max \left[(-\infty - \infty), (4 + 2), (1 - \infty), (0 + 5) \right] = 6$$

Para i = 2

$$V_2^{(1)} = \max_{j = 0, 1, 3, 4} \left[V_j^{(0)} = C_{2j} \right] =$$

$$= \max \left[(-\infty - \infty), (5 - \infty), (1 + 3), (0 + 4) \right] = 4$$

Para i = 3

$$V_3^{(1)} = \max_{j = 0, 1, 2, 4} \left[V_j^{(0)} = C_{3j} \right] =$$

$$= \max \left[(-\infty - \infty), (5 - \infty), (4 - \infty), (0 + 1) \right] = 1$$

Para i = 4

$$V_4^{(1)} = 0$$

Para K = 2

$$V_i^{(2)} = \max_{j \neq i} \left[V_j^{(1)} + C_{ij} \right]$$

Para i = 0

$$V_0^{(2)} = \max_{j = 1, 2, 3, 4} \left[V_j^{(1)} + C_{0j} \right] =$$

$$= \max \left[(6 + 1), (4 + 2), (1 + 1), (0 - \infty) \right] = 7$$

Para i = 1

$$V_1^{(2)} = \max_{j = 0, 2, 3, 4} \left[(6 - \infty), (4 + 2), (1 - \infty), (0 + 5) \right] = 6$$

Para i = 2

$$V_2^{(2)} = \max_{j = 0, 1, 3, 4} \left[(6 - \infty), (6 - \infty), (1 + 3), (0 + 4) \right] = 4$$

Para i = 3

$$V_3^{(2)} = \max_{j = 0, 1, 2, 4} \left[(6 - \infty), (6 - \infty), (4 - \infty), (0 + 1) \right] = 1$$

Para i = 4

$$V_4^{(2)} = 0$$

Para K = 3

$$V_i^{(3)} = \max_{j \neq i} \left[V_j^{(2)} + C_{ij} \right]$$

Para i = 0

$$V_0^{(3)} = \max_{j = 1, 2, 3, 4} \left[(6 + 1), (4 + 2), (1 + 1), (0 - \infty) \right] = 7$$

Para i = 1

$$V_1^{(3)} = \max \left[(7 - \infty), (4 + 2), (1 - \infty), (0 + 5) \right] = 6$$

Para i = 2

$$V_2^{(3)} = \max \left[(7 - \infty), (6 - \infty), (1 + 3), (0 + 4) \right] = 4$$

Para i = 3

$$V_3^{(3)} = \max \left[(7 - \infty), (6 - \infty), (4 - \infty), (0 + 1) \right] = 1$$

Para i = 4

$$V_4^{(3)} = 0$$

	V_0^K	V_1^K	V_2^K	V_3^K	V_4^K
K = 0	$-\infty$	5	4	1	0
K = 1	6	6	4	1	0
K = 2	7	6	4	1	0
K = 3	(7)	6	4	1	0
K = 4					

$V_0^3 = \boxed{X_4} = 7$

Determinación del camino máximo

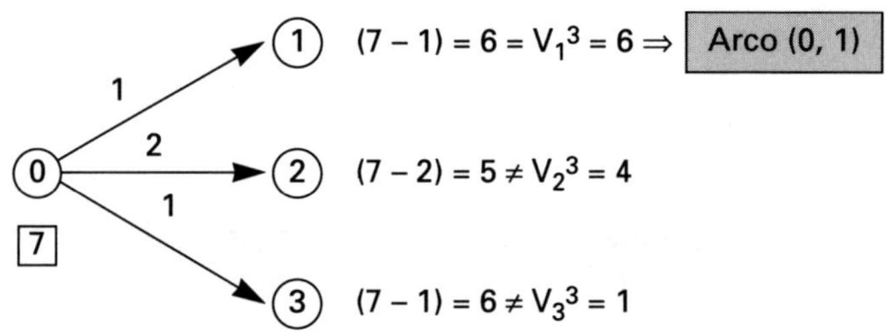

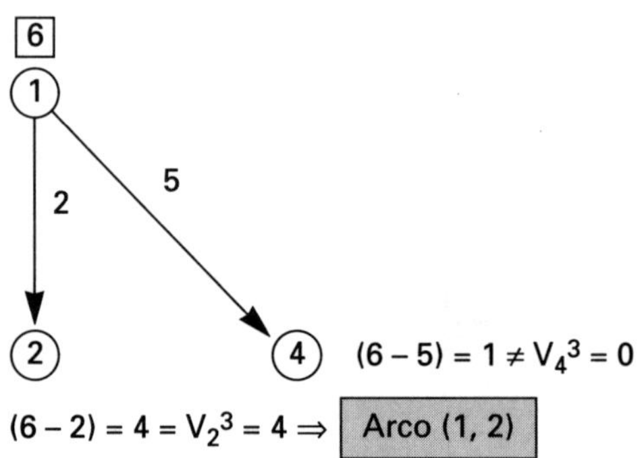

$(6 - 2) = 4 = V_2^3 = 4 \Rightarrow$ Arco (1, 2)

$\boxed{4}$

(2) —4→ (4) $(4 - 4) = 0 = V_4^3 = 0 \Rightarrow$ Arco (2, 4)

(2) —3→ (3)

$(4 - 3) = 1 = V_3^3 = 1 \Rightarrow$ Arco (2, 3)

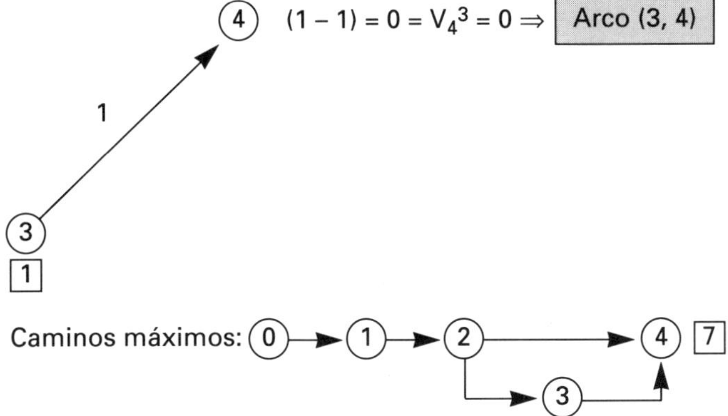

4. CAMINOS ESPECIALES

4. 1. Determinación de pistas. Número de desviación

Ya vimos en el apartado 1 el significado y la utilidad del número grado de un grafo. Otro número importante en la teoría de grafos es el «número de desviación». Se denomina «desviación» entre dos vértices cualesquiera de un grafo a la longitud del menor camino o cadena entre ellos. El camino correspondiente a dicha desviación es la «pista». El «número de desviación» es el máximo de las desviaciones.

Existen situaciones en las que no es fácil ver la conexión entre dos puntos lejanos, es decir, el establecimiento de pistas entre ellos. Imaginemos un cierto trazado de carreteras o de caminos forestales, donde las condiciones del trazado pueden ser bastante restrictivas. Existe un método que vamos a describir a continuación, para la determinación de pistas entre dos vértices. Sea la red de la figura 30, donde el objetivo es llegar al nudo final X_F desde el origen X_0.

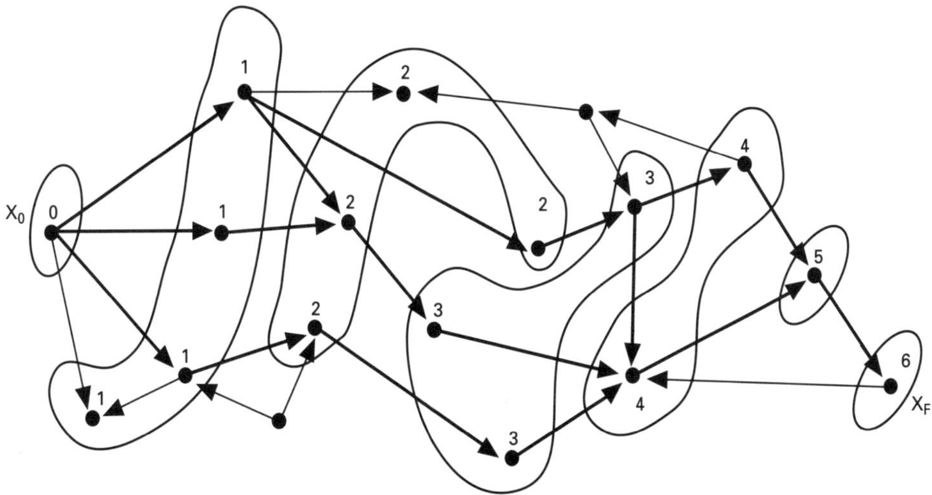

Figura 30

El proceso a seguir es el siguiente:

— Se marca con un uno el nudo origen.

— Se marca con un cero todos los nudos a los que se puede llegar desde X_0 directamente, sin pasar por otros.

— Se marca con un dos todos los nudos «que no hayan sido numerados anteriormente» y a los que se pueda llegar desde los nudos marcados con un uno.

— Se sigue el proceso hasta llegar a marcar el nudo X_F.

— Para marcar la pista se regresa desde X_F a un vértice marcado con un número anterior y de éste a otro vértice con otro número anterior.

Así sucesivamente, hasta llegar al origen X_0.

4.2. Cadenas eulerianas

Una cadena euleriana en un grafo es aquella por la que se pasa sólo una vez por cada arco. La condición necesaria y suficiente para que en un grafo existan cadenas eulerianas es que el grafo sea conexo y que el número de vértices de grado impar sea cero o dos.

Recordamos los conceptos:

— Grado de un vértice: Es el número de arcos que afluyen a él (si el grafo está orientado se habla de semigrado interior y exterior).

— Grafo conexo: Se dice que un grafo es conexo cuando dos cualesquiera de sus vértices están unidos por una cadena.

Sea el grafo de la figura 31.

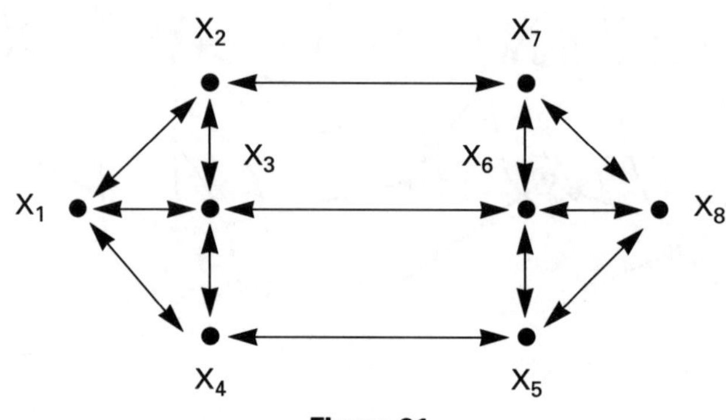

Figura 31

Los grados de los vértices son los siguientes:

$$g(X_1) = 3$$
$$g(X_2) = 3$$
$$g(X_3) = 4$$
$$g(X_4) = 3$$
$$g(X_5) = 3$$
$$g(X_6) = 4$$
$$g(X_7) = 3$$
$$g(X_8) = 3$$

Dado que tenemos seis vértices (todos menos X_3 y X_6) de grado impar, el grafo total no admite cadena euleriana.

Sea el grafo de la figura 32.

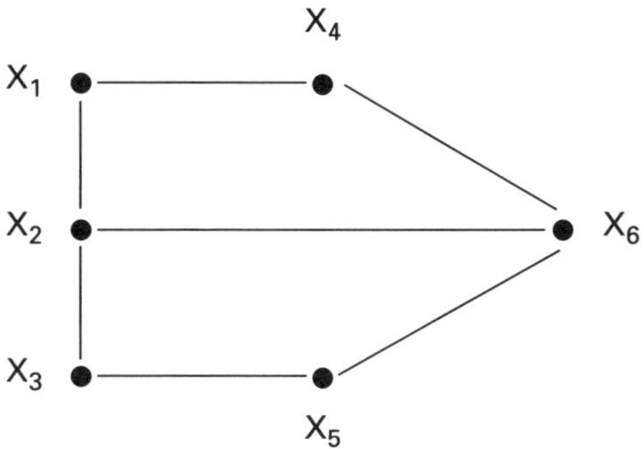

Figura 32

$$g(X_1) = 2$$
$$g(X_2) = 3$$
$$g(X_3) = 2$$
$$g(X_4) = 2$$
$$g(X_5) = 2$$
$$g(X_6) = 3$$

Sólo hay dos vértices, X_2 y X_6, de grado impar. Luego admite cadena euleriana.

Esta cadena, si empezamos por X_2, es:

$$X_2 - X_3 - X_5 - X_6 - X_2 - X_1 - X_4 - X_6$$

Si empezamos por X_6, es:

$$X_6 - X_4 - X_1 - X_2 - X_6 - X_5 - X_3$$

Sea el grafo de la figura 33. Éste es un grafo «espacial», no plano, donde los arcos se cruzan sin cortarse (puentes).

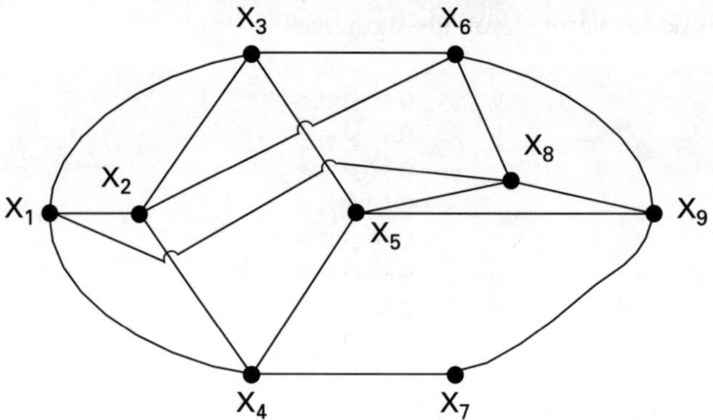

Figura 33

$g(X_1) = 4$ $g(X_6) = 4$
$g(X_2) = 4$ $g(X_7) = 2$
$g(X_3) = 4$ $g(X_8) = 4$
$g(X_4) = 4$ $g(X_9) = 4$
$g(X_5) = 4$

Los vértices de grado impar no existen, luego el grafo admite cadenas eulerianas. Si empiezo en X_1, una cadena es:

$$X_1 - X_3 - X_6 - X_9 - X_8 - X_5 - X_4 - X_7 - X_9 - X_5 - X_3 -$$
$$- X_2 - X_1 - X_4 - X_2 - X_6 - X_8 - X_1$$

Además es un ciclo (circuito para grafo no orientado) que empieza donde termina, después de haber pasado una y sólo una vez por todos los tramos de la red.

La metodología para la determinacón de la cadena euleriana es muy simple.

Se comienza por cualquier vértice y conforme se avanza se van suprimiendo los arcos por los que se ha pasado.

Sea el grafo de la figura 32. Supongamos que nos interesa empezar por X_5, y decidimos avanzar hasta X_3. El grafo se reduce a:

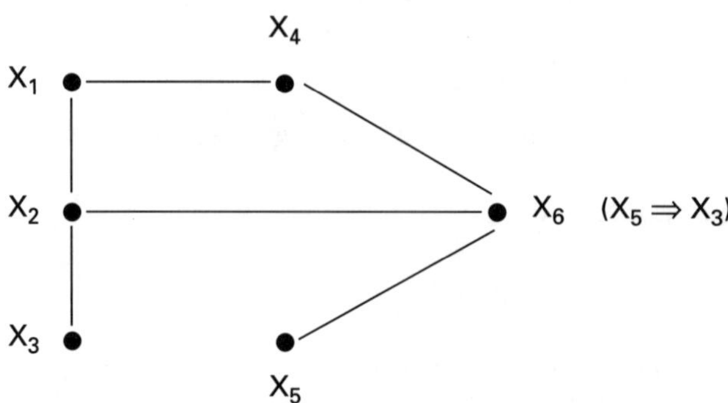

Los siguientes pasos se expresan en las figuras siguientes.

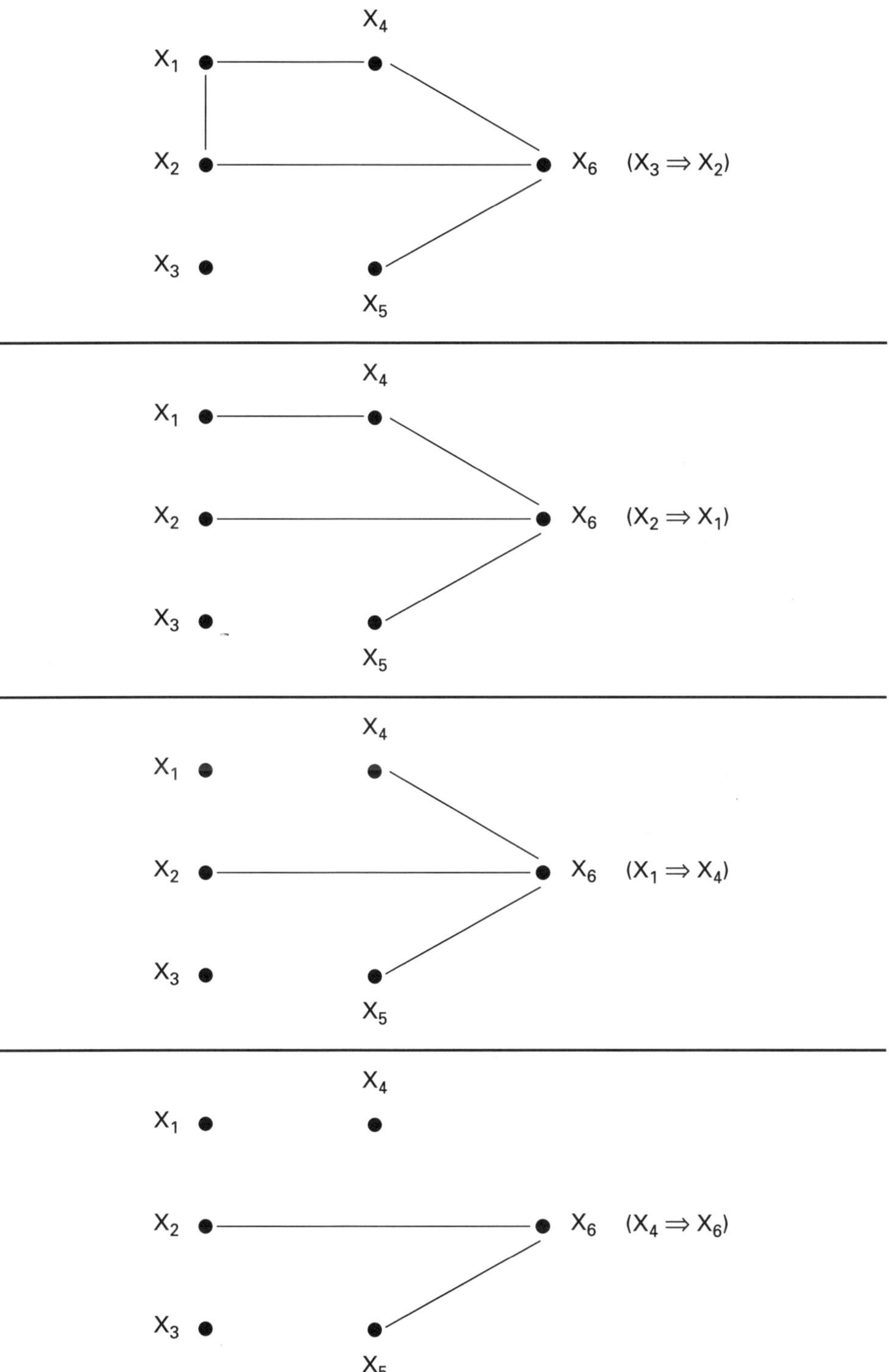

A partir de este punto, es imposible conseguir la cadena euleriana. Luego habrá que intentarlo partiendo de otro vértice, por ejemplo X_6. Los pasos a dar se reflejan en la sucesión de figuras siguientes:

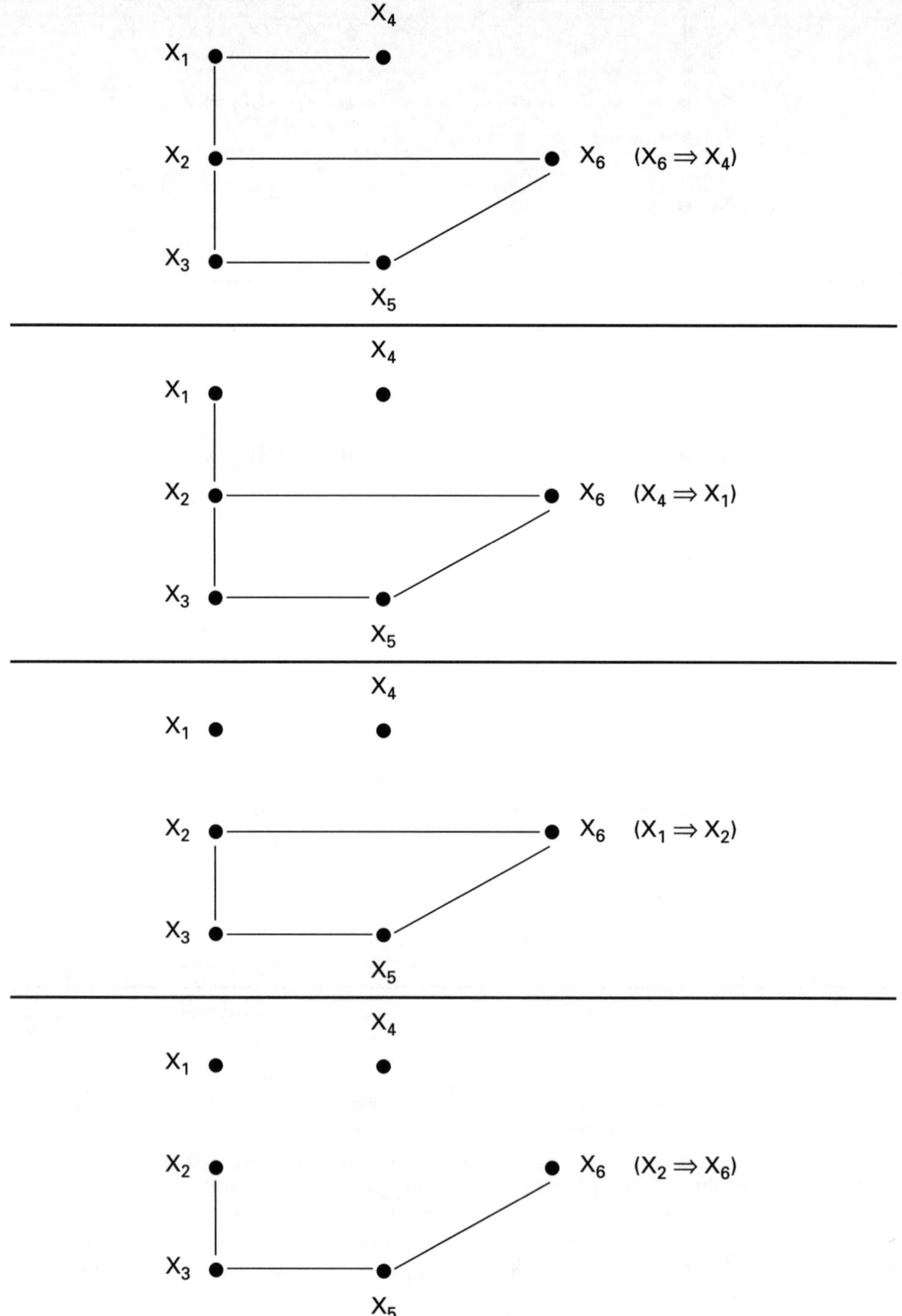

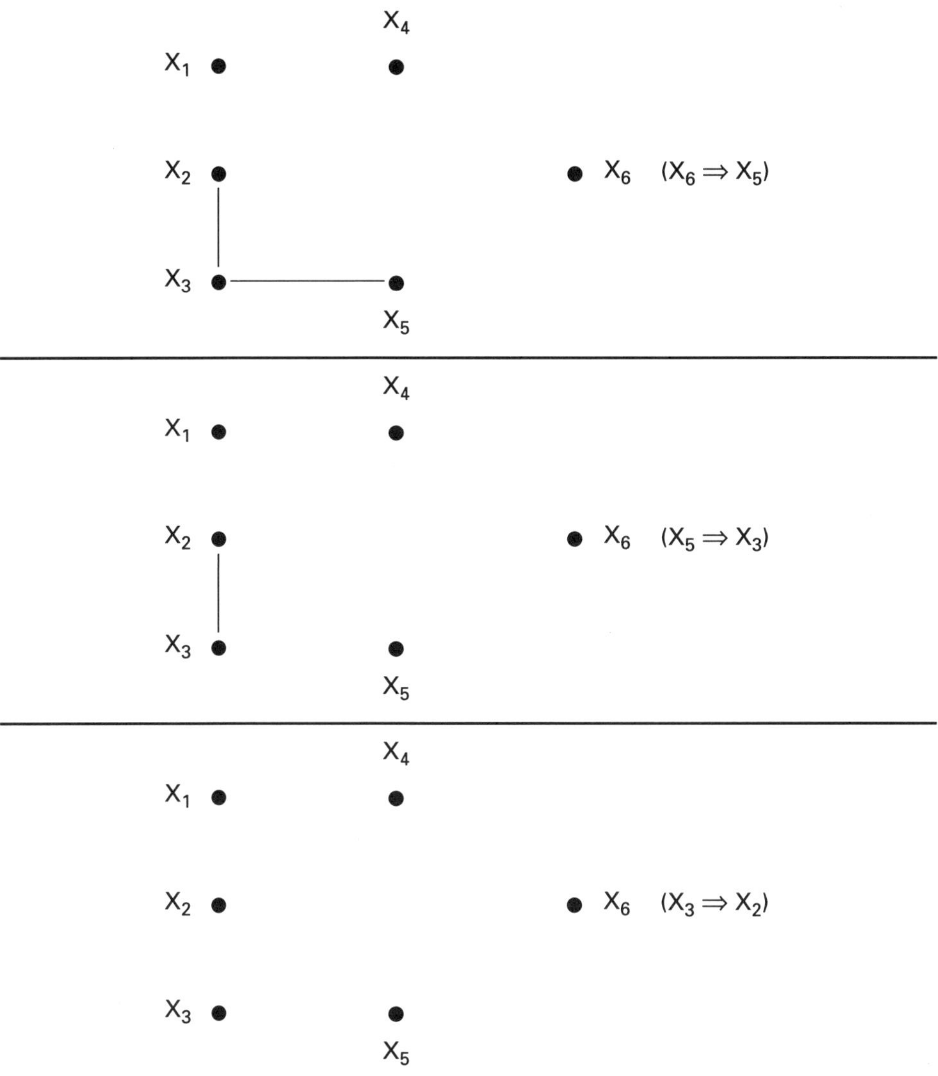

La cadena es: $X_6 - X_4 - X_1 - X_2 - X_6 - X_5 - X_3 - X_2$

Esta metodología puede ser útil como un primer paso en la resolución del problema del agente viajero, que veremos más adelante.

4.3. Caminos y circuitos hamiltonianos. Método de Kaufmann

Ahora el problema es pasar una y sólo una vez por cada vértice del grafo a estudiar. Desde luego, no todos los grafos admiten caminos o circuitos hamiltonianos, pero puede decirse que los «grafos completos» admiten al menos uno. Recordaremos la definición de grafo completo: Es aquel donde todos los vértices están unidos entre sí por un arco al menos.

Para la determinación de caminos y circuitos hamiltonianos desarrollaremos el método de Kaufmann. Este método utiliza el concepto de matriz y la multiplicación latina.

Sea el grafo de la figura 34.

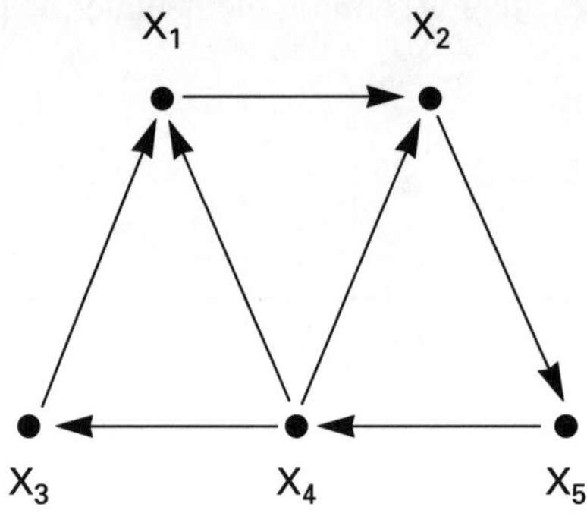

Figura 34

1.º) La matriz latina del grafo, $[M]^{(1)}$, es una matriz (5 x 5) (existen cinco vértices) y cada elemento (i,j) se pone de la siguiente forma:

i j	, para i ≠ j, y si i está ligado con j.

La diagonal será siempre nula.

$[M]^{(1)} =$

	X_1	X_2	X_3	X_4	X_5
X_1	0	12	0	14	0
X_2	0	0	0	0	25
X_3	31	0	0	0	0
X_4	41	42	43	0	0
X_5	0	0	0	54	0

Cada casilla de esta matriz simboliza un camino elemental de longitud uno.

2.º) A partir de $[M]^{(1)}$ se deduce la matriz corregida $[\tilde{M}]^{(1)}$ eliminando el primer vértice de cada casilla.

$[\tilde{M}]^{(1)} =$

	X_1	X_2	X_3	X_4	X_5
X_1	0	2	0	4	0
X_2	0	0	0	0	5
X_3	1	0	0	0	0
X_4	1	2	3	0	0
X_5	0	0	0	4	0

3.º) Se obtiene la matriz $[M]^{(2)}$ realizando la multiplicación latina entre las matrices anteriores:

$$[M]^{(2)} = [M]^{(1)} * [\tilde{M}]^{(1)}$$

La matriz $[M]^{(2)}$ representa los caminos elementales de longitud dos.

$$[M]^{(2)} = \begin{bmatrix} 0 & 12 & 0 & 14 & 0 \\ 0 & 0 & 0 & 0 & 25 \\ 31 & 0 & 0 & 0 & 0 \\ 41 & 42 & 43 & 0 & 0 \\ 0 & 0 & 0 & 54 & 0 \end{bmatrix} \bullet \begin{bmatrix} 0 & 2 & 0 & 4 & 0 \\ 0 & 0 & 0 & 0 & 5 \\ 1 & 0 & 0 & 0 & 0 \\ 1 & 2 & 3 & 0 & 0 \\ 0 & 0 & 0 & 4 & 0 \end{bmatrix}$$

La mutliplicación latina, *, se define del siguiente modo:

La operativa es como un producto ordinario de matrices. Es decir, para obtener la casilla situada en la fila 1 y columna 1, multiplicaremos los elementos de la fila 1 por los de la columna 1, pero teniendo en cuenta que:

— el producto será cero simpre que una de las casillas factor sea cero,

— si el contenido de la casilla de $[M]^{(1)}$ seguido del contenido de la casilla de $[\tilde{M}]^{(1)}$ representa un camino no elemental de longitud dos, el producto será cero,

— si el contenido de la casilla de $[M]^{(1)}$ seguido del contenido de la casilla de $[\tilde{M}]^{(1)}$ representa un camino elemental de longitud dos, el resultado es precisamente dichos contenidos ordenados.

Detallaremos la operación para obtener las casillas de la matriz $[M]^{(2)}$:

Casilla 1,1:

Producto de la fila 1 de $[M]^{(1)}$ por la columna de $[\tilde{M}]^{(1)}$:

$$[0, \quad 12, \quad 0, \quad 14, \quad 0] * \begin{bmatrix} 0 \\ 0 \\ 1 \\ 1 \\ 0 \end{bmatrix} =$$

$$= 0 * 0,\ 12 * 0,\ 0 * 1,\ 14 * 1,\ 0 * 0 =$$
$$= 0,\ 120,\ 0,\ 141,\ 0 \quad = 0,\ 0,\ 0,\ 141,\ 0$$

De este producto el camino de longitud dos 141 es no elemental, pues recorre dos veces el arco (1,4). Luego el resultado es cero también:

$$= 0,\ 0,\ 0,\ 0,\ 0 = \boxed{0}$$

Casilla (1,2): $\begin{pmatrix} \text{fila 1} \\ \text{de } [M]^{(1)} \end{pmatrix} * \begin{pmatrix} \text{columna 2} \\ \text{de } [\tilde{M}]^{(1)} \end{pmatrix}$

$$[0, \quad 12, \quad 0, \quad 14, \quad 0] * \begin{bmatrix} 2 \\ 0 \\ 0 \\ 2 \\ 0 \end{bmatrix} =$$

$$= 0, 0, 0, 142, 0 = \boxed{142}$$

El camino de longitud dos 142 es elemental, ya que recorre una sola vez los arcos (1,4) y (4,2). Luego el resultado producto de la casilla es el camino 142.

Casilla (1,3): $[0, \quad 12, \quad 0, \quad 14, \quad 0] * \begin{bmatrix} 0 \\ 0 \\ 0 \\ 3 \\ 0 \end{bmatrix} =$

$$= 0, 0, 0, 143, 0 = \boxed{143}$$

Casilla (1,4): $[0, \quad 12, \quad 0, \quad 14, \quad 0] * \begin{bmatrix} 4 \\ 0 \\ 0 \\ 0 \\ 4 \end{bmatrix} =$

$$= 0, 0, 0, 0, 0 = \boxed{0}$$

Casilla (1,5): $[0, \quad 12, \quad 0, \quad 14, \quad 0] * \begin{bmatrix} 0 \\ 5 \\ 0 \\ 0 \\ 0 \end{bmatrix} = 0, 125, 0, 0, 0 = \boxed{125}$

Casilla (2,1): $[0, \quad 0, \quad 0, \quad 0, \quad 25] * \begin{bmatrix} 0 \\ 0 \\ 1 \\ 1 \\ 0 \end{bmatrix} = 0, 0, 0, 0, 0 = \boxed{0}$

Casilla (2,2): $[0, \; 0, \; 0, \; 0, \; 25] * \begin{bmatrix} 2 \\ 0 \\ 0 \\ 2 \\ 0 \end{bmatrix} = 0, 0, 0, 0, 0 = \boxed{0}$

Casilla (2,3): $[0, \; 0, \; 0, \; 0, \; 25] * \begin{bmatrix} 0 \\ 0 \\ 0 \\ 3 \\ 0 \end{bmatrix} = \boxed{0}$

Casilla (2,4): $[0, \; 0, \; 0, \; 0, \; 25] * \begin{bmatrix} 4 \\ 0 \\ 0 \\ 0 \\ 4 \end{bmatrix} = 0, 0, 0, 0, 254 = \boxed{254}$

Casilla (2,5): $[0, \; 0, \; 0, \; 0, \; 25] * \begin{bmatrix} 0 \\ 5 \\ 0 \\ 0 \\ 0 \end{bmatrix} = \boxed{0}$

Casilla (3,1): $[31, \; 0, \; 0, \; 0, \; 0] * \begin{bmatrix} 0 \\ 0 \\ 1 \\ 1 \\ 0 \end{bmatrix} = \boxed{0}$

Casilla (3,2): $[31, \; 0, \; 0, \; 0, \; 0] * \begin{bmatrix} 2 \\ 0 \\ 0 \\ 2 \\ 0 \end{bmatrix} = \boxed{312}$

Casilla (3,3): $[31, \; 0, \; 0, \; 0, \; 0] * \begin{bmatrix} 0 \\ 0 \\ 0 \\ 3 \\ 0 \end{bmatrix} = \boxed{0}$

***Casilla (3,4)*:** $[31,\ 0,\ 0,\ 0,\ 0] * \begin{bmatrix} 4 \\ 0 \\ 0 \\ 0 \\ 4 \end{bmatrix} = \boxed{314}$

***Casilla (3,5)*:** $[31,\ 0,\ 0,\ 0,\ 0] * \begin{bmatrix} 0 \\ 5 \\ 0 \\ 0 \\ 0 \end{bmatrix} = \boxed{0}$

***Casilla (4,1)*:** $[41,\ 42,\ 43,\ 0,\ 0] * \begin{bmatrix} 0 \\ 0 \\ 1 \\ 1 \\ 0 \end{bmatrix} = \boxed{431}$

***Casilla (4,2)*:** $[41,\ 42,\ 43,\ 0,\ 0] * \begin{bmatrix} 2 \\ 0 \\ 0 \\ 2 \\ 0 \end{bmatrix} = \boxed{412}$

***Casilla (4,3)*:** $[41,\ 42,\ 43,\ 0,\ 0] * \begin{bmatrix} 0 \\ 0 \\ 0 \\ 3 \\ 0 \end{bmatrix} = \boxed{0}$

***Casilla (4,4)*:** $[41,\ 42,\ 43,\ 0,\ 0] * \begin{bmatrix} 4 \\ 0 \\ 0 \\ 0 \\ 4 \end{bmatrix} = 414 = \boxed{0}$

El camino 414 es no elemental

***Casilla (4,5)*:** $[41,\ 42,\ 43,\ 0,\ 0] * \begin{bmatrix} 0 \\ 5 \\ 0 \\ 0 \\ 0 \end{bmatrix} = \boxed{425}$

Casilla (5,1): $[0,\ 0,\ 0,\ 54,\ 0] * \begin{bmatrix} 0 \\ 0 \\ 1 \\ 1 \\ 0 \end{bmatrix} = \boxed{541}$

Casilla (5,2): $[0,\ 0,\ 0,\ 54,\ 0] * \begin{bmatrix} 2 \\ 0 \\ 0 \\ 2 \\ 0 \end{bmatrix} = \boxed{542}$

Casilla (5,3): $[0,\ 0,\ 0,\ 54,\ 0] * \begin{bmatrix} 0 \\ 0 \\ 0 \\ 3 \\ 0 \end{bmatrix} = \boxed{543}$

Casilla (5,4): $[0,\ 0,\ 0,\ 54,\ 0] * \begin{bmatrix} 4 \\ 0 \\ 0 \\ 0 \\ 4 \end{bmatrix} = \boxed{0}$

Casilla (5,5): $[0,\ 0,\ 0,\ 54,\ 0] * \begin{bmatrix} 0 \\ 5 \\ 0 \\ 0 \\ 0 \end{bmatrix} = \boxed{0}$

$[M]^{(2)} =$

	X_1	X_2	X_3	X_4	X_5
X_1	0	142	143	0	125
X_2	0	0	0	254	0
X_3	0	312	0	314	0
X_4	431	412	0	0	425
X_5	541	542	543	0	0

$$[M]^{(3)} = [M]^{(2)} * [\tilde{M}]^{(1)} =$$

$$= \begin{bmatrix} 0 & 142 & 143 & 0 & 125 \\ 0 & 0 & 0 & 254 & 0 \\ 0 & 312 & 0 & 314 & 0 \\ 431 & 412 & 0 & 0 & 425 \\ 541 & 542 & 543 & 0 & 0 \end{bmatrix} \cdot \begin{bmatrix} 0 & 2 & 0 & 4 & 0 \\ 0 & 0 & 0 & 0 & 5 \\ 1 & 0 & 0 & 0 & 0 \\ 1 & 2 & 3 & 0 & 0 \\ 0 & 0 & 0 & 4 & 0 \end{bmatrix} =$$

=

1431	0	0	1254	1425
2541	2542	2543	0	0
0	3142	3143	0	3125
0	4312	0	4314 4254	4125
5431	5412	0	0	5425

De la obtención de la matriz $[M]^{(3)}$ detallamos las siguientes casillas:

Casilla (3,1): $[0,\ 312,\ 0,\ 314,\ 0] * \begin{bmatrix} 0 \\ 0 \\ 1 \\ 1 \\ 0 \end{bmatrix} =$

= 0, 3120, 0, 3141, 0 =
= 0, 0, 0, 3141, 0 = **0**

ya que el camino 3141 es no elemental.

Casilla (4,4): $[431,\ 412,\ 0,\ 0,\ 425] * \begin{bmatrix} 4 \\ 0 \\ 0 \\ 0 \\ 4 \end{bmatrix} =$

= 4314, 4120, 0, 0, 4254 = 4314 y 4254

ya que ambas son elementales.

Las casillas de la matriz $[M]^{(3)}$ representan los caminos hamiltonianos de longitud tres.

Para buscar los caminos hamiltonianos de longitud cuatro, calcularemos la matriz $[M]^{(4)}$.

$$[M]^{(4)} = [M]^{(3)} * [\tilde{M}]^{(1)} =$$

$$= \begin{bmatrix} 1431 & 0 & 0 & 1254 & 1425 \\ 2541 & 2542 & 2543 & 0 & 0 \\ 0 & 3142 & 3143 & 0 & 3125 \\ 0 & 4312 & 0 & \left\{ \begin{matrix} 4314 \\ 4254 \end{matrix} \right\} & 4125 \\ 5431 & 5412 & 0 & 0 & 5425 \end{bmatrix} \cdot \begin{bmatrix} 0 & 2 & 0 & 4 & 0 \\ 0 & 0 & 0 & 0 & 5 \\ 1 & 0 & 0 & 0 & 0 \\ 1 & 2 & 3 & 0 & 0 \\ 0 & 0 & 0 & 4 & 0 \end{bmatrix} =$$

=

14541	14312 12542	12543	14254	0
25431	25412	0	0	0
0	0	0	31254	31425
42541	43142	42543	41254	43125
0	54312	0	54314	54125

Observamos que todos los caminos de la fila i empiezan en el vértice X_i, y los caminos en la columna j terminan en X_j. Podemos seguir calculando los caminos de longitud cinco.

$$[M]^{(5)} = [M]^{(4)} * [\tilde{M}]^{(1)} =$$

$$= \begin{bmatrix} 12514 & \left\{ \begin{matrix} 14312 \\ 12542 \end{matrix} \right\} & 12543 & 14254 & 0 \\ 25431 & 25412 & 0 & 0 & 0 \\ 0 & 0 & 0 & 31254 & 31425 \\ 42541 & 43142 & 42543 & 41254 & 43125 \\ 0 & 54312 & 0 & 54314 & 54125 \end{bmatrix} \cdot \begin{bmatrix} 0 & 2 & 0 & 4 & 0 \\ 0 & 0 & 0 & 0 & 5 \\ 1 & 0 & 0 & 0 & 0 \\ 1 & 2 & 3 & 0 & 0 \\ 0 & 0 & 0 & 4 & 0 \end{bmatrix} =$$

=

125431	0	142543	0	143125
0	254312	0	254314	254125
312541	312542	312543	314254	0
425431	425412 412542	412543	431254	431425
0	543142	0	0	543125

$$[M]^{(6)} = [M]^{(5)} * [\tilde{M}]^{(1)} =$$

=

1425431	0	0	1254314	1431254
0	2543142	0	0	0
0	0	3142543	0	0
4125431 4312541	4254312 4312542	0	4254314 4314254	0
0	0	0	0	5431425

$$[M]^{(7)} = [M]^{(6)} * [\tilde{M}]^{(1)} =$$

=

0	14254312 12543142	0	0	0
0	0	0	0	0
0	0	0	0	0
0	0	0	0	0
0	0	0	0	0

Los únicos caminos hamiltonianos son

$$X_1 - X_4 - X_2 - X_5 - X_4 - X_3 - X_1$$

y

$$X_1 - X_2 - X_5 - X_4 - X_3 - X_1$$

que pasan por todos los arcos del grafo una sola vez.

Como puede apreciarse, en este grafo no existen circuitos hamiltonianos de longitud siete. De longitud menor podemos encontrarlos en las matrices $[M]^{(n)}$ sin más que buscar aquellos caminos que terminar en el vértice donde empezaron.

Generalización

Ya hemos visto que, en general,

$$[M]^{(n)} = [M]^{(n-1)} * [\tilde{M}]^{(1)}$$

Así, hallamos caminos elementales de longitud (n) a partir de los de longitud (n–1).

Pero también puede hacerse:

$$[M]^{(n)} = [M]^{(K)} * [\tilde{M}]^{(n-K)}$$

donde $[\tilde{M}]^{(n-K)}$ viene de $[M]^{(n-K)}$, sin más que suprimir de cada casilla el primero de sus vértices.

Así pues, podemos poner:

$$[M]^{(6)} = [M]^{(5)} * [\tilde{M}]^{(1)} =$$

$$= [M]^{(2)} * [\tilde{M}]^{(4)} =$$

$$= [M]^{(1)} * [\tilde{M}]^{(5)} =$$

$$= [M]^{(3)} * [\tilde{M}]^{(3)} =$$

= etcétera.

La última expresión es la más cómoda para realizar el menor número de operaciones. Permitirá calcular los caminos hamiltonianos de longitud seis, calculando solamente hasta los caminos de longitud tres.

5. ALGORITMO DE FORD-FULKERSON. FLUJO MÁXIMO

El valor de los arcos de la red o grafo simboliza capacidad, es decir, cantidad máxima de transporte. Mediante el algoritmo de Ford-Fulkerson, o método del flujo máximo, trataremos de optimizar la cantidad transportada, en función de las capacidades de los arcos.

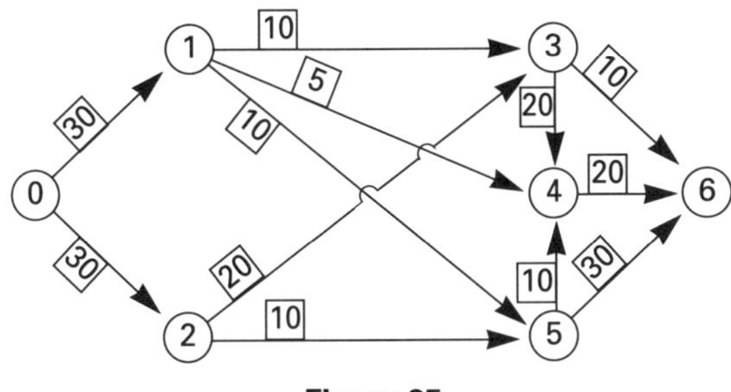

Figura 35

En la figura 35 se plantea una red de canalizaciones (valga el símil hidráulico) entre un origen ⓪ y un final ⑥.

Se trata de averiguar la cantidad máxima de agua que puede llegar a ⑥ en función de las capacidades máximas de las canalizaciones, cuyos valores están expresados sobre cada arco encerrados en un cuadrado.

La situación puede plantearse también mediante la siguiente tabla de capacidades máximas:

TABLA DE CAPACIDADES MÁXIMAS DE ARCOS							
	0	1	2	3	4	5	6
0		30	30				
1				10	5	10	
2				20		10	
3					20		10
4							20
5					10		30
6							

La casilla vacía indica ausencia de canalización.

Vamos a describir a continuación las fases del método de flujo máximo:

1.ª fase: Elegir un flujo arbitrario
Se trata de elegir una cantidad inicial arbitrariamente y distribuirla a lo largo de la red, respetando siempre estas dos condiciones: a) Que no se supere nunca la capacidad máxima de la canalización. b) Conservación del flujo en cada vértice (todo lo que entre, debe salir).

Las cantidades a elegir arbitrariamente dependen de la práctica. Puede probarse primero eligiendo las capacidades máximas de los canales (0,1) y (0,2), es decir, 30 unidades. Esto es como si abriéramos el grifo en ⓪ al máximo. Pero enseguida nos damos cuenta de que si obligamos a ① a recibir las 30 unidades, luego no pueden salir, ya que los canales (1,3), (1,4) y (1,5) sólo admiten en total (10 + 5 + 10) = 25 unidades.

Vamos, pues, para poder desarrollar todas las fases del método, a elegir cantidades inferiores, por ejemplo 20 unidades por (0,1) y 20 unidades por (0,2). Si entran 20 unidades en ①, deben salir de él y pueden hacerlo de varias formas.

Elegimos 10 unidades para (1,3), 5 unidades para (1,4) y 5 unidades para (1,5). A ② entran 20 unidades y deben salir por (2,3) y (2,5). Elegimos 10 unidades por (2,3) y otras 10 unidades por (2,5). Todos estos pasos se van escribiendo en la figura 36, inmediantamente al lado de las capacidades máximas.

Hasta ahora, al nudo ③ le llegan 10 unidades por (1,3) y 10 unidades por (2,3) y deben salir por (3,6) y por (3,4), como elijamos. Elegimos 10 unidades para (3,6) y otras 10 unidades para (3,4).

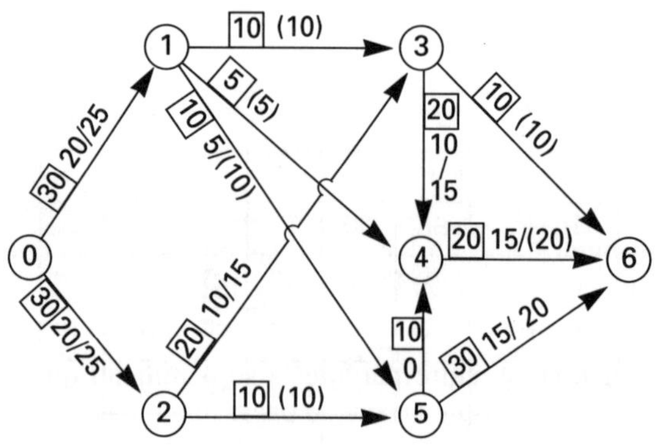

Figura 36

En esta situación, a ④ entran 10 unidades por (3,4) y 5 unidades por (1,4), que pueden salir sólo por (4,6), y a ⑤ entran 5 unidades por (1,5) y 10 unidades por (2,5), que pueden salir por (5,6) hasta un total de 30 unidades, y por (5,4) hasta un total de

10 unidades. Si quisiéramos pasar 10 unidades por (5,4) podríamos hacerlo, ya que no superamos la capacidad de esta canalización, pero al llegar a ④ tendríamos un total de 15 unidades (de (1,4) y (3,4)), más 10 unidades de (5,4). Y estas 25 unidades no pueden salir por (4,6).

Así, pues, lo máximo que podemos hacer pasar por (5,4) es 5 unidades, que sumadas a las 15 anteriores no superarían la capacidad de (4,6). No obstante, y dado que ya habíamos fijado la cantidad de 15 unidades para (4,6), elegiremos ⓪ unidades para (5,4) y 15 unidades para (5,6).

Debemos comprobar siempre al terminar la distribución de flujos que en todo nudo se conserva la cantidad (figura 37).

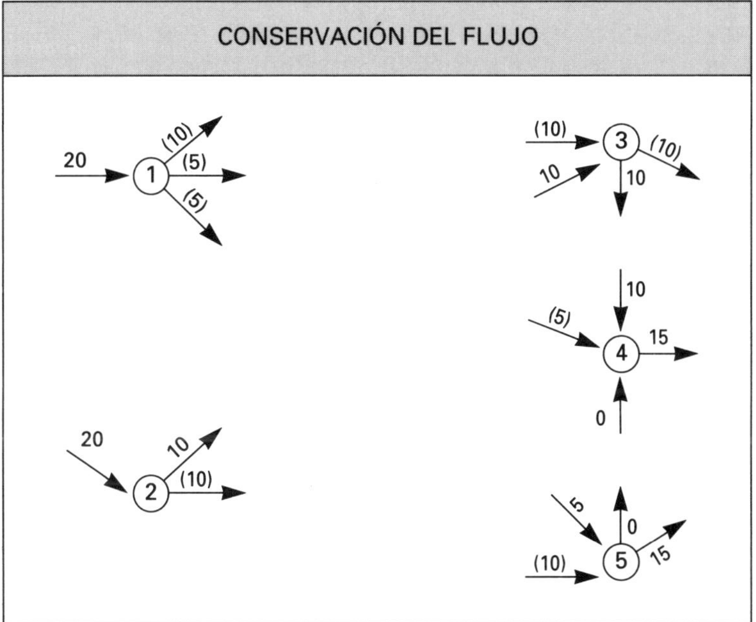

Figura 37

También comprobamos que no hay pérdidas en la red, ya que todo lo que sale de ⓪, que son 40 unidades, llega a ⑥ [(10) + 15 + 15].

Las cantidades encerradas entre paréntesis sólo indican que el arco correspondiente está «saturado», es decir, que no puede pasar nada más.

Una vez distribuido el flujo arbitrario debemos tratar de incrementarlo hasta llegar al máximo y, por supuesto, comprobar que lo es.

Para esto desarrollaremos:

2.ª fase: Obtener la red de flujo completo
Se dice que una red es de «flujo completo» cuando todo camino entre origen y final tiene «al menos» un arco saturado.

Primero vamos a buscar todos los caminos posibles entre ⓪ y ⑥.

Éstos son:

CAMINOS					ARCOS SATURADOS
0	1	3	6		(1,3), (3,6)
0	1	3	4	6	(1,3)
0	1	4	6		(1,4)
0	1	5	6		Ninguno
0	1	5	4	6	Ninguno
0	2	3	6		(3,6)
0	2	3	4	6	Ninguno
0	2	5	6		(2,5)
0	2	5	4	6	(2,5)

La red no es flujo completo, ya que los caminos 0156, 01546 y 02346 no tienen al menos un arco saturado.

Debemos conseguir que estos caminos tengan al menos un arco saturado incrementando unidades transportadas por ellos. Abriremos más el grifo en ⓪ y las unidades que aumentemos las haremos pasar por estos caminos.

Fijémonos en que los caminos 0156 y 01546 tienen el arco (1,5) en común. Si logramos saturar este arco, obtendremos a la vez dos caminos con flujo completo. Para ello subo el arco (0,1) de 20 a 25 unidades. Estas 5 unidades incrementadas las hago pasar por (1,5) saturándolo, con lo que a ⑤ entran ahora un total de 20 unidades que puedo hacer pasar por (5,6).

Por último, falta por saturar algún arco del camino 02346. El arco de este camino que menor incremento de unidades permite es el (4,6) con 5 unidades. Luego abriré en ⓪ 5 unidades más que pasarán por todo el camino anterior.

Saturando el arco (4,6) solamente. De esta forma, logramos la red en flujo completo.

Las nuevas cantidades transportadas se señalan en la red al lado de las anteriores (figura 36).

3.ª fase: Marcar los vértices de la red hasta los que se pueda hacer llegar una unidad de flujo sumplementaria

El mecanismo es el siguiente:

a) La entrada ⓪ se marca con [+] siempre.

b) Si un vértice ya ha sido marcado, a partir de éste podemos intentar marcar un vértice posterior y un vértice anterior a él.

(I) Se podrá marcar todo vértice posterior a uno ya marcado si, y sólo si, el arco que los une no está saturado (que es como decir que por este arco no saturado entre los dos vértices todavía se pueden pasar más unidades).
¿Cómo se marca?
Por ser posterior, se marca con signo positivo seguido de la denominación del vértice anterior.

(II) Se podrá marcar todo vértice anterior a uno ya marcado si, y sólo si, el arco que los une es de «flujo no nulo» (o sea, pasan más de cero unidades).
¿Como se marca?
Por ser anterior, se marca con signo negativo seguido de la denominación del vértice ya marcado del que partimos.

Si por este proceso llegamos a marcar la salida de la red, el flujo no es máximo.

Podremos, entonces, buscar otra distribución de flujo de tal forma que se transporte más cantidad hasta la salida.

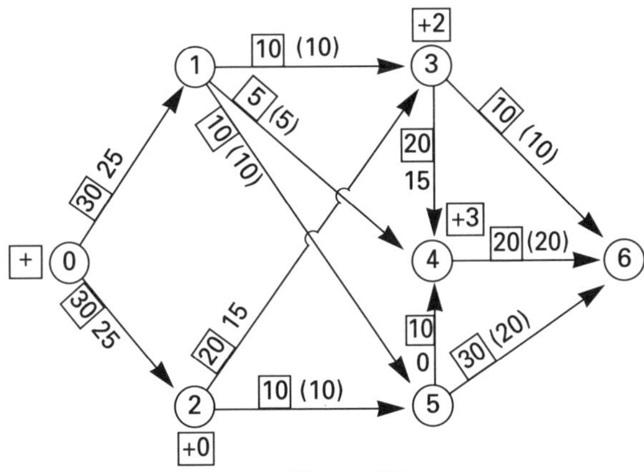

Figura 37

La forma de cambiar la distribución de flujo la veremos más adelante. Ahora desarrollaremos la tercera fase en la figura 37, donde se han apuntado los flujos finales obtenidos anteriormente.

Marcamos ⓪ con [+] para empezar. Ahora sólo puedo marcar vértices posteriores, ya que no existen anteriores. Puedo marcar ①, ya que el arco (0,1) no está saturado, y lo mismo para ②.

Como voy hacia adelante (siguiendo el sentido de la flecha del arco), marco el ① con [+0], ya que llego a ① desde ⓪. Pero fijémonos que desde ① no puedo seguir marcando vértices, ya que a partir de él todos los arcos (1,3), (1,4) y (1,5) están saturados.

Vamos a marcar el ② con [+0].

A partir de ② sólo puedo avanzar por (2,3), que no está saturado, para llegar a ③, marcándolo con [+2], ya que recorro el arco en el sentido de la flecha desde ②.

Desde ③ sólo puedo ir a ④ por (3,4), que no está saturado, marcándolo con [+3].

Desde ④ no puedo ir a ⑥ por estar el arco (4,6) saturado. Pero puedo tratar de ir a ⑤ por el arco (4,5) recorriéndolo en sentido contrario a la flecha. Es decir, ahora trato de marcar un vértice anterior al ya marcado ④ y lo podría marcar si el arco fuera de «flujo no nulo».

Recordar que el criterio para marcar vértices anteriores a los ya marcados es hacerlo a través de arcos de flujo no nulo. Pero como por dicho arco pasan cero unidades, flujo nulo, no puedo marcar el vértice ⑤.

Luego a ⑥ no puedo llegar por ningún camino para marcarlo.

En este caso, se tiene la seguridad de estar en flujo máximo, cuyo valor es 10 unidades por (3,6), 20 unidades por (4,6) y 20 unidades por (5,6); en total, 50 unidades, con lo que el problema queda así resuelto con las tres fases vistas.

Otra red de flujo arbitrario

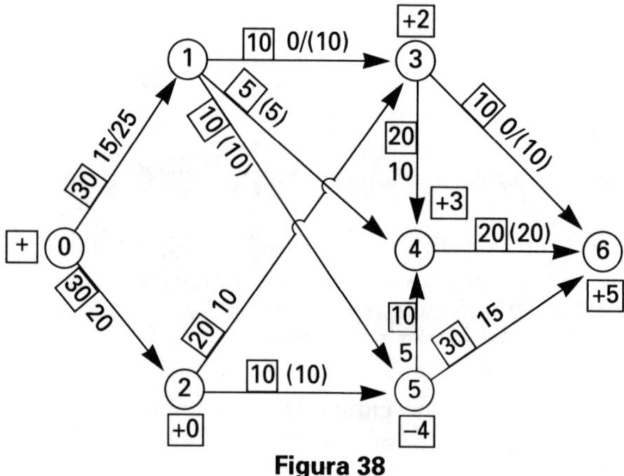

Figura 38

Pero supongamos que la elección de flujo arbitrario es distinta (figura 38) y está dada en la tabla siguiente:

TABLA DE FLUJO INICIAL ARBITRARIO							
	0	1	2	3	4	5	6
0		15	20				
1				0	(5)	(10)	
2				10		(10)	
3					10		0
4							(20)
5					5		15
6							

Una vez que se comprueba que no se superan las capacidades de arco y se cumple la conservación del flujo en cada vértice, vamos a obtener en red de flujo completo.

CAMINOS POSIBLES					ARCOS SATURADOS
0	1	3	6		Ninguno
0	1	3	4	6	(4,6)
0	1	4	6		(1,4), (4,6))
0	1	5	6		(1,5)
0	1	5	4	6	(1,5) (4,6)
0	2	3	6		Ninguno
0	2	3	4	6	(4,6)
0	2	5	6		(2,5)
0	2	5	4	6	(2,5), (4,6)

Vamos a obtener al menos un arco saturado para el camino 0136 (podemos empezar por otro camino). Si aumento 10 unidades a lo largo de todo este camino, saturo (1,3) y (3,6). Y al saturar el (3,6), el camino 0236 también pasa a tener flujo completo. Así, pues, con esta nueva distribución estoy en una red de flujo completo.

Al ser una red de flujo completo, no podemos aumentar más unidades en la red aparentemente, ya que a partir de ① todos los arcos están saturados, y a a partir de ②, (2,5) está saturado; y si tratáramos de aumentar por (0,2) a (2,3) y a (3,4), no podríamos seguir por (4,6), que también está saturado.

Pero la red de flujo completo no garantiza flujo máximo. De hecho, con la elección del flujo inicial arbitrario anterior llegábamos a obtener 50 unidades en ⑥ en contra de las 45 de ahora [10 por (3,6) 20 por (4,6) y 15 por (5,6)].

Lo único que garantiza flujo máximo en una red es el algoritmo de la tercera fase descrita.

3.ª fase para nuevo flujo arbitrario

— Marcamos el ⓪ con [+].

— Podría marcar ① con [+0] al no estar saturado (0,1), pero luego podría seguir, ya que están saturados (1,3), (1,4) y (1,5).

— Puedo marcar ② con [+0], ya que (0,2) no está saturado.

— Por los mismos razonamientos, puedo marcar ③ con [+2].

— Puedo marcar ④ con [+3].

— No puedo marcar partiendo de ④ el nudo ⑥, pero sí puedo marcar ⑤ con [−4], ya que voy en contra de la flecha hacia un nudo anterior por un arco de flujo no nulo.

— Puedo marcar ⑥ con [+5].

Como he podido marcar la salida, la red no es de flujo máximo, y para determinarlo pasaré a otra fase distinta.

4.ª fase
Una vez que se haya marcado la salida de la red, consideramos «aisladamente» la cadena que desde el origen llevó a marcar la salida. A lo largo de esta cadena: { — aumentar las unidades posibles en los arcos orientados en el sentido de recorrido de la entrada a la salida, **y, simultáneamente,** — disminuir el mismo número de unidades en los arcos orientados en sentido contrario, } hasta { — saturar algún arco (al menos uno) orientado en el sentido entrada-salida de la red, o — conseguir flujo nulo en al menos un arco orientado en sentido contrario. } Después, comprobar si se puede volver a marcar la salida. Si se puede, repetir la fase 4.ª.

Para localizar la cadena que desde la entrada nos llevó a marcar la salida no hay más que, desde un vértice, localizar el siguiente con la denominación o «marcación» de aquél.

Así, desde ⓪ vemos que ② está marcado con [+0]; desde ② vamos a ③, que está marcado con [+2]; desde ③ a ④, marcado con [+3]; desde ④ a ⑤, marcado [−4], y desde ⑤ a ⑥, marcado con [+5]. La cadena así obtenida es:

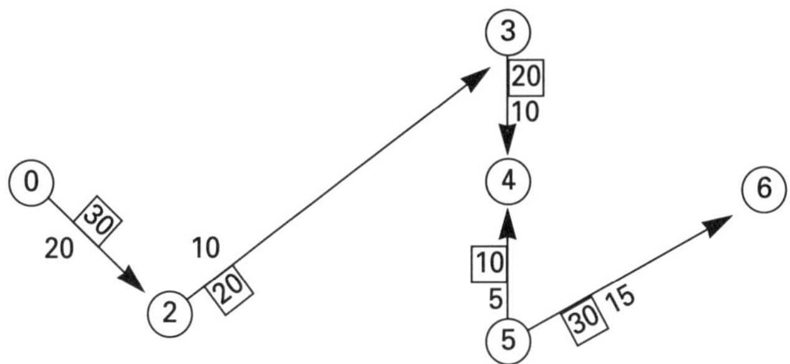

Los arcos (0,2), (2,3), (3,4) y (5,6) están orientados en el sentido de recorrido entrada-salida. El arco (4,5) está orientado en sentido contrario. El número de unidades a modificar en la cadena puede obtenerse por el siguiente procedimiento.

ARCO	CAPACIDAD	FLUJO	(CAPACIDAD–FLUJO)	ORIENTACIÓN
(0,2)	30	20	10	E–S
(2,3)	20	10	10	E–S
(3,4)	20	10	10	E–S
(4,5)	10	5	5	(S–E)
(5,6)	30	15	15	E–S

La columna (capacidad-flujo) expresa el número de unidades que puedo aumentar por un arco en sentido entrada-salida hasta saturarlo, o el que puedo disminuir por uno en sentido contrario hasta hacerlo de flujo nulo. Tomaré el menor número de unidades, es decir, 5 unidades.

La cadena modificada queda como sigue:

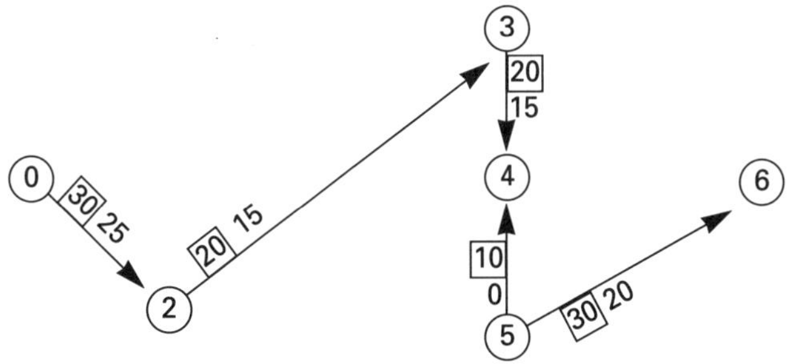

Ahora podemos ver el significado que tiene el aumentar unidades en los arcos de orientación E–S y disminuirlas a la vez en los de orientación S–E. La explicación se basa en la conservación del flujo para los vértices. Si a ② le añado 5 unidades, luego se las quito a la salida, y no ha variado nada. Pero si a ④ le añado 5 unidades desde ③ (por un arco E–S), debo quitárselas por otro lado: por el arco (4,5) orientado S–E. Como este arco (4,5) también entra en ④, la única forma es restárselas. También vemos que de ⑤ siguen saliendo las 20 unidades totales antes de la modificación. Pues bien, estos números modificados los pasamos al grafo inicial completo y tratamos de marcar de nuevo para comprobar si estamos ya en flujo máximo o no (figura 39).

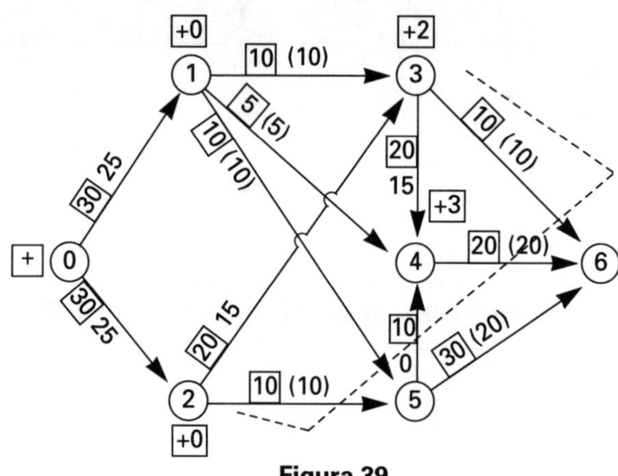

Figura 39

Hemos llegado a la misma solución de la figura 37. No siempre la distribución debe ser la misma y puede ocurrir que las cadenas que llevan a marcar la salida sean varias. Bastará con elegir una y trabajar sobre ella. Ya hemos visto que el flujo máximo es:

$$\varnothing_{\text{máx}} = 50 \text{ unidades}$$

existiendo más cantidad disponible en el origen hasta 60 unidades; una solución para aprovechar esta oferta sería ampliar las canalizaciones en número en capacidad. Otra forma, más teórica, de ver el flujo máximo en la red es mediante lo que se denomina «corte de la red». Consiste en trazar una línea de puntos que separe los vértices marcados de los no marcados (figura 39). Esta línea cortará arcos (saturados o no) cuya suma de flujos nos dará el flujo total, teniendo en cuenta que los arcos a sumar deberán ir de vértices marcados a no marcados.

En la figura 39 la línea de puntos corta los arcos (2,5), (1,5), (4,5), (4,6) y (3,6), cuya suma de flujos es:

$$(10) + (10) + 0 + (20) + (10) = 50 \text{ unidades}$$

Caso práctico resuelto 1

Desde una fábrica, cuya producción total es de 25 unidades/día, se distribuye el producto a una cierta ciudad ④. Para ello se cuenta con almacenes intermedios de tránsito ①, ② y ③, comunicados por carretera y con servicios diarios en el sentido que se indica en la figura 40, donde también se expresan las capacidades máximas de los transportes. Actualmente se están produciendo 9 unidades diarias, que se distribuyen según la tabla adjunta.

	0	1	2	3	4
0	–	2	5	2	–
1	–	–	4	–	–
2	–	–	–	6	3
3	–	2	–	–	6

1.º) Ante un previsible aumento de la demanda, se desea saber hasta cuánto se podrá incrementar la producción sin que se produzca nivel de stock en ningún punto de la red.

2.º) ¿Qué servicios de transporte podrán eliminarse?

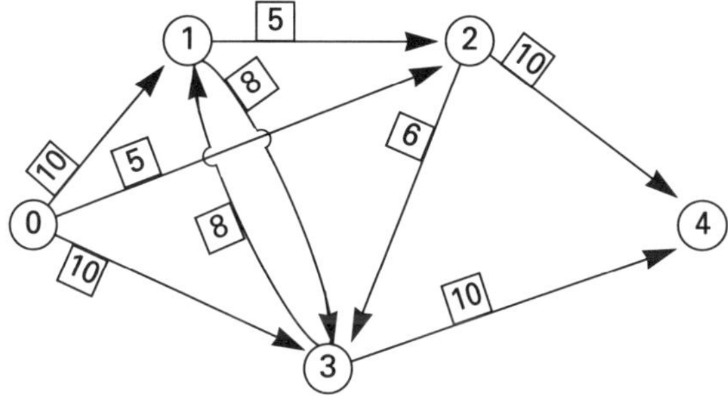

Figura 40

Solución

La tabla de unidades que actualmente se están distribuyendo es como si nos estuvieran fijando el flujo inicial arbitrario (figura 41).

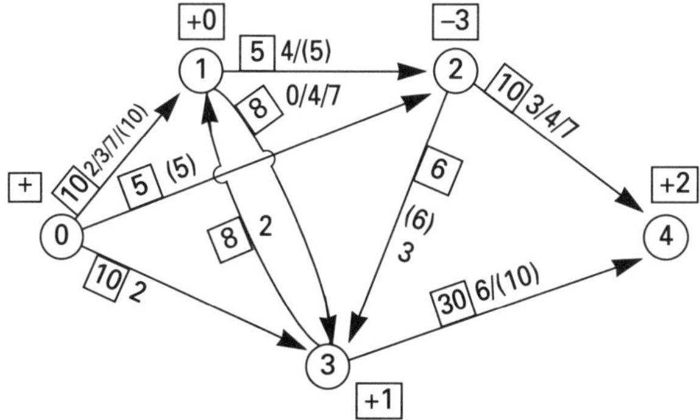

Figura 41

Para calcular la red de flujo completo, determinamos los posibles caminos con al menos un arco saturado.

CAMINOS POSIBLES	ARCOS SATURADOS
* 0 1 2 4	Ninguno
• 0 1 3 4	Ninguno
* 0 1 3 1 2 4	Ninguno
• 0 1 3 1 3 4	Ninguno
* 0 1 3 1 2 3 4	(2,3)
* 0 1 3 1 3 1 2 etc.	Ninguno
Cualquiera que empiece por (0,2) es flujo completo	(0,2)
• 0 3 4	Ninguno
* 0 3 1 2 4	Ninguno
• 0 3 1 2 3 4	(2,3)
• 0 3 1 3 4	Ninguno

Consideremos el camino 0124. Aumento una unidad en todos los arcos que lo componen (ver figura 41) saturando el arco (1,2) y, por consiguiente, haciendo flujo completo en todos los caminos que integran este arco (marcados con * en la tabla anterior).

Consideremos el camino 0134. Subo 4 unidades a todos sus arcos, saturando el arco (3,4) y consiguiendo el flujo completo en todos los caminos donde aparece (marcados con • en la tabla).

Ya hemos conseguido una red de flujo completo. La siguiente fase consiste en marcar los vértices, empezando por [+] en 0. A partir de aquí marco ① con [+0], ③ con [+1], ② con [−3] y ④ con [+2]. Como hemos encontrado una forma de marcar la salida, la red no está en flujo máximo. Para llegar a esto, debemos modificar unidades a lo largo de la cadena que nos llevó a marcar la salida.

Esta cadena es:

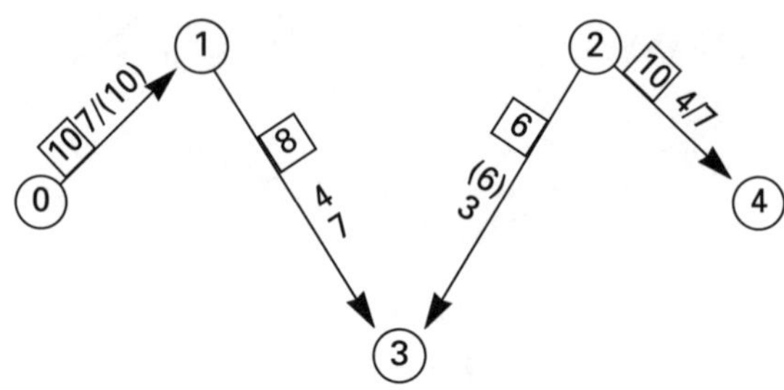

Podemos aumentar 3 unidades a todos los arcos orientados en el sentido E–S y disminuirlas a los orientados S–E. Así conseguimos saturar el arco (0,1).

Anotamos los valores de flujo obtenidos en el grafo total y volvemos a marcar los vértices (figura 41).

La nueva red obtenida después de esta operación es la de la figura 42.

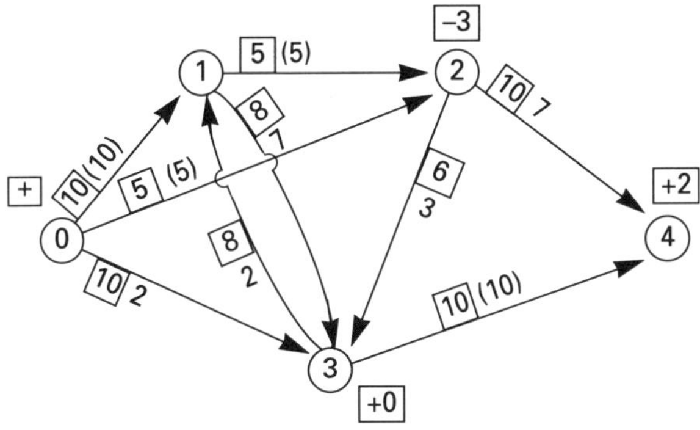

Figura 42

Nuevamente podemos marcar la salida, aislando la cadena siguiente:

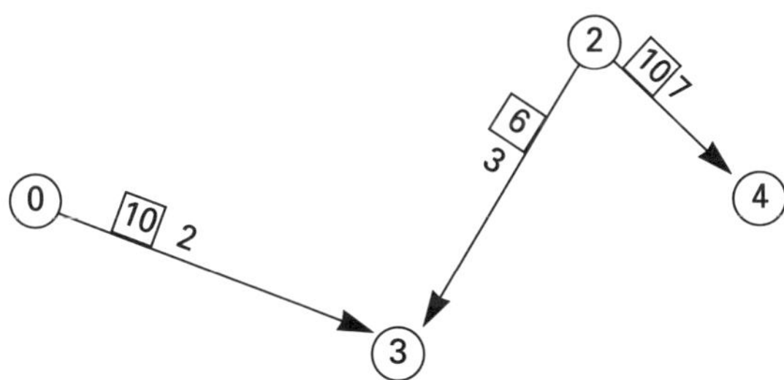

Subo 3 unidades a arcos E–S y las disminuyo a arcos S–E, resultando:

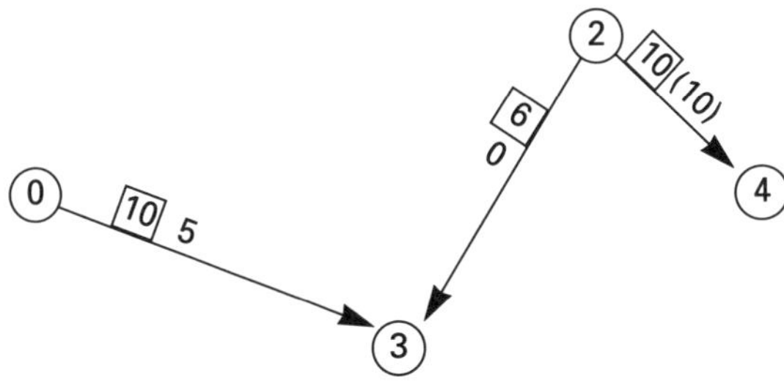

Paso los resultados al grafo total:

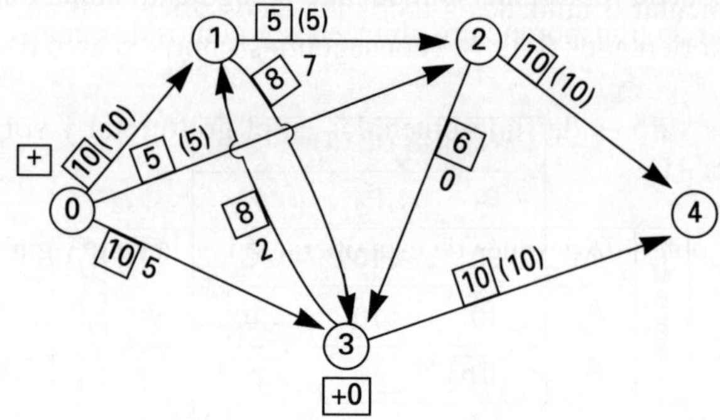

Volvemos a marcar. Desde ⓪ podemos marcar ③ con [+0]. Pero a partir de aquí sólo podemos dar vueltas entre los nudos ① y ③, ya que el arco (3,4) está saturado y el arco (2,3) es ahora de flujo nulo.

Como no podemos llegar a marcar la salida, la red es de flujo máximo, cuyo valor es:

$$Ø_{máx} = 20$$

Caso práctico resuelto 2

Una empresa dispone de la siguiente red logística: una fábrica, tres almacenes y tres puntos de venta para satisfacer su demanda.

Los puntos de venta poseen una capacidad de servicio al cliente de 50, 40 y 30 unidades respectivamente, y las capacidades máximas de los almacenes son de 30, 40 y 50 unidades respectivamente.

La capacidad de producción de la empresa es suficiente para atender toda la demanda. Las capacidades máximas de transporte se fijan en la figura 43, entre almacenes y puntos de venta.

Deseamos conocer la demanda máxima que pueden atender la empresa y cada punto de venta.

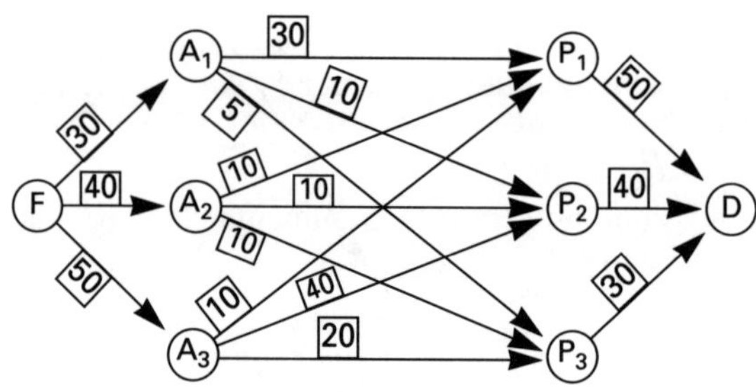

Figura 43

La situación puede representarse mediante la siguiente tabla, donde cada casilla indica la capacidad de transporte entre almacenes y puntos de venta.

		CENTROS DE CONSUMO				
		P_1	P_2	P_3		
ALMACENES	A_1	30	10	5	30	OFERTA
	A_2	10	10	10	40	
	A_3	10	40	20	50	
		50	40	30		
		DEMANDA				

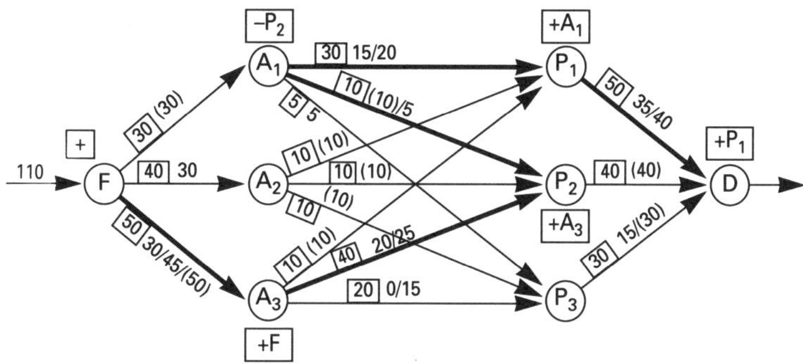

Figura 44

Los arcos entre la fábrica F y los almacenes A_1, A_2 y A_3 simbolizan la capacidad de transporte entre dichos puntos. Realmente, estos datos nos los dan fijándonos la capacidad de almacenes y sabiendo que F puede satisfacer toda la demanda.

Así, apuntamos nosotros como capacidades máximas de arco 30, 40 y 50 unidades. El nudo D significa la demanda total, que es suma de lo que pueden satisfacer como máximo los puntos de venta.

En la figura 44 se han anotados todos los valores de arco como resultado del algoritmo de Ford-Fulkerson, siendo $Ø_{\text{máx}}$ = 110 unidades

A causa de la capacidad de la red de distribución, no puede satisfacerse más de 110 unidades. Concretamente, el punto de venta P_1 sólo puede recibir como máximo 40 unidades. Luego será quien tenga una demanda insatisfecha de 10 unidades.

La solución, como siempre, será o bien aumentar la capacidad del transporte, o abrir nuevas rutas de servicio.

En la figura 44 anotamos que los primeros valores de arco al lado de las capacidades máximas corresponden a un flujo inicial arbitrario.

Se establece una red de flujo completo al añadir 15 unidades a lo largo del camino $F - A_3 - P_3 - D$, y posteriormente la red de flujo máximo a través de la cadena $F - A_3 - P_2 - A_1 - P_1 - D$, que nos llevó a marcar la salida.

6. CONCEPTOS A RECORDAR

— Grafo.
— Vértice o nudo.
— Arco.
— Ley de correspondencia.
— Arco orientado.
— Camino.
— Circuito.
— Bucle.
— Longitud.
— Camino y circuito hamiltoniano.
— Camino y circuito euleriano.
— Subgrafo.
— Grafo parcial.
— Grado de un vértice.
— Número grado de un grafo.
— Matriz booleana.
— Matriz asociada.
— Matriz complementaria.
— Operaciones con matrices de grafos.
— Nivel de un grafo.
— Ordenación de grafos.
— Algoritmo de Ford.
— Camino mínimo.
— Camino máximo.
— Algoritmo de Bellman-Kalaba.
— Número de desviación.
— Pista.
— Grafo conexo.
— Grafo espacial.
— Grafo completo.
— Método de Kaufmann.
— Matriz latina.
— Multiplicación latina.
— Algoritmo de Ford-Fulkerson.
— Flujo arbitrario.
— Flujo completo.
— Flujo máximo.
— Arco saturado.
— Capacidad máxima de arco.
— Conservación de flujo.
— Corte de la red.

7. PROBLEMAS PROPUESTOS

Problema 1

Dado el grafo de la figura P1:

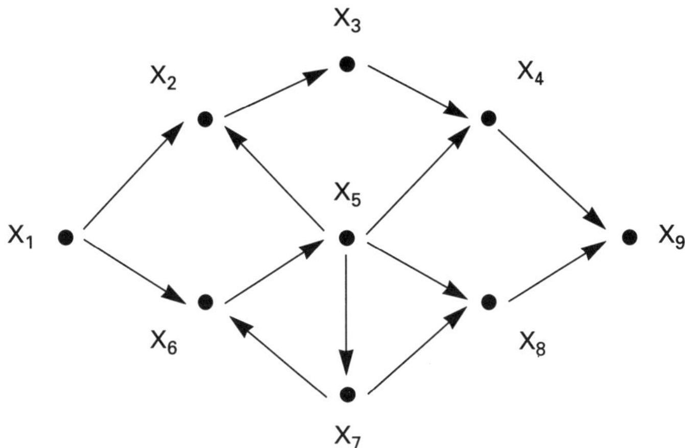

Figura P1

1.°) Establecer las leyes de correspondencia entre los vértices.

2.°) Calcular todos los caminos y circuitos posibles.

3.°) Determinar la longitud de caminos y circuitos.

4.°) Calcular el grado de los vértices y el número grado del grafo.

Problema 2

Dada la red de carreteras de la figura P2:

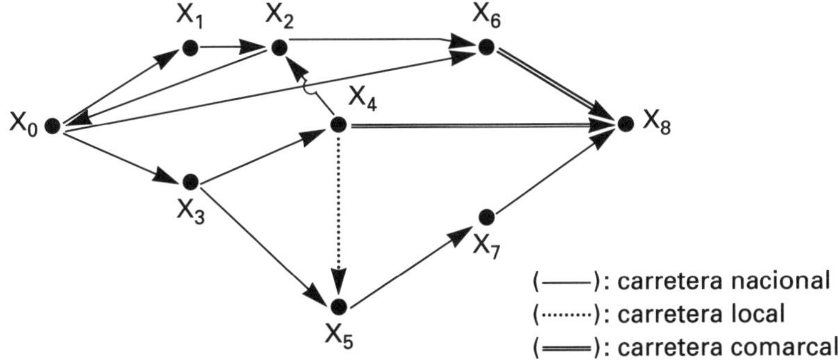

Figura P2

Determinar:

1.º) La matriz booleana de la red de carreteras.

2.º) La matriz asociada.

3.º) La matriz complementaria.

4.º) Los caminos posibles de longitud cuatro entre X_0 y X_8, mediante operaciones con matrices de la red.

5.º) Repetir los tres primeros apartados anteriores, si se decide eliminar los establecimientos X_0, X_1 y X_2.

6.º) Repetir los tres primeros apartados, si se decide utilizar para el transporte sólo carreteras nacionales.

Problema 3

Ordenar en niveles el grafo de la figura P3 mediante el método de los semigrados exteriores y, posteriormente, comprobar que coincide el resultado con el método del producto de las matrices booleanas.

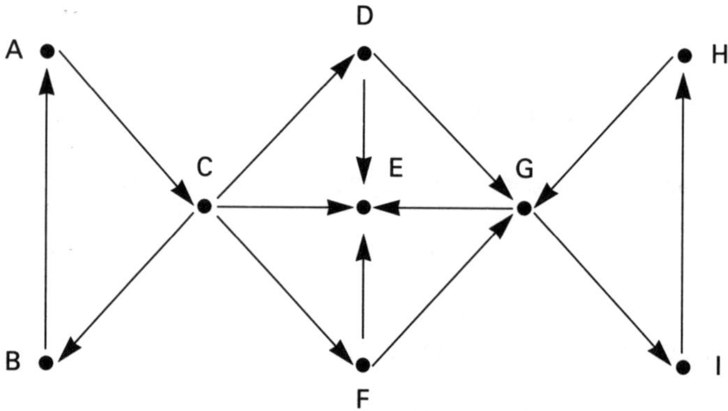

Figura P3

Problema 4

Una empresa puede edificar un almacén de distribución en ⓪ y en ① con el objeto de transportar su mercancía hasta el punto ⑪. La red de carreteras posible estudiada se presenta en la figura P4, donde los valores de los tramos expresan tiempos de desplazamiento. El empresario distribuidor desea dar un plazo de entrega mínimo y máximo a su cliente con el objeto de cubrirse ante posibles incidencias. Además, desea saber cuál será la ubicación más ventajosa de su almacén.

En esta situación, calcular los plazos de entrega mínimo y máximo y la situación de almacén para estos plazos.

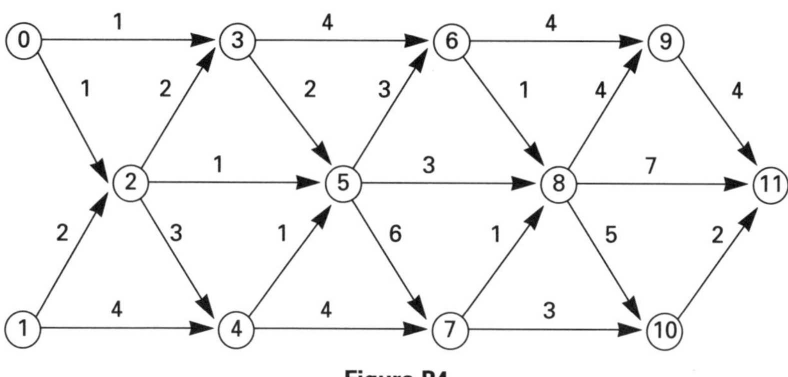

Figura P4

Problema 5

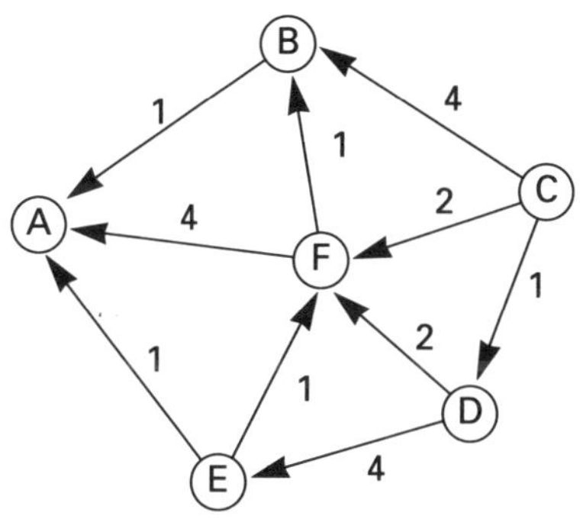

Figura P5

1.º) Determinar los caminos máximo y mínimo del grafo de la figura P5, mediante el algoritmo de Bellman-Kalaba, entre los puntos A y C.

2.º) Repetir el problema entre los puntos A y D.

Problema 6

Dado el grafo de la figura siguiente:

Calcular todos los caminos y circuitos hamiltonianos de longitud cuatro mediante el método de Kaufmann.

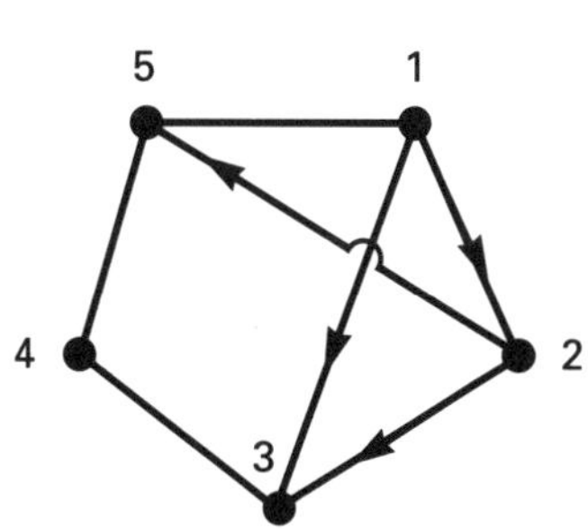

Problema 7

Dada la red de la figura, donde las cantidades encuadradas sobre cada arco representan su capacidad máxima, y donde los números al lado de aquéllas son la cantidad de flujo que transcurre actualmente entre el origen, el nudo ⓪ y el final, nudo ⑪, determinar:

1.º) La red de flujo completo.

2.º) El flujo máximo.

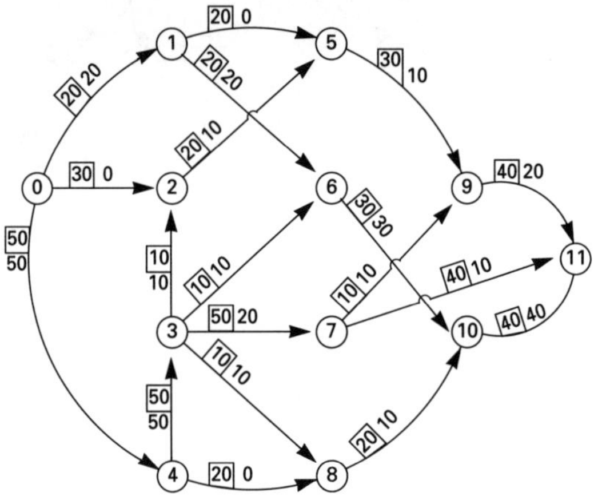

Problema 8

Dada la red de la figura, donde las cantidades encuadradas sobre cada arco representan sus capacidades máximas, hallar:

1.º) La red de flujo completo.

2.º) La red de flujo máximo, si se establece inicialmente el flujo de la tabla adjunta.

FLUJO INICIAL							
	0	A	B	C	D	E	Fin
0	–	10	60	–	–	–	–
A	–	–	–	5	–	5	–
B	–	–	–	20	20	10	10
C	–	–	–	–	5	–	20
D	–	–	–	–	–	–	40
E	–	–	–	–	15	–	–

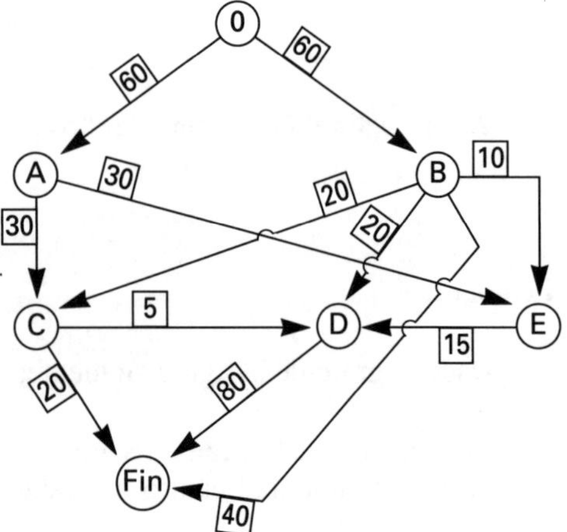

Problema 9

Dada la red de la figura:

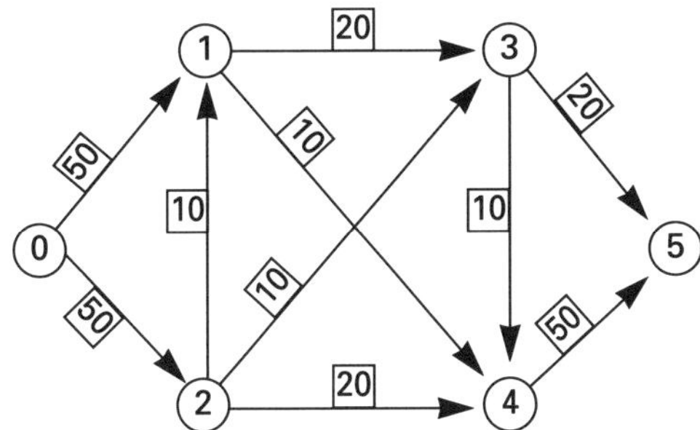

1.º) Calcular el flujo máximo si las cantidades iniciales transportadas son 10 unidades desde ⓪ a ① y 20 unidades de ⓪ a ②.

2.º) Calcular el flujo máximo posible, si se decide incrementar las unidades transportadas de ⓪ a ① en otras 10 unidades.

Problema 10

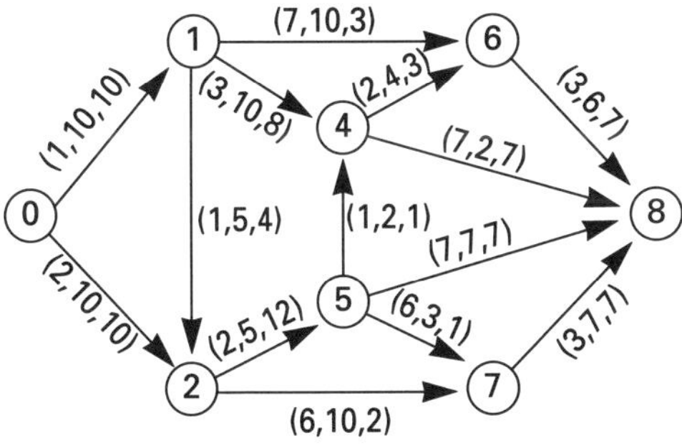

Sobre cada arco se expresa la triada de valores siguiente:

$$(i,j) = \left[\left(\text{tiempo} \right), \left(\begin{matrix} \text{coste} \\ \text{unitario} \end{matrix} \right), \left(\text{capacidad} \right) \right]$$

Calcular la solución óptima de transporte entre los puntos ① y ⑧, razonando la decisión.

Capítulo 3
Modelos de transporte

1. Programación lineal del transporte. Planteamiento del problema
2. Métodos para resolver la programación lineal del transporte. Solución básica y óptima
3. Método de la esquina noroeste: NO
4. Método del coste mínimo: CM
5. Método de aproximación de Vogel: MAV
6. Representación integrada para MAV
7. Método *stepping-stone*
8. Solución degenerada
9. Casos prácticos. Creación y eliminación de rutas
10. Variables ficticias
11. Supresión de centros de producción. Máxima eficiencia
12. Un ejercicio propuesto y resuelto. Óptimos alternativos. Estudio de nuevas rutas
13. Análisis de intermediarios. Supresión y creación de centros
14. Caso práctico. Dimensionado de almacenes por MAV
15. El método MODI
16. MODI para variables ficticias y soluciones degeneradas
17. Conceptos a recordar
18. Problemas propuestos

1. PROGRAMACIÓN LINEAL DEL TRANSPORTE. PLANTEAMIENTO DEL PROBLEMA

Observemos el cuadro de la figura 1. Las tres variables a considerar en el método son las siguientes:

	D_1	D_2	D_3	
O_A	C_{A1}	C_{A2}	C_{A3}	A
O_B	C_{B1}	C_{B2}	C_{B3}	B
O_C	C_{C1}	C_{C2}	C_{C3}	C
	1	2	3	

Figura 1

Oferta

Las letras O_A, O_B y O_C representan centros de oferta, de producción, de distribución. La capacidad de oferta de éstos viene indicada en la parte derecha del cuadro por A, B, C.

Demanda

Las siglas D_1, D_2 y D_3 representan centros de demanda o almacenes. En la parte inferior del cuadro se indica la cantidad demandada por cada centro mediante 1, 2 y 3.

Coste de transporte

En la parte superior derecha de cada casilla se indica el coste de transporte desde cada centro de producción a cada centro de demanda, mediante la notación C_{ij}.

El modelo de programación lineal del transporte que vamos a desarrollar se basa en las siguientes hipótesis:

1.ª) El objetivo es reducir al mínimo posible el coste del transporte.

2.ª) La función del coste del transporte debe ser una función lineal del número de unidades transportadas.

3.ª) Tanto las cantidades de la oferta como de la demanda deberán estar expresadas en las mismas unidades.

4.ª) Los costes de transporte por unidad no variarán con la cantidad transportada.

5.ª) La oferta total, suma de todos los centros de producción, deberá ser igual a la demanda total, suma de todas las demandas de los centros de demanda.

6.ª) Caso de no cumplirse la hipótesis anterior, deberá crearse una oferta ficticia si la demanda total es superior a la oferta total, o una demanda ficticia si la demanda es menor que la oferta, asignando coste nulo al transporte a las casillas creadas correspondientes.

2. MÉTODOS PARA RESOLVER LA PROGRAMACIÓN LINEAL DEL TRANSPORTE. SOLUCIÓN BÁSICA Y ÓPTIMA

La resolución del modelo de programación lineal del transporte consiste en averiguar qué cantidad de producto de cada centro de suministro va a parar a cada centro de demanda y, por supuesto, a coste de transporte mínimo.

El problema se basa en la resolución de un clásico problema de programación lineal (investigación operativa) donde se plantea una función objetivo a optimizar (coste de transporte) y unas restricciones adecuadas (capacidades de los centros y otras posibles). La solución puede obtenerse mediante el procedimiento de las ecuaciones a que da lugar el planteamiento de la programación lineal por un ordenador. Sin embargo, existen varios métodos simplificados y derivados de aquel planteamiento que resuelven perfectamente casos reales sencillos, permitiendo, además, entender los mecanismos que conducen a la solución óptima.

Los métodos que se van a describir a continuación permiten obtener soluciones iniciales o básicas y soluciones óptimas.

Métodos para soluciones básicas realizables

— Método de la esquina noroeste: NO.

— Método del coste mínimo: CM.

— Método de aproximación de Vogel: MAV.

Estos métodos son sencillos de comprender y permiten obtener soluciones básicas realizables, que son el punto de partida para lograr las óptimas, que se obtendrán por los siguientes métodos:

Métodos para soluciones óptimas

— Método *stepping-stone:* SS.

— Distribución modificada: MODI.

Realización práctica

Así, pues, primero elegiremos cualquiera de los métodos que proporcionan soluciones básicas (NO, CM, MAV), que casualmente darán la óptima, y posteriormente utilizamos el método *stepping-stone* o MODI para lograr la óptima.

3. MÉTODO DE LA ESQUINA NOROESTE: NO

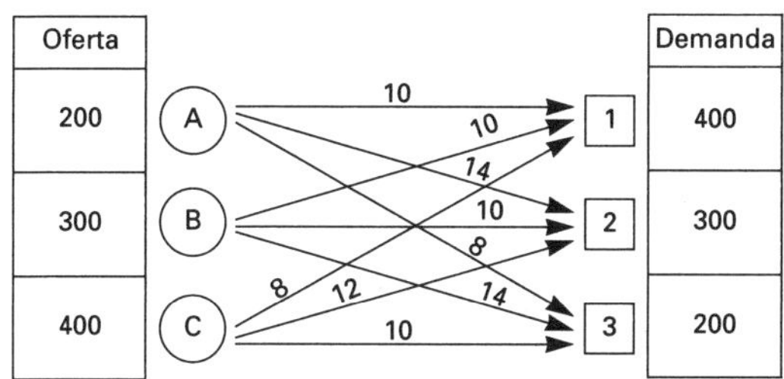

Figura 2

En la figura 2 se ven los posibles caminos que unen los centros de producción A, B y C con los de demanda 1, 2 y 3. Sobre los arcos o rutas correspondientes se expresa el coste unitario de transporte. Todo esto puede disponerse, tal y como se ha indicado anteriormente, mediante el cuadro de la figura 3.

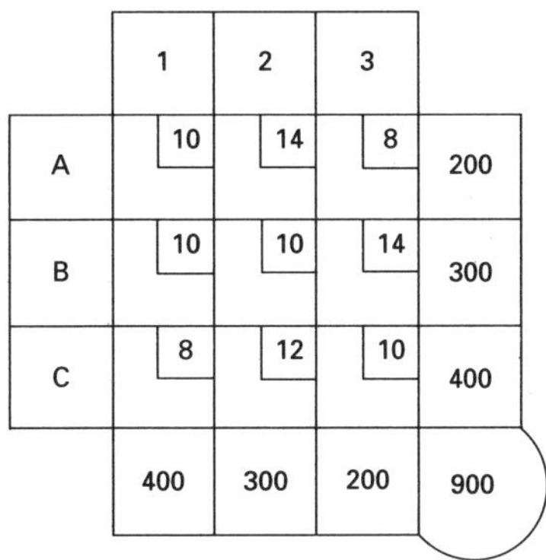

	1	2	3	
A	10	14	8	200
B	10	10	14	300
C	8	12	10	400
	400	300	200	900

Figura 3

En la parte inferior derecha se han sumado las capacidades de oferta y de demanda, que aquí coinciden, no siendo preciso, por tanto, la creación de actividades ficticias.

La mecánica del método de solución inicial NO sigue los pasos descritos a continuación:

a) Asignar (rellenar) en primer lugar la casilla más noroeste. Es la superior izquierda, con la máxima cantidad posible.

b) Cuando no quede satisfecha la oferta de la primera fila, pasar a la casilla siguente derecha de la misma fila, y así sucesivamente hasta que el primer centro productor agote su capacidad, tratando de completar la demanda de cada centro almacén.

c) Hacer lo mismo con la siguiente casilla más noroeste, que ahora será la situada a la izquierda de la segunda fila, y seguir los pasos siguientes hasta completar todas las asignaciones posibles.

Vamos a seguir estos pasos con la tabla de la figura 3. Los resultados los anotaremos en la figura 4.

La casilla A1 es la más noroeste. Esta casilla indica que el centro productor A puede enviar unidades al centro de demanda 1 a un coste unitario de 10 unidades monetarias por unidad transportada. El centro A puede ofrecer 200 unidades y el almacén o centro de demanda 1 necesita 400 unidades.

	1	2	3	
A	10 200	14	8	200
B	10 200	10 100	14	300
C	8	12 200	10 200	400
	400	300	200	

Figura 4

Según el método NO, debe hacerse la máxima asignación posible. Pueden asignarse a 1 las 200 unidades que produce A, ya que 1 tiene la capacidad suficiente (hasta 400) para recibirlas. Ya hemos agotado la capacidad de A (fila 1). Luego ni 2 ni 3 recibirán de momento unidades de A.

Pasamos a la segunda fila, casilla B1 noroeste. La asignación a esta casilla implicará enviar unidades desde B hasta 1. ¿Cuántas? El almacén 1 ya ha recibido 200 unidades de A. Necesita 400 unidades en total, es decir, otras 200 unidades. B puede dárselas, ya que produce 300. Asignamos a B1 200 unidades, con lo que queda totalmente satisfecho.

Pero a B le sobran todavía 100 unidades, ya que sólo ha servido 200 unidades. Por el método NO se asignarán, si la capacidad del almacén 2 lo permite, a la siguiente casilla B2. Y con esto queda satisfecho el centro productor B.

Pasamos a la tercera y última fila. La casilla más noreste es la C1. ¿Podemos asignar unidades? Una asignación en C1 indica que se envían unidades de C a 1, pero resulta que el almacén 1 ya está satisfecho, pues recibió las 400 unidades que demandaba de los centros A y B. Luego no podemos asignar unidades a la casilla C1. Pasaremos, pues, a la casilla C2. Aquí, el almacén 2 requiere todavía otras 200 unidades que, por otra parte, tiene disponibles el productor C. Asignemos, pues, a C2 200 unidades. Y el resto que ofrece C se las daremos al almacén 3, casilla C3. El resultado es el siguiente (figura 5):

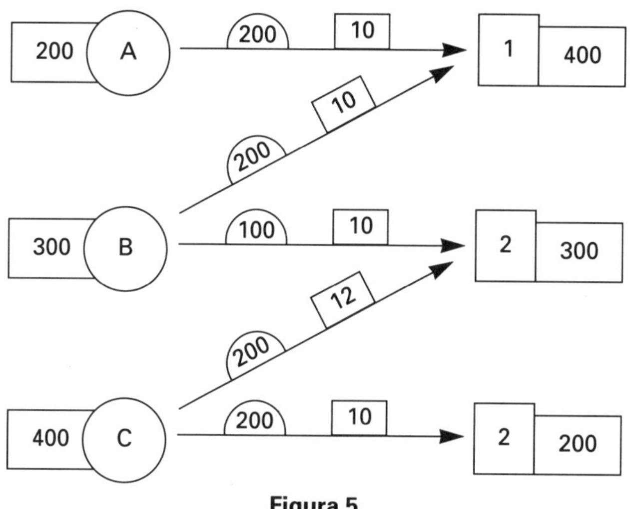

Figura 5

Centro productor (A) envía 200 uds. a almacén 1, a 10 $\frac{\text{u.m.}}{\text{ud.}}$ • Coste: 200 x 10 = 2.000 u.m.

Centro productor (B) envía 200 uds. a almacén 1, a 10 $\frac{\text{u.m.}}{\text{ud.}}$ • Coste: 200 x 10 = 2.000 u.m.

envía 100 uds. a almacén 2, a 10 $\frac{\text{u.m.}}{\text{ud.}}$ • Coste: 100 x 10 = 1.000 u.m.

Centro productor (C) envía 200 uds. a almacén 2, a 12 $\frac{\text{u.m.}}{\text{ud.}}$ • Coste: 200 x 12 = 2.400 u.m.

envía 200 uds. a almacén 3, a 10 $\frac{\text{u.m.}}{\text{ud.}}$ • Coste: 200 x 10 = 2.000 u.m.

Coste total transporte = (2.000) + (2.000) + (1.000) + (2.400) + (2.000) = 9.400 u.m.

Pero esto es una solución inicial o básica que no tiene por qué ser la óptima. Es decir, podemos encontrar otra estructura de asignaciones de tal forma que el coste total de transporte sea menor. Esto lo conseguiremos más adelante con los métodos de soluciones óptimas.

Es importante resaltar una cuestión. El método NO asigna independientemente del valor de los costes unitarios de cada ruta. Entonces, será debido sólo a la casualidad el hecho de que este método proporcione una solución óptima. Fijémonos que, en la figura 6, los costes son totalmente distintos a los de la figura 5. Sin embargo, en función de los pasos del proceso descrito y de las capacidades de todos los centros, las asignaciones son las mismas.

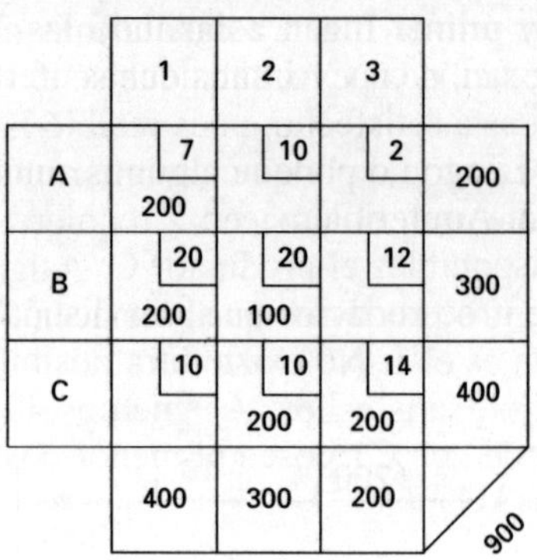

Figura 6

Este método, por otra parte ampliamente difundido, es quizá el menos aconsejable para inicializar la solución de un problema.

4. MÉTODO DEL COSTE MÍNIMO: CM

Es un método intuitivo de lograr una solución básica realizable. Consiste únicamente en detectar las casillas de menor coste, para empezar por ahí a cumplir asignaciones. Una forma simple de lograrlo es hacerlo ordenadamente por filas. En nuestro ejemplo de la figura 3, observamos que en la fila 1 la casilla de menor coste es la casilla A3. Asignamos las 200 unidades que posee A, ya que, además, el centro 3 las necesita. Ahora, tanto oferta como demanda quedan satisfechas (figura 7).

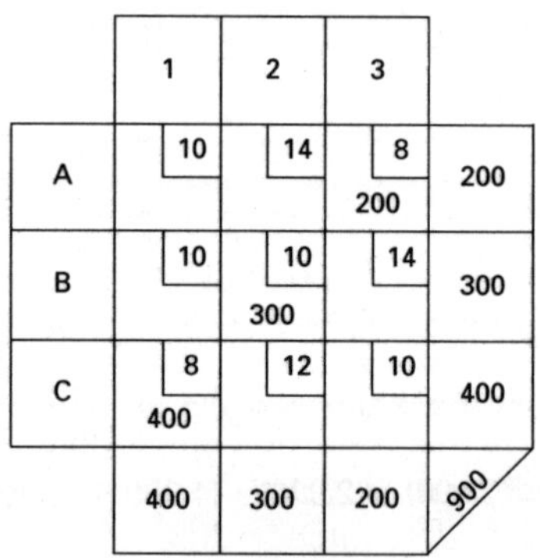

Figura 7

En la fila 2, las casillas B1 y B2 son las de menor coste, pudiendo elegir una u otra indistintamente. Pero fijémonos en la conveniencia de elegir de forma adecuada. Si escojo B2, al asignarle unidades éstas ya no podrían ser asignadas a C2. Y si asigno a B1, las unidades asignadas a ésta ya no podrán serlo a C1.

Observar los costes de C1 y C2. Conviene asignar más unidades a C1 que a C2, luego convendrá asignar menos unidades a B1 que a B2 para rebajar costes. Elegimos, pues, la casilla B2 en primer lugar, asignando las 300 unidades que B puede mandar al almacén 2. Y quedan, de nuevo, satisfechas oferta y demanda.

Esta forma de razonar es parte de lo que algunos autores denominan «método de las transferencias mutuamente preferibles».

Por último, el único centro productor que aún dispone de unidades es el C, y el único almacén que demanda es el 1. No existe otra posibilidad, ya que anteriormente los restantes centros quedaron satisfechos. Asignemos 400 unidades a la casilla C1. Además, coincide el hecho de que C1 posee el menor coste de las casillas de su fila, aunque podría no haber sido así.

De esta forma, las soluciones iniciales pueden ser muchas, dependiendo de la estructura de costes.

En vez de empezar el método de forma ordenada, por filas por ejemplo, podríamos haber empezado eligiendo casillas de menor coste, independientemente de la fila o columna donde se hallen.

Sea la matriz de la figura 8.

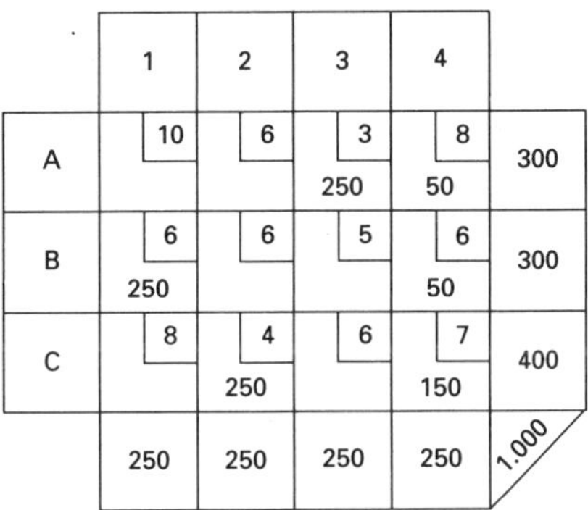

	1	2	3	4	
A	10	6	3 250	8 50	300
B	6 250	6	5	6 50	300
C	8	4 250	6	7 150	400
	250	250	250	250	1.000

Figura 8

Ya vemos que la matriz no tiene por qué ser cuadrada. En este caso tenemos tres centros productores y cuatro almacenes. Se cumple que la suma de las ofertas es la suma de las demandas, 1.000 unidades. La casilla de menor coste es la casilla A3. Ahí no podemos asignar más de 250 unidades, que son las que demanda el almacén 3. ¿Dónde asignaremos las 50 restantes de A? Podríamos pensar en la casilla A2, pero como la casilla C2 es la de siguiente menor coste, convendrá más dar el mayor número de unidades a esta última. Asignamos a C4 250 unidades. La siguiente de menor coste es la B3, pero no puedo poner unidad alguna, ya que el almacén 3 ya está satisfecho.

El menor coste siguiente corresponde a cualquiera de las casillas A2, B1, B2, B4 y C3. Pero los únicos almacenes que demandan hasta ahora son 1 y 4, lo que excluye las casillas A2, B2 y C3. De las casillas B1 y B4 convenientes, interesa más B1 para dejar libres después las casillas A4 y C4, que son de menor coste que las casillas A1 y C1 (transferencias mutuamente preferibles).

Resulta, pues, la solución de la figura 8, cuyo coste total de transporte es:

$$C_t = (250 \times 3) + (50 \times 8) + (250 \times 6) + (50 \times 6) + (250 \times 4) + (150 \times 7) =$$
$$= (750) + (400) + (1.500) + (300) + (1.000) + (1.050) = 5.000 \text{ u.m.}$$

Además, ésta es solución óptima, cosa que podremos demostrar con los métodos que se describirán posteriormente.

Puede comprobarse de continuo el hecho de que la suma de todos las casillas de una misma fila y de misma columna deben coincidir con el total de capacidad asociada a cada centro productor y de demanda.

5. MÉTODO DE APROXIMACIÓN DE VOGEL: MAV

De todos los métodos existentes para la consecución de una solución básica realizable es el más efectivo, en tanto en cuanto nos acerca a la solución óptima, y en muchos casos la proporciona directamente. Puede conocérsele también bajo la denominación de «método de las penalizaciones». Veremos por qué:

Supongamos la matriz de costes de la figura 9, con tres centros de oferta y cuatro centros de demanda.

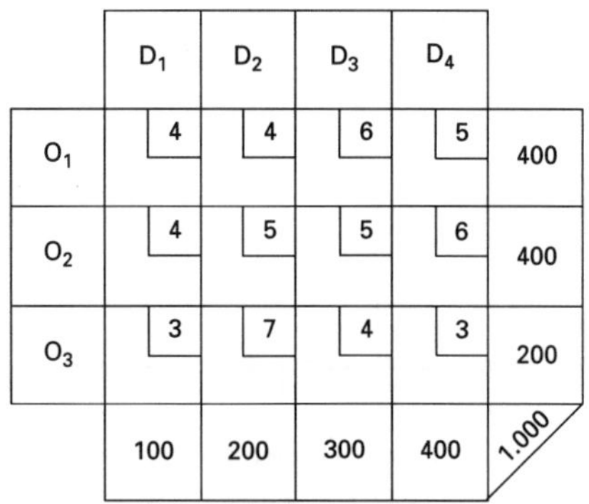

	D_1	D_2	D_3	D_4	
O_1	4	4	6	5	400
O_2	4	5	5	6	400
O_3	3	7	4	3	200
	100	200	300	400	1.000

Figura 9

Una vez más, se satisface la ecuación del conjunto:

$$\text{Oferta} = \text{Demanda}$$

por lo que no hará falta utilizar ficticias.

Etapas del método MAV

> **1.ª etapa:** Calcular para toda fila y para toda columna la diferencia entre las dos casillas de menor coste.

El resultado podemos anotarlo en la fila y columna marcadas con △ de la figura 10.

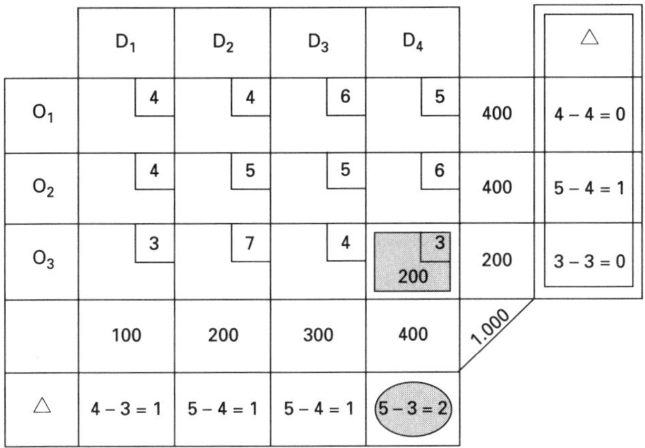

	D1	D2	D3	D4		△
O1	4	4	6	5	400	4 − 4 = 0
O2	4	5	5	6	400	5 − 4 = 1
O3	3	7	4	3 / 200	200	3 − 3 = 0
	100	200	300	400	1.000	
△	4 − 3 = 1	5 − 4 = 1	5 − 4 = 1	5 − 3 = 2		

Figura 10

2.ª etapa: Seleccionar la fila o columna que tenga la diferencia △ mayor.

En la figura 10 seleccionamos la columna D4 por ser en ésta △ = 2, mayor que el resto de las diferencias.

La marcamos con un redondel.

3.ª etapa: dentro de la fila o columna seleccionada en la etapa anterior, elegir la casilla de menor coste.

En la columna D4 el menor coste es 3. Recuadramos la casilla 03-D4

En esta casilla, asignar cuantas unidades sea posible.

El almacén D4 requiere 400 unidades. El centro 03 sólo puede darle 200 unidades. Luego el máximo de unidades asignadas a la casilla 03D4 es 200 unidades, quedando satisfecho el centro productor.

4.ª etapa: Eliminar para cálculos sucesivos la fila o columna cuya capacidad haya quedado satisfecha.

En nuestro caso eliminaremos la fila 03, ya que este centro ha entregado todo lo que ofertaba. Habrá casos en los que podrán eliminarse fila y columna; será cuando coincidan oferta y demanda.

A continuación debe repetirse todo el proceso con la matriz resultante (figura 11).

	D_1	D_2	D_3	D_4		△
O_1	4	4 (200)	6	5	400	0
O_2	4	5	5	6	400	1
	100	200	300	200	800	
△	0	1	1	1		

Figura 11

Nótese que se ha eliminado 03 y la demanda D4 ha disminuido en 200 unidades que aquél le entregó en el proceso anterior. De nuevo:

1.ª etapa: Se anotan las diferencias △.

2.ª etapa: Se elige la fila o columna de mayor △.

Nos encontramos con que la mayor △ corresponde a la fila 02 y a las columnas D2, D3 y D4. ¿Con cuál quedarnos?

> Cuando varias filas y/o columnas tengan igual △ máxima, se selecciona aquella fila o columna donde se encuentre la casilla de menor coste.

En la figura 11 las casillas de menor coste son la 01D1, 01D2 y 02D1. Pero 01D1 pertenece a una fila y una columna de △ = 0. Nos olvidamos de ella, pues.

La casilla 01D2 puede ser elegida por seleccionar la columna D2 de △ = 1.

La casilla 02D1 puede ser elegida por haber seleccionado la fila 02 de △ = 1.

Por tanto, podemos seleccionar la fila 02 o la columna D1, por contener ambas la casilla de coste menor y presentar un △ = 1 máxima.

Llegado a este punto, puedo escoger cualquiera de las dos. Escojamos la columna D2 y recuadremos la casilla 01D2. Esta casilla requiere un máximo de unidades (200) que puede darle el centro 01, con lo que quedaría satisfecha la columna o almacén D2. Para la próxima iteración, habrá que eliminar entonces la columna D2 (figura 12).

Obsérvese que en la figura 12 el centro 01 ya sólo dispone de 200 unidades de las 400 unidades de partida, pues acaba de direccionar 200 unidades hacia el almacén D2.

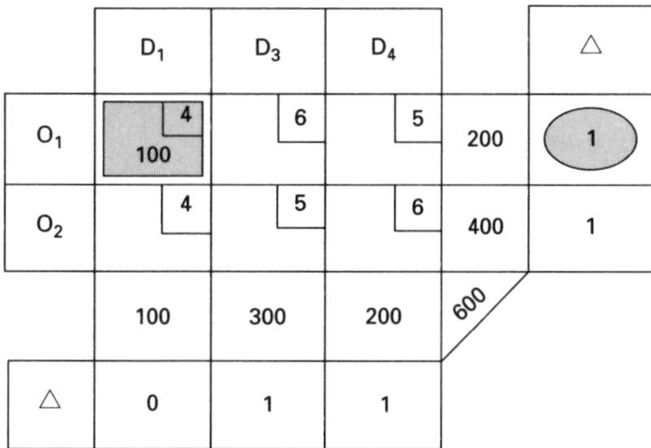

Figura 12

Nuevamente:

1.ª etapa: △ máxima = 1.

2.ª etapa: Podemos elegir las filas 01 y 02 por contener ambas la casilla de menor coste igual a 4.

No podemos elegir, a pesar de △ máxima = 1, ni la columna D3, ni la columna D4, ya que contienen casillas de mayor coste que las filas 01 y 02.

Seleccionamos a voluntad la fila 01 y recuadramos la casilla 01D1. Asignamos el máximo de unidades posible. 01 dispone de 200 unidades, pero D1 sólo puede almacenar 100 unidades. Luego la asignación es de 100 unidades, con lo que se satisface el almacén D1, que eliminamos para una posterior iteración.

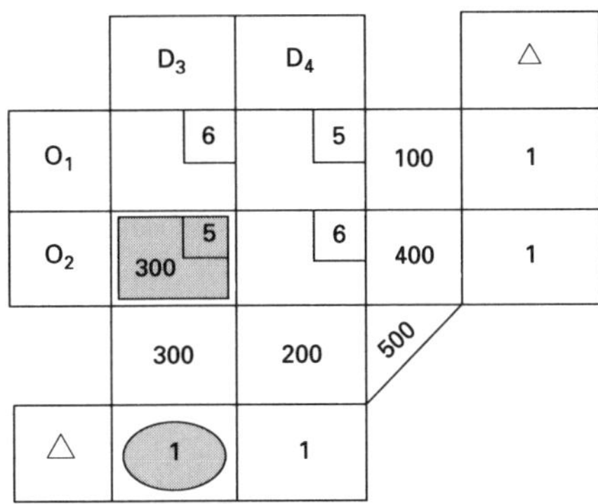

Figura 13

En la tabla de la figura 13 se presenta la matriz resultante hasta ahora. Vemos que △ máxima = 1 para todas las filas y para todas las columnas. Seleccionemos la fila o columna que contenga una casilla de coste 5, que es el menor. Elegimos la columna D3 recuadrando la casilla 02D3. Asignamos 300 unidades, satisfaciendo al almacén D3.

Este proceso genera la matriz de la figura 14.

Aquí la asignación es directa. Es decir, las unidades que le quedan a 01 por distribuir sólo pueden ser llevadas a D4 por la ruta de coste 5, y las 100 unidades de 02 pueden ir a D4 por la ruta de coste 6.

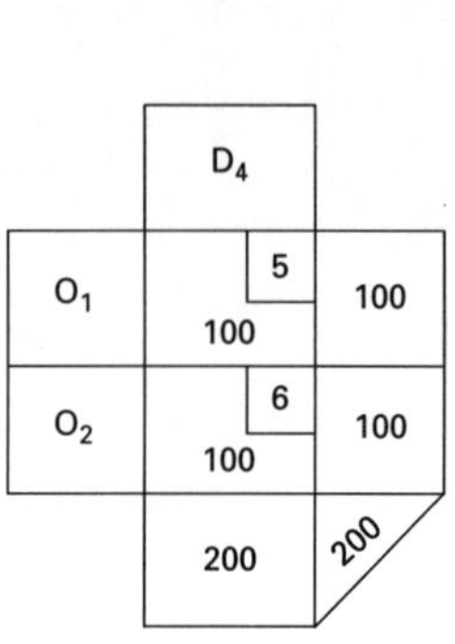

Figura 14

	D_1	D_2	D_3	D_4	
O_1	[4] 100	[4] 200	[6]	[5] 100	400
O_2	[4]	[5]	[5] 300	[6] 100	400
O_3	[3]	[7]	[4]	[3] 200	200
	100	200	300	400	1.000

Figura 15

Se ha terminado el problema. Reunamos todas las asignaciones hechas en las figuras anteriores en una sola matriz u «hoja de rutas» (figura 15).

Comprobemos que se conserva la oferta y la demanda para cada centro:

Fila	01:	(100) + (200) + (100) = 400 unidades
Fila	02:	(300) + (100) = 400 unidades
Fila	03:	(200) = 200 unidades
Columna	D1:	(100) = 100 unidades
Columna	D2:	(200) = 200 unidades
Columna	D3:	(300) = 300 unidades
Columna	D4:	(100) + (100) + (200) = 400 unidades

Oferta = Demanda = 1.000 unidades

¿Por qué se le denomina a MAV método de las penalizaciones?

Observar la 2.ª etapa. Al considerar la diferencia mayor entre casillas de menor coste, y elegir la casilla de coste menor, rechazamos la casilla de coste mayor.

La diferencia $\triangle$ supone una penalización en el caso de que eligiéramos la casilla de coste mayor en vez de la de menor.

Elegimos en la 2.ª etapa la fila o columna de mayor penalización. Al elegir la casilla de coste menor, nos ahorramos dicha penalización, la penalización máxima.

El coste total de transporte, o «función económica», es:

$$C_t = (100 \times 4) + (200 \times 4) + (100 \times 5) + (300 \times 5) + (100 \times 6) + (200 \times 3) =$$
$$= (400) + (800) + (500) + (1.500) + (600) + (600) = 4.400 \text{ u.m.}$$

6. REPRESENTACIÓN INTEGRADA PARA MAV

Sea la matriz de la figura 16, con cuatro centros productores y tres de almacenamiento.

	D_1	D_2	D_3		$\triangle_1$	$\triangle_2$	$\triangle_3$	$\triangle_4$
O_1	[3] 8	[6]	[4] 17	25	1	1	1	1
O_2	[3]	[4] 13	[3] 17	~~30~~, ~~17~~, 0	0	0	0	0
O_3	[2] 25	[7]	[3]	~~25~~, 0	1	1	(1)	X
O_4	[5]	[2] 20	[4]	~~20~~, 0	(2)	X	X	X
	33	~~33~~ ~~13~~	34	100				
$\triangle_1$	1	2	0					
$\triangle_2$	1	(2)	0					
$\triangle_3$	1	X	0					
$\triangle_4$	0	X	(1)					

Figura 16

En vez de ir repitiendo a cada iteración la matriz resultante, vamos a anotar todos los resultados en el cuadro de partida.

1.ª iteración

1.ª etapa: $\triangle_1$ máx. = 2.

2.ª etapa: Elijo la fila 04.

3.ª etapa: Recuadro la casilla 04 y D2. (Podría haber elegido la columna D2 y haber recuadrado la casilla 04D2).
Asigno 20 unidades.

4.ª etapa: Elimino la fila 04 satisfecha (casillas de fila 04 sombreadas).
A D2 le quedan por recibir (33 – 20) = 13 unidades.
A 04 ya no le quedan unidades.

2.ª iteración

1.ª etapa: $\triangle_2$ máx. = 2.

2.ª etapa: Elijo columna D2 (única posibilidad ahora).

3.ª etapa: Recuadro casilla 02 y D2.
Asigno 13 unidades.
A 02 le quedan ahora 17 unidades.

4.ª etapa: Elimino la columna D2 satisfecha (D2 sombreada).

3.ª iteración

1.ª etapa: $\triangle_3$ máx. = 1.

2.ª etapa: Elijo la fila 03.

3.ª etapa: Recuadro casilla 03D1.
Asigno 25 unidades.

4.ª etapa: Elimino fila 03 satisfecha (a 03 le quedan 0 unidades).

4.ª iteración

1.ª etapa: $\triangle_4$ máx. = 1.

2.ª etapa: Elijo la columna D3.

3.ª etapa: Recuadro casilla 02D3.
Asigno 17 unidades.

4.ª etapa: Elimino la fila 02.

5.ª iteración

Directa: Asigno 8 unidades a 01D1.
Asigno 17 unidades a 01D3.

El resultado se plasma en la figura 17.

	D_1	D_2	D_3	
O_1	[3] 8	[6]	[4] 17	25
O_2	[3]	[4] 13	[3] 17	30
O_3	[2] 25	[7]	[3]	25
O_4	[5]	[2] 20	[4]	20
	33	33	34	100

Figura 17

Coste total de transporte:

$$C_t = (8 \times 3) + (17 \times 4) + (13 \times 4) + (17 \times 3) + (25 \times 2) + (20 \times 2) =$$
$$= (24) + (68) + (52) + (51) + (50) + (40) = 285 \text{ u.m.}$$

Se demostrará más adelante que además de solución inicial es óptima, y no es la única, sino que existe un «óptimo alternativo».

7. MÉTODO *STEPPING-STONE*

Es un método que nos ayudará a encontrar una solución óptima (la de coste total de transporte mínimo) partiendo de una solución inicial.

Así, pues, habremos obtenido en primer lugar una solución básica inicial mediante alguno de los métodos anteriores: NO, CM, MAV. Pero, realmente, ni siquiera sería necesario partir de alguno de estos modelos. Podríamos asignar unidades aleatoriamente respetando las restricciones de oferta y demanda para cada centro productor y suministrador y después aplicar *stepping-stone* o MODI.

Ahora bien, existe una particular ventaja al empezar, sobre todo, con CM o MAV, y es que nos acercarán más a la solución óptima. Ya habíamos comentado que MAV en muchos casos incluso proporciona directamente la solución óptima.

Para desarrollar el modelo *stepping-stone* vamos a partir de un caso práctico, el representado en la matriz de la figura 18, donde la solución inicial se obtiene por MAV. Debemos prestar especial atención al texto que aparece recuadrado.

Las etapas *stepping-stone* son las siguientes:

	D_1	D_2	D_3		$\triangle_1$	$\triangle_2$	$\triangle_3$
O_1	2 / 30	4	5 / 10	~~40~~ 10	(2)	1	1
O_2	3	3	2 / 20	~~20~~	1	1	X
O_3	5	3 / 30	4 / 10	~~40~~ 10	1	1	(1)
	~~30~~	~~30~~	~~40~~ 20	100			
$\triangle_1$	1	0	2				
$\triangle_2$	X	0	(2)				
$\triangle_3$	X	1	1				

	D_1	D_2	D_3	
O_1	2 / 30	4	5 / 10	40
O_2	3	3	2 / 20	20
O_3	5	3 / 30	4 / 10	40
	30	30	40	100

Figura 18

Trazar los caminos **cerrados** posibles partiendo de **toda** casilla vacía (sin asignación) según las reglas siguientes:

Avanzar **hasta** una casilla llena (con asignación) y girar ahí en **ángulo recto** hasta llegar a otra casilla llena. Así sucesivamente hasta cerrar el camino en la casilla vacía de partida. Se pueden saltar las casillas llenas o vacías necesarias.

Palabras clave: Partir de casillas vacías hacia casillas llenas, girar en ángulo recto, camino cerrado.

Volvamos a la figura 18:

Existen cuatro casillas vacías. Partimos de la primera casilla vacía (figura 19).

Casilla 0_1D_2

Podemos avanzar hacia la izquierda hasta la casilla 0_1D_1, ya que está llena. Pero luego desde ahí, girando en ángulo recto, sólo podríamos ir hasta 0_2D_1 o bien 0_3D_1; pero están vacías. Luego busco otro sentido de avance.

Podría ir de 0_1D_2 a 0_1D_3, que está llena. De ahí, en ángulo recto, giro hasta 0_2D_3, donde nos detenemos para girar otra vez en ángulo recto hasta 0_2D_2 o bien 0_2D_1; pero éstas son vacías y no podemos detenernos en ellas.

La otra posibilidad es ir de 0_1D_3 hasta 0_3D_3, donde nos detenemos para girar en ángulo recto hasta la 0_3D_2, que está llena. Ahí podemos detenernos para girando en ángulo recto, regresar **cerrando** el camino hasta 0_1D_2.

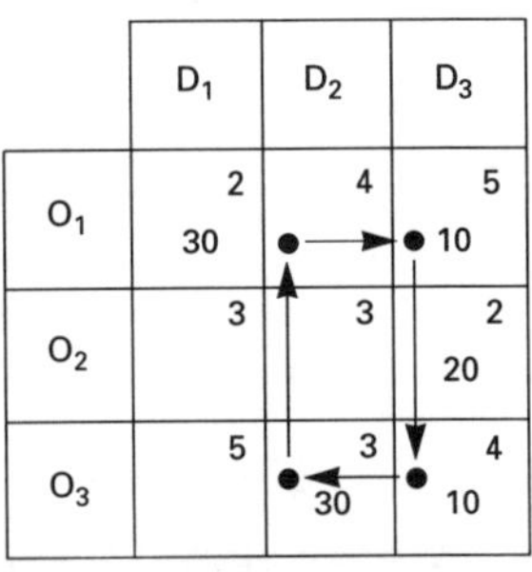

Figura 19

Así, pues, la trayectoria cerrada que cumple todas las condiciones expuestas es:

Camino 0_1D_2: $0_1D_2 - 0_1D_3 - 0_3D_3 - 0_3D_2$

Fijarse que podríamos haberlo obtenido igual recorriendo las casillas en sentido contrario, obteniendo así:

Camino 0_1D_2: $0_1D_2 - 0_3D_2 - 0_3D_3 - 0_1D_3$

Para los efectos que vamos a tratar a hora, es igual hacerlo en un sentido u otro. Lo importante es que sea cerrado.

Todo camino deberá estar compuesto por un número de casillas par.

Como vemos, por ello, no vuelve a anotarse la casilla de partida al final del camino encontrado.

A continuación, hacemos una evaluación del camino por los costes de las casillas que componen el camino, y sólo los costes de estas casillas.

En el camino 0_1D_2, la casilla 0_2D_3 es de paso, no forma parte del camino encontrado. Lo mismo para la casilla 0_2D_2.

Las casillas que forman parte de un camino son aquellas **donde nos detenemos** para girar en ángulo recto hacia otra casilla llena. Dicho de otra forma, las casillas **donde existe ángulo recto del camino** y no son de paso.

Evaluación del camino 0_1D_2:

Camino 0_1D_2:	0_1D_2	- 0_1D_3	- 0_3D_3	- 0_3D_2
Costes:	(4)	(5)	(4)	(3)
Signos:	+	−	+	−

Para evaluar una trayectoria se anotan los costes de las casillas que la forman con **alternancia de signos**, empezando siempre con un signo positivo ⊕ para la primera casilla. Posteriormente, se suman los costes.

Evaluación 0_1D_2: $4 - 5 + 4 - 3 = 0$

Podemos comprobar que en esta matriz no existe otro camino cerrado posible para la casilla vacía 0_1D_2.

Vayamos a otra casilla vacía.

Casilla 0_2D_1 (figura 20)

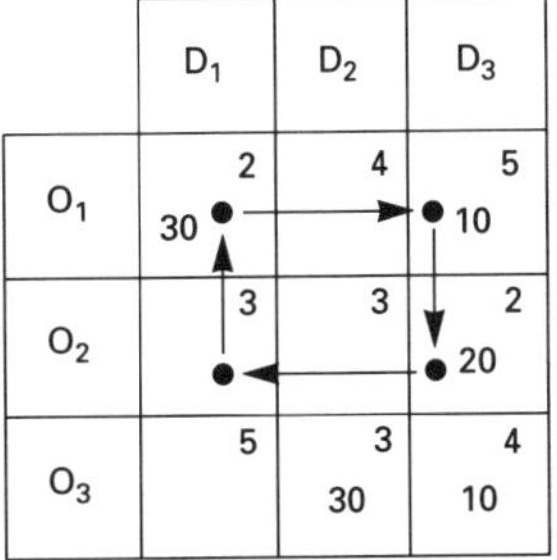

Figura 20

Partiendo de 0_2D_1, avanzando en línea recta, hacia casillas llenas, deteniéndonos en alguna llena y girando en ángulo recto, se obtiene el

Camino 0_2D_1: 0_2D_1 - 0_1D_1 - 0_1D_3 - 0_2D_3

no existe otro posible para 0_2D_1.

Evaluación 0_2D_1: $+3 - 2 + 5 - 2 = 4$

Si lo hubiéramos trazado en el sentido contrario, al ser el número de casillas par, la evaluación sería la misma.

Evaluación 0_2D_1: $0_2D_1 - 0_2D_3 - 0_1D_3 - 0_1D_1$

$(+3) - (2) + (5) - (2) = 4$

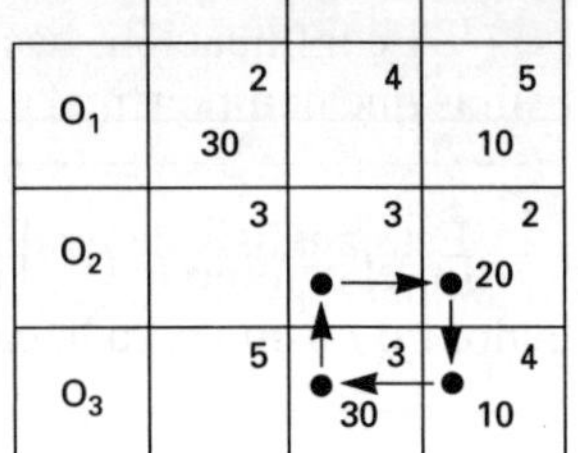

Figura 21

Casilla 0_2D_2 (figura 21)

Camino 0_2D_2: $0_2D_2 - 0_2D_3 - 0_3D_3 - 0_3D_2$

Evaluación 0_2D_2: $(3) - (2) + (4) - (3) = 2$

Casilla 0_3D_1 (figura 22)

	D1	D2	D3
O1	2 30	4	5 10
O2	3	3	2 20
O3	5	3 30	4 10

Figura 22

Camino 0_3D_1: $0_3D_1 - 0_3D_3 - 0_1D_3 - 0_1D_1$

Evaluación 0_3D_1: $(5) - (4) + (5) - (2) = 4$

En resumen, para nuestra matriz y la solución inicial MAV obtenida, los caminos y sus evaluaciones correspondientes son:

Camino $0_1D_2 \longrightarrow$ Evaluación $= 0$

Camino $0_2D_1 \longrightarrow$ Evaluación $= 4$

Camino $0_2D_2 \longrightarrow$ Evaluación $= 2$

Camino $0_3D_1 \longrightarrow$ Evaluación $= 4$

Interpretaremos estos resultados según el siguiente esquema de evaluaciones:

ANÁLISIS DE EVALUACIÓN DE TRAYECTORIAS

- Si la **evaluación es negativa**, podemos ahorrar dinero intercambiando unidades entre las casillas del camino de evaluación negativa.
- Si la **evaluación es positiva**, al intercambiar unidades entre las casillas del camino considerado sufrimos un incremento de costes. Para ahorrar no interesan caminos con evaluaciones positivas.

• Si la **evaluación es nula**, al intercambiar unidades entre las casillas del camino no obtenemos ni ahorro ni incremento de costes. Nos quedamos con el mismo coste con el que estábamos.

Pero podemos intercambiar, ya que no perdemos, y obtendríamos así otra solución distinta de igual coste. Ésta sería lo que se llama una «solución alternativa» de igual coste.

Este análisis de evaluación de trayectorias es individual para cada una obtenida. El análisis conjunto de todas las trayectorias posibles de la matriz dice que:

ANÁLISIS CONJUNTO DE EVALUACIONES

• Si todas las evaluaciones de todos los caminos son positivas (o nulas), las asignaciones de la matriz corresponden a una **solución óptima** (coste mínimo).

• Si alguna (una o más) es negativa, la solución no es óptima, y deberemos intercambiar unidades entre las casillas del camino más negativo (que será donde se produzca el mayor ahorro).

En nuestro ejemplo las evaluaciones son positivas (y 0_1D_2 nula), luego la solución inicial de la que partimos es una solución óptima de coste total mínimo.

$$C_t = (30 \times 2) + (10 \times 5) + (20 \times 2) + (30 \times 3) + (10 \times 4) =$$
$$= 60 + 50 + 40 + 90 + 40 = 280 \text{ u.m.}$$

Dado que tenemos una evaluación nula, podemos obtener una solución alternativa a la dada, que además, por ser la óptima, será una «solución **óptima alternativa**». Para ello, intercambiaremos unidades entre las casillas del camino 0_1D_2 (figura 23):

$$0_1D_2 - 0_1D_3 - 0_3D_3 - 0_3D_2$$

Es muy importante respetar las condiciones dadas de oferta y demanda en todo momento.

Puedo pasar 10 unidades de 0_1D_3 a 0_1D_2, ahorrándonos un coste por unidad de (5) – (4) = 1 u.m./ud.

Pero al hacer esto sumo 10 unidades a la columna D_2. Para que se conserve el valor de demanda D_2 de 30 unidades, deberé **simultáneamente** quitar otras 10 unidades de 0_3D_2 para pasarlas a otra casilla del camino. Siguiendo éste, será a la casilla 0_3D_3. Así compenso con las 10 unidades que hemos quitado a la columna D_3,

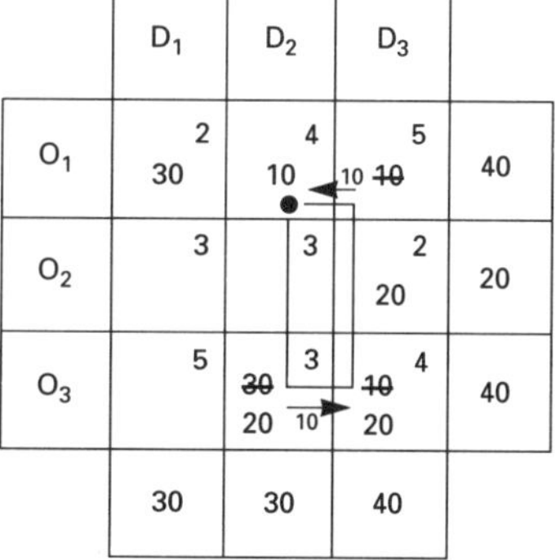

Figura 23

que en todo momento debe seguir sumando 40 unidades. Pero en esta última operación no ahorro, sino que pierdo de 0_3D_2 a 0_3D_3, (3) – (4) = –1 u.m./ud. Pero esta pérdida está compensada con el ahorro anterior de + 1 u.m./ud. En total la transferencia de unidades no supone ahorro ni pérdida alguna. Esto está de acuerdo con la evaluación nula de la trayectoria. La matriz resultante es la de la figura 24, de coste total:

	D_1	D_2	D_3	
O_1	2 / 30	4 / 10	5	40
O_2	3	3	2 / 20	20
O_3	5	3 / 20	4 / 20	40
	30	30	40	100

Figura 24

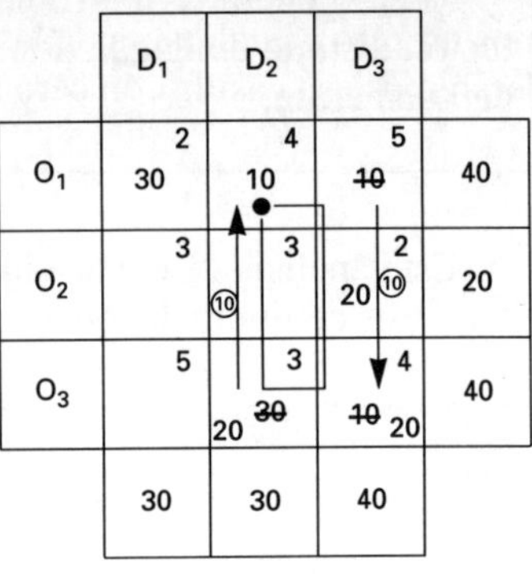

Figura 25

$$C_t = (30 \times 2) + (10 \times 4) + (20 \times 2) + (20 \times 3) + (20 \times 4) =$$
$$= 60 + 40 + 40 + 60 + 80 = 280 \text{ u.m.}$$

Es el mismo coste, por ser una solución alternativa. Hemos intercambiado unidades «en horizontal». Podríamos haberlo hecho «en vertical» con el mismo resultado siempre (figura 25).

8. SOLUCIÓN DEGENERADA

Se llama solución degenerada de una matriz cuando

$$(f + c - 1) > (\text{n.}^\circ \text{ de asignaciones})$$

siendo:

f = número de filas de la matriz,
c = número de columnas,
n.° de asignaciones =
número de casillas llenas.

En el ejemplo de la figura 18 se cumple que

$f = 3, c = 3,\quad$ n.° asignaciones = 5
$(3 + 3 - 1) = (5)$

Luego esa solución no es degenerada, solución que habíamos obtenido por MAV. Vamos a inicializar el mismo problema por NO (figura 26).

	D_1	D_2	D_3	
O_1	2 / 30	4 / 10	5	40
O_2	3	3 / 20	2	20
O_3	5	3	4 / 40	40
	30	30	40	100

Figura 26

Esta solución inicial o básica es degenerada, ya que se cumple que

$$(f + c - 1) = (3 + 3 - 1) > 4 \text{ casillas llenas}$$

> Para aplicar el método *stepping-stone* es necesario que la matriz no sea degenerada.

Para resolver este contratiempo, nos inventaremos un pequeño truco. Añadiremos un cero a cualquiera de las casillas vacías, y para el cálculo de trayectorias consideraremos esa casilla con cero como si estuviera llena (figura 27).

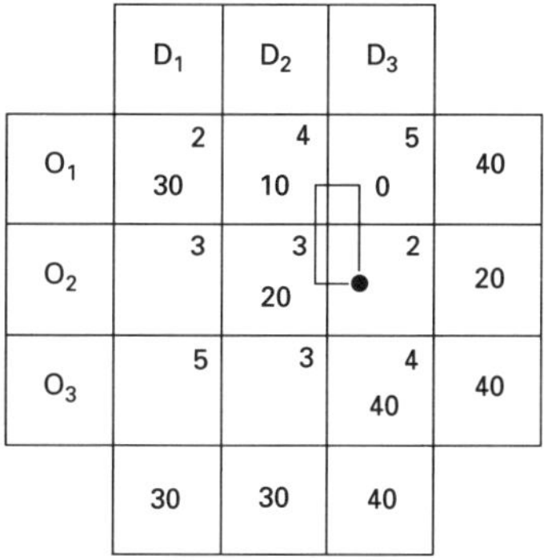

	D_1	D_2	D_3	
O_1	2 / 30	4 / 10	5 / 0	40
O_2	3	3 / 20	2	20
O_3	5	3	4 / 40	40
	30	30	40	

Figura 27

Ahora se cumple que f + c – 1 = número casillas llenas, y puedo aplicar *stepping-stone:*

Camino 0_2D_1: $0_2D_1 - 0_1D_1 - 0_1D_2 - 0_2D_2$

Evaluación: $3 - 2 + 4 - 3 = 2$

Camino 0_2D_3: $0_2D_3 - 0_2D_2 - 0_1D_2 - 0_1D_3$

Evaluación: $2 - 3 + 4 - 5 = \textcircled{-2}$

Camino 0_3D_1: $0_3D_1 - 0_3D_3 - 0_1D_3 - 0_1D_1$

Evaluación: $5 - 4 + 5 - 2 = 4$

Camino 0_3D_2: $0_3D_2 - 0_1D_2 - 0_1D_3 - 0_3D_3$

Evaluación: $3 - 4 + 5 - 4 = 0$

En teoría, al existir un camino de evaluación negativa, la solución NO no es la óptima. Deberemos, entonces, intercambiar unidades entre las casillas del camino negativo 0_2D_3 para rebajar el coste total. En la figura 27 se ha dibujado este camino negativo.

El problema con que nos encontramos es que no puedo transferir unidades, ya que ni la casilla 0_1D_3 ni la 0_2D_3 las tienen. Y aunque podría pasar «en vertical» de 0_1D_2 a 0_2D_2 y viceversa, no podría compensar la oferta y demanda haciendo lo mismo entre 0_1D_3 y 0_2D_3. Luego, aunque existe un camino negativo, no puedo intercambiar unidades a lo largo de él. Y los otros caminos son positivos (o nulos) e intercambiar por ellos supondría, en vez de un ahorro, un coste suplementario. Luego la conclusión es que no puedo trasladar unidades. ¿Esto significa que la solución es óptima? Vamos el coste total de la matriz:

$$C_t = (30 \times 2) + (10 \times 4) + (20 \times 3) + (40 \times 4) = 60 + 40 + 60 + 160 = 320 \text{ u.m.}$$

Está claro que no es solución óptima, ya que sabemos de antes que existe una posibilidad de coste menor 280 u.m. ¿Qué ocurre? El problema es la colocación del cero en una casilla, de forma arbitraria. Deberemos probar, labor tediosa, a colocar un cero en todas las casillas vacías.

Veamos otra posible colocación en la figura 28.

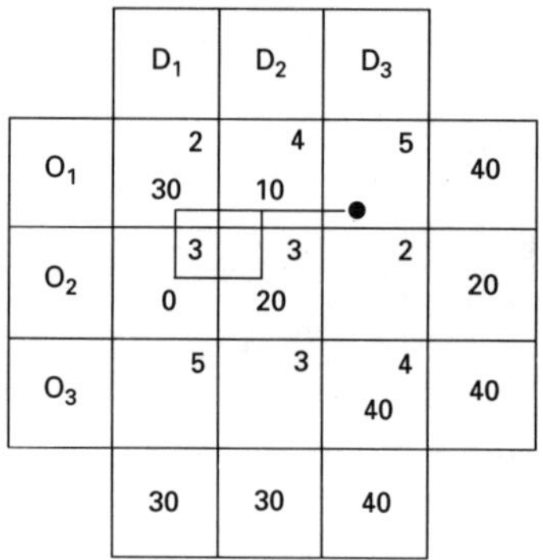

Figura 28

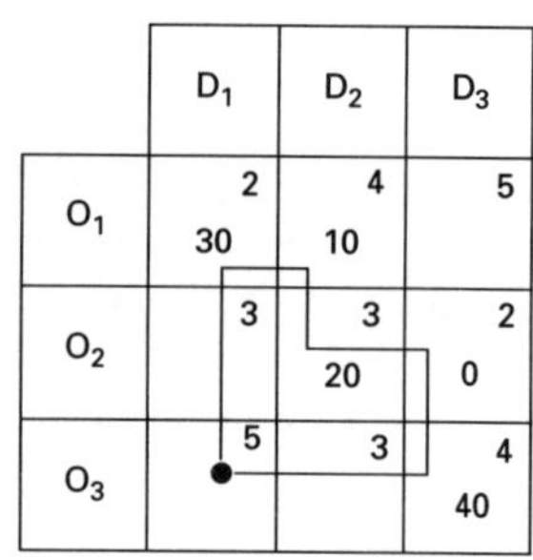

Figura 29

Camino 0_1D_3: $0_1D_3 - 0_1D_1 - 0_2D_1 - 0_2D_2 - 0_1D_2$

No es un camino cerrado (ver figura).

Además, tiene un número impar de casillas. No sirve.

Camino 0_2D_3: $0_2D_3 - 0_2D_1 - 0_1D_1 - 0_1D_2 - 0_2D_2$

Lo mismo que el anterior.

Camino 0_3D_1: 0_3D_1.................

Lo mismo que el anterior.

Camino 0_3D_2: 0_3D_2 ....

Lo mismo que el anterior.

No existen caminos cerrados.

Probemos con otra disposición del cero (figura 29).

Camino 0_1D_3: $0_1D_3 - 0_1D_2 - 0_2D_2 - 0_2D_3$

$5 - 4 + 3 - 2 = 2$

Camino 0_2D_1: $0_2D_1 - 0_1D_1 - 0_1D_2 - 0_2D_2$

$3 - 2 + 4 - 3 = 2$

Camino 0_3D_1: $0_3D_1 - 0_1D_1 - 0_1D_2 - 0_2D_2 - 0_2D_3 - 0_3D_3$

$5 - 2 + 4 - 3 + 2 - 4 =$

$= + 2$ (ver figura)

Camino 0_3D_2: $0_3D_2 - 0_2D_2 - 0_2D_3 - 0_3D_3$

$3 - 3 + 2 - 4 = (-2)$

Y por el camino 0_3D_2 sí se pueden intercambiar unidades. Hagámoslo en la figura 30, donde se ha dibujado este camino. Puedo pasar unidades «en horizontal» o «en vertical». Paso, por ejemplo, 20 unidades de 0_2D_2 a 0_3D_2 y, **simultáneamente**, otras 20 unidades para equilibrar oferta y demanda, de 0_3D_3 a 0_2D_3.

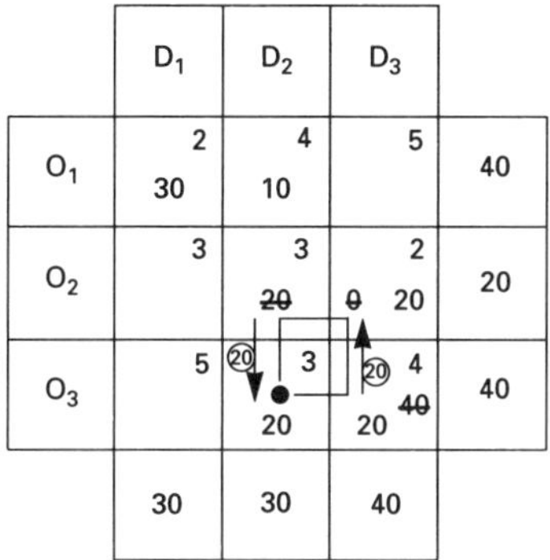

	D_1	D_2	D_3	
0_1	2 30	4 10	5	40
0_2	3	3 ~~20~~	2 ~~0~~ 20	20
0_3	5	(20) 3 20	(20) 4 ~~40~~ 20	40
	30	30	40	

Figura 30

El resultado es el de la figura 31, donde el coste total es:

$$C_t = (30 \times 2) + (10 \times 4) + (20 \times 2) + (20 \times 3) + (20 \times 4) =$$
$$= 60 + 40 + 40 + 60 + 80 = 280 \text{ u.m.}$$

Por último, aunque ya hemos obtenido la solución óptima, vamos a disponer el cero en las posibilidades que nos quedan (figura 32).

	D_1	D_2	D_3	
0_1	2 30	4 10	5	40
0_2	3	3	2 20	20
0_3	5	3 20	4 20	40
	30	30	40	

Figura 31

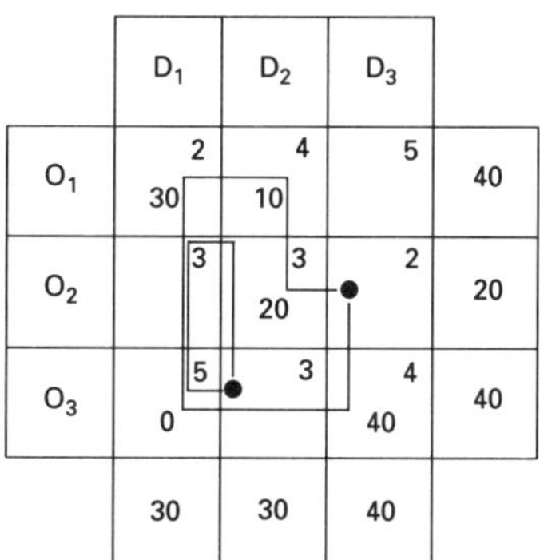

	D_1	D_2	D_3	
0_1	2 30	4 10	5	40
0_2	3	3 20	2	20
0_3	5 0	3	4 40	40
	30	30	40	

Figura 32

Camino 0_1D_3: $0_1D_3 - 0_3D_3 - 0_3D_1 - 0_1D_1$

$5 - 4 + 5 - 2 = 4$

Camino 0_2D_1: $0_2D_1 - 0_1D_1 - 0_1D_2 - 0_2D_2$

$3 - 2 + 4 - 3 = 2$

Camino 0_2D_3: $0_2D_3 - 0_2D_2 - 0_1D_2 - 0_1D_1 - 0_3D_1 - 0_3D_3$

$2 - 3 + 4 - 2 + 5 - 4 =$

(+2) (ver figura 32)

Camino 0_3D_2: $0_3D_2 - 0_1D_2 - 0_1D_1 - 0_3D_1$

$3 - 4 + 2 - 5 =$ (−4) (ver figura 32)

Habría que intercambiar por el camino 0_3D_2, pero como las casillas 0_3D_1 y 0_3D_2 no tienen unidades, no es posible. Vamos a otra posición del cero (figura 33).

Camino 0_1D_3: $0_1D_3 - 0_3D_3 - 0_3D_2 - 0_1D_2$

$5 - 4 + 3 - 4 = 0$

Camino 0_2D_1: $0_2D_1 - 0_1D_1 - 0_1D_2 - 0_2D_2$

$3 - 2 + 4 - 3 =$

$= 2$

Camino 0_2D_3: $0_2D_3 - 0_3D_3 - 0_3D_2 - 0_2D_2$

$2 - 4 + 3 - 3 =$

= (−2)

Camino 0_3D_1: $0_3D_1 - 0_1D_1 - 0_1D_2 - 0_3D_2$

$5 - 2 + 4 - 3 =$

$= 4$

	D_1	D_2	D_3
O_1	2 30	4 10	5
O_2	3	3 20	2 ●
O_3	5	3 0	4 40

Figura 33

El intercambio por 0_2D_3 nos conduce a la misma solución de la figura 30.

Así, pues, ante una solución degenerada nos espera un gran trabajo de búsqueda de trayectorias, estudiando todas las posibles ubicaciones del cero. Cuando se adquiere práctica en este tipo de problemas no es tan laborioso como parece, a no ser que la matriz sea de un gran tamaño.

La cosa se complica cuando la solución es doblemente degenerada, o más. Las posibles ubicaciones de los dos ceros, o más, en una matriz grande hacen que no sea nada fácil la consecución de la solución óptima.

Lo más frecuente es que en una matriz no degenerada exista una trayectoria por cada casilla vacía (existen excepciones). Cuando el número de asignaciones o casillas llenas es mayor que el término (f + c – 1), aparecen más caminos por casilla vacía. Estas y otras excepciones vamos a verlas en el siguiente apartado.

Otros caminos especiales se tratarán más adelante en otros ejercicios resueltos.

9. CASOS PRÁCTICOS. CREACIÓN Y ELIMINACIÓN DE RUTAS

Caso práctico 1

Sea la matriz de la figura 34.

	D_1	D_2	D_3	
O_1	2 5	10	10 45	50
O_2	6 25	10	4 5	30
O_3	4	6 10	8	10
	30	10	50	90

Figura 34

La matriz corresponde a una configuración de transporte en funcionamiento representada en la figura 35.

Observación: Aunque no se tracen en la figura 35 las rutas entre 01 y D2, entre 02 y D2, entre 03 y D1 y entre 03 y D3, éstas existen. De hecho, en la matriz se da un coste unitario de transporte para ellas.

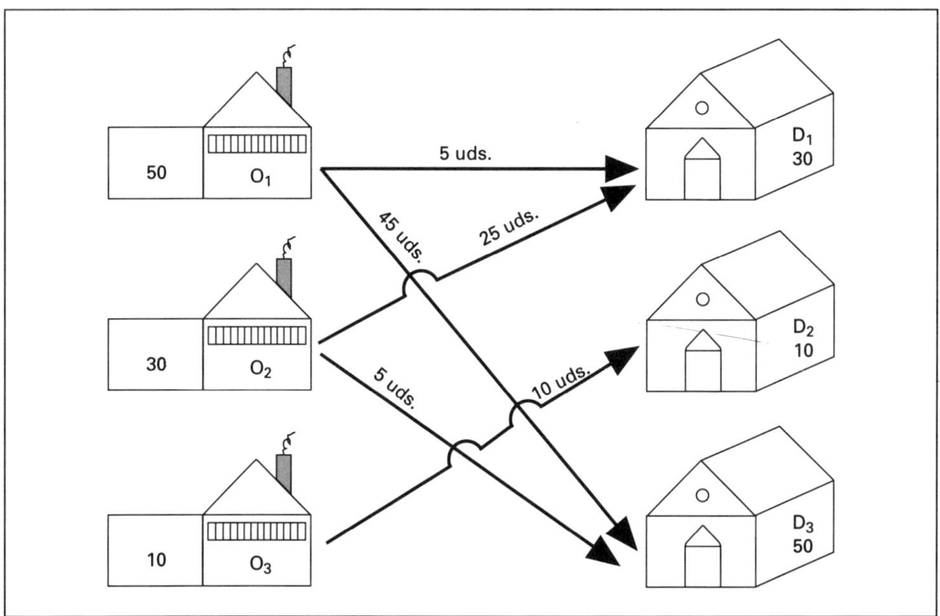

Figura 35

El coste de transporte total asumido es:

$$C_t = (5 \times 2) + (45 \times 10) + (25 \times 6) + (5 \times 4) + (10 \times 6) =$$
$$= 10 + 450 + 150 + 20 + 60 = 690 \text{ u.m.}$$

El empresario propietario intuye que es un coste demasiado elevado por transportar 90 unidades desde sus tres centros productivos a sus tres almacenes, y decide hacer un *stepping-stone*.

Por supuesto, es notorio el hecho de que la solución básica inicial ya la tenemos, que es la configuración dada en funcionamiento. Entonces, aquí no es necesario hacer NO, CM ni MAV. Pero si se quiere inicializar de nuevo el problema con un MAV u otro modelo, nadie lo impide. Es más, a veces es conveniente, ya que, recordemos, MAV nos da muchas veces una solución óptima, o muy cercana a la óptima.

En nuestro caso, hacemos un *stepping-stone* (figura 34).

Camino 0_1D_2: $0_1D_2 - 0_1D_3 - 0_2D_3 - 0_2D_1 - 0_1D_1$
(número impar de casillas) (camino cerrado)

Camino 0_2D_2: $0_2D_2 - 0_2D_1 - 0_1D_1 - 0_1D_3 - 0_2D_3$
(lo mismo)

Camino 0_3D_1: $0_3D_1 - 0_1D_1 - 0_1D_3 - 0_2D_3 - 0_2D_1$
(camino no cerrado)

Camino 0_3D_3: $0_3D_3 - 0_1D_3 - 0_1D_1 - 0_2D_1 - 0_2D_3$
(camino no cerrado)

Hemos seguido las reglas *stepping-stone* y nos han salido dos caminos cerrados pero con cinco casillas (número impar). Y hemos dicho que eso no es posible. Veamos qué ocurre y cómo se interpreta este resultado.

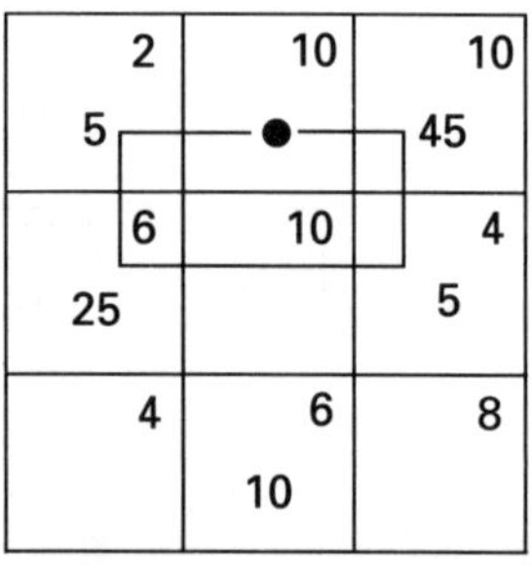

Figura 36

En la figura 36 está dibujado el camino 0_1D_2 (que es igual que el 0_2D_2). Aunque sea la casilla 0_1D_2 la vacía origen que da nombre al camino, no pueden colocarse unidades en ella por no existir otra casilla con unidades que «pertenezca al camino» para compensar oferta y demanda.

Visto de otra forma. Recordemos que dijimos anteriormente que las casillas que formen parte del circuito deben tener «ángulos rectos» del camino. Pues bien, la casilla 0_1D_2 no lo tiene, luego no forma parte del camino, aunque éste lleve su propio nombre.

Así, el camino a considerar será:

Camino 0_1D_2 o Camino 0_2D_2:

$$0_1D_1 - 0_1D_3 - 0_2D_3 - 0_2D_1$$

Evaluación de costes:

Dependerá de la casilla que ahora consideremos origen (pues la origen verdadera desapareció):

$$0_1D_1 \; - \; 0_1D_3 \; - \; 0_2D_3 \; - \; 0_2D_1$$
$$2 \; - \; 10 \; + \; 4 \; - \; 6 \; = \; (-10)$$

$$0_1D_3 \; - \; 0_2D_3 \; - \; 0_2D_1 \; - \; 0_1D_1$$
$$10 \; - \; 4 \; + \; 6 \; - \; 2 \; = \; (+10)$$

Esto siempre va a ocurrir en este tipo de caminos, un signo positivo y otro negativo. Vamos a intercambiar:

Pasan 25 unidades de 0_2D_1 a 0_2D_3
Ahorro: (25 unds.) x (6 – 4) = 50 u.m.

Pasan 25 unidades de 0_1D_3 a 0_1D_1
Ahorro: (25 unds.) x (10 – 2) = 200 u.m.

2 / 30	10	10 / 20
6	10	4 / 30
4	6 / 10	8

Figura 37

Ahorro total del intercambio: 200 + 50 = 250 u.m. (figura 37):

C_t = (30 x 2) + (20 x 10) + (30 x 4) + (10 x 6) = 440 u.m.

Ahora hay que comprobar todavía si esta solución es óptima. Haremos otro *stepping-stone.* Fijémonos en que la matriz es simplemente degenerada (habrá que ubicar dos ceros de todas las formas posibles). La realización práctica la dejamos al lector con la indicación de que ya se encuentra en la solución óptima.

Caso práctico 2

Sea la configuración de transporte de la figura 38.

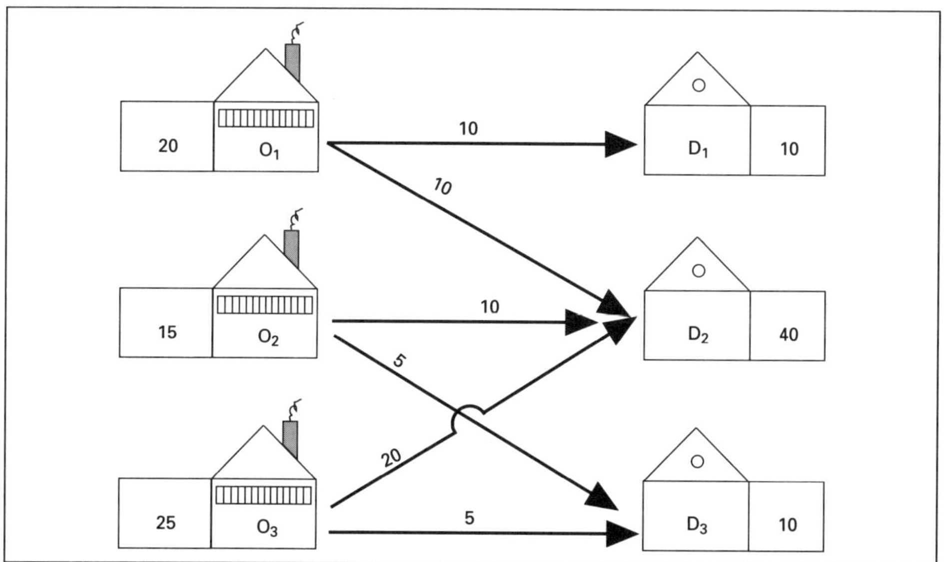

Figura 38

La matriz de transporte correspondiente se da en la figura 39, donde también se expresan los costes unitarios de transporte. El coste total es

$$C_t = 50 + 30 + 50 + 50 + 120 + 40 = 340 \text{ u.m.}$$

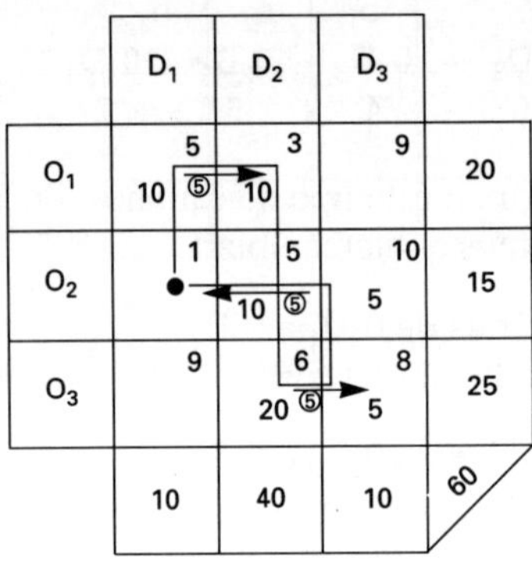

Figura 39

Observemos que

$$(f + c - 1) < (\text{n.}^{\text{o}} \text{ de asignaciones})$$
$$(3 + 3 - 1) < 6 \text{ casillas llenas}$$
$$5 < 6$$

Camino 0_1D_3:

$$0_1D_3 - 0_2D_3 - 0_2D_2 - 0_1D_2$$
$$9 - 10 + 5 - 3 = 1$$

$$0_1D_3 - 0_3D_3 - 0_3D_2 - 0_1D_2$$
$$9 - 8 + 6 - 3 = 4$$

Camino 0_2D_1:

$$0_2D_1 - 0_2D_2 - 0_1D_2 - 0_1D_1$$
$$1 - 5 + 3 - 5 = \textcircled{-6}$$

$$0_2D_1 - 0_2D_3 - 0_3D_3 - 0_3D_2 - 0_1D_2 - 0_1D_1$$
$$1 - 10 + 8 - 6 + 3 - 5 = \textcircled{-9}$$

Camino 0_3D_1:

$$0_3D_1 - 0_1D_1 - 0_1D_2 - 0_3D_2$$
$$9 - 5 + 3 - 6 = 1$$

$$0_3D_1 - 0_3D_3 - 0_2D_3 - 0_2D_2 - 0_1D_2 - 0_1D_1$$
$$9 - 8 + 10 - 5 + 3 - 5 = 4$$

Intercambiaremos por el camino más negativo 0_2D_1.

Observación: La casilla 0_2D_2 no forma parte del camino considerado. Sigamos las flechas marcadas de la figura 39.

El máximo número de unidades a intercambiar nos lo da la casilla del camino que menos unidades tenga. Aquí son 5 unidades que tiene la casilla 0_2D_3.

En la figura 40 se da la solución.

	D_1	D_2	D_3	
O_1	5 / 5	3 / 15	9	20
O_2	1 / 5	5 / 10	10	15
O_3	9	6 / 15	8 / 10	25
	10	40	10	

Figura 40

$$C_t = 25 + 45 + 5 + 50 + 90 + 80 = 295 \text{ u.m.}$$

$$\text{Ahorro} = (340) - (295) = 45 \text{ u.m.}$$

$$\% \text{ Ahorro} = \frac{45}{340} = 0{,}1324 = 13{,}24\%$$

Probemos a intercambiar por el otro camino negativo 0_2D_1 (figura 41).

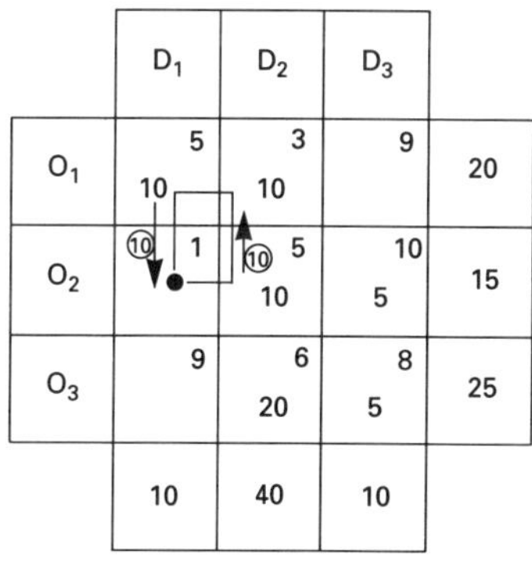

	D_1	D_2	D_3	
O_1	5 / 10	3 / 10	9	20
O_2	1	5 / 10	10 / 5	15
O_3	9	6 / 20	8 / 5	25
	10	40	10	

Figura 41

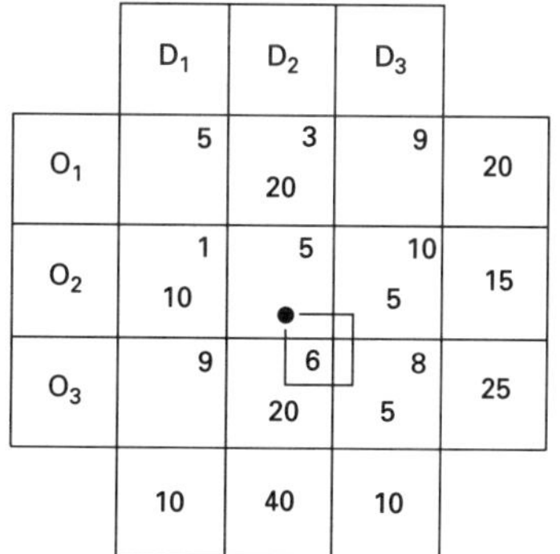

	D_1	D_2	D_3	
O_1	5	3 / 20	9	20
O_2	1 / 10	5	10 / 5	15
O_3	9	6 / 20	8 / 5	25
	10	40	10	

Figura 42

El intercambio proporciona un coste total (figura 42):

$$C_t = (20 \times 3) + (10 \times 1) + (5 \times 10) + (20 \times 6) + (5 \times 8) = 280 \text{ u.m.}$$

Importante: A pesar de tener una evaluación negativa menor en este último camino, el ahorro es mayor. Pero démonos cuenta de que las unidades intercambiadas son más. Luego el producto del número de unidades por el ahorro unitario puede ser mayor en esta última trayectoria.

$$\text{Ahorro} = (340) - (280) = 60$$

$$\% \text{ Ahorro} = \frac{60}{340} = 0{,}1765 = 17{,}65\%$$

Concretamente:

1.er camino 0_2D_1:

(n.º uds. intercambiadas) x (ahorro unitario)
(5) x (9) = 45 u.m.

2.º camino 0_2D_1:

(n.º uds. intercambiadas) x (ahorro unitario)
(10) x (6) = 60 u.m.

> Como vemos, el ahorro unitario al intercambiar por un cierto camino lo da la evaluación de costes.
>
> El ahorro total es el producto del ahorro unitario por el número de unidades intercambiadas.

Luego interesa mucho más cambiar a la configuración de transporte del segundo caso de la figura 42. Esto, además, tiene otras ventajas. Veamos la figura 43, donde se ha dibujado la configuración más conveniente.

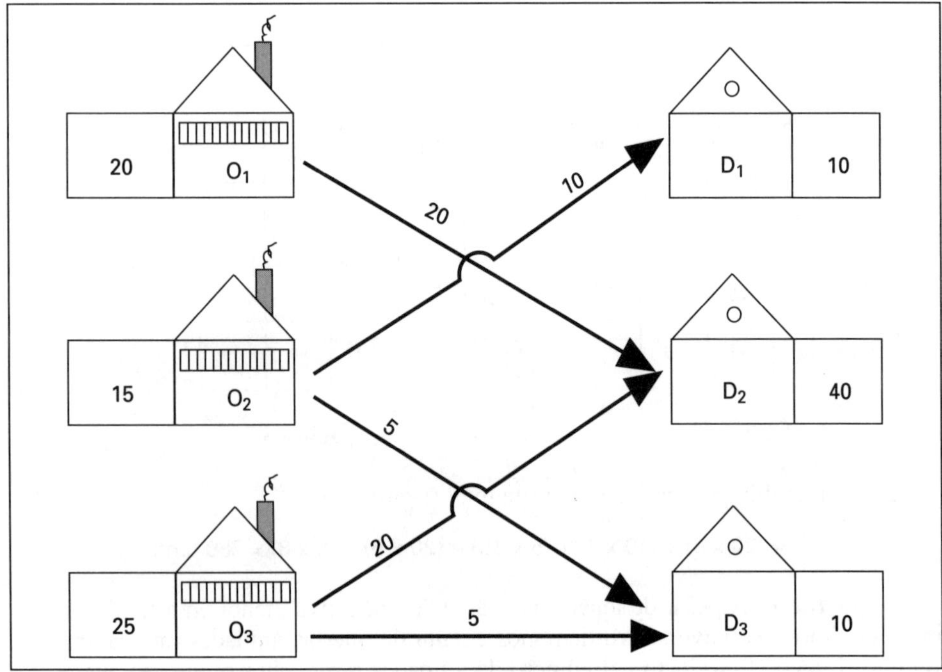

Figura 43

Aparte de la reducción de costes, se han eliminado las rutas entre 01 y D1 y entre 02 y D2, pero se ha creado la ruta entre 02 y D1. Habrá que tener en cuenta, además del coste de transporte estudiado como única variable del modelo, los costes de creación y eliminación de rutas. Por otra parte, han variado las capacidades de las rutas anteriores establecidas. Esto supone la introducción de nuevos medios de transporte, o la sustitución de los antiguos por los modernos de mayor o menor capacidad.

En definitiva, en la práctica, un modelo aislado proporciona información muy valiosa de una variable. El objetivo final de todo empresario es contrastar ésta con otro tipo de datos para poder tomar una decisión que optimice un coste total, no sólo de transporte. Pero estos modelos son un punto de partida importante cara a la optimización de recursos.

Quedaría, por último, demostrar que la configuración obtenida para la figura 43 es óptima. Volveríamos a hacer *stepping-stone* por su matriz asociada (figura 42).

Los caminos correspondientes a la matriz no degenerada son:

Camino 0_1D_1: $0_1D_1 - 0_1D_2 - 0_3D_2 - 0_3D_3 - 0_2D_3 - 0_2D_1$

$5 - 3 + 6 - 8 + 10 - 1 = 9$

Camino 0_1D_3: $0_1D_3 - 0_3D_3 - 0_3D_2 - 0_1D_2$

$9 - 8 + 6 - 3 = 4$

Camino 0_2D_2: $0_2D_2 - 0_2D_3 - 0_3D_3 - 0_3D_2$

$5 - 10 + 8 - 6 =$ (-3)

Camino 0_3D_1: $0_3D_1 - 0_3D_3 - 0_2D_3 - 0_2D_1$

$9 - 8 + 10 - 1 = 10$

Intercambiamos por 0_2D_2 obteniendo la matriz de la figura 44.

	D_1	D_2	D_3	
O_1	5	3 / 20	9	20
O_2	1 / 10	5 / 5	10	15
O_3	9	6 / 15	8 / 10	25
	10	40	10	60

Figura 44

$$C_t = (20 \times 3) + (10 \times 1) + (5 \times 5) + (15 \times 6) + (10 \times 8) =$$
$$= 60 + 10 + 25 + 90 + 80 = 265 \text{ u.m.}$$

Volvemos a comprobar si esta solución es óptima:

Camino 0_1D_1: $0_1D_1 - 0_2D_1 - 0_2D_2 - 0_1D_2$

$5 - 1 + 5 - 3 = 6$

Camino 0_1D_3: $0_1D_3 - 0_3D_3 - 0_3D_2 - 0_1D_2$

$9 - 8 + 6 - 3 = 4$

Camino 0_2D_3: $0_2D_3 - 0_2D_2 - 0_3D_2 - 0_3D_3$

$10 - 5 + 6 - 8 = 3$

Camino 0_3D_1: $0_3D_1 - 0_2D_1 - 0_2D_2 - 0_3D_2$

$9 - 1 + 5 - 6 = 7$

Como todas las evaluaciones son positivas en esta matriz no degenerada, la solución será óptima.

Caso práctico 3

Dada la matriz de la figura 45, vamos a calcular, independientemente de los costes de rutas, los caminos *stepping-stone*.

	D_1	D_2	D_3	
O_1	10	10	5	25
O_2		10	5	15
O_3		20	5	25
	10	40	15	65

Figura 45

$$(f + c - 1) < (\text{n.}^{\circ} \text{ de asignaciones})$$
$$(3 + 3 - 1) < 7$$
$$5 < 7$$

Camino 0_2D_1:

$0_2D_1 - 0_1D_1 - 0_1D_2 - 0_2D_2$

$0_2D_1 - 0_2D_3 - 0_1D_3 - 0_1D_1$

$0_2D_1 - 0_2D_2 - 0_3D_2 - 0_3D_3 - 0_1D_3 - 0_1D_1$

$0_2D_1 - 0_1D_1 - 0_1D_2 - 0_3D_2 - 0_3D_3 - 0_2D_3$

Camino 0_3D_1:

$0_3D_1 - 0_1D_1 - 0_1D_2 - 0_3D_2$

$0_3D_1 - 0_1D_1 - 0_1D_3 - 0_3D_3$

$0_3D_1 - 0_1D_1 - 0_1D_2 - 0_2D_2 - 0_2D_3 - 0_3D_3$

10. VARIABLES FICTICIAS

Cuando la suma de todas las ofertas no coincida con la de las demandas, será preciso crear alguna fila o columna ficticia para poder aplicar los métodos de gestión de transporte.

Los costes asociados con dicha fila o columna ficticia son nulos, y su tratamiento es igual que si fuera un centro productor o de demanda más.

Veamos un ejemplo. Sea la matriz de la figura 46.

Las fábricas son tres y producen un total de 75 unidades (oferta), mientras que los almacenes nos solicitan 25 unidades cada uno, siendo la demanda total 100 unidades. Dado que la demanda > oferta, crearemos una oferta ficticia, una fila ficticia 04, y resolveremos la matriz por los modelos hasta ahora conocidos. El planteamiento es el de la figura 47. La fila ficticia tendrá una capacidad de:

$$F = D - 0 = 100 - 75 = 25 \text{ uds.}$$

	D_1	D_2	D_3	D_4	
O_1	2	4	6	5	25
O_2	3	2	4	3	25
O_3	5	4	6	1	25
	25	25	25	25	

Figura 46

	D_1	D_2	D_3	D_4		$\triangle_1$	$\triangle_2$	$\triangle_3$
O_1	2 / 25	4	6	5	25	2	2	(2)
O_2	3	2 / 25	4	3	25	1	1	1
O_3	5	4	6	1 / 25	25	3	(3)	X
F	0	0	0 / 25	0	25	0	X	X
	25	25	25	25	100			
$\triangle_1$	2	2	(4)	1				
$\triangle_2$	1	2	X	2				
$\triangle_3$	1	2	X	X				

Figura 47

Vamos a obtener una solución inicial por MAV.

El hecho de que a la casilla F – D_3 se hayan asignado 25 unidades no quiere decir que D_3 recibe las 25 unidades que necesita, ya que F en realidad no produce nada, pues no existe. La solución real se expresará eliminando la fila ficticia y sus asignaciones (figura 48). Vamos otro ejemplo en el siguiente epígrafe.

	D_1	D_2	D_3	D_4	
O_1	2 / 25	4	6	5	25
O_2	3	2 / 25	4	3	25
O_3	5	4	6	1 / 25	25
	25	25	25	25	

Figura 48

11. SUPRESIÓN DE CENTROS DE PRODUCCIÓN. MÁXIMA EFICIENCIA

Sea la matriz de la figura 49.

	D_1	D_2	D_3	D_4	
O_1	4	4	3	5	60
O_2	4	4	6	3	20
O_3	2	3	3	3	40
O_4	6	4	5	3	20
	30	30	20	15	

Figura 49

Oferta = 60 + 20 + 40 + 20 = 140 unds.
Demanda = 30 + 30 + 20 + 15 = 95 unds.

Oferta > Demanda

Columna ficticia F = 0 – D = (140) – (95) = 45 unds.

Vamos a resolver MAV de la figura 50. La solución se da en la figura 51.

	D_1	D_2	D_3	D_4	F		$\triangle_1$	$\triangle_2$	$\triangle_3$	$\triangle_4$	$\triangle_5$
O_1	4	4 30	3 20	5 5	0 5	~~60~~ 55	3	3	(3)	1	1
O_2	4	4	6	3	0 20	~~20~~	3	(3)	X	X	X
O_3	2 30	3	3	3 10	0	~~40~~ ~~10~~	2	2	2	1	0
O_4	6	4	5	3	0 20	~~20~~	(3)	X	X	X	X
	~~30~~	30	20	~~15~~ 5	~~45~~ ~~25~~ 5	140					
$\triangle_1$	2	1	0	0	0						
$\triangle_2$	2	1	0	0	0						
$\triangle_3$	2	1	0	2	0						
$\triangle_4$	(2)	1	0	2	X						
$\triangle_5$	X	1	0	(2)	X						

Figura 50

	D_1	D_2	D_3	D_4	
O_1	4	4 30	3 20	5 5	60
O_2	4	4	6	3	20
O_3	2 30	3	3	3 10	40
O_4	6	4	5	3	20
	30	30	20	15	

	D_1	D_2	D_3	D_4
O_1		30	20	5
O_3	30			10

Figura 51

$$C_t = (30 \times 4) + (20 \times 3) + (5 \times 5) + (30 \times 2) + (10 \times 3) =$$
$$= 120 + 60 + 25 + 60 + 30 = 295 \text{ u.m.}$$

Según la figura 51, la fábrica 02 con capacidad 20 unidades no transporta nada a los almacenes. Lo mismo ocurre con 04. Si esta solución fuese la óptima (la demostración se deja al lector), podríamos cerrar las fábricas 02 y 04, lo cual no deja de ser ciertamente lógico, si pensamos en que tenemos un exceso de producción con respecto a la demanda del mercado. No sólo conseguimos así optimizar el transporte, sino que también podemos eliminar todos los costes asociados al mantenimiento de fábricas innecesarias.

Por otra parte (ver capítulo de producción), se ha logrado mediante esta configuración de transporte la máxima eficiencia de fábricas, es decir, la máxima utilización de su capacidad de producción.

12. UN EJERCICIO PROPUESTO Y RESUELTO. ÓPTIMOS ALTERNATIVOS. ESTUDIO DE NUEVAS RUTAS

1.º) En la figura 52 se plantea el mapa de rutas «posibles» en la actualidad para una red de distribución y sobre ellas sus costes unitarios de transporte. El concepto «posible» implica que no existe otra forma de llegar de unos centros a otros. Se desea estudiar la conveniencia de eliminar algún enclave de la red.

2.º) Por otra parte, se está estudiando la posibilidad de organizar un transporte entre los centros 0_1 y DB, entre 0_1 y DC y entre 0_3 y DC. El coste unitario de transporte sería 3, 2 y 6 respectivamente. Se desea estudiar la conveniencia de organizar dichos transportes.

3.º) ¿Qué otros factores habrá que considerar para optar por una solución u otra, aparte del coste total de transporte?

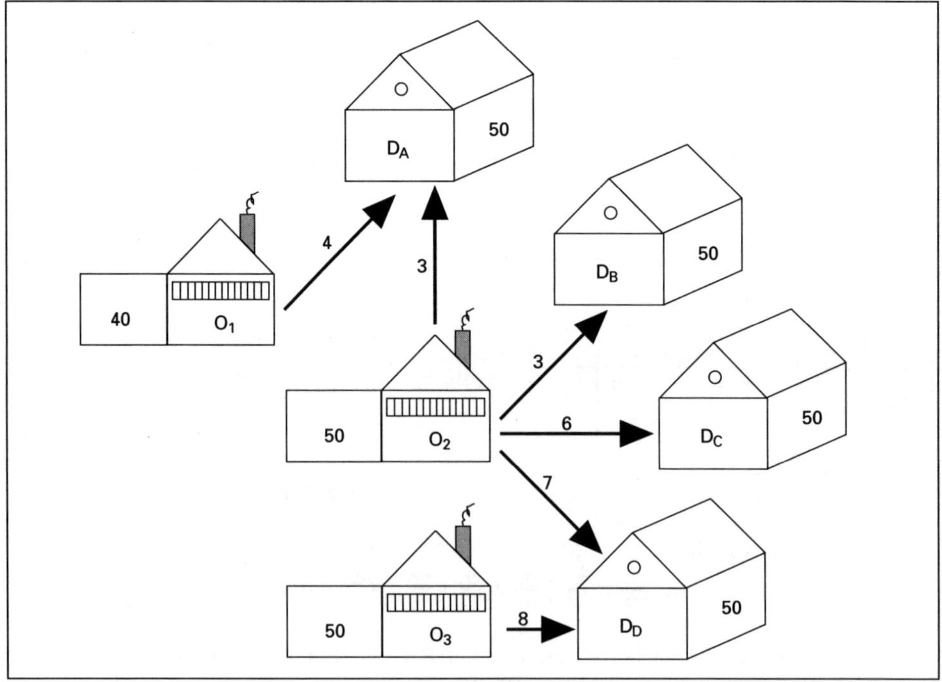

Figura 52

Apartado 1.° (figura 53)

Oferta = 40 + 50 + 50 = 140 uds.
Demanda = 50 + 50 + 50 + 50 = 200 uds.
F = D – 0 = 200 – 140 = 60 uds.

	D_A	D_B	D_C	D_D		$\triangle_1$	$\triangle_2$	$\triangle_3$	$\triangle_3$
O_1	4 40	∞	∞	∞	~~40~~	(∞)	X	X	X
O_2	3 10	3 40	6	7	50	0	0	0	0
O_3	∞	∞	∞	8 50	~~50~~	∞	(∞)	X	X
F	0	0 10	0 50	0	~~60~~ ~~10~~	0	0	0	0
	~~50~~ 10	~~50~~ 40	~~50~~	~~50~~	200				
$\triangle_1$	3	3	6	7					
$\triangle_2$	3	3	6	7					
$\triangle_3$	3	3	(6)	X					
$\triangle_4$	3	(3)	X	X					

Figura 53

Cuando una casilla (ruta entre un centro productor y de demanda) es «imposible», no puede tener asignaciones.

Para esto, podemos colocar en ella un coste infinito (en realidad, basta con uno superior a todos los de la matriz, figura 53).

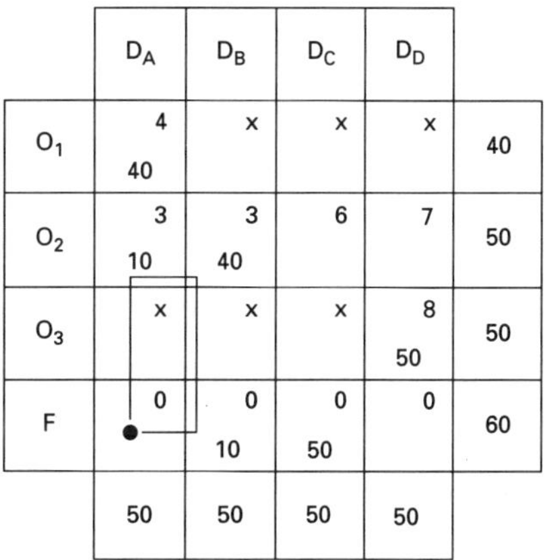

	D_A	D_B	D_C	D_D	
O_1	4 40	x	x	x	40
O_2	3 10	3 40	6	7	50
O_3	x	x	x	8 50	50
F	0	0 10	0 50	0	60
	50	50	50	50	

Figura 54

La solución MAV se expresa en la figura 54, y es una solución óptima.

$C_t = (40 \times 4) + (10 \times 3) + (40 \times 3) + (50 \times 8) =$
$= 710$ u.m.

Para estudiar la optimización de la matriz y sus posibles alternativas hay que conservar hasta el final la variable ficticia.

Una solución alternativa es la que proporciona la trayectoria marcada: F – D_A/ 0_2 – D_A/ 0_2 – D_B / F – D_B (figura 55).

	D_A	D_B	D_C	D_D	
O_1	40				40
O_2		50			50
O_3				50	50
F	10		50		60
	50	50	50	50	

Figura 55

El almacén D_C parece recibir 50 unidades, pero éstas provienen de un centro ficticio, luego en realidad no recibe ninguna. De hecho, al suprimir la fila F al final de nuestro análisis las alternativas son (figura 56):

HOJAS DE RUTAS A COSTE MÍNIMO

	D_A	D_B	D_C	D_D
O_1	40			
O_2	10	40		
O_3				50

	D_A	D_B	D_C	D_D
O_1	40			
O_2		50		
O_3				50

Figura 56

Por tanto, podemos suprimir de la red el almacén D_C, ya que para coste mínimo no entra en juego. La segunda alternativa parece mejor, ya que a igual coste el centro 02 sólo tiene que entenderse con un almacén, el D_B, mientras que en la primera debe estar pendiente de dos rutas, la que lleva a D_A y la que lleva a D_B. Pero la decisión de emplear una hoja de rutas u otra no sólo depende de estas consideraciones. Además, se habrá de tener en cuenta la demanda. En la primera, D_A recibe 50 unidades, y en la segunda, 40 unidades (al revés que D_B). También se deberá pensar en la capacidad de los transportes y otros detalles.

Apartado 2.º

Organizar una ruta de transporte entre centros es como decir que existe la posibilidad de transportar por esa ruta, ya no es imposible.

Por tanto, habremos de considerarla con su coste real unitario que previamente se habrá estudiado, sustituyéndolo por el coste infinito anterior (figura 57).

	D_A	D_B	D_C	D_D		$\triangle_1$	$\triangle_2$	$\triangle_3$	$\triangle_4$
O_1	4	3 / 40	2	∞	40	1	1	1	
O_2	3 / 50	3	6	7	~~50~~	0	0	0	X
O_3	∞	∞	6 / 50	8	~~50~~	2	(∞)	X	X
F	0	0 / 10	0	0 / 50	~~60~~ ~~10~~	0	0	0	
	~~50~~	50	~~50~~	~~50~~					
$\triangle_1$	3	3	2	(7)					
$\triangle_2$	3	3	2	X					
$\triangle_3$	(3)	3	X	X					
$\triangle_4$	X		X	X					

	D_A	D_B	D_C	D_D
O_1		40		
O_2	50			
O_3			50	

Figura 57

En este apartado es el almacén D_D quien se queda sin nada. Podríamos suprimirlo.

$$C_t = (40 \times 3) + (50 \times 3) + (50 \times 6) = 570 \text{ u.m.}$$

Apartado 3.º

La solución del Apartado 1.° tiene un C_t = 710 u.m.
La solución del Apartado 2.° tiene un C_t = 570 u.m.

Ahorro = (710) – (570) = 140 u.m.

La solución del Apartado 1.° mantiene los almacenes A, B y D.
La solución del Apartado 2.° mantiene los almacenes A, B y C.

Serán, pues, los costes asociados a los almacenes C y D y otras circunstancias de localización, mano de obra, diversas problemáticas, las que decidan por una solución u otra.

13. ANÁLISIS DE INTERMEDIARIOS. SUPRESIÓN Y CREACIÓN DE CENTROS

Una empresa posee dos centros de producción 01 y 02 con capacidades respectivas de 50 y 100 unidades que puede distribuir a sus almacenes D1 y D2, de capacidades 80 y 70 unidades a través de varios caminos (figura 58).

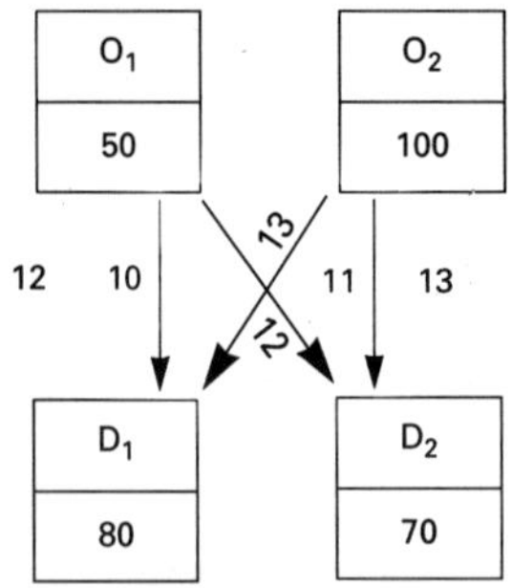

Figura 58

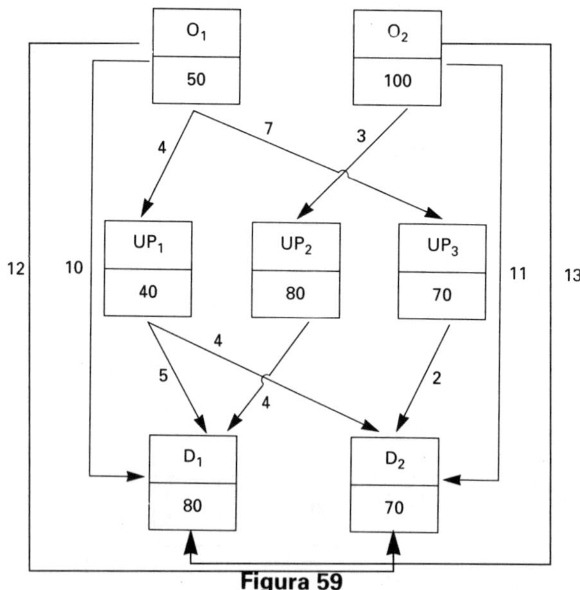

Figura 59

El empresario considera que los costes unitarios de transporte son muy elevados y decide estudiar la incorporación de una red de intermediarios.

Para ello considera convenientes tres posibles localizaciones UP1, UP2, UP3 intermedias y ha calculado los costes unitarios correspondientes a las posibles rutas a organizar (figura 59). Las capacidades de las ubicaciones posibles (UP) son 40, 80 y 70 unidades respectivamente.

No existe flujo de unidades entre fábricas, ni entre almacenes ni entre centros intermediarios.

Solución sin intermediarios (figura 58 y figura 60):

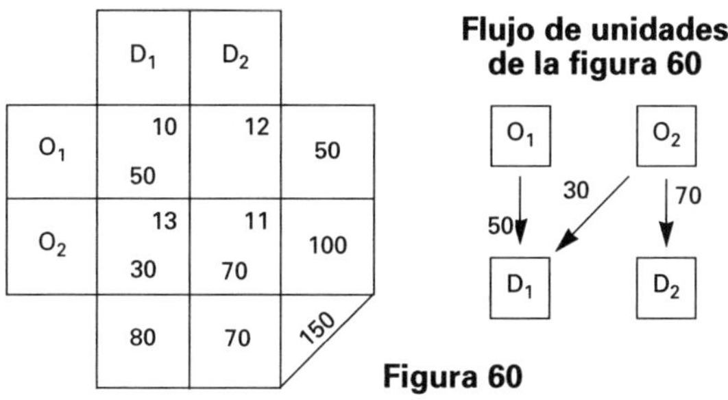

	D_1	D_2	
O_1	10 / 50	12	50
O_2	13 / 30	11 / 70	100
	80	70	150

Figura 60

$$C_t = (50 \times 10) + (30 \times 13) + (70 \times 11) = 1.660 \text{ u.m.}$$

Solución con sólo UP1 (figura 61):

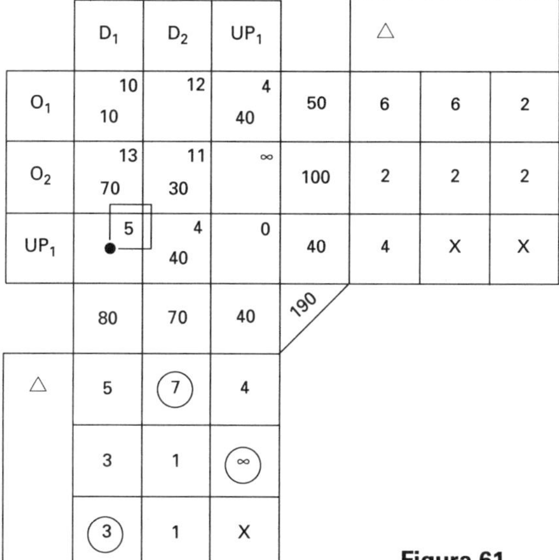

	D_1	D_2	UP_1		△		
O_1	10 / 10	12	4 / 40	50	6	6	2
O_2	13 / 70	11 / 30	∞	100	2	2	2
UP_1	5 ●	4 / 40	0	40	4	X	X
	80	70	40	190			
△	5	(7)	4				
	3	1	(∞)				
	(3)	1	X				

Figura 61

La solución óptima a la inicial MAV de la figura 61 se obtiene por el camino *stepping-stone* de UP1 — D1 y se da en la figura 62.

	D_1	D_2	UP_1
O_1	10 / 10	12	4 / 40
O_2	13 / 30	11 / 70	∞
UP_1	5 / 40	4	0

Figura 62

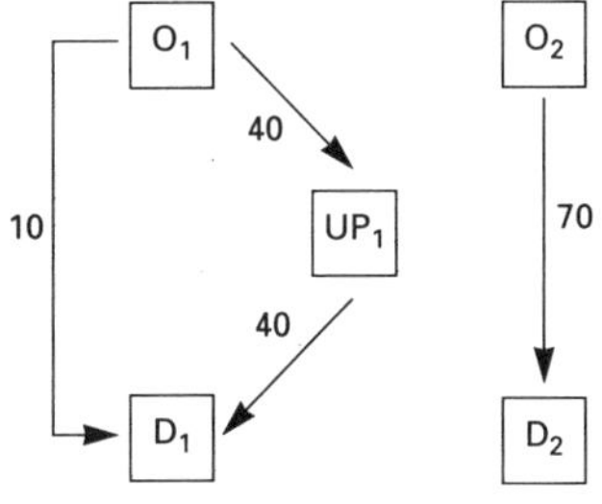

Flujo de unidades de la figura 62

$$C_t = (100) + (160) + (390) + (770) + (200) = 1.620 \text{ u.m.}$$

Solución con UP2 (figura 63):

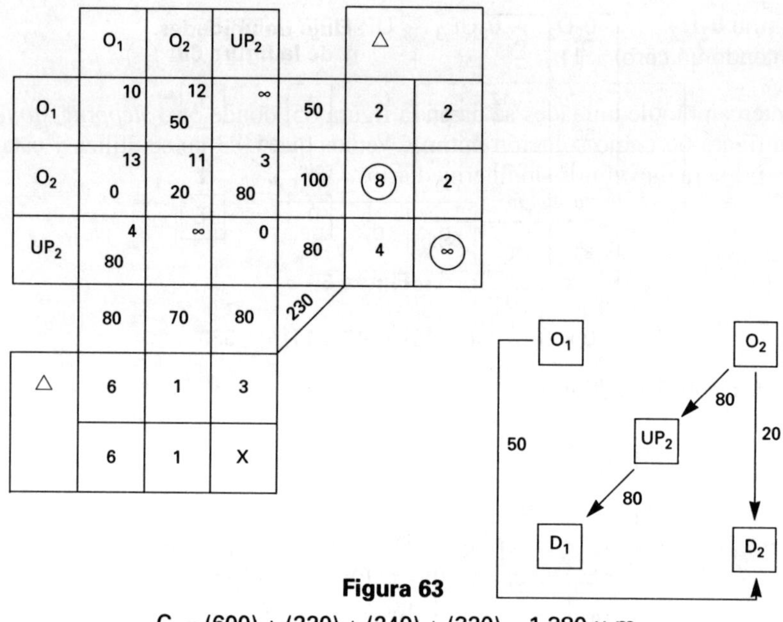

Figura 63

$C_t = (600) + (220) + (240) + (320) = 1.380$ u.m.

Solución con UP3 (figura 64):

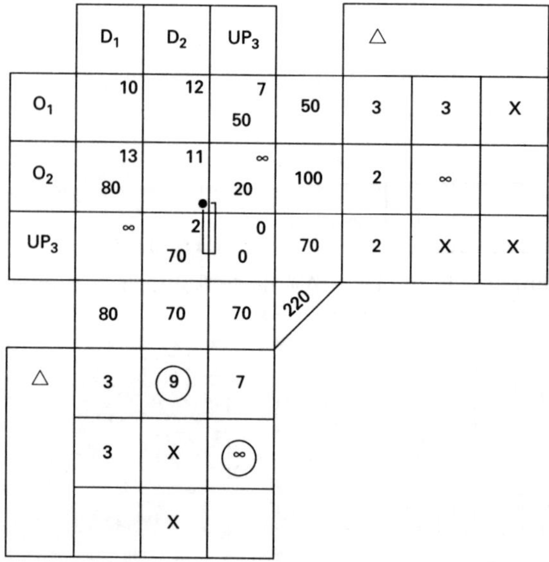

Figura 64

Aquí se da un curioso caso de asignación MAV obligatoria a una casilla de coste infinito. La interpretación realista sería que no se podrán transportar esas 20 unidades de 02 a UP3 por no existir camino para ello. Luego a stock de 02 sin poder satisfcer la demanda (para coste mínimo).

Podemos resolver esa anomalía por *stepping-stone*.

Camino 0_2D_2: $0_2D_2 - 0_2UP_3 - UP_3UP_3 - UP_3D_2$
(poniendo un cero) $11 - \infty + 0 - 2 = (-\infty)$

El intercambio de unidades se da en la figura 65, donde otro *stepping-stone* conduce a la figura 66 como solución óptima. Vemos que UP3 no se utiliza y esta solución es la primera que vimos sin intermediarios.

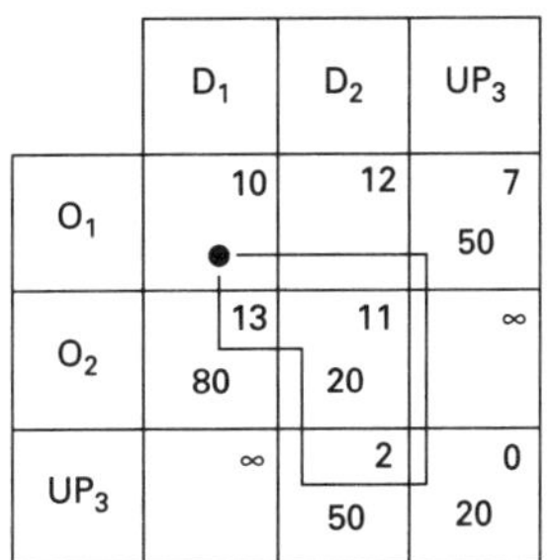

	D_1	D_2	UP_3
O_1	10 •	12	7 50
O_2	13 80	11 20	∞
UP_3	∞	2 50	0 20

Figura 65

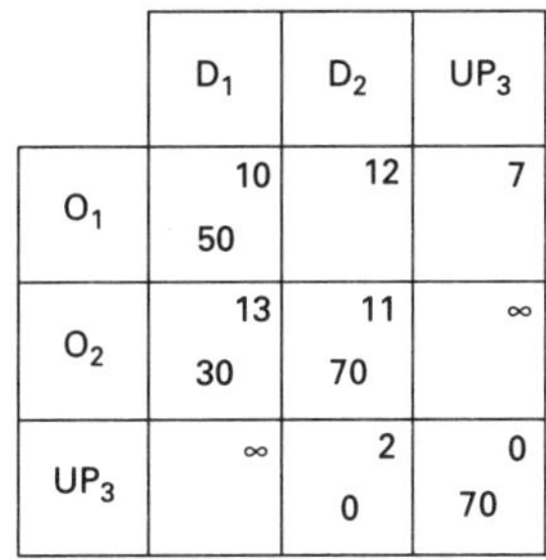

	D_1	D_2	UP_3
O_1	10 50	12	7
O_2	13 30	11 70	∞
UP_3	∞	2 0	0 70

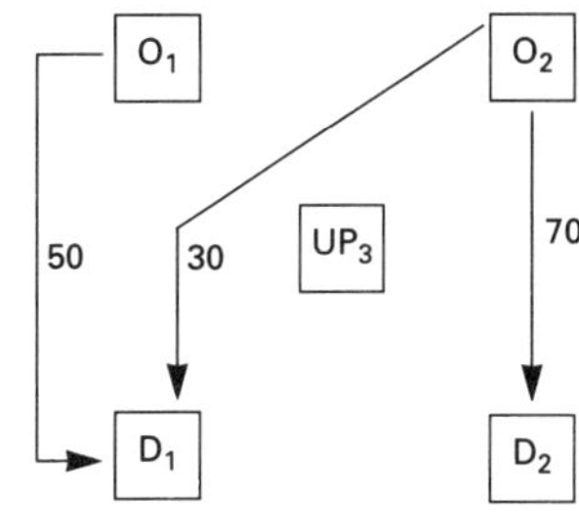

Figura 66

Camino 0_1D_1: $10 - 13 + 11 - 2 + 0 - 7 = (-1)$

$C_t = (500) + (390) + (770) = 1.660$ u.m.

Solución con UP1 y UP2 (figura 67):

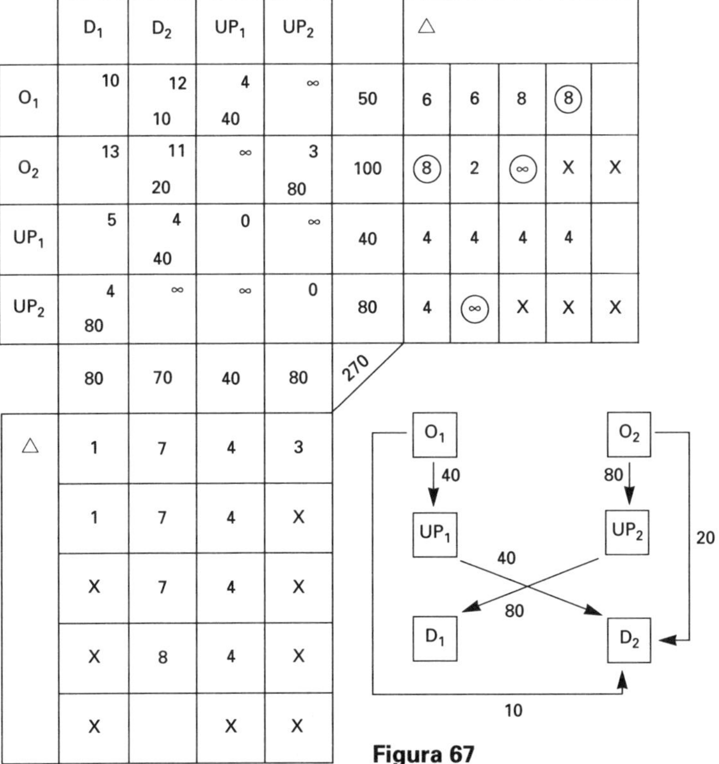

	D_1	D_2	UP_1	UP_2		△				
O_1	10	12 10	4 40	∞	50	6	6	8	(8)	
O_2	13	11 20	∞	3 80	100	(8)	2	(∞)	X	X
UP_1	5	4 40	0	∞	40	4	4	4	4	
UP_2	4 80	∞	∞	0	80	4	(∞)	X	X	X
	80	70	40	80	270					
△	1	7	4	3						
	1	7	4	X						
	X	7	4	X						
	X	8	4	X						
	X		X	X						

Figura 67

$C_t = 120 + 160 + 220 + 240 + 160 + 320 = 1.220$ u.m.

Solución con UP1 y UP3 (figura 68):

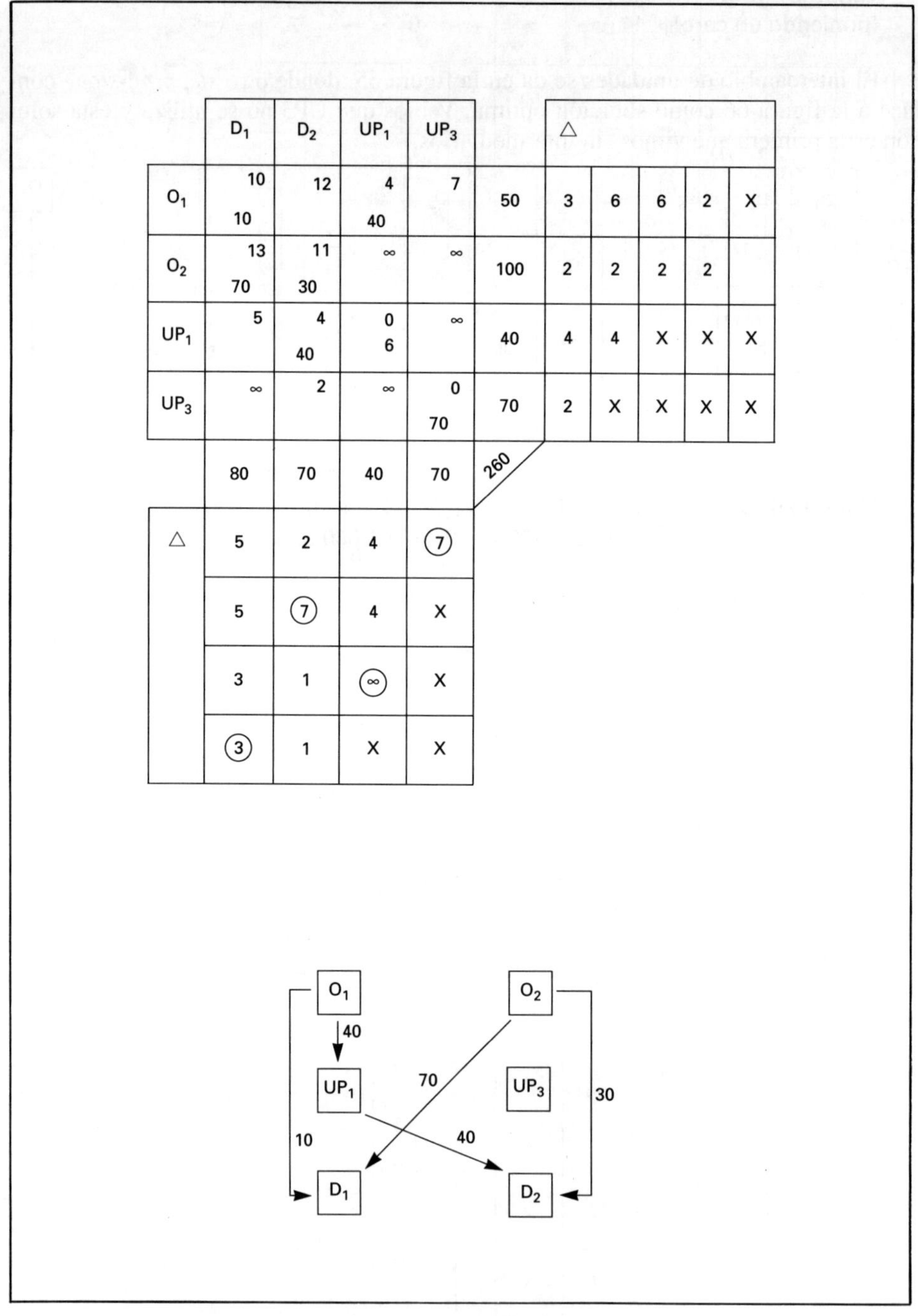

	D_1	D_2	UP_1	UP_3		△				
O_1	10 / 10	12	4 / 40	7	50	3	6	6	2	X
O_2	13 / 70	11 / 30	∞	∞	100	2	2	2	2	
UP_1	5	4 / 40	0 / 6	∞	40	4	4	X	X	X
UP_3	∞	2	∞	0 / 70	70	2	X	X	X	X
	80	70	40	70	260					
△	5	2	4	(7)						
	5	(7)	4	X						
	3	1	(∞)	X						
	(3)	1	X	X						

Figura 68

$C_t = 100 + 160 + 910 + 330 + 160 = 1.660$ u.m.

Solución con UP2 y UP3 (figura 69):

	D_1	D_2	UP_2	UP_3		△				
O_1	10	12	∞	7 / 50	50	3	3	X	X	X
O_2	13	11	3 / 80	∞ / 20	100	8	10	(10)	∞	
UP_2	4 / 80	∞	0 / 0	∞	80	4	4	4	(∞)	
UP_3	∞	2 / 70	∞	0 / 0	70	2	X	X	X	X
	80	70	80	70	300					

△				
	6	(9)	3	7
	6	X	3	(∞)
	9	X	3	?
	9	X	X	?
	X	X	X	?

	D_1	D_2	UP_2	UP_3
O_1				50
O_2		20	80	
UP_2	80			
UP_3		50		20

Figura 69

Hay otra asignación obligada a un infinito coste.

Se resolverá por *stepping-stone*.

Camino 0_2D_2; $11 - \infty + 0 - 2 = (-\infty)$
(poniendo un cero)

$$C_t = (350) + (220) + (240) + (320) + (100) = 1.230 \text{ u.m.}$$

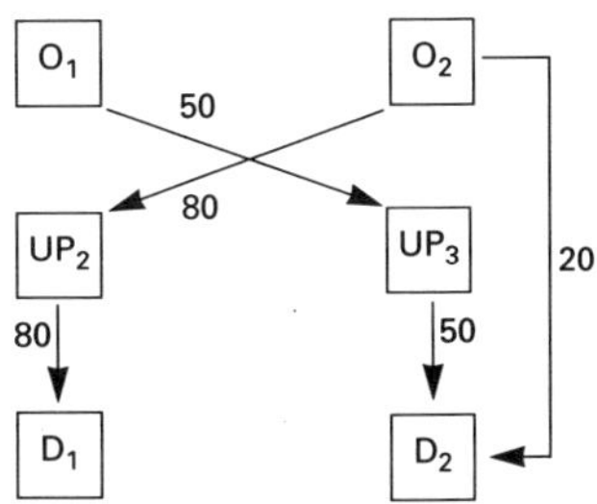

Resumen

En la figura 70 se presentan los resultados obtenidos, donde no deberemos olvidar que los costes calculados son sólo de transporte.

Según esto, la opción más interesante es el que incorpora a la red los almacenes UP1 y UP2 de coste 1.220 u.m.

SOLUCIÓN	COSTE DE TRANSPORTE
Sin intermediarios	1.660
con UP_1	1.620
UP_2	1.380
UP_3	1.660
UP_1 y UP_2	1.220
UP_1 y UP_3	1.660
UP_2 y UP_3	1.230

Figura 70

La siguiente mejor opción es la que incorpora UP2 y UP3 y después la que incorpora sólo UP2. Calculando los costes de mantenimiento, inversión necesaria, etc., de los almacenes podría ocurrir que la tercera opción fuera la más deseable, ya que por pura diferencia en transporte nos ahorramos la incorporación de un almacén.

14. CASO PRÁCTICO. DIMENSIONADO DE ALMACENES POR MAV

A través del desarrollo de todos los modelos vistos anteriormente, no sólo pueden extraerse conclusiones interesantes de aplicación a casos reales prácticos, sino que además pueden utilizarse con otro propósito que el de optimizar costes de transporte. De hecho, los modelos corresponden a realizaciones de programacion lineal en el marco de lo que conocemos por investigación operativa.

Pues bien, vamos a tratar un problema concreto del que podremos extraer interpretaciones para el dimensionado de almacenes.

Supongamos que disponemos de tres puntos de almacenamiento 01, 02 y 03 para distribuir a cuatro clientes detallistas D1, D2, D3 y D4. En la actualidad están repartiendo artículos en las condiciones de la figura 71.

	D_1	D_2	D_3	D_4	
O_1	9	13	8	10	200
O_2	5	11	13	11	600
O_3	11	10	9	11	700
	300	400	500	500	1.500

Figura 71

De repente, observamos un incremento de la demanda de 200 unidades en el cliente detallista D1. Vamos a ver cómo se debería modificar la configuración de transporte respecto de la situación inicial para que siga cumpliendo que el coste total de transporte es mínimo.

Analicemos primero la situación inicial por MAV (figura 72).

	D_1	D_2	D_3	D_4		△				
O_1	9	13	8 200	10	200	1	(2)	X	X	X
O_2	5 300	11	13	11 300	600	(6)	0	0	0	
O_3	11	10 400	9 300	11	700	1	1	1	1	X
	300	400	500	300	1.500					
△	4	1	1	1						
	X	1	1	1						
	X	1	(4)	0						
	X	1	X	0						
	X	(1)	X	0						

Figura 72

$C_t = (200 \times 8) + (300 \times 5) + (300 \times 11) + (400 \times 10) + (300 \times 9) =$
$= (1.600) + (1.500) + (3.300) + (4.000) + (2.700) = 13.100$ u.m.

Para un incremento de la demanda de 200 unidades en D1, plantearíamos la situación como en la figura 73.

	D_1	D_2	D_3	D_4		△		
O_1	9	13	8	10	?			
O_2	5	11	13	11	?			
O_3	11	10	9	11	?			
	500	400	500	300				
△								

Figura 73

Ahora la demanda = 500 + 400 + 500 + 300 = 1.700 uds.
y la oferta = 1.500 uds. (como antes).

Tendríamos la tentación de incorporar una variable ficticia, pues la demanda es superior a la oferta. Pero esto nos conduciría a servir la oferta disponible (sólo 1.500 unidades), y lo que queremos es servir toda la demanda aumentando la capacidad de los almacenes.

Por eso en la figura 73 se ha dejado en blanco la capacidad de los centros de oferta, que iremos rellenando conforme se vayan liberando las penalizaciones de MAV (figura 74).

En la aplicación MAV hemos ido satisfaciendo todas las demandas de los detallistas según nos indicaba la máxima penalización △.

Ahora sumamos la capacidad que deberían tener los centros.

01 = 500 + 300 = 800 uds.
02 = 500 uds.
03 = 400 uds.

Total oferta = demanda = 1.700 uds.

No hay demanda insatisfecha.

	D_1	D_2	D_3	D_4		△				
O_1	9	13	8 [500]	10 [300]	?	1	(2)	(3)		
O_2	5 [500]	11	13	11	?	(6)	0	0		
O_3	11	10 [400]	9	11	?	1	1	1		
	500	400	500	300	1.700					
△	4	1	1	1						
	X	1	1	1						
	X	1	X	1						
	X		X	X						

Figura 74

Es decir, hacemos MAV rellenando casillas de coste menor, observando sólo las necesidades de demanda. Al final calculamos la oferta que necesitaríamos para satisfacer aquélla.

$$C_t = (500 \times 8) + (300 \times 10) + (300 \times 5) + (400 \times 10) = 13.500 \text{ u.m.}$$

Según este problema, las capacidades de los almacenes 01, 02 y 03 han variado (figura 75).

	ANTES	DESPUÉS
O_1	200	800
O_2	600	500
O_3	700	400

Figura 75

Y parece ser la capacidad más adecuada según MAV para ellos. Lo que nos hace pensar en este procedimiento como adecuado para calcular dimensiones de almacenes.

Para constatar este hecho, repitamos la situación inicial del problema, pero sin fijar de antemano las capacidades 01, 02, 03 (figura 76).

	D_1	D_2	D_3	D_4		△		
O_1	9	13	8 500	10 300	?	1	(2)	(3)
O_2	5 300	11	13	11	?	(6)	0	0
O_3	11	10 400	9	11	?	1	1	1
	300	400	500	300	1.500			
△	4	1	1	1				
	X	1	1	1				
	X	1	X	1				
	X		X	1				

Figura 76

$$C_t = (500 \times 8) + (300 \times 10) + (300 \times 5) + (400 \times 10) =$$
$$= 4.000 + 3.000 + 1.500 + 4.000 = 12.500 \text{ u.m.}$$

Luego, a la hora de diseñar una red, podríamos tener en cuenta MAV para fijar las capacidades óptimas de almacenes, según los puntos de venta y los costes unitarios de transporte asociados.

15. EL MÉTODO MODI

El método MODI (Modified Distribution Method) es otro modelo utilizado para la búsqueda de una solución óptima a partir de una básica o realizable. Algunos autores lo denominan también método de los costes ficticios, o método de la trayectoria. En realidad, los fundamentos teóricos en los que este método se apoya no difieren de los *stepping-stone* o «paso a paso».

Vamos a prescindir de dichas justificaciones teóricas y desarrollaremos el MODI mediante un ejemplo. Sea la matriz de la figura 77, donde hemos obtenido la solución inicial por el método del coste mínimo CM no degenerada.

Consideremos ahora la matriz de costes sólo (no de unidades asignadas) de la figura 78.

	D_1	D_2	D_3	D_4	D_5	
O_1	8	6	4	2 400	3	400
O_2	3 100	5 200	11	9	6 120	420
O_3	10	7	6 300	8 100	9 100	500
	100	200	300	500	220	1.320

Figura 77

		$\surd_1$	$\surd_2$	$\surd_3$	$\surd_4$	$\surd_5$
		D_1	D_2	D_3	D_4	D_5
μ_1	O_1	8	6	4	(2)	3
μ_2	O_2	(3)	(5)	11	9	(6)
μ_3	O_3	10	7	(6)	(8)	(9)

Figura 78

Marcamos las casillas de costes donde ha habido asignaciones por la solución básica con un círculo. A continuación defino unas «variables duales» a calcular, μ y $\surd$, para cada fila y columna respectivamente. Seguidamente formo tantas ecuaciones como asignaciones haya de la forma:

$$\mu_1 + \surd_j = C_{ij}$$

Fijándonos en los costes unitarios C_{ij} con un círculo formo:

$$\mu_1 + \surd_4 = 2 \qquad \mu_2 + \surd_1 = 3 \qquad \mu_3 + \surd_3 = 6$$
$$\mu_2 + \surd_2 = 5 \qquad \mu_3 + \surd_4 = 8$$
$$\mu_2 + \surd_5 = 6 \qquad \mu_3 + \surd_5 = 9$$

Puedo asignar un valor cualquiera a una de las variables para ir resolviendo el sistema. Elijo el más fácil:

$$\mu_1 = 0$$

y vamos deduciendo los restantes valores de las variables μ_i y $\surd_j$:

$$\mu_1 = 0 \qquad \surd_1 = 0$$
$$\mu_2 = 3 \qquad \surd_2 = 2$$
$$\mu_3 = 6 \qquad \surd_3 = 0$$
$$\surd_4 = 2$$
$$\surd_5 = 3$$

Formamos la tabla ($\mu_i + \sqrt{}_j$) (figura 79).

	$\sqrt{}_1 = 0$	$\sqrt{}_2 = 2$	$\sqrt{}_3 = 0$	$\sqrt{}_4 = 2$	$\sqrt{}_5 = 3$
$\mu_1 = 0$	0	2	0	2	3
$\mu_2 = 3$	3	5	3	5	6
$\mu_3 = 6$	6	8	6	8	9

Figura 79

	D_1	D_2	D_3	D_4	D_5
O_1	− 8	− 4	− 4	0	0
O_2	0	0	− 8	− 4	0
O_3	− 4	(1)	0	0	0

Figura 80

A esta tabla se le resta la de costes originales casilla a casilla de la figura 78, obteniendo la figura 80.

Del resultado de la matriz de la figura 80 debemos considerar la casilla que tenga el mayor valor positivo. En este caso la casilla 03D2, que es la única positiva.

Se debe pasar a otra solución, más cercana a la óptima, donde exista asignación en esa casilla. Para ello buscaremos una trayectoria cerrada con origen en dicha casilla (recordamos *stepping-stone*) y que pase por casillas de resultado cero (donde antes había asignación) *.

Camino 0_3D_2: 0_3D_2 – 0_3D_5 – 0_2D_5 – 0_2D_2

Intercambiamos unidades a lo largo de este camino, respetando las condiciones de partida de oferta y demanda. Se reproduce el camino en la matriz de asignaciones de la figura 81.

	D_1	D_2	D_3	D_4	D_5	
O_1	8	6	4	2 400	3	400
O_2	3 100	5 200	11	9	6 120	420
O_3	10	7 ●	6 300	8 100	9 100	500
	100	200	300	500	220	1.320

Figura 81

El máximo número de unidades a intercambiar entre las casillas de este camino viene dado por el número de unidades mínimo de estas casillas.

*: Otras casillas no asignadas antes pueden dar cero.

Pasamos 100 unidades de 0_3D_5 a 0_2D_5
y
Pasamos 100 unidades de 0_2D_2 a 0_3D_2

	D_1	D_2	D_3	D_4	D_5	
O_1				400		400
O_2	100	100			220	420
O_3		100	300	100		500
	100	200	300	500	220	1.320

Figura 82

resultando la matriz de asignaciones de la figura 82.

Sobre esta matriz se repite el proceso anterior hasta que todos los resultados en la matriz que resulta de restar la $(\mu_i + \sqrt{}_j)$ de la original tengan todos los valores negativos.

Repitamos el proceso a continuación, esquematizado en las siguientes figuras 83, 84 y 85.

	$\sqrt{}_1$	$\sqrt{}_2$	$\sqrt{}_3$	$\sqrt{}_4$	$\sqrt{}_5$
μ_1	8	6	4	(2)	3
μ_2	(3)	(5)	11	9	(6)
μ_3	10	(7)	(6)	(8)	9

Figura 83

Ecuaciones $\mu_i + \sqrt{}_j = C_{ij}$:

$\mu_1 + \sqrt{}_4 = 2$ $\quad$ $\mu_2 + \sqrt{}_1 = 3$ $\quad$ $\mu_3 + \sqrt{}_2 = 7$

$\mu_2 + \sqrt{}_2 = 5$ $\quad$ $\mu_3 + \sqrt{}_3 = 6$

$\mu_2 + \sqrt{}_5 = 6$ $\quad$ $\mu_3 + \sqrt{}_4 = 8$

Si $\mu_i = 0 \implies \mu_2 = 4$

$\mu_3 = 6$

$\sqrt{}_1 = -1$

$\sqrt{}_2 = 1$
$\sqrt{}_3 = 0$
$\sqrt{}_4 = 2$
$\sqrt{}_5 = 2$

Matriz ($\mu_i + \sqrt{}_j$):

	-1	1	0	2	2
0	-1	1	0	2	2
4	3	5	4	6	6
6	5	7	6	8	8

Figura 84

Matriz resta entre [matriz ($\mu_i + \sqrt{}_j$)] y matriz original:

-9	-5	-4	0	-1
0	0	-7	-3	0
-5	0	0	0	-1

Figura 85

Como todos los valores de la matriz de la figura 85 son negativos o nulos, la solución es la óptima.

16. MODI PARA VARIABLES FICTICIAS Y SOLUCIONES DEGENERADAS

Ya habíamos visto que cuando la oferta y la demanda total no coincidían se creaba una variable ficticia (fila o columna ficticia) con costes cero. Cuando la solución inicial es degenerada debíamos introducir asignaciones en la matriz según el grado de degeneración (para *stepping-stone* asignábamos tantos ceros en casillas cualquiera según el grado).

En MODI, asignaremos una cantidad épsilon «ε» en tantas casillas como grado de degeneración exista, y de tal forma que nos permita calcular cómodamente las variables duales μ_i y $\sqrt{}_j$ (*).

* ε es una cantidad tan pequeña como queramos (concepto matemático ampliamente utilizado).

La mecánica del proceso de obtención de la solución óptima es exactamente igual que el apartado anterior descrito. Veámoslo con un ejemplo. Sea la figura 86.

	D_1	D_2	D_3	D_4	
O_1	2	4	4	6	40
O_2	1	3	2	4	10
O_3	2	5	5	3	10
O_4	4	2	2	5	20
	20	10	20	10	

Matriz de costes y necesidades

Figura 86

Oferta = 80 uds.
Demanda = 60 uds.
} Ficticia = 80 – 60 = 20 uds.

Resuelvo la solución inicial a coste mínimo (CM):

	D_1	D_2	D_3	D_4	F	
O_1	2 10	4	4 10	6	0 20	40
O_2	1 10	3	2 ●	4	0	10
O_3	2 ε	5	5	3 10	0	10
O_4	4	2 10	2 10	5	0	20
	20	10	20	10	20	80

Figura 87

Trato con una solución degenerada, ya que

$$f + c - 1 = 8 > 7 \text{ asignaciones}$$

Luego colocamos un «ε» en la casilla que deseemos.

La matriz de costes es [C_{ij}].

	$\sqrt{1}$	$\sqrt{2}$	$\sqrt{3}$	$\sqrt{4}$	$\sqrt{5}$
μ_1	(2)	4	(4)	6	(0)
μ_2	(1)	3	2	4	0
μ_3	(2)	5	5	(3)	0
μ_4	4	(2)	(2)	5	0

Las casillas donde hay asignación las marco con un círculo. Calculo las variables duales μ_i y $\sqrt{}_j$ estableciendo el sistema de ecuaciones.

$\mu_1 + \sqrt{}_1 = 2$ $\mu_2 + \sqrt{}_1 = 1$ $\mu_3 + \sqrt{}_1 = 2$ $\mu_4 + \sqrt{}_2 = 2$
$\mu_1 + \sqrt{}_3 = 4$ $\mu_3 + \sqrt{}_4 = 3$ $\mu_4 + \sqrt{}_3 = 2$
$\mu_1 + \sqrt{}_5 = 0$

Damos a μ_1 el valor cero, y deducimos

$\mu_1 = 0$ $\sqrt{}_1 = 2$
$\mu_2 = -1$ $\sqrt{}_2 = 4$
$\mu_3 = 0$ $\sqrt{}_3 = 4$
$\mu_4 = -2$ $\sqrt{}_4 = 3$
$\sqrt{}_5 = 0$

Creamos la matriz [$\mu_i + \sqrt{}_j$]:

μ_i \ $\sqrt{}_j$	2	4	4	3	0
0	2	4	4	3	0
– 1	1	3	3	2	– 1
0	2	4	4	3	0
– 2	0	2	2	1	– 2

Creamos la matriz resta entre la anterior y la original de costes [C_{ij}]:

(0)	0	(0)	– 3	(0)
(0)	0	1	– 2	– 1
(0)	– 1	– 1	(0)	0
– 4	(0)	(0)	– 4	– 2

Tomamos la casilla de mayor valor positivo como origen de una trayectoria de intercambio de unidades para disminuir el coste.

La única posibilidad positiva nos da el camino marcado en la matriz anterior y en la figura 87.

Camino 0_2D_3: $0_2D_3 - 0_1D_3 - 0_1D_1 - 0_2D_1$

Intercambiamos unidades, resultando:

20				20
ε		10		
ε			10	
	10	10		

Para comprobar si esta matriz es óptima, debemos repetir el proceso.

Pero, ¡cuidado!, vuelve a ser degenerada y tendré que añadir otro ε.

El proceso se da en las matrices y ecuaciones siguientes:

	√1	√2	√3	√4	√5
μ_1	(2)	4	4	6	(0)
μ_2	(1)	3	(2)	4	0
μ_3	(2)	5	5	(3)	0
μ_4	4	(2)	(2)	5	0

$\mu_1 + \surd_1 = 2$ $\mu_2 + \surd_1 = 1$ $\mu_3 + \surd_1 = 2$ $\mu_4 + \surd_2 = 2$
$\mu_1 + \surd_5 = 0$ $\mu_2 + \surd_3 = 2$ $\mu_3 + \surd_4 = 3$ $\mu_4 + \surd_3 = 2$

Hago $\mu_1 = 0$ y deduzco el resto de los valores:

$\mu_1 = 0$ $\surd_1 = 2$
$\mu_2 = -1$ $\surd_2 = 3$
$\mu_3 = 0$ $\surd_3 = 3$
$\mu_4 = -1$ $\surd_4 = 0$
$\surd_5 = 0$

Matriz $[\mu_1 + \surd_j]$

μ \ $\surd$	2	3	3	3	0
0	2	3	3	3	0
−1	1	2	2	2	−1
0	2	3	3	3	0
−1	1	2	2	2	−1

Matriz $[\mu_1 + \surd_j]$ – matriz $[C_{ij}]$

(0)	−1	−1	−3	(0)
(0)	−1	(0)	−2	−1
(0)	−2	−2	(0)	0
−3	(0)	(0)	−3	−1

que resulta ser la matriz correspondiente a la solución óptima:

$$C_t = (20 \times 2) + (20 \times 0) + (10 \times 2) + (10 \times 3) + (10 \times 2) + (10 \times 2) =$$
$$= 40 + 0 + 20 + 30 + 20 + 20 = 130 \text{ u.m.}$$

La solución óptima real de transporte es:

	D_1	D_2	D_3	D_4	
O_1	20				40
O_2			10		10
O_3				10	10
O_4		10	10		20
	20	10	20	10	

quedándose la fábrica 01 con 20 unidades en stock.

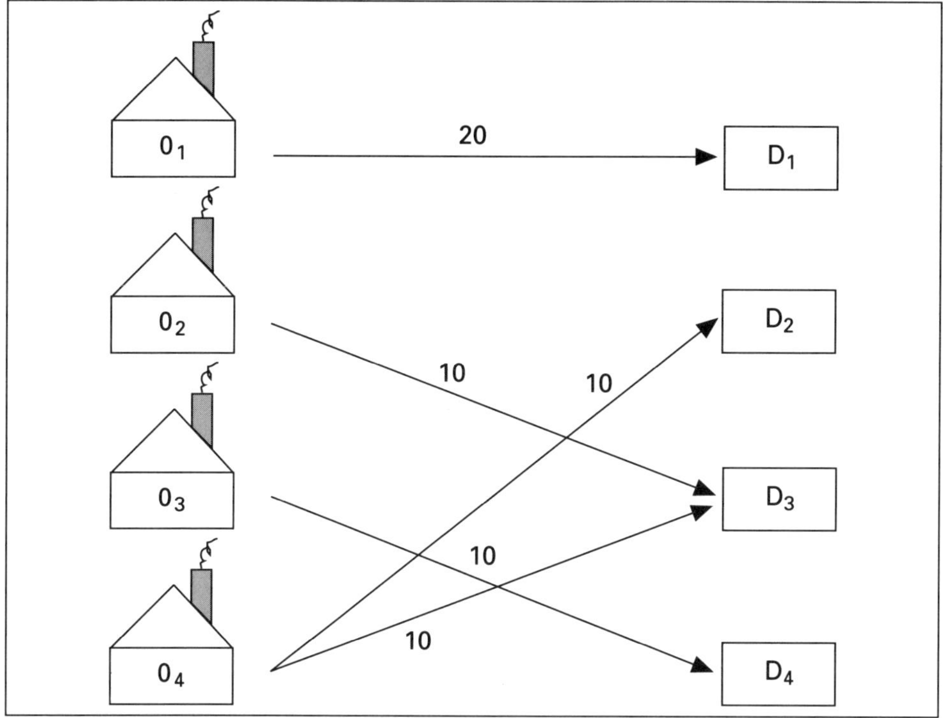

17. CONCEPTOS A RECORDAR

- Oferta, centro productor.
- Demanda, centro de demanda, almacén.
- Capacidad de centros.
- Coste unitario de transporte.
- Coste total de transporte o «función económica»: C_t.
- Solución inicial o básica.
- Solución óptima.
- Método de la esquina noroeste: NO.
- Método del coste mínimo: CM.
- Método de las transferencias mutuamente preferibles.
- Método de aproximación de Vogel: MAV.
- Hojas de rutas.
- Modelo de representación integrada para MAV.
- Óptimos alternativos.
- *Stepping-stone.*
- Solución degenerada.
- Variables ficticias.
- Intermediarios.
- MODI.
- Variables duales.

18. PROBLEMAS PROPUESTOS

Problema 1

Dada la estructura de la matriz siguiente, donde se expresan beneficios en cada casilla, calcular la solución que maximiza el beneficio total.

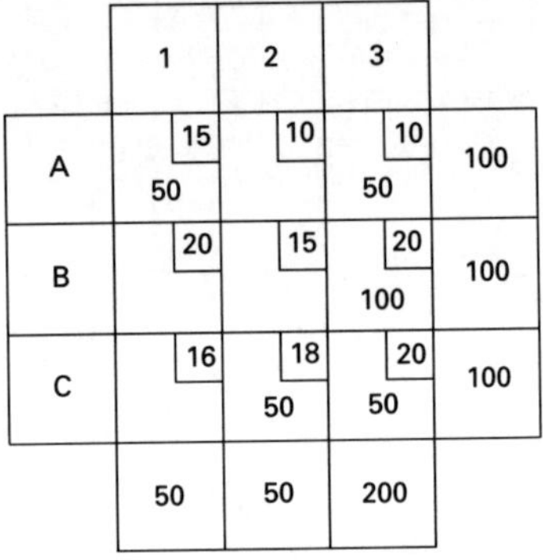

	1	2	3	
A	15 50	10	10 50	100
B	20	15	20 100	100
C	16	18 50	20 50	100
	50	50	200	

Figura P1

Problema 2

Una cierta empresa posee cuatro fábricas con capacidades de producción de 100 unidades cada una.

La demanda total ha sido para el ejercicio anual de 300 unidades, repartidas por igual entre tres distribuidores clientes habituales.

Los costes de transporte unitario se dan en la tabla siguiente:

	D_1	D_2	D_3
F_1	5	4	8
F_2	3	4	5
F_3	5	3	6
F_4	6	5	8

Figura P2

Calcular la solución óptima de distribución y decidir sobre la posible eliminación ventajosa de algún centro de producción.

Problema 3

Una configuración de distribución en funcionamiento es la representada en la matriz siguiente de costes unitarios.

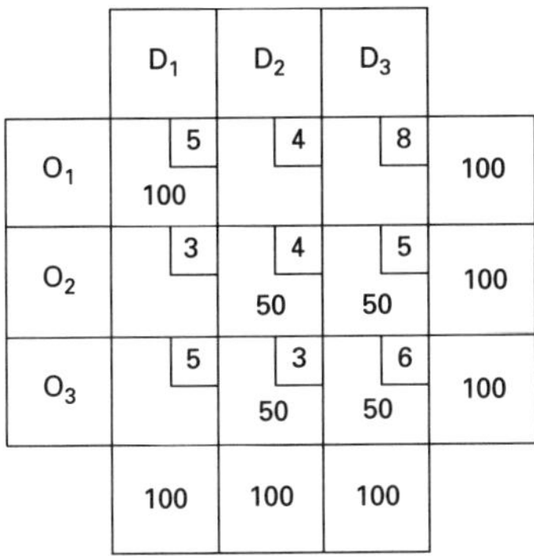

	D_1	D_2	D_3	
O_1	[5] 100	[4]	[8]	100
O_2	[3]	[4] 50	[5] 50	100
O_3	[5]	[3] 50	[6] 50	100
	100	100	100	

Figura P3

Determinar la solución óptima.

Problema 4

¿Cuál será la solución óptima para el caso del problema propuesto 3, si consideramos que sólo disponemos de un camión de transporte por cada ruta existente y sólo puede cargar 50 unidades cada uno? Además, es preciso llevar todas las cargas al mismo tiempo por coincidencia de los plazos de entrega a almacenes.

Problema 5

Dada la matriz de transporte siguiente:

	D_1	D_2	D_3	D_4	
O_1	[X]	[6]	[2] 40	[6] 10	50
O_2	[X]	[4] 30	[8]	[5]	30
O_3	[2] 20	[6] 20	[3]	[7]	40
	20	50	40	10	

Figura P5

Las rutas 01D1 y 02D1 están cerradas a causa de inclemencias meteorológicas.

1.º) Comprobar si la solución es óptima y calcular el coste total.

2.º) ¿Existe algún óptimo alternativo?

3.º) Por las mismas causas anteriores, se abre la ruta 02D1 y se cierra la ruta 03D1. ¿Es posible cumplir todos los pedidos sin incrementar los costes totales?

4.º) Si el coste unitario de la ruta 02D1 fuera de 2 u.m., ¿cuál sería el coste total de transporte para satisfacer toda la demanda?

Problema 6

Calcular la solución óptima mediante el modelo *stepping-stone* de la matriz de costes siguiente:

	D_1	D_2	D_3	
O_1	[2] 10	[4] 5	[3]	15
O_2	[4]	[3] 5	[2] 5	10
O_3	[5] 10	[5]	[2] 5	15
	20	10	10	

Figura P6

Problema 7

Cierta empresa dispone de cuatro fábricas con cincuenta millones de unidades cada una por capacidad de producción. Dichas unidades deben ser almacenadas para su posterior distribución en cuatro grandes naves de cinco mil metros cuadrados, donde pueden albergarse hasta sesenta millones de unidades en cada una. Por diversas razones, no es conveniente el transporte desde la primera fábrica hasta el tercer almacén y, por otra parte, los costes unitarios de transporte se presentan en la matriz adjunta:

	ALMACENES			
FÁBRICAS	4	7	7	4
	8	6	6	9
	5	5	7	7
	4	5	4	5

Figura P7

Se desea determinar:

1.º) El coste de transporte total para una solución inicial de Vogel (MAV).

2.º) ¿Cuál es el tanto por ciento de ocupación para cada almacén?

3.º) ¿Cuántas opciones óptimas de transporte se pueden implantar, y a qué coste?

4.º) ¿Qué condiciones pueden hacernos elegir una solución óptima u otra?

5.º) Con todos los supuestos anteriores, ¿cuál será el coste total de transporte para una solución inicial de Vogel, si como máximo pueden transportarse treinta millones de unidades desde la fábrica 2 al almacén 3?

Problema 8

1.º) Dada la posible red de transporte de la figura, estudiar la posibilidad de eliminación de los almacenes intermediarios, si el coste de funcionamiento de éstos se cifra en 280 u.m.

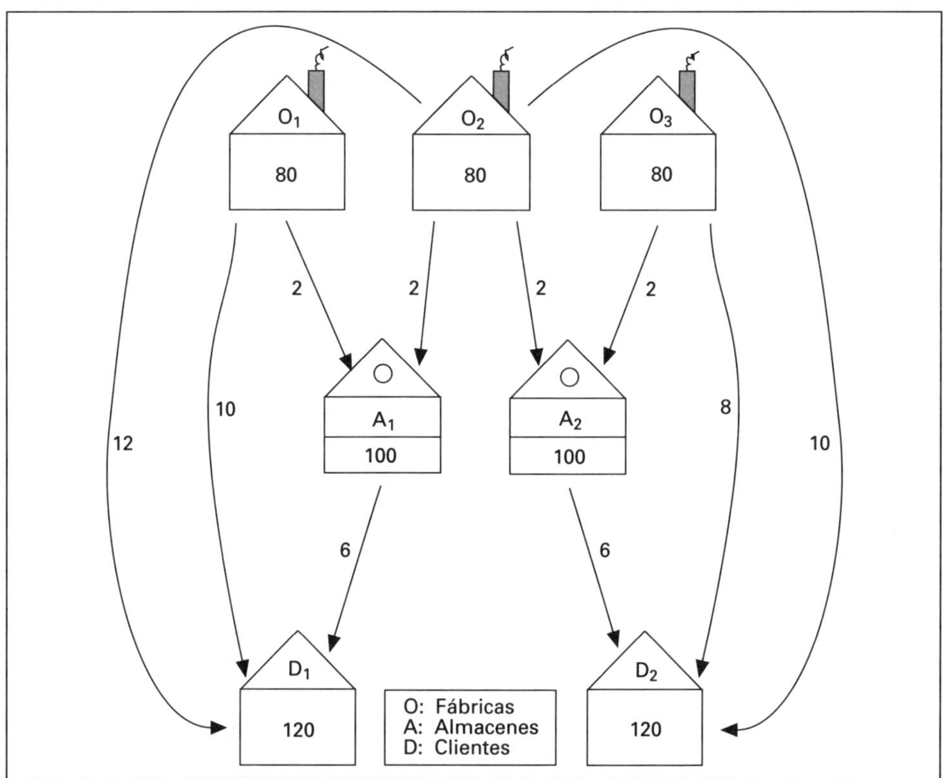

Figura P8

Los valores sobre cada arco son los costes unitarios de transporte.

2.º) Realizar el mismo estudio anterior en el caso de que el coste de funcionamiento de los almacenes pueda reducirse a 150 u.m.

3.º) En la situación de querer mejorar el nivel de servicio a clientes, se decide mantener a toda costa el almacén A2, cara a una posible ampliación de la red y del mercado. ¿Cuál será entonces el coste total?

4.º) A partir de la solución anterior del punto 3.º, ¿qué opción podría configurarse a coste mínimo, caso de suprimirse la ruta 03D2, siendo el coste fijo de los almacenes 150 u.m.?

¿Cuál será entonces el coste total mínimo?

Problema 9

Una empresa dispone de tres centros de producción con capacidad 20, 60 y 40 unidades, y desea distribuirlas a coste mínimo a cuatro almacenes regionales, donde pueden albergarse 30, 30 20 y 40 unidades.

Las rutas entre fábricas y almacenes presentan unos costes unitarios de transporte que se detallan en la siguiente tabla:

	D_1	D_2	D_3	D_4
O_1	4	4	5	3
O_2	5	6	4	4
O_3	8	8	4	2

Figura P9

En la actualidad existe en funcionamiento una configuración de transporte representada en el gráfico de flujo de unidades adjunto.

1.º) Modificar la configuración de la red de tal forma que el coste total sea el mínimo posible y calcular, en este caso, cuánto supone el ahorro.

2.º) Comprobar mediante MAV que la configuración modificada es tal que se ha minimizado el coste total de transporte.

3.º) Diseñar las soluciones óptimas en el supuesto de que se decida eliminar las rutas de coste máximo, es decir, las que transcurren entre 01 y D3, entre 02 y D2 y entre 03 y D1 y D2.

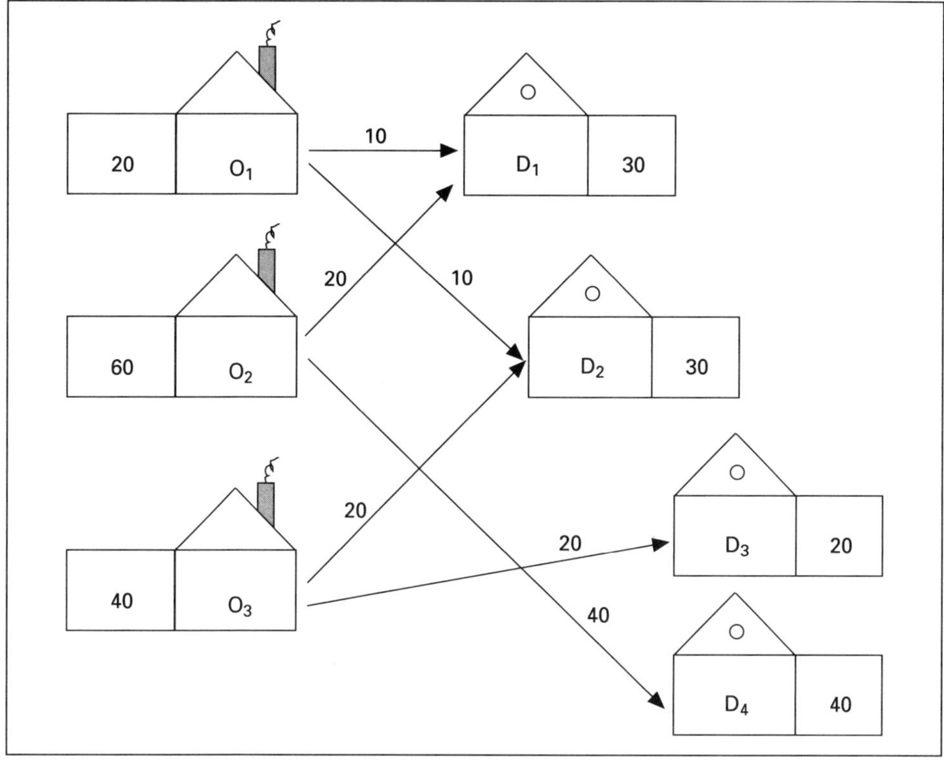

Figura P9

Además, obligatoriamente se deben servir como mínimo 20 unidades a los centros D1 y D4 desde 01 y 02 respectivamente. Calcular entonces el coste total de transporte.

Problema 10

Dada la siguiente matriz de costes:

	D_1	D_2	D_3	D_4
P_1	5	6	10	11
P_2	5	4	6	7
P_3	4	4	7	9
P_4	6	6	10	10

Figura P10

y sabiendo que las capacidades de producción y las necesidades de los centros de demanda son las indicadas a continuación:

P_1	P_2	P_3	P_4
20	21	19	11

D_1	D_2	D_3	D_4
10	30	16	15

Figura P10

Calcular la configuración de transporte de **coste mínimo** entre centros, utilizando la solución inicial de Vogel y expresando el valor de dicho coste mínimo.

¿Existe la posibilidad de otra solución alternativa de coste mínimo? ¿Cuál?

Problema 11

En una empresa de transporte se está distribuyendo a coste mínimo entre cuatro centros de producción y cuatro centros de demanda las cantidades indicadas en la figura.

La matriz de costes unitarios entre centros es la indicada a continuación, donde además se expresan las capacidades de producción y las demandas de los centros. Diseñar una nueva configuración de transporte de manera que no se incremente el coste total, y calcular el coste total de transporte.

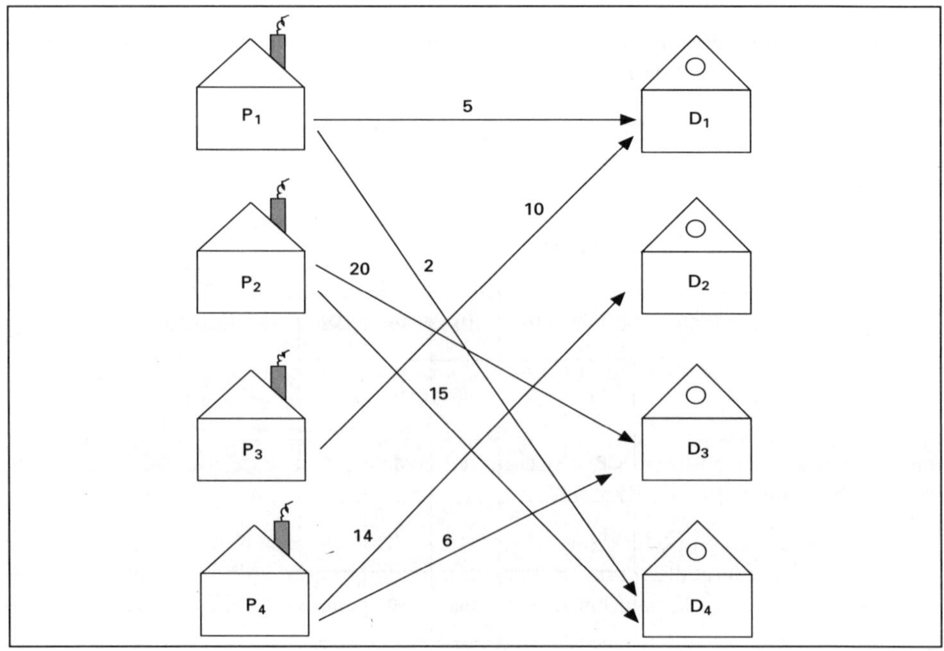

Figura P11

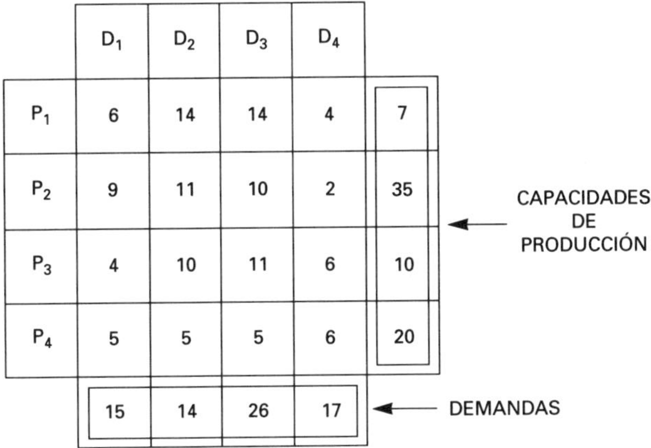

	D_1	D_2	D_3	D_4	
P_1	6	14	14	4	7
P_2	9	11	10	2	35
P_3	4	10	11	6	10
P_4	5	5	5	6	20
	15	14	26	17	

CAPACIDADES DE PRODUCCIÓN

DEMANDAS

Problema 12

Considerar la configuración de transporte de la siguiente matriz, donde las rutas entre 01 y D1, 02 y D1 y entre 04 y D4 no son posibles, y donde tanto oferta como demanda quedan satisfechas.

	D_1	D_2	D_3	D_4
O_1	6	4	3 10	5 10
O_2	2	2 10	5 10	8
O_3	2 10	6	2	2 10
O_4	1	3 10	3	10

Figura P12

1.º) Expresar con claridad los movimientos necesarios de unidades en la matriz del modelo para conseguir una solución óptima de transporte, calculando posteriormente el tanto por ciento de ahorro sobre los costes actuales de transporte.

2.º) Una vez adoptada la configuración de transporte de coste total mínimo, se desea cerrar la ruta que va de 04 a D1, para abrir simultáneamente la que va de 03 a D1. En estas condiciones, ¿cuánto habrá que bajar el coste unitario de la ruta 04-D4 para que no se modifique el valor óptimo del coste total, si se decide utilizarla sin variar las rutas que parten de 01 y 02?

3.º) En el caso de poder bajar el coste de 04-D4, se desea reducir la capacidad de la ruta 01-D3 a solamente 5 unidades, manteniendo cerradas sólo las rutas 01-D1, 02-D1 y 04-D1. ¿Cuál es la solución óptima y su coste entonces, si ha de satisfacerse toda la demanda?

(Utilizar el modelo de Vogel para inicializar la solución del problema).

Problema 13

Determinar la solución de coste total mínimo para la matriz de costes unitarios y necesidades siguiente, calculando primero una solucion inicial MAV y utilizando el modelo MODI para después optimizar.

	D_1	D_2	D_3	D_4	
O_1	2	4	4	6	40
O_2	1	3	2	4	10
O_3	2	5	5	3	10
O_4	4	2	2	5	20
	20	10	20	10	

Figura P13

Problema 14

Determinar las soluciones óptimas de las matrices siguientes, mediante el modelo MODI.

	1	2	3	
A	15 (50)	10	10 (50)	100
B	20	15	20 (100)	100
C	16	18 (50)	20 (50)	100
	50	50	200	

Figura P14.1

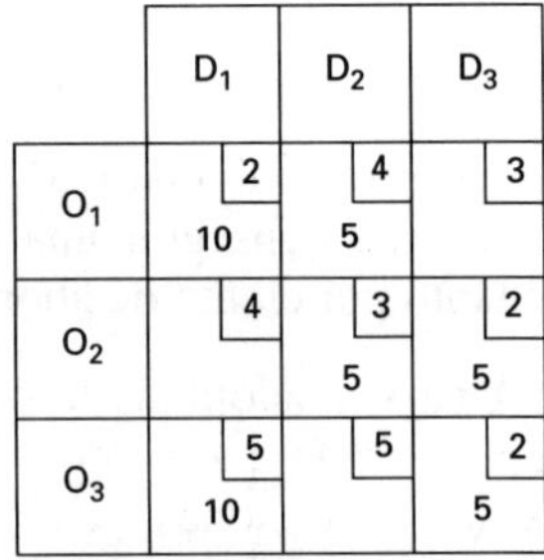

	D_1	D_2	D_3
O_1	2 (10)	4 (5)	3
O_2	4	3 (5)	2 (5)
O_3	5 (10)	5	2 (5)

Figura P14.2

Capítulo 4
Modelos de asignación y localización

1. DESCRIPCIÓN DEL PROBLEMA

La asignación de recursos trata de hacer corresponder de forma óptima unos «operarios» a «puestos de trabajo». Existen muchas razones por las que una determinada persona es más cara desarrollando una labor que otra. Unas veces es la inexperiencia, otras es la aptitud, otras, la actitud. Todo ello hace que podamos calcular la eficiencia de un operario y su rendimiento o productividad en función, a veces simplemente, del número de productos por unidad de tiempo. De esta forma también podemos establecer el coste de un operario en una máquina. Una vez que tenemos los costes correspondientes de todos los operarios disponibles para ocupar los puestos de trabajo, podemos ordenarlos mediante una matriz como la de la figura 1, donde C_{11} expresa el coste unitario de producir una pieza en la máquina uno por el operario uno.

MÁQUINAS / OPERARIOS	M1	M2	M3	...	Mn
01	C_{11}	C_{12}	C_{13}		C_{1n}
02	C_{21}	C_{22}	C_{23}		C_{2n}
03	C_{31}	C_{32}	C_{33}		C_{3n}
"					
O_n	C_{n1}	C_{n2}	C_{n3}		C_{nn}

Figura 1

Análogamente, C_{32} expresará el coste de producir una pieza por el operario tres en la máquina dos. Se trata de lograr la combinación óptima, más económica, entre operarios y máquinas. En principio, vamos a tratar con el problema más simple, que es el caso en el que dispongamos del mismo número de operarios que máquinas.

2. UN PROBLEMA TRIVIAL

Supongamos que queremos ocupar cinco puestos de trabajo y disponemos de cinco trabajadores cuyos costes de ocupación son los dados en la matriz siguiente (figura 2):

	M1	M2	M3	M4	M5
01	20	12	18	12	10
02	22	16	13	16	12
03	18	14	12	15	15
04	20	10	14	18	12
05	21	10	16	12	16
	(18)	(10)	(12)	(12)	(10)

Figura 2

Empezaremos a desarrollar el método de Konig, más conocido como método húngaro. Las fases de que se compone dicho método son las siguientes:

> **1.ª fase**
>
> Restar a cada elemento de cada columna de la matriz el menor coste de cada columna.

En la figura 2 y debajo de cada columna de máquinas se anota en un círculo el menor valor para cada columna. A todos los elementos de la columna M1 les restaremos 18, a todos de la columna M2 les restaremos 10, etc.

La operación se da en la matriz de la figura 3.

	M1	M2	M3	M4	M5	
01	2	2	6	0	0	(0)
02	4	6	1	4	2	(1)
03	0	4	0	3	5	(0)
04	2	0	2	6	2	(0)
05	3	0	4	0	6	(0)

Figura 3

2.ª fase

Restar a cada elemento de cada fila el menor elemento de coste de cada fila.

A la derecha en la figura 3 se ha anotado encerrado en un círculo el menor elemento de cada fila. Así, pues, a toda la fila 01 le restaremos cero, a toda la fila 02 le restaremos uno, etc.

La operación se detalla en la matriz de la figura 4.

	M1	M2	M3	M4	M5
01	2	2	6	0	0
02	3	5	0	3	1
03	0	4	0	3	5
04	2	0	2	6	2
05	3	0	4	0	6

Figura 4

Los ceros obtenidos en la matriz resultante indican el menor coste de asignación entre operario y máquina. Un cero en la casilla 03-M1 indica que esta asignación se hace a coste mínimo, pero tenemos otro en la casilla 03-M3. En principio podríamos elegir uno u otro. Sin embargo, debemos considerar el resto de los ceros para lograr la asignación óptima del conjunto. La regla simple que permite obtenerla se da en la siguiente fase.

3.ª fase. Búsqueda de la solución óptima:

a) Se toma la fila de menor número de ceros y se encuadra uno de ellos.

b) Se tachan los ceros restantes existentes en la fila y la columna que atraviesan la casilla del cero encuadrado. Si se prefiere, se puede tachar toda la fila y toda la columna.

c) Se elige la siguiente fila de menor número de ceros y se procede de igual forma sucesivamente hasta que se agote la matriz.

d) Si todas las asignaciones corresponden a ceros encuadrados, estamos en la solución óptima absoluta.

La tercera fase aplicada a la matriz de la figura 4 se detalla en la figura 5, donde el proceso es:

	M1	M2	M3	M4	M5
01	2	2	6	$\not{0}$	$\boxed{0}^{5}$
02	3	5	$\boxed{0}^{1}$	3	1
03	$\boxed{0}^{2}$	4	$\not{0}$	3	5
04	2	$\boxed{0}^{3}$	2	6	2
05	3	$\not{0}$	4	$\boxed{0}^{4}$	6

Figura 5

Elegimos la fila 02 como la de menor número de ceros (podríamos haber elegido primero la fila 04) y en ella encuadro el cero de 02-M3. Lo señalo con un 1 en la parte superior derecha de la casilla, indicando con ello que es el primer cero encuadrado de la matriz o, dicho de otra forma, la primera asignación operario-máquina considerada. Al encuadrar el cero de 02-M3 estamos asignando el operario 02 a la máquina M3 a coste mínimo.

02 → M3

Como admitimos que «un solo operario para cada máquina» y «cada máquina para un solo operario», ya no podemos considerar ningún cero que afecte a la fila 02 ni a la columna M3. Es decir, el operario 02 ya ha ido a M3 y no puede ir a otra máquina. Por eso tachamos los ceros, posibles asignaciones, correspondientes a 02 y a M3. Los tachamos en la matriz con una cruz. De las filas y columnas restantes, una vez eliminadas 02 y M3, la de menor número de ceros (sin contar los tachados) es la 03 y 04. Elegimos la fila 03 y encuadramos su cero, obteniendo la asignación 03-M1.

03 → M1

Nuevamente debemos tachar los ceros restantes en la fila 03 y columna M1.

Siguiendo con la metodología, las siguientes asignaciones elegidas han sido 04-M2, 05-M4 y 01-M5.

El total puede esquematizarse en la figura 6 siguiente.

Cuando todas las asignaciones corresponden a encuadres de ceros, estamos en la solución óptima de menor coste, como es este caso.

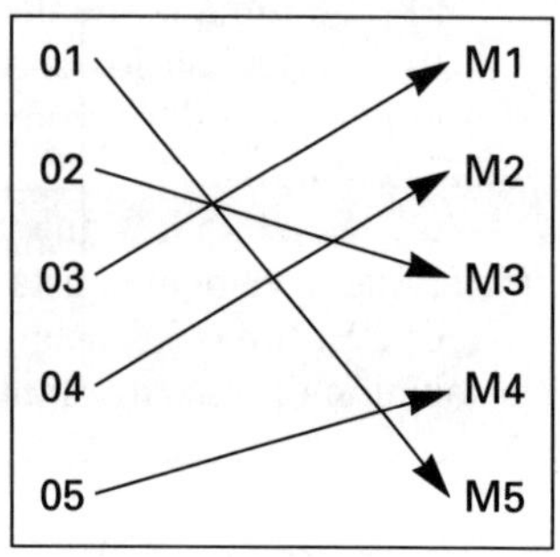

Figura 6

3. SOLUCIÓN CON RESTRICCIONES

Al imponer restricciones a un problema, puede ocurrir que se obtenga un óptimo relativo, pero no absoluto, como el obtenido anteriormente al encuadrar todo ceros. Partamos de la matriz de la figura 5 obtenida al haber aplicado ya la primera y segunda fase del método. Y supongamos que obligatoriamente el operario 03 debe ir a trabajar al puesto M3. Esta restricción nos obliga a encuadrar el cero de la casilla 03-M3 (figura 7).

	M1	M2	M3	M4	M5
01	2	2	6	~~0~~	[0] 4
02	[3] 5	5	~~0~~	3	1
03	~~0~~	4	[0] 1	3	5
04	2	[0] 2	2	6	2
05	3	~~0~~	4	[0] 3	6

Figura 7

Así, debemos tachar los ceros de la fila 03 y columna M3. Podemos seguir con el método eligiendo después los ceros encuadrados en la figura 7. Pero al final no tenemos más remedio que asignar 02 a M1 con un coste no nulo, encuadrando un tres. Desde luego, no estamos en la solución óptima absoluta, pero con la restricción impuesta es la óptima (de menor coste) relativa. Pero debemos tener cuidado en la elección de soluciones óptimas relativas. Veamos un ejemplo: Sea la matriz de costes de la figura 8:

	M1	M2	M3	M4	M5
01	10	10	8	8	6
02	6	7	7	5	5
03	4	3	4	10	8
04	6	6	4	8	8
05	4	9	9	5	5
	(4)	(3)	(4)	(5)	(5)

Figura 8

El resultado de la 1.ª y 2.ª fases se dan en la figura 9:

6	7	4	3	1	(1)
2	4	3	0	0	(0)
0	0	0	5	3	(0)
2	3	0	3	3	(0)
0	6	5	0	0	(0)

5	6	3	2	$\boxed{0}^{2}$
2	4	3	$\boxed{0}^{3}$	~~0~~
~~0~~	$\boxed{0}^{5}$	~~0~~	5	3
2	3	$\boxed{0}^{1}$	3	3
$\boxed{0}^{4}$	6	5	~~0~~	~~0~~

Figura 9

Una solución óptima absoluta es:

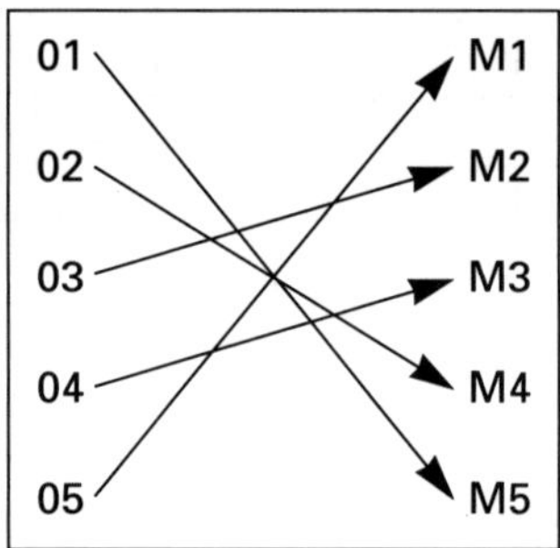

Supongamos la imposición del operario 02 a M5:

5	6	3	$\boxed{2}^{5}$	~~0~~
2	4	3	~~0~~	$\boxed{0}^{1}$
~~0~~	$\boxed{0}^{3}$	~~0~~	5	3
2	3	$\boxed{0}^{2}$	3	3
$\boxed{0}^{4}$	6	5	~~0~~	~~0~~

Encuadramos primero 02-M5 y tachamos 02-M4 y 01-M5 y 05-M5. Después elegimos encuadrar 04-M3 tachando 03-M3; a continuación encuadramos 03-M2 tachando 03-M1. Por último tenemos la opción de encuadrar 05-M1 ó 05-M4. ¿Cuál tomar?

Si encuadramos 05-M1, 01 deberá ir a M4, y si encuadramos 05-M4, 01 deberá ir a M1. Está claro que el coste de asignación es superior en 01-M1 que en 01-M4.

Luego el óptimo relativo estará en 05-M1 y 01-M4. Esta restricción también puede tratarse desde el principio, eliminando de la matriz la fila y columna correspondientes y optimizando sólo el resto.

4. VALOR DE LA FUNCIÓN ECÓNOMICA

Se entiende por función económica el coste total de asignación. Éste debe calcularse en la matriz original real de costes dados, siguiendo las asignaciones obtenidas al desarrollar las fases del método propuesto.

Los costes para la asignación de la figura 5 calculados en la figura 2 son:

$$C_{total} = C_{15} + C_{23} + C_{31} + C_{42} + C_{54} =$$
$$= (10) + (13) + (18) + (10) + (12) = 63 \text{ u. m.}$$

La función económica óptima relativa correspondiente a la asignación con restricciones de la figura 7 es:

$$C_t = C_{15} + C_{21} + C_{33} + C_{42} + C_{54} =$$
$$= (10) + (22) + (12) + (10) + (12) = 66 \text{ u. m.}$$

Análogamente, para el problema de la figura 8 se tiene para la función óptima absoluta y relativa:

$$C_{ta} = C_{15} + C_{24} + C_{32} + C_{43} + C_{51} =$$
$$= (6) + (5) + (3) + (4) + (4) = 22 \text{ u. m.}$$

$$C_{tr} = C_{14} + C_{25} + C_{32} + C_{43} + C_{51} =$$
$$= (8) + (5) + (3) + (4) + (4) = 24 \text{ u. m.}$$

5. ALTERNATIVAS DE ASIGNACIÓN

Entendemos por alternativas de asignación aquellas soluciones óptimas, absolutas o relativas, que proporcionan el mismo valor de la función económica.

La forma de obtenerlas se basa en el orden de elección de encuadres en la matriz a la que se ha llegado por la aplicación de las sucesivas fases del método húngaro. Desde luego, no siempre son posibles las alternativas; dependerán de la estructura de costes de asignación.

Sea la matriz de costes unitarios siguiente:

	M1	M2	M3	M4
01	4	7	5	2
02	5	4	5	8
03	4	7	6	8
04	4	4	5	8
	(4)	(4)	(5)	(2)

Se obtiene la matriz óptima siguiente:

0	3	0	0
1	0	0	6
0	3	1	6
0	0	0	6

Las alternativas óptimas absolutas son:

~~0~~	3	~~0~~	[0] [2]
1	~~0~~	[0] [3]	6
[0] [1]	3	1	6
~~0~~	[0] [4]	~~0~~	6

~~0~~	3	~~0~~	[0] [2]
1	[0] [3]	~~0~~	6
[0] [1]	3	1	6
~~0~~	~~0~~	[0] [4]	6

Cuyo coste total de asignación es:

$$\begin{aligned} C_{ta} &= C_{14} + C_{23} + C_{31} + C_{42} = \\ &= C_{14} + C_{22} + C_{31} + C_{43} = \\ &= (2) + (5) + (4) + (4) = \\ &= (2) + (4) + (4) + (5) = 15 \text{ u. m.} \end{aligned}$$

6. MÉTODO HÚNGARO

Hasta aquí, en los ejemplos que hemos visto, la aplicación de las tres fases del método de asignación descrito nos conducía a soluciones óptimas, donde era posible encontrar asignaciones con encuadres de todo ceros. Cuando esto no ocurra, deberemos aplicar otras fases, que constituyen el método húngaro propiamente dicho y que vamos a desarrollar a continuación.

Consideremos los siguientes costes unitarios de asignación entre operarios y puestos de trabajo:

	M1	M2	M3	M4	M5
01	6	4	∞	6	3
02	5	∞	5	∞	6
03	6	2	3	6	∞
04	5	4	6	∞	7
05	5	2	3	4	6
	(5)	(2)	(3)	(4)	(3)

Las sucesivas fases dan las matrices

1	2	∞	2	0	(0)
0	∞	2	∞	3	(0)
1	0	0	2	∞	(0)
0	2	3	∞	4	(0)
0	0	0	0	3	(0)

⊗					
1	2	∞	2	[0] 1	
[0] 2	∞	2	∞	3	⊗
1	[0] 3	~~0~~	2	∞	
~~0~~	2	[3]	∞	4	⊗
~~0~~	~~0~~	~~0~~	[0] 4	3	

Es de destacar el hecho de que algunas casillas tengan asignado un coste infinito. Significa nada más que la asignación entre operario y máquina correspondiente a esa casilla es imposible.

El encuadre de casillas, lo hagamos como lo hagamos, no nos da una solución óptima, y no precisamente porque se haya impuesto ninguna restricción. Sin embargo, es lógico que exista «siempre» una solución mínima, que deberemos buscar a partir de la siguiente fase:

4.ª fase

Se trata de conseguir un conjunto mínimo de filas y columnas que contengan todos los ceros. Puede hacerse por tanteo, pero vamos a sugerir un método ordenado de lograrlo:

a) Marcar con ⓧ todas las filas que no tengan un cero encuadrado.
b) En estas filas marcadas se buscan los ceros tachados y se marcan las columnas donde se encuentren.
c) En estas columnas marcadas se buscan los ceros encuadrados y se marcan las filas donde se encuentren.
d) Así sucesivamente hasta que no se puedan marcar más filas ni columnas.

En la última matriz anterior, marcamos la fila 04. En esta fila marcada encontramos un cero tachado en la columna M1: luego marcamos M1. En esta columna marcada encontramos un cero encuadrado en la fila 02: luego marcamos la fila 02 y en ésta ya no existe ningún cero tachado. Luego ya no podemos marcar más filas ni más columnas.

5.ª fase

a) Rayar toda fila no marcada, y
b) rayar toda columna marcada.

«Rayamos» las filas 01, 03 y 05 no marcadas y la columna M1 marcada.

⊗					
1	2	∞	2	0	
0	∞	2	∞	3	⊗
1	0	0	2	∞	
0	2	3	∞	4	⊗
0	0	0	0	3	

6.ª fase

De entre los elementos que no han sido rayados, se escoge el menor: m, y

a) Se resta a todo elemento no rayado.
b) Se suma a todo elemento doblemente rayado.
c) Los demás elementos se dejan como están.
d) Se vuelve a la 3.ª fase.

En nuestro caso, m = 2.

1+2	2	∞	2	0
0	∞ –2	2–2	∞ –2	3–2
1+2	0	0	2	∞
0	2–2	3–2	∞ –2	4–2
0+2	0	0	0	3

⟶

3	2	∞	2	[0] 1
~~0~~	∞	[0] 2	∞	1
3	[0] 3	~~0~~	2	∞
[0] 4	~~0~~	1	∞	2
2	~~0~~	~~0~~	[0] 5	3

Solución óptima absoluta:

01 ⟶ M5
02 ⟶ M3
03 ⟶ M2
04 ⟶ M1
05 ⟶ M4

Función económica:

$$C_{ta} = C_{15} + C_{23} + C_{32} + C_{41} + C_{54} =$$
$$= (3) + (5) + (2) + (5) + (4) = 19 \text{ u.m.}$$

Es destacable que si después de la 4.ª, 5.ª y 6.ª fases, la matriz resultante no fuera óptima, después de encuadrar se vuelve a aplicar las fases 4.ª, 5.ª y 6.ª cuantas veces fuera preciso hasta encontrar la óptima.

7. MAXIMIZACIÓN DE FUNCIONES

En el caso de que los elementos de la matriz representaran beneficio, rendimiento, productividad, eficiencia, etc… es decir, funciones maximizables, el método húngaro se aplica «exactamente» tal y como hemos visto, teniendo antes en cuenta que maximizar una función positiva es como minimizar el negativo de esa función. Es decir:

$$\text{máx } [f] = \text{mín } [-f]$$

Según esta identidad, en una matriz de beneficios o utilidades bastará con cambiar de signo a todos los elementos y después aplicar literalmente todo el proceso descrito. Veamos un ejemplo:

La matriz siguiente es una matriz de productividades:

40	35	30	25
38	33	22	24
36	31	21	23
34	29	20	22

Cambiamos de signo:

–40	–35	–30	–25
–38	–33	–22	–24
–36	–31	–21	–23
–34	–29	–20	–22
(–40)	(–35)	(–30)	(–25)

Ahora el menor elemento de cada columna es el más negativo. Para el primer elemento la 1.ª fase hace: – 40 – (– 40) = – 40 + 40 = 0. Para el último, – 22 – (–25) = – 22 + 25 = 3.

0	0	0	0	(0)
2	2	8	1	(1)
4	4	9	2	(2)
6	6	10	3	(3)

			⊗	
[0]¹	~~0~~	~~0~~	~~0~~	
1	1	7	~~0~~	⊗
2	2	7	[0]²	⊗
3	3	7	~~0~~	⊗

Marcamos las filas 02 y 04 y, dado que en éstas existe un cero tachado en la columna M4, marcamos ésta. En M4 existe un cero encuadrado en la fila 03: la marcamos también. En ésta ya no hay ceros tachados. Hemos acabado de marcar.

Rayamos las filas no marcadas y la columna marcada. Y m = 1:

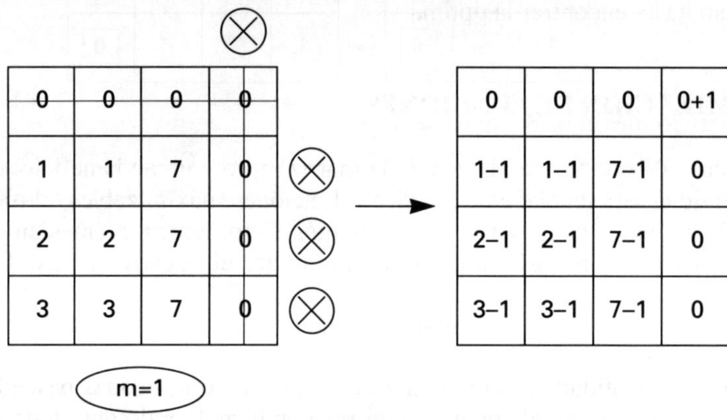

Volvemos a encuadrar nuevamente todo el anterior proceso, ya que no sale la solución óptima.

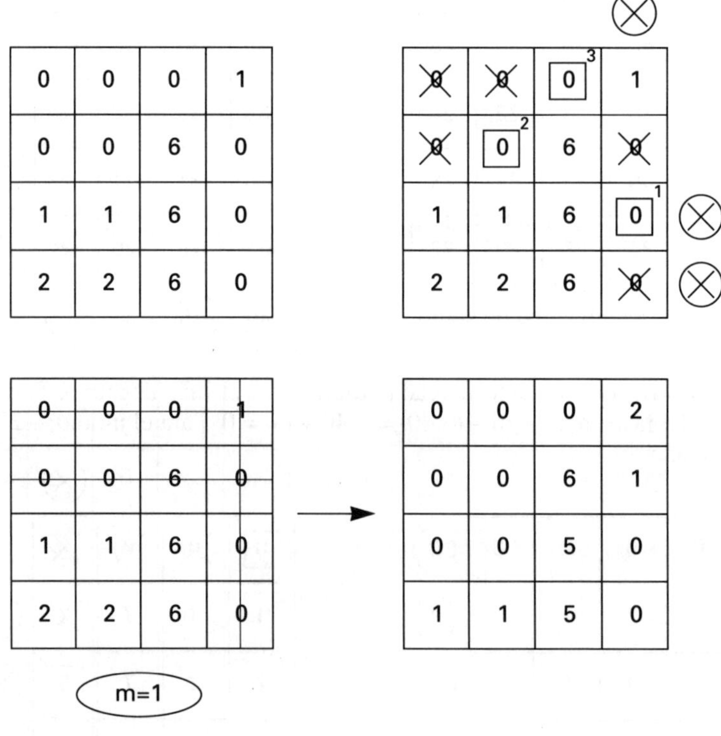

De aquí salen dos alternativas:

0	0	[0]	2
0	[0]	6	1
[0]	0	5	0
1	1	5	[0]

0	0	[0]	2
[0]	0	6	1
0	[0]	5	0
1	1	5	[0]

El beneficio máximo, B.° máx, será:

$$B^{\circ}_{máx} = C_{13} + C_{22} + C_{31} + C_{44} = C_{13} + C_{21} + C_{32} + C_{44} =$$
$$= (30) + (33) + (36) + (22) = (30) + (38) + (31) + (22) = 121 \text{ u.m.}$$

8. VARIABLES FICTICIAS

La aplicación del método de asignación de recursos requiere que la matriz de cálculo sea cuadrada. Cuando tenemos más operarios que puestos de trabajo o viceversa, la matriz no es cuadrada. Entonces añadimos las filas o columnas que sean necesarias para cuadrarla, asignando un coste cero a los elementos de esta fila o columna ficticia añadida. Por ejemplo, en la matriz de productividades siguiente, ¿de cuántas formas podemos colocar tres operarios en cinco máquinas para que el beneficio sea máximo?

	M1	M2	M3	M4	M5
01	7	6	5	3	1
02	10	8	6	4	2
03	8	7	4	2	1

Para empezar, debemos añadir dos filas ficticias. Por ser un problema de maximizar, cambiaremos de signo a todos los elementos y a continuación aplicaremos exactamente el método húngaro.

7	6	5	3	1
10	8	6	4	2
8	7	4	2	1
0	0	0	0	0
0	0	0	0	0

⟶

–7	–6	–5	–3	–1
–10	–8	–6	–4	–2
–8	–7	–4	–2	–1
0	0	0	0	0
0	0	0	0	0
(–10)	(–8)	(–6)	(–4)	(–2)

3	2	1	1	1	(1)
0	0	0	0	0	(0)
2	1	2	2	1	(1)
10	8	6	4	2	(2)
10	8	6	4	2	(2)

→

				⊗	
2	1	[0]	~~0~~	~~0~~	
[0]	~~0~~	~~0~~	~~0~~	~~0~~	
1	[0]	1	1	~~0~~	
8	6	4	[2]	~~0~~	⊗
8	6	4	2	[0]	⊗

				⊗	
2	1	0	0	0	
0	0	0	0	0	
1	0	1	1	0	
8	6	4	2	0	⊗
8	6	4	2	0	⊗

m=2

2	1	[0]	0	2
[0]	0	0	0	2
1	[0]	1	1	2
6	4	2	[0]	0
6	4	2	0	[0]

Estamos en la solución óptima. Dado que las filas 04 y 05 son ficticias, podemos eliminarlas:

2	1	[0]	0	2
[0]	0	0	0	2
1	[0]	1	1	2

$$B^{\circ}_{\text{máx}} = B_{13} + B_{21} + B_{32} = (5) + (10) + (7) = 22$$

La asignación es la siguiente:

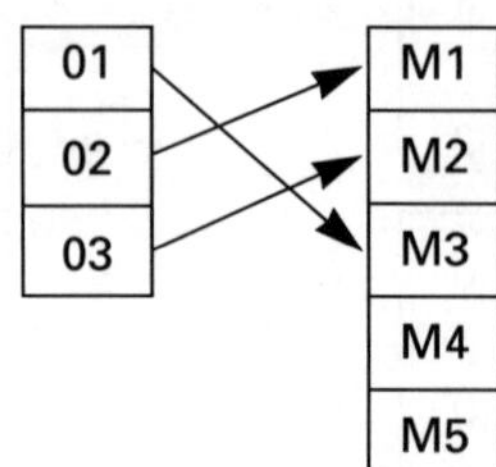

Los puestos M4 y M5 se quedan sin operario y, desde luego, estamos suponiendo que pueden hacerlo. Quizá el problema fuera más lógico planteado al revés, es decir, tres puestos de trabajo para los que debo elegir los tres operarios mejores entre cinco. El problema es idéntico con esta forma:

	M1	M2	M3
01			
02			
03			
04			
05			

en donde añadiríamos dos columnas ficticias.

9. CASO PRÁCTICO RESUELTO

Queremos resaltar aquí un problema con el que nos podemos encontrar si el encuadre de ceros en una matriz no es el adecuado. Sea la matriz:

7	7	6	5
9	8	6	4
10	10	9	2

Para minimizar, añadimos primero una fila ficticia y aplicamos el método húngaro:

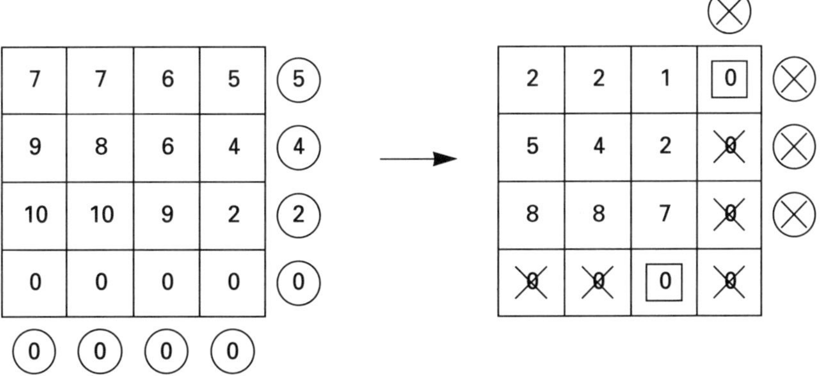

2	2	1	0
5	4	2	0
8	8	7	0
0	0	0	0

m=1

→

1	1	0	0
4	3	1	0
7	7	6	0
0	0	0	1

Supongamos que en esta matriz encuadramos de la siguiente forma:

⊗	⊗	⊗	⊗	
1	1	~~0~~	[0]	⊗
4	3	1	~~0~~	⊗
7	7	6	~~0~~	⊗
~~0~~	~~0~~	[0]	1	⊗

Desde luego, no hemos respetado la regla de empezar por la fila de menor número de ceros. Entonces, a la hora de marcar sucede que:

— marco filas 02 y 03 por no tener ceros encuadrados,

— en éstas hay ceros tachados en M4, que marco,

— en M4 hay cero encuadrado en 01, que marco,

— en 01 hay cero tachado en M3, que marco,

— en M3 hay cero encuadrado en 04, que marco,

— en 04 hay dos ceros tachados en M1 y M2, y marco ambas.

El resultado es que, a la hora de rayar filas y columnas y buscar un menor elemento, resultan rayados todos, con lo que no puedo seguir el método. Aparentemente, se pensaría en ausencia de solución óptima, pero esto no es así. El fallo ha sido encuadrar en la matriz un menor número de ceros del que podríamos haber encuadrado.

Volvamos al principio y elijamos ceros de esta otra manera:

			⊗	
1	1	[0]	~~0~~	
4	3	1	~~0~~	⊗
7	7	6	[0]	⊗
~~0~~	[0]	~~0~~	1	

Ahora he encuadrado tres ceros, en vez de los dos de antes.

Al marcar nos queda:

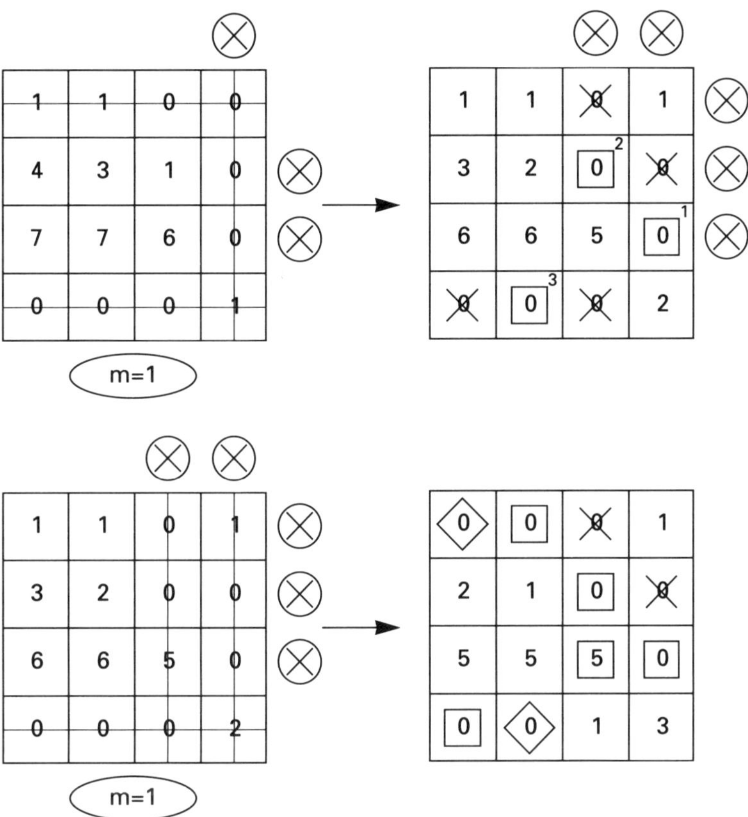

Al eliminar la fila ficticia, las dos alternativas óptimas y su coste son:

$$C_t = C_{12} + C_{23} + C_{34} =$$
$$= C_{11} + C_{23} + C_{34} =$$
$$= (7) + (6) + (2) = 15$$

10. LA ASIGNACIÓN COMO UN PROBLEMA DE TRANSPORTE

En el capítulo «Modelos de transporte» se desarrolla el método de aproximación de Vogel (MAV), como un intento de obtener una solución óptima de la función económica de transporte. Los problemas de asignación de recursos pueden considerarse como problemas de transporte donde los operarios serán los orígenes de oferta y las máquinas o puestos de trabajo serán los centros de demanda definidos en aquel modelo. La única variante respecto de los modelos de transporte para MAV es considerar las ofertas de cada origen y las demandas de cada centro de consumo igual a uno.

Para comprender el desarrollo que vamos a exponer a continuación, es preciso haberse familiarizado antes con el modelo de transporte MAV citado.

Sean cuatro operarios, con costes de asignación a cuatro puestos dados en la matriz siguiente:

	M1	M2	M3	M4
01	20	18	16	14
02	19	16	13	10
03	18	14	10	6
04	17	12	7	2

La resolución del problema de asignación por MAV se esquematiza en el gráfico siguiente:

	M1	M2	M3	M4		△		
01	20 / 1	18	16	14	1	2	2	2
02	19	16 / 1	13	10	1	3	3	(3)
03	18	14	10 / 1	6	1	4	(4)	X
04	17	12	7	2 / 1	1	(5)	X	X
	1	1	1	1	4			
△	1	2	3	4				
	1	2	3	X				
	1	2	X	X				

01 ⟶ M1
02 ⟶ M2
03 ⟶ M3
04 ⟶ M4

Se comprobaría con MODI o *stepping-stone* (ver modelos de transporte) que esta solución es óptima, de coste total:

$$C_t = C_{11} + C_{22} + C_{33} + C_{44} = (20) + (16) + (10) + (2) = 48$$

11. CASO PRÁCTICO RESUELTO

Dada la matriz de elementos que aparece a la derecha, vamos a apuntar todas las matrices resultantes por la aplicación del método húngaro en los casos en que los elementos sean costes y sean beneficios, con lo que, al optimizar la función económica, primero minimizaremos y después maximizaremos.

20	18	16	14
19	16	13	10
18	14	10	6
17	12	7	2

MINIMIZACIÓN DE LA MATRIZ

20	18	16	14
19	16	13	10
18	14	10	6
17	12	7	2
(17)	(12)	(7)	(2)

3	6	9	12	(3)
2	4	6	8	(2)
1	2	3	4	(1)
0	0	0	0	(0)

(⊗)				
[0]	3	6	9	(⊗)
~~0~~	2	4	6	(⊗)
~~0~~	1	2	3	(⊗)
~~0~~	[0]	~~0~~	~~0~~	

m=1

MAXIMIZACIÓN DE LA MATRIZ

–20	–18	–16	–14
–19	–16	–13	–10
–18	–14	–10	–6
–17	–12	–7	–2
(–20)	(–18)	(–16)	(–14)

0	0	0	0	(0)
1	2	3	4	(1)
2	4	6	8	(2)
3	6	9	12	(3)

(⊗)				
~~0~~	[0]	~~0~~	~~0~~	
[0]	1	2	3	(⊗)
~~0~~	2	4	6	(⊗)
~~0~~	3	6	9	(⊗)

m=1

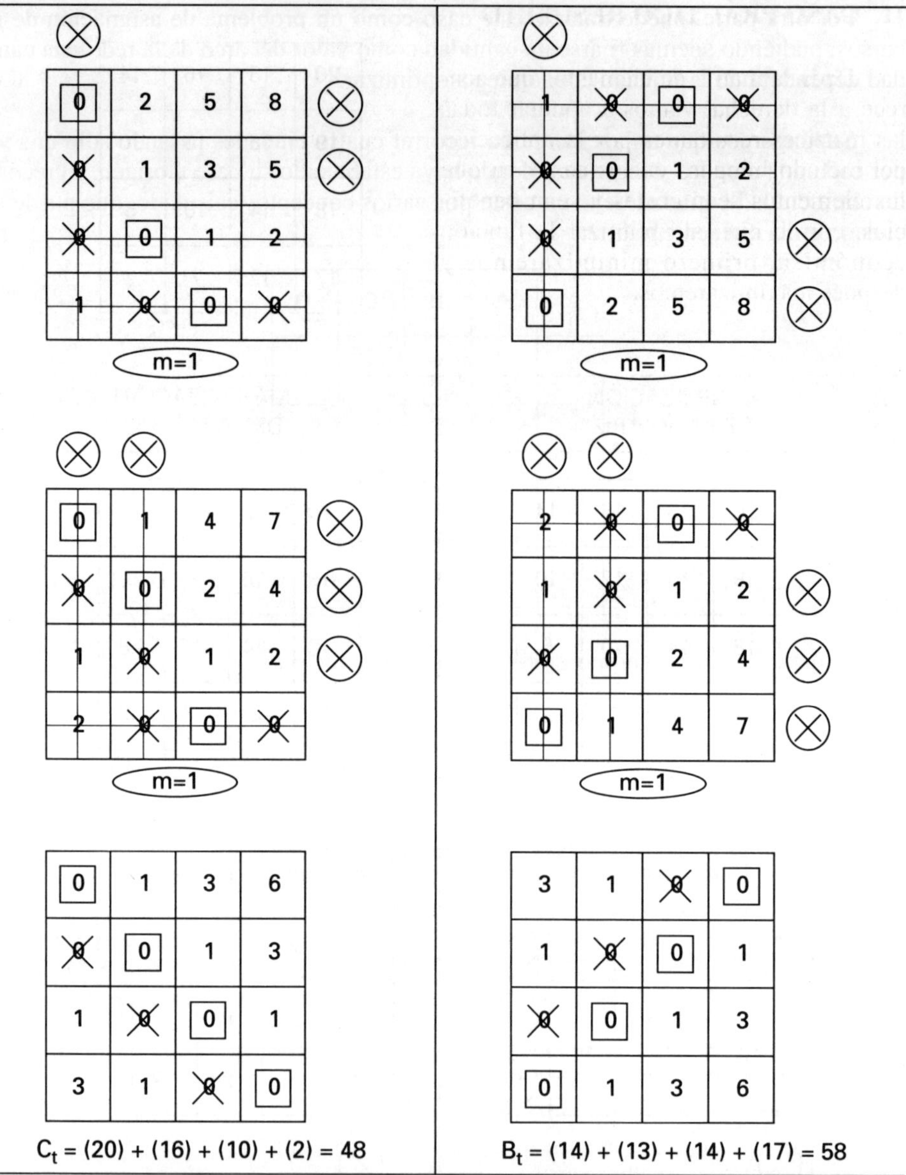

12. EL PROBLEMA DEL AGENTE VIAJERO

12.1. Primera aproximación

Se considera el caso de que un determinado agente parte de un sitio y debe volver a él después de haber pasado por otros una, y sólo una, vez por cada uno. Esta situación nos recuerda a los circuitos hamiltonianos del capítulo «Modelos de distribución».

Ahí tenemos un modelo que puede orientarnos en la resolución de este problema.

Por otra parte, puede tratarse este caso como un problema de asignación de recursos, pudiendo además fijarse un cantidad como valor del arco de la red. Esta cantidad dependerá de la función económica a optimizar.

Supongamos que un agente desea recorrer cuatro ciudades pasando sólo una vez por cada una de ellas y regresar a donde haya establecido su base u origen. El recorrido entre ciudad y ciudad tiene un coste por varios conceptos calculado, que puede ser el dado en la siguiente matriz:

	A	B	C	D
A	7	6	4	7
B	6	5	4	7
C	8	6	9	3
D	2	6	5	4

El método húngaro proporciona la siguiente solución:

	A	B	C	D
A	5	1	[0]	4
B	4	[0]	0	4
C	6	1	5	[0]
D	[0]	1	1	1

La interpretación del encuadre de ceros es así:

Si el agente tiene su base en A:

— Parte de A y, por el camino de coste mínimo, va hasta C (casilla AC).

— Desde C puede ir a coste mínimo hasta D (casilla (CD) con cero encuadrado).

— Desde D puede ir a A.

— Desde A, a coste mínimo, debiera regresar a C, sin completar su itinerario.

La secuencia es:

$$A \longrightarrow C \longrightarrow D \longrightarrow A$$

Podríamos marcar una solución óptima relativa, al imponer la restricción de cerrar la secuencia pasando por todas las ciudades. En este caso, el encuadre de costes en la matriz podrá ser:

	A	B	C	D
A	5	[1]	0	4
B	4	0	[0]	4
C	6	1	5	[0]
D	[0]	1	1	1

Y la secuencia, con base en A:

$$A \longrightarrow B \longrightarrow C \longrightarrow D \longrightarrow A$$

El coste de este itinerario es:

$$\begin{aligned} C_t &= C_{AB} + C_{BC} + C_{CD} + C_{DA} = \\ &= (6) + (4) + (3) + (2) = 15 \text{ u.m.} \end{aligned}$$

El coste de la solución óptima absoluta (con encuadre de ceros) es:

$$\begin{aligned} C_{to} &= C_{AC} + C_{BB} + C_{CD} + C_{DA} = \\ &= (4) + (5) + (3) + (2) = 14 \text{ u.m.} \end{aligned}$$

Nuestro óptimo relativo no se aparta demasiado del óptimo absoluto, sólo en un 7% aproximadamente.

Hemos de notar que, como ejemplo teórico, hemos considerado que permanecer en una ciudad sin desplazarse tiene un coste. Por ejemplo, permanecer en A tiene un coste 5.

En determinadas situaciones esto puede tener una interpretación real, aunque el modelo más lógico serían matrices con diagonales imposibles, como veremos más adelante.

Ya vemos cómo una asignación óptima factible de encuadre cero puede no ser una asignación factible para el agente viajero, al no poder establecer un circuito óptimo absoluto.

12.2. Algoritmo de bifurcación

Sea la matriz siguiente:

	A	B	C	D
A	∞	3	2	1
B	3	∞	5	∞
C	2	5	∞	4
D	1	∞	4	∞

Quizá el caso más real es que las matrices del agente viajero sean simétricas y de diagonal imposible.

Por el método húngaro:

	A	B	C	D
A	∞	0	0	0
B	2	∞	3	∞
C	1	2	∞	3
D	0	∞	2	∞

⟶

	A	B	C	D
A	∞	0	0	[0]
B	0	∞	[1]	∞
C	0	[1]	∞	2
D	[0]	∞	2	∞

La secuencia factible de asignación queda cortada en D.

A ⟶ D ⟶ A

luego no es factible para el agente viajero.

El algoritmo de bifurcación consiste en la mecánica siguiente:

> Obtener una primera matriz a partir de la original donde se sustituya el elemento en que se produjo el corte de la secuencia por un infinito. Aplicar el método húngaro.

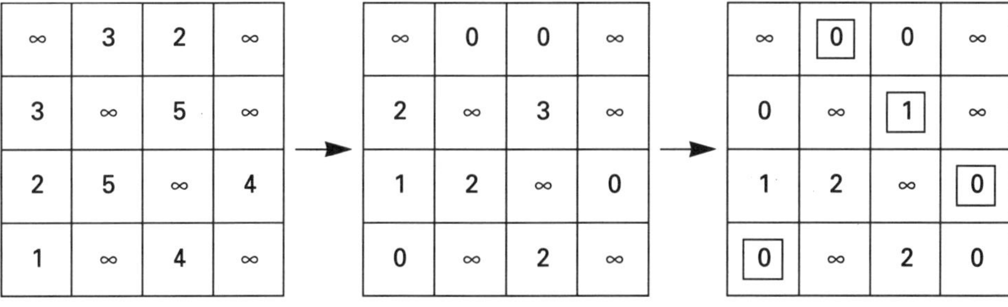

∞	3	2	∞
3	∞	5	∞
2	5	∞	4
1	∞	4	∞

⟶

∞	0	0	∞
2	∞	3	∞
1	2	∞	0
0	∞	2	∞

⟶

∞	[0]	0	∞
0	∞	[1]	∞
1	2	∞	[0]
[0]	∞	2	0

Se obtiene la secuencia A ⟶ B ⟶ C ⟶ D ⟶ A, de coste

$$C_t = (3) + (5) + (4) + (1) = 13$$

> Obtener una segunda matriz a partir de la original donde:
> — Se sustituye el elemento transpuesto al elemento que produjo el corte por infinito.
> — Se pone infinito en todos los elementos de la fila y columna correspondientes al elemento de corte, menos en él.
> — Aplicar el método húngaro.

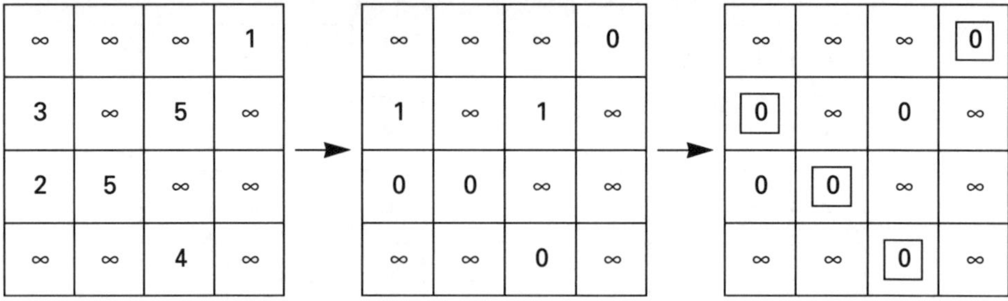

∞	∞	∞	1
3	∞	5	∞
2	5	∞	∞
∞	∞	4	∞

⟶

∞	∞	∞	0
1	∞	1	∞
0	0	∞	∞
∞	∞	0	∞

⟶

∞	∞	∞	[0]
[0]	∞	0	∞
0	[0]	∞	∞
∞	∞	[0]	∞

La secuencia obtenida es A ⟶ D ⟶ C ⟶ B ⟶ A, de coste total:

$$C_t = (1) + (3) + (5) + (4) = 13$$

Si la matriz de costes es simétrica, una secuencia óptima puede recorrerse en sentido inverso.

12.3. Algoritmo «cercano al óptimo»

Se trata de un algoritmo heurístico que trata de acercarnos a la solución óptima del problema del agente viajero. Sin embargo, hemos de decir que es probable que la solución que nos proporcione pueda estar muy lejos de ser la óptima. Sólo en determinadas condiciones podemos intuir que la solución será aceptablemente buena, y sólo podremos intuirlo a base de mucha práctica. La descripción de su metodología se apunta a continuación:

> — Redondear el menor elemento de una matriz de costes.
> — Poner infinito en todos los elementos de la fila y columna correspondientes al elemento anteriormente seleccionado, y poner infinito a su transpuesto.
> — De los elementos restantes se redondea nuevamente el menor, comprobando si la secuencia parcial obtenida es factible, siguiendo con la mecánica descrita hasta completar el itinerario total.
> — Si la secuencia no es factible, se sustituye el elemento redondeado por infinito, y se trata de redondear otro.

Veamos el ejemplo anterior por este método:

	A	B	C	D
A	∞	3	2	(1)
B	3	∞	5	∞
C	2	5	∞	4
D	1	∞	4	∞

El menor elemento está en la casilla AD. Se obtiene la secuencia parcial A → D o D → A. Ponemos ∞ en el transpuesto y en la fila A y columna D.

	A	B	C	D
A	∞	∞	∞	(1)
B	3	∞	5	∞
C	(2)	5	∞	∞
D	∞	∞	4	∞

El menor elemento ahora es CA, con la secuencia C → A que puede encajar con la anterior, según

$$C \longrightarrow A \longrightarrow D$$

Ponemos ∞ en el transpuesto y en la fila C y columna A:

∞	∞	∞	(1)
∞	∞	5	∞
(2)	∞	∞	∞
∞	∞	(4)	∞

Ahora el menor es el DC, que proporciona la secuencia parcial DC, que cierra el circuito sin haber pasado por la ciudad B.

Luego no sirve. Lo sustituimos por ∞, resultando:

∞	∞	∞	(1)
∞	∞	(5)	∞
(2)	∞	∞	∞
∞	∞	∞	∞

El único elemento restante es el BC, que da la secuencia B → C o C → B. Junto con las anteriores proporciona el camino:

B ⟶ C ⟶ A ⟶ D

Por último, no tendríamos más remedio que redondear el elemento D → B, pero con un coste prohibitivamente alto, para obtener:

B ⟶ C ⟶ A ⟶ D ⟶ B

Vemos que esta solución se aparta considerablemente del óptimo obtenido anteriormente por el método húngaro y el algoritmo de bifurcación Por tanto, no insistiremos en este tema.

12.4. Secuencias óptimas

Supongamos que en un determinado puesto funcional existe una célula de fabricación flexible, es decir, donde pueden realizarse diversas operaciones mediante una máquina herramienta o mediante un manipulador. Si para una jornada de trabajo se programan cuatro actividades distintas para cuatro herramientas distintas, se desearía saber el orden secuencial de estas actividades para un aprovechamiento máximo del tiempo de operación, dado que entre cambio de actividad y actividad existe un tiempo de ajuste y preparación de máquinas. Estos tiempos de operación se han calculado y se presentan en la tabla siguiente:

	01	02	03	04
01	∞	6	4	7
02	7	∞	6	4
03	9	6	∞	7
04	6	6	6	∞
	(5)	(6)	(4)	(4)

Por el método húngaro obtenemos:

	01	02	03	04
01	∞	0	[0]	3
02	2	∞	2	[0]
03	4	[0]	∞	3
04	[1]	0	2	∞

Secuencia:

01 ⟶ 03 ⟶ 02 ⟶ 04

Éste es el orden de operaciones para un coste:

$$C_t = (4) + (4) + (6) + (6) = 20$$

Y puede empezarse por la actividad que se desee según las secuencias:

02 ⟶ 04 ⟶ 01 ⟶ 03
03 ⟶ 02 ⟶ 04 ⟶ 01
04 ⟶ 01 ⟶ 03 ⟶ 02

siempre y cuando no exista otra restricción.

13. LA LOCALIZACIÓN COMO UN PROBLEMA DE ASIGNACIÓN

Disponemos de varios emplazamientos posibles y deseamos asignar en cada uno de ellos varias instalaciones. Formaremos la matriz de costes de asignación mediante el cálculo del importe de asignación de una cierta instalación (almacén) a un determinado emplazamiento. La resolución del problema es idéntica a la tratada hasta ahora en los apartados anteriores. El planteamiento y la solución de un ejemplo se dan en las figuras siguientes:

	E1	E2	E3	E4	E5	E6
A1	3	5	4	10	7	6
A2	8	6	10	8	5	4
A3	3	2	4	4	9	3
A4	4	5	3	6	8	5
A5	7	4	5	6	4	7
A6	6	3	7	10	9	3

0	3	1	6	3	3
5	4	7	4	1	1
0	0	1	0	5	0
1	3	0	2	4	2
4	2	2	2	0	4
3	1	4	6	5	0

0	3	1	6	3	3
4	3	6	3	0	0
0	0	1	0	5	0
1	3	0	2	4	2
4	2	2	2	0	4
3	1	4	6	5	0

m=1

0	3	1	6	4	4
3	2	5	2	0	0
0	0	1	0	6	1
1	3	0	2	5	3
3	1	1	1	0	4
2	0	3	5	5	0

	LOCALIZACION DE ALMACENES					
ENCLAVES	E1	E2	E3	E4	E5	E6
ALMACENES	A1	A6	A4	A3	A5	A2

14. LA LOCALIZACIÓN POR LA MEDIANA. UN PROBLEMA UNIDIMENSIONAL

El método de localización mediante el concepto de la mediana es de fácil aplicación para el caso en que se trate de un espacio unidimensional.

Recordemos que, por definición estadística, la mediana se encontrará en aquel lugar que tiene la propiedad de dejar el mismo número de elementos a su derecha que a su izquierda. Imaginemos que a lo largo de una línea férrea debe realizarse la distribución de unas ciertas unidades de un determinado producto. El problema se plantea al decidir dónde se ubicará el centro de producción o el almacén central de donde partirán todas las unidades. Pues bien, la ubicación ideal para dicho centro estará en el punto que deje igual número de unidades demandadas a su derecha que a su izquierda, independientemente de la distancia que separa una ciudad de otra. De esta forma se garantiza la minimización de los costes de transporte para el producto.

Ejemplo 1

Ciudades: A, B, C, D, E, F, G.

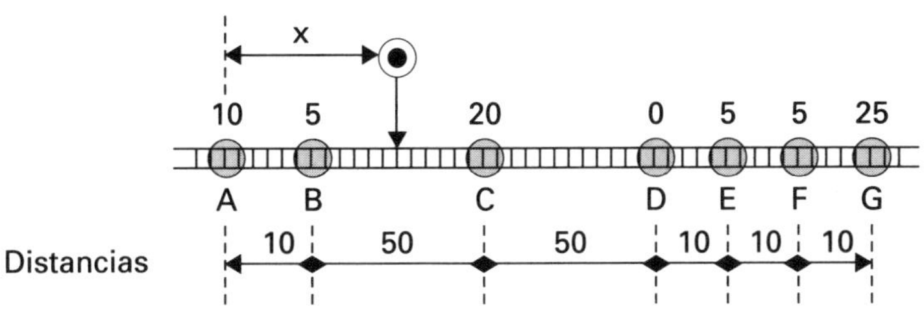

Demandas:

$D_A = 10$
$D_B = 5$
$D_C = 20$
$D_D = 0$
$D_E = 5$
$D_F = 5$
$D_G = 25$

El coste de transporte es proporcional a la unidad de distancia recorrida. Así pues, el coste de transporte a minimizar será, en función de la incógnita X supuesto el punto 0 una ubicación teórica y tomando como origen arbitrario de distancias a la ciudad A:

$$C_t = \Sigma \begin{pmatrix} \text{unidades a transportar} \\ \text{a cada ciudad} \end{pmatrix} \times (\text{distancia desde 0})$$

$$C_t = 10x + 5\,(x - 10) + 20\,(60 - x) + 0 \cdot (110 - x) + 5\,(120 - x) + 5\,(130 - x) + 25\,(140 - x)$$

pero esta función lineal en X de la forma $C_t = ax + b$ no puede minimizarse derivando respecto a la variable X.

Sin embargo, según el criterio de la mediana, la localización del centro productor o distribuidor se hallará en la ciudad D, que deja 35 unidades a su derecha y a su izquierda, y aunque ésta no demande ninguna unidad.

Podemos comprobarlo calculando todos los costes de transporte para todas las ubicaciones posibles.

Ubicación en A:

$$C_{TA} = (10 \cdot 0) + (5 \cdot 10) + (20 \cdot 60) + (0 \cdot 110) + (5 \cdot 120) + (5 \cdot 130) + (25 \cdot 140) =$$
$$= 0 + 50 + 1200 + 600 + 650 + 3500 = 6.000$$

Ubicación en B:

$$C_{TB} = (10 \cdot 10) + (5 \cdot 0) + (20 \cdot 50) + (0 \cdot 100) + (5 \cdot 110) + (5 \cdot 120) + (25 \cdot 130) = \\ = 100 + 0 + 1000 + 550 + 600 + 3250 = 5.500$$

Ubicación en C:

$$C_{TC} = (10 \cdot 60) + (5 \cdot 50) + (20 \cdot 0) + (5 \cdot 60) + (5 \cdot 70) + (25 \cdot 80) = \\ = 600 + 250 + 0 + 300 + 350 + 2000 = 3.500$$

Ubicación en D:

$$C_{TD} = (10 \cdot 110) + (5 \cdot 100) + (20 \cdot 50) + (5 \cdot 10) + (5 \cdot 20) + (25 \cdot 30) = 3500$$

Ubicación en E:

$$C_{TE} = (10 \cdot 120) + (5 \cdot 110) + (20 \cdot 60) + (5 \cdot 10) + (25 \cdot 20) = 3.500$$

Ubicación en F:

$$C_{TF} = (10 \cdot 130) + (5 \cdot 120) + (20 \cdot 70) + (5 \cdot 10) + (25 \cdot 10) = 3.600$$

Ubicación en G:

$$C_{TG} = (10 \cdot 140) + (5 \cdot 130) + (20 \cdot 80) + (5 \cdot 20) + (5 \cdot 10) = 3.800$$

Observamos que el coste mínimo se da para las ciudades C, D y E. El criterio de la mediana nos ubicaba en D, pero esto no está en desacuerdo con los resultados anteriores, ya que la ciudad D no demanda unidades y el problema pasa a poder plantearse eliminando dicha ciudad, al menos matemáticamente.

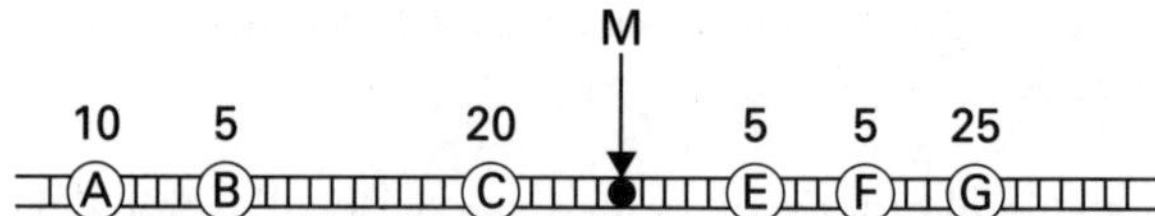

Planteando el problema de esta forma, el criterio de la mediana para una distribución par de ciudades ubica el centro en el punto medio, que es como elegir arbitrariamente entre C y E.

No obstante, aunque matemáticamente podamos eliminar las ciudades de demanda nula para nuestros cálculos preliminares, no debemos obviar totalmente su existencia, ya que puede interesar más, por otros factores cualitativos, la localización en ellas. Por ejemplo, por sus ventajas fiscales, mano de obra, precio de terreno, economías externas, etc.

Ejemplo 2

Ubicar de forma óptima un centro productor en el siguiente trazado de la figura, donde se detallan las distancias entre las distintas ciudades y sus respectivas demandas.

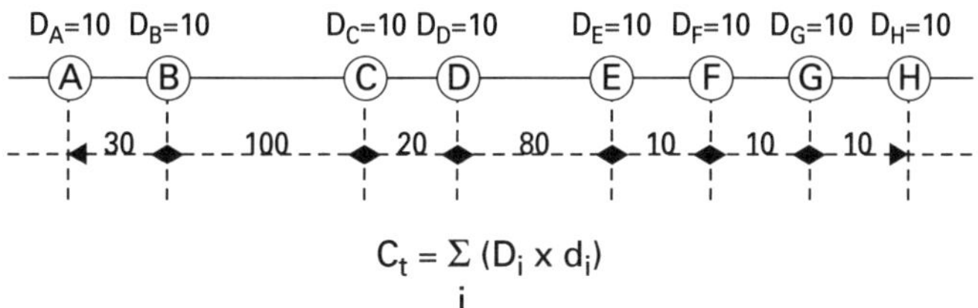

$$C_t = \sum_i (D_i \times d_i)$$

donde D_i = demanda de la ciudad i,
d_i = distancia entre la ciudad i y el centro de producción

Supongamos de nuevo todas las posibilidades de localización del centro productor:

Ubicación en A:

$$C_{t_A} = (10 \cdot 0) + (10 \cdot 30) + (10 \cdot 130) + (10 \cdot 150) + (10 \cdot 230) + (10 \cdot 240) + (10 \cdot 250) + (10 \cdot 260) = 10\,(0 + 30 + 130 + 150 + 230 + 240 + 250 + 260) = 12.900$$

Ubicación en B:

En este problema vemos que la demanda es igual para todas las ciudades, es decir, que

$$D_i = 10 = \text{cte.}$$

Por tanto, podemos simplificar la expresión de los costes de transporte

$$C_T = D_i \cdot \sum_i di = 10 \cdot \sum_i d_i$$

$$C_{t_B} = 10\,[30 + 0 + 100 + 120 + 200 + 210 + 220 + 230] = 11.100$$

Ubicación en C:

$$C_{t_C} = 10\,[130 + 100 + 0 + 20 + 100 + 110 + 120 + 130] = 7.100$$

Ubicación en D:

$$C_{t_D} = 10\,[150 + 120 + 20 + 0 + 80 + 90 + 100 + 110] = 6.700$$

Ubicación en E:

$$C_{t_E} = 10\,[230 + 200 + 100 + 80 + 0 + 10 + 20 + 30] = 6.700$$

Ubicación en F:

$$C_{t_F} = 10\,[240 + 210 + 110 + 90 + 10 + 0 + 10 + 20] = 6.900$$

Ubicación en G:

$$C_{t_G} = 10\,[250 + 220 + 120 + 100 + 20 + 10 + 0 + 10] = 7.300$$

Ubicación en H:

$$C_{t_H} = 10\,[260 + 230 + 130 + 110 + 30 + 20 + 10 + 0] = 7.900$$

Por el criterio de mediana hubiéramos deducido que el punto medio entre las ciudades D y E hubiera sido el idóneo para la ubicación del centro productor, ya que este punto tiene la propiedad de considerar 40 ciudades de demanda a su derecha y a su izquierda. También se ha dicho que en el caso de centro de demanda par, puede elegirse entre las ciudades adyacentes a dicho punto medio. En nuestro ejemplo, D o E.

Ejemplo 3

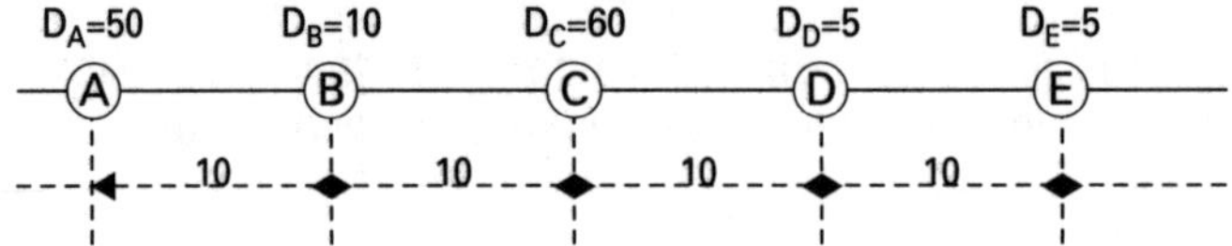

En este caso, la distancia entre ciudades es la misma. Pero se debe recordar que d_i define la distancia entre el centro productor y cada ciudad de demanda, lo que hace que no podamos considerar $d_i = 10$ = cte. en la fórmula general del coste total del transporte.

Ubicación en A:

$$C_{t_A} = (50 \times 0) + (10 \times 10) + (60 \times 20) + (5 \times 30) + (5 \times 40) = 1.650$$

Ubicación en B:

$$C_{t_B} = (50 \times 10) + (10 \times 0) + (60 \times 10) + (5 \times 20) + (5 \times 30) = 1.350$$

Ubicación en C:

$$C_{t_C} = (50 \times 20) + (10 \times 10) + (60 \times 0) + (5 \times 10) + (5 \times 20) = 1.250$$

Ubicación en D:

$$C_{t_D} = (50 \times 30) + (10 \times 20) + (60 \times 10) + (5 \times 0) + (5 \times 10) = 2.350$$

Ubicación en E:

$$C_{t_E} = (50 \times 40) + (10 \times 30) + (60 \times 20) + (5 \times 10) + (5 \times 0) = 3.550$$

Ubicación óptima: en la ciudad C.

Aunque puede observarse que, según el criterio de la mediana, nos daría un punto intermedio entre las ciudades B y C. Decidiríamos sobre C, ya que la mayor demanda se encuentra a la derecha de dicho punto intermedio, como hemos comprobado al desarrollar todos los costes de transporte posibles.

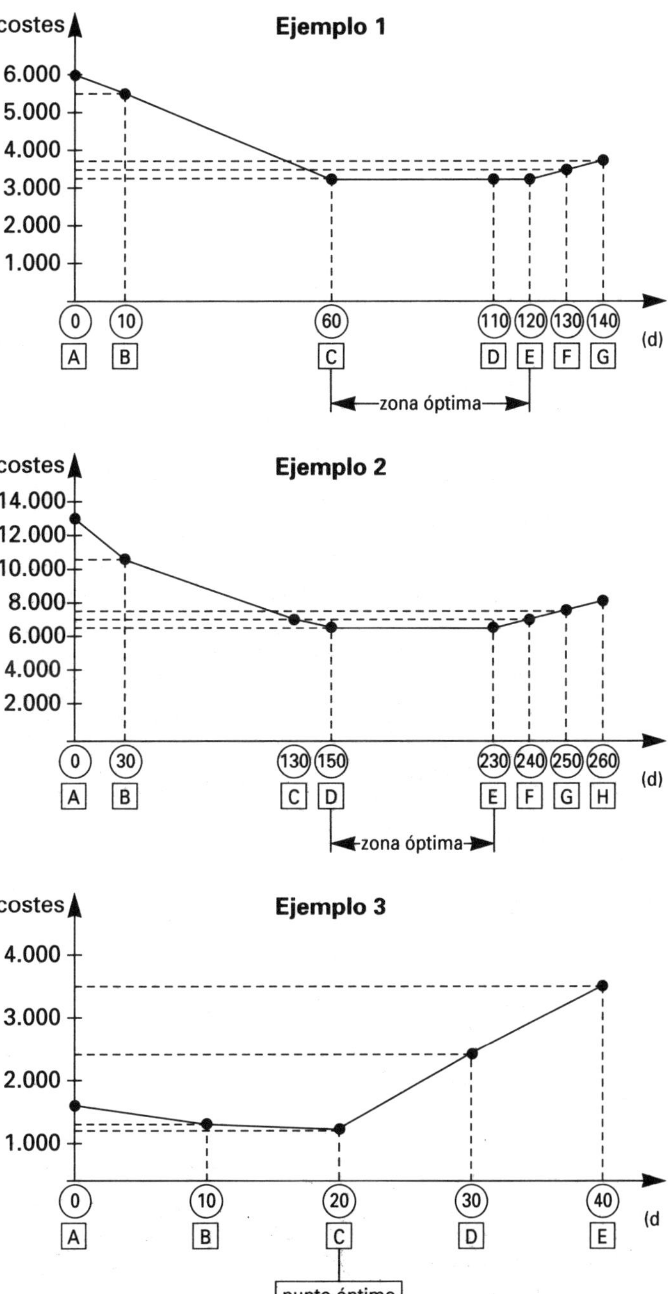

15. LA LOCALIZACIÓN MEDIANTE LA DISTANCIA EUCLIDEA. UN PROBLEMA BIDIMENSIONAL

Recordemos la expresión matemática que nos proporciona la distancia entre dos puntos (X_1, Y_1) y (X_2, Y_2) en un plano, sin más que aplicar el teorema de Pitágoras.

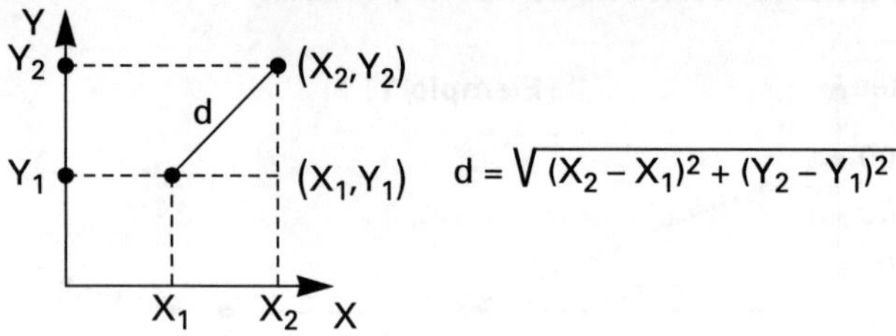

Supongamos que deseamos localizar o ubicar una fábrica que suministra a varios puntos de venta o a varios almacenes, y que los costes son directamente proporcionales a la distancia a recorrer entre los enclavamientos. En este caso, trataremos de minimizar la función suma de distancias. El método que vamos a utilizar parte de determinar un punto inicial (x, y) donde ubicar la fábrica según las expresiones:

$$\text{Coordenada } x = \frac{\sum_{i=1}^{n} P_i \cdot X_i}{\sum_{i=1}^{n} P_i}$$

$$\text{Coordenada } y = \frac{\sum_{i=1}^{n} P_i \cdot Y_i}{\sum_{i=1}^{n} P_i}$$

donde (X_i, Y_i) son las coordenadas de los distintos puntos o almacenes, y P_i son las ponderaciones o pesos (demandas de cada almacén).

Si en una primera etapa consideramos que las demandas son iguales, podemos poner:

$$X = \frac{\Sigma X_i}{n} = \overline{X}_i$$

$$Y = \frac{\Sigma Y_i}{n} = \overline{Y}_i$$

Sean tres almacenes ubicados en (0,0), (0,2) y (3,1):

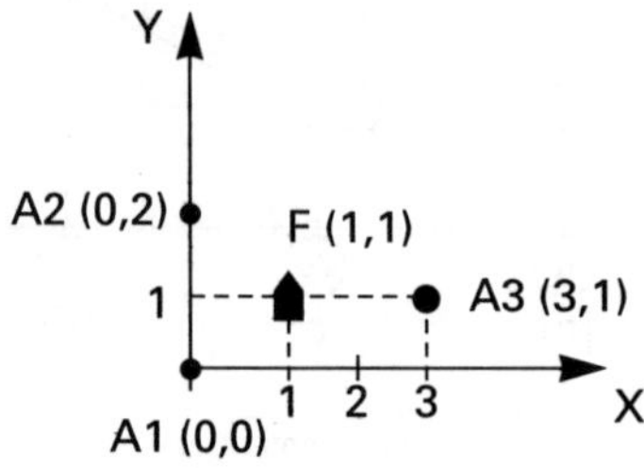

Entonces:

$$X = \frac{\Sigma X_i}{n} = \frac{0 + 0 + 3}{3} = 1$$

$$Y = \frac{\Sigma Y_i}{n} = \frac{2 + 0 + 1}{3} = 1$$

En un principio situaremos la fábrica F en (1, 1).

Las distancias entre F y cada almacén son:

$$d_{A1} = \sqrt{(1 - 0)^2 + (1 - 0)^2} = 1{,}4142$$

$$d_{A2} = \sqrt{(1 - 0)^2 + (1 - 2)^2} = 1{,}4142$$

$$d_{A3} = \sqrt{(1 - 3)^2 + (1 - 1)^2} = 2{,}0000$$

La función de coste será proporcional a la suma de distancias:

$$\Sigma d_i = d_{A1} + d_{A2} + d_{A3} = 4{,}8284$$

A partir de aquí, realizaremos una serie de iteraciones para tratar de conseguir una mejor localización de la fábrica que minimice el coste. Para esto, calcularemos unas nuevas coordenadas según las expresiones siguientes:

$$X_I = \frac{\sum_{i=1}^{n} \left(\frac{X_i}{d_i}\right)}{\sum_{i=1}^{n} \left(\frac{1}{d_i}\right)}$$

$$Y_I = \frac{\sum_{i=1}^{n} \left(\frac{Y_i}{d_i}\right)}{\sum_{i=1}^{n} \left(\frac{1}{d_i}\right)}$$

$$X_I = \frac{\frac{0}{1{,}4142} + \frac{0}{1{,}4142} + \frac{3}{2}}{\frac{1}{1{,}4142} + \frac{1}{1{,}4142} + \frac{1}{2}} = 0{,}78$$

$$Y_I = \frac{\frac{0}{1{,}4142} + \frac{2}{1{,}4142} + \frac{1}{2}}{\frac{1}{1{,}4142} + \frac{1}{1{,}4142} + \frac{1}{2}} = 1$$

La nueva disposición superficial será:

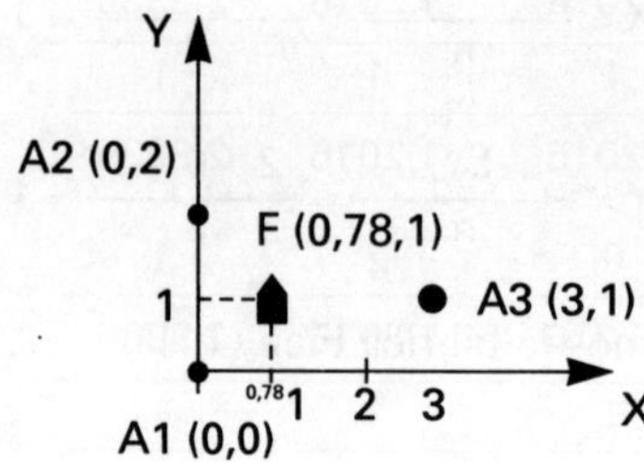

Las nuevas distancias son:

$$d_{A1} = \sqrt{(0{,}78 - 0)^2 + (1 - 0)^2} = 1{,}2682$$

$$d_{A2} = \sqrt{(0{,}78 - 0)^2 + (1 - 2)^2} = 1{,}2682$$

$$d_{A3} = \sqrt{(0{,}78 - 3)^2 + (1 - 1)^2} = 2{,}2200$$

$$\Sigma\, d_i = (1{,}2682) + (1{,}2682) + (2{,}2200) = 4{,}7564$$

Este valor es menor al calculado anteriormente.

Volvemos a iterar:

$$X_{II} = \frac{\dfrac{0}{1{,}2682} + \dfrac{0}{1{,}2682} + \dfrac{3}{2{,}2200}}{\dfrac{1}{1{,}2682} + \dfrac{1}{1{,}2682} + \dfrac{1}{2{,}2200}} = 0{,}6665$$

$$Y_{II} = \frac{\dfrac{0}{1{,}2682} + \dfrac{2}{1{,}2682} + \dfrac{1}{2{,}2200}}{\dfrac{1}{1{,}2682} + \dfrac{1}{1{,}2682} + \dfrac{1}{2{,}2200}} = 1$$

Nueva localizacion de la fábrica F = (0,6665, 1).

Nuevas distancias:

$$d_{A1} = \sqrt{(0{,}6665 - 0)^2 + (1 - 0)^2} = 1{,}2016$$

$$d_{A2} = \sqrt{(0{,}6665 - 0)^2 + (1 - 2)^2} = 1{,}2016$$

$$d_{A3} = \sqrt{(0{,}6665 - 3)^2 + (1 - 1)^2} = 2{,}3335$$

$$\Sigma d_i = 4.7367$$

Otra nueva iteración nos daría los siguientes resultados:

$$X_{III} = \frac{\dfrac{0}{1,2016} + \dfrac{0}{1,2016} + \dfrac{3}{2,3335}}{\dfrac{1}{1,2016} + \dfrac{1}{1,2016} + \dfrac{1}{2,3335}} = 0,6143$$

$$Y_{III} = \frac{\dfrac{0}{1,2016} + \dfrac{2}{1,2016} + \dfrac{1}{2,3335}}{\dfrac{1}{1,2016} + \dfrac{1}{1,2016} + \dfrac{1}{2,3335}} = 1$$

$$d_{A1} = \sqrt{(0,6143 - 0)^2 + (1 - 0)^2} = 1,1736$$

$$d_{A2} = \sqrt{(0,6143 - 0)^2 + (1 - 2)^2} = 1,1736$$

$$d_{A3} = \sqrt{(0,6143 - 3)^2 + (1 - 1)^2} = 2,3857$$

$$\Sigma d_i = 4,7329$$

Los resultados de las sucesivas iteraciones se muestran en la siguiente tabla:

Iteraciones	X_F	Y_F	d_{A1}	d_{A2}	d_{A3}	Σ d ≡ coste
Inicial	1	1	1,4142	1,4142	2,0000	4,8284
I	0,78	1	1,2682	1,2682	2,2200	4,7564
II	0,6665	1	1,2016	1,2016	2,3335	4,7367
III	0,6143	1	1,1736	1,1736	2,3857	4,7329

El proceso puede terminar cuando la disminución de costes no sea significativa o no compense con respecto a otros factores a tener en cuenta. En nuestro caso, a la tercera iteración la disminución se da en milésimas. Si consideramos como suficiente este resultado, podríamos detenernos aquí.

16. LOCALIZACIÓN BIDIMENSIONAL PONDERADA. MÉTODO DEL CENTRO DE GRAVEDAD

En esta situación, las ponderaciones (demandas) para cada almacén no son iguales. La metodología es similar al anterior apartado, aunque ahora los costes son directamente proporcionales a las distancias multiplicadas por las distintas ponderaciones:

$$\text{Costes} = \sum_{i=1}^{n} P_i \cdot d_i$$

$$\text{Costes} = \sum_{i=1}^{n} P_i \cdot \sqrt{(X_F - X_i)^2 + (Y_F - Y_i)^2}$$

Si derivamos parcialmente esta función respecto de X y de Y, obtenemos los siguientes valores que la minimizan:

$$X_F = \frac{\sum_{i=1}^{n} \frac{P_i \cdot X_i}{d_i}}{\sum_{i=1}^{n} \frac{P_i}{d_i}}$$

$$Y_F = \frac{\sum_{i=1}^{n} \frac{P_i \cdot Y_i}{d_i}}{\sum_{i=1}^{n} \frac{P_i}{d_i}}$$

llamadas fórmulas del centro de gravedad (analogía física).

La localización de la fábrica que inicializa todo el proceso iterativo es:

$$X_F = \frac{\sum_{i=1}^{n} P_i \cdot X_i}{\sum_{i=1}^{n} P_i}$$

$$Y_F = \frac{\sum_{i=1}^{n} P_i \cdot Y_i}{\sum_{i=1}^{n} P_i}$$

Ejemplo

Los almacenes anteriores A1, A2 y A3 localizados en (0, 0), (0, 2) y (3, 1) respectivamente solicitan las cantidades de producto 10, 20 y 30 unidades. En estas condiciones:

$$X_F = \frac{(10)\,(0) + (20)\,(0) + (30)\,(3)}{(10) + (20) + (30)} = 1{,}5$$

$$Y_F = \frac{(10)\,(0) + (20)\,(2) + (30)\,(1)}{(10) + (20) + (30)} = 1{,}1\widehat{6}$$

$$d_{A1} = \sqrt{(1{,}5 - 0)^2 + (1{,}1\widehat{6} - 0)^2} = 1{,}9003$$

$$d_{A2} = \sqrt{(1{,}5 - 0)^2 + (1{,}1\widehat{6} - 2)^2} = 1{,}7159$$

$$d_{A3} = \sqrt{(1{,}5 - 3)^2 + (1{,}1\widehat{6} - 1)^2} = 1{,}5093$$

$$\text{Costes} = \sum_{i=1}^{n} P_i \cdot d_i =$$

$$= (10)\,(1{,}9003) + (20)\,(1{,}7159) + (30)\,(1{,}5093) =$$
$$= 19{,}003 + 34{,}318 + 45{,}279 = 98{,}60$$

Iteración I:

Nuevas coordenadas de fábrica:

$$X_I = \frac{\dfrac{(10)\,(0)}{1{,}9003} + \dfrac{(20)\,(0)}{1{,}7159} + \dfrac{(30)\,(3)}{1{,}5093}}{\dfrac{10}{1{,}9003} + \dfrac{20}{1{,}7159} + \dfrac{30}{1{,}5903}} = 1{,}6206$$

$$Y_I = \frac{\dfrac{(10)\,(0)}{1{,}9003} + \dfrac{(20)\,(2)}{1{,}7159} + \dfrac{(30)\,(1)}{1{,}5093}}{\dfrac{10}{1{,}9003} + \dfrac{20}{1{,}7159} + \dfrac{30}{1{,}5093}} = 1{,}1738$$

$$d_{A1} = \sqrt{(1{,}6206 - 0)^2 + (1{,}1738 - 0)^2} \simeq 2{,}00$$

$$d_{A2} = \sqrt{(1{,}6206 - 0)^2 + (1{,}1738 - 2)^2} = 1{,}82$$

$$d_{A3} = \sqrt{(1{,}6206 - 3)^2 + (1{,}1738 - 1)^2} = 1{,}39$$

$$\text{Costes: } (10)\,(2) + (20)\,(1{,}82) + (30)\,(1{,}39) = 20 + 36{,}4 + 41{,}7 = 98{,}10$$

El proceso puede seguirse hasta que se desee en función del tanto por ciento de ahorro perseguido.

17. RADIOS DE ACCIÓN COMERCIAL

17.1. Fórmula de Reilly

Entenderemos por centro o área comercial una zona geográfica donde puede existir una cierta actividad comercial y por tanto es un posible enclave para la localización de alguna instalación productiva o de servcicios, bien sea almacén, centro distribuidor, punto de venta, etc. Consideraremos también que existen varias instalaciones situadas a una cierta distancia del posible enclave a estudiar y que se creará una «atracción» sobre éstas que dependerá de diversas variables relacionadas con el entorno.

Reilly propuso la «ley de gravitación del comercio al detall», según la cual las ventas atraídas de una localización intermedia por dos localizaciones distintas son directamente proporcionales a sus poblaciones e inversamente proporcionales a las distancias que las separan.

Este planteamiento teórico puede alterarse ante la consideración de muchos factores, como la estrategia de precios de cada enclave, la promoción y publicidad, la renta disponible de los consumidores, la accesibilidad de establecimientos, etc.

En términos analíticos, puede ponerse:

$$\frac{V_A}{V_B} = \left(\frac{P_A}{P_B}\right)^N \cdot \left(\frac{D_B}{D_A}\right)^n$$

en donde
- V_A: son las ventas que la ciudad A atrae de una localización intermedia,
- V_B: ídem para B,
- P_A: población de A,
- P_B: población de B,
- D_A: distancia de la ciudad A a la localización en estudio,
- D_B: ídem para B,
- N y n: parámetros a determinar empíricamente.

Determinación de N:

Reilly estudió experimentalmente su expresión con diversas grandes ciudades y encontró que, en la gran mayoría de los casos, su valor era uno.

Determinación de n:

$$\frac{V_A}{V_B} = \left(\frac{P_A}{P_B}\right)^1 \cdot \left(\frac{D_B}{D_A}\right)^n$$

$$\left(\frac{D_B}{D_A}\right)^n = \frac{V_A}{V_B} \cdot \left(\frac{P_B}{P_A}\right)$$

Tomamos logaritmos:

$$n \cdot \log \left(\frac{D_B}{D_A}\right) = \log \left(\frac{V_A \cdot P_B}{V_B \cdot P_A}\right)$$

Entonces, despejando:

$$n = \frac{\log \left(\dfrac{V_A \cdot P_B}{V_B \cdot P_A}\right)}{\log \left(\dfrac{D_B}{D_A}\right)}$$

El valor más frecuente obtenido por Reilly fue dos. Así pues, la fórmula en uso quedó de la siguiente forma:

$$\frac{V_A}{V_B} = \frac{P_A}{P_B} \cdot \left(\frac{D_B}{D_A}\right)^2$$

Determinación de «distancias límite» (atracción indiferente)

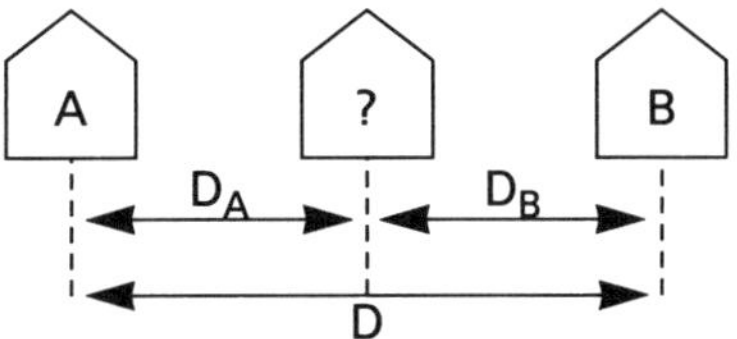

En una situación límite, las ventas de A coincidirán con las de B, con lo que, partiendo de la fórmula de Reilly, puede ponerse:

$$V_A = V_B$$

$$1 = \frac{P_A}{P_B} \cdot \left(\frac{D_B}{D_A}\right)^2$$

como

$$D = D_A + D_B$$
$$D_A = D - D_B$$

$$1 = \frac{P_A}{P_B} \cdot \left(\frac{D_B}{D - D_B}\right)^2$$

$$\frac{P_B}{P_A} = \left(\frac{D_B}{D - D_B}\right)^2$$

$$\frac{D_B}{D - D_B} = \sqrt{\frac{P_B}{P_A}}$$

$$D_B = (D - D_B) \cdot \sqrt{P_B / P_A}$$

$$D_B = D\sqrt{\frac{P_B}{P_A}} - D_B\sqrt{\frac{P_B}{P_A}}$$

$$D\sqrt{\frac{P_B}{P_A}} = D_B + D_B\sqrt{\frac{P_B}{P_A}}$$

$$D\sqrt{\frac{P_B}{P_A}} = D_B\left[1 + \sqrt{\frac{P_B}{P_A}}\right]$$

$$D_B = \frac{D\sqrt{\frac{P_B}{P_A}}}{1 + \sqrt{\frac{P_B}{P_A}}}$$

Podemos multiplicar y dividir el segundo miembro de la ecuación por una misma cantidad y la ecuación no varía.

Multiplicando y dividiendo por

$$\sqrt{\frac{P_A}{P_B}}$$

obtenemos el valor de D_B:

$$D_B = \frac{D\sqrt{\frac{P_B}{P_A}} \cdot \sqrt{\frac{P_A}{P_B}}}{\left(1+\sqrt{\frac{P_B}{P_A}}\right) \cdot \sqrt{\frac{P_A}{P_B}}} = \frac{D}{1+\sqrt{\frac{P_A}{P_B}}}$$

y

$$D_A = D - D_B$$

17.2. Índices territoriales de capacidad adquisitiva

En base al planteamiento anterior de Reilly, se desarrolla el estudio de los índices de capacidad adquisitiva, que son una referencia en tanto por ciento para expresar la capacidad de absorción de distintas zonas geográficas en relación con un total nacional.

Existen índices generales y particulares. Los primeros informan sobre una gran gama de productos con un proceso de compra similar, mientras que los particulares hacen referencia a uno concreto o a una marca determinada, por lo que su elaboración es más compleja.

Estos índices proporcionan valiosa información que puede ser utilizada en distintas áreas empresariales, como localización o ubicación, previsión comercial, existencias de almacén, red de distribución, asignación de cuotas de mercado, etc. Son elaboradas periódicamente por diversas entidades públicas y privadas de acuerdo con una metodología que, dependiendo de la precisión, tiempo de elaboración y coste, puede ser estadística o mediante encuestas y muestreo.

Las etapas a cubrir podrán ser:

— Determinación de sectores de consumo.
— Determinación del proceso de compra.
— Determinación de series estadísticas mediante:
  • Definición de variables explicativas.
  • Aplicación de técnicas de previsión.
— Ponderación de series.
— Formulación del índice.
— Contraste y validez del modelo.

17.3. Formulación de índices

Vamos a describir a continuación las variables utilizadas en la confección de tres tipos de índices de capacidad adquisitiva.

Cada variable elegida dará lugar a una serie estadística a analizar según los modelos de previsión comercial.

Variables

Serie A: Población de hecho referida a un año base.
Serie B: Número de matrimonios celebrados.
Serie C: Número de nacidos vivos.
Serie D: Número de automóviles de turismo.
Serie E: Consumo doméstico de energía eléctrica.
Serie F: Número de teléfonos.
Serie G: Plazas en hostelería.
Serie H: Ventas de cemento.
Serie I: Recaudación del impuesto de espectáculos.
Serie J: Recaudación del impuesto de consumo de lujo.

Formulación

(I) Índice para artículos de consumo común, de bajo coste y posibilidad de adquisición en cualquier núcleo de población:

$$I = \frac{A + B + C + D + E + F + G/2 + I + J}{8,5}$$

(II) Índice para artículos de tipo medio cuyo consumo no está en función única del volumen de población:

$$I = \frac{(2/3)(A + B + C) + 3D + 2E + 1,5F + G/2 + H/2 + I + 2J}{12,5}$$

(III) Índice para productos de consumo especializado:

$$I = \frac{(2/3)(A + B + C) + 4D + 2,5E + 3F + G/2 + 1,5H + I + 4J}{18,5}$$

La ponderación de las series estadísticas, así como las variables elegidas, deben revisarse periódicamente, ya que el entorno puede ser fuertemente cambiante, sobre todo en lo que se refiere a productos de gran componente tecnológica y de innovación.

Por último, hay que destacar que el procedimiento de las encuestas puede proporcionar resultados más precisos y es imprescindible cuando no se dispone de datos históricos. Sin embargo, el proceso suele ser más lento y más costoso.

18. PROBLEMAS PROPUESTOS

Problema 1

Dada la matriz de costes de asignación entre operarios y puestos de trabajo siguiente:

	M1	M2	M3	M4
01	40	35	30	25
02	38	33	22	24
03	36	31	21	23
04	34	29	20	22

Calcular las posibles soluciones óptimas alternativas mediante el método húngaro de asignación de recursos.

Problema 2

Supuesta la matriz anterior de rendimientos personales en el trabajo, calcular las soluciones óptimas alternativas.

Problema 3

¿De cuántas formas podemos colocar tres operarios en cinco puestos de trabajo, para que el coste total sea mínimo en la matriz de costes siguiente?

	M1	M2	M3	M4	M5
01	7	6	5	3	1
02	10	8	6	4	2
03	8	7	4	2	1

Problema 4

Optimizar la función económica de la siguiente matriz:

2	1	1
4	2	3
6	4	5
8	7	6
10	8	7

en el caso de que

1.º) Sus elementos expresen costes de asignación.

2.º) Sus elementos expresen factores de eficiencia.

Problema 5

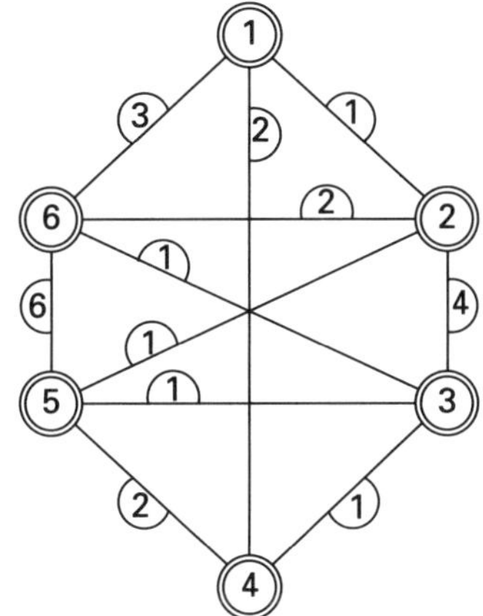

Establecer en la red de la figura un itinerario óptimo, de tal forma que todas las ciudades sean visitadas una y sólo una vez. Los costes de transporte entre cada ciudad se dan sobre los arcos correspondientes.

Problema 6

Determinar la localización más conveniente de un centro distribuidor, a lo largo de la trayectoria de la figura, donde se encuentran diversos puntos de consumo.

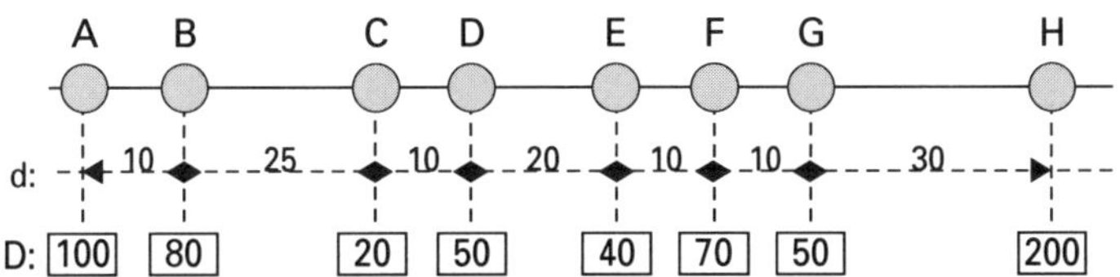

Las distancias d y las demandas D se anotan sobre dichas trayectorias.

Problema 7

Reperesentar a escala lineal la función de costes con relación a la distancia para el problema propuesto anterior.

Problema 8

Determinar la localización más conveniente para un centro productor que desea repartir sus artículos terminados entre cuatro almacenes situados en las coordenadas de la figura siguiente.

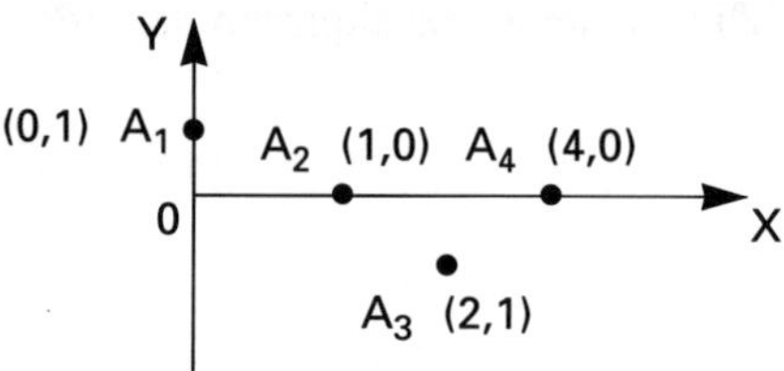

¿Cuál será la ubicación óptima en el caso de que se desee transportar unidades terminadas en número proporcional a la distancia entre la fábrica y cada almacén?

Problema 9

Tres almacenes cuentan con una capacidad máxima de 80, 80 y 100 unidades respectivamente. La capacidad de producción de una planta es de 400 unidades. Se desea abrir un cuarto almacén cuya capacidad está por determinar y que como mínimo podrá albergar hasta 200 unidades. Se necesita estudiar la ubicación óptima en los siguientes casos:

a) Los tres almacenes existentes albergan el máximo de su capacidad.
b) La producción se reparte proporcionalmente a la distancia entre fábrica y almacenes una vez localizado el nuevo almacén según el apartado anterior.

En la figura se detallan las ubicaciones existentes en la actualidad.

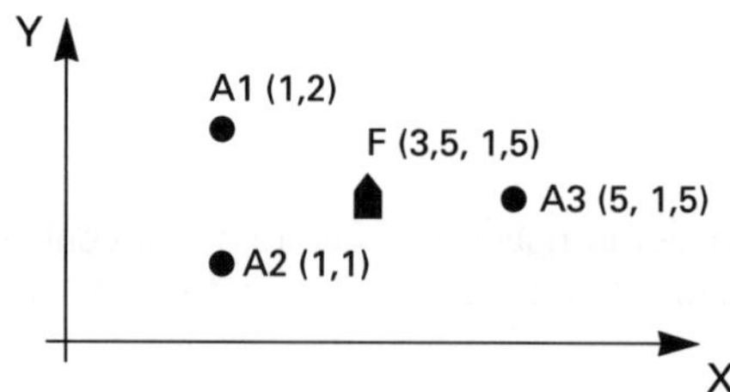

Problema 10

Se trata de localizar un centro distribuidor entre dos ciudades de tal forma que la cantidad transportada a ellas sea la misma. La demanda teórica calculada para ambas corresponde a un diez por ciento más en una que en otra.

Determinar la localización óptima del centro distribuidor.

Capítulo 5
Aprovisionamiento

1. RENTABILIDAD

La importancia del coste de las compras con relación a las ventas es distinta según la actividad de la empresa. El sector industrial presenta un valor de la relación entre el 30 y 60%, mientras que en el sector terciario de servicios es mucho menor.

Podemos tratar de medir dicha importancia mediante el rendimiento. Como ya sabemos, éste, en general, es el cociente entre el beneficio, antes o después de impuestos según queramos, y el activo total:

$$R = \frac{BAII}{A_t}$$

donde:

BAII = Beneficio antes de intereses y de impuestos.
At = Activo total.
At = Af + Ac.
Af = Activo fijo.
Ac = Activo circulante.

Si multiplicamos y dividimos por las ventas, la relación no varía:

$$R = \frac{BAII}{A_t} \times \frac{V}{V}$$

donde V = Ventas.

Ordenando la ecuación, nos queda:

$$R = \frac{BAII}{V} \times \frac{V}{A_t} = M \times R_o$$

siendo:

M = Margen de beneficio.
R_o = Rotación.

Por otra parte, la rentabilidad financiera es el cociente entre el beneficio neto y el capital propio.

Es decir:

$$R_f = \frac{B^o}{C_p}$$

Multiplicando y dividiendo por V y A_t:

$$R_f = \frac{B^o}{C_p} \times \frac{V}{V} \times \frac{A_t}{A_t}$$

Ordenando:

$$R_f = \frac{B^o}{V} \times \frac{V}{A_t} \times \frac{A_t}{C_p} =$$

$$= (\text{Margen}) \times (\text{Rotación}) \times (\text{Apalancamiento})$$

El apalancamiento es el cociente entre el activo total y el capital propio. Mide, pues, de alguna forma la deuda a que está sometida la empresa.

Por último, y según el modelo de descomposición de Parés, la rentabilidad puede ponerse como

$$\boxed{R_e = \frac{B^o}{C_p} \times \frac{V}{V} \times \frac{A_t}{A_t} \times \frac{BAII}{BAII} \times \frac{BAI}{BAI} =}$$

donde

BAI = Beneficio antes de impuestos.

Ordenando queda:

$$R_e = \frac{BAII}{V} \times \frac{V}{A_t} \times \frac{A_t}{C_p} \times \frac{BAI}{BAII} + \frac{B^o}{BAI} =$$

$$Re = (\text{margen}) \times (\text{rotación}) \times \begin{pmatrix}\text{Apalancamiento} \\ \text{financiero}\end{pmatrix} \times \begin{pmatrix}\text{Efecto} \\ \text{fiscal}\end{pmatrix}$$

siendo:

$$\text{Apalancamiento financiero} = \frac{A_t}{C_p} \times \frac{BAI}{BAII}$$

$$\text{Efecto fiscal} = \frac{B^o \text{ neto}}{BAI}$$

Para obtener un mayor rendimiento empresarial será preciso vender más o a mayor precio, o bien reducir el activo o reducir los costes.

Si se desea aumentar la rentabilidad financiera, habrá de aumentarse el precio, reducir gastos o las dos cosas a la vez, lo que producirá un incremento del margen. Si vendemos más y/o reducimos el activo, aumentamos la rotación. Y si aumentamos el apalancamiento, también aumentamos la rentabilidad financiera Rf. Esto significa aumentar la deuda, para que la relación activo y capital propio sea mayor.

El apalancamiento financiero es la relación existente entre la deuda y los gastos financieros que ocasiona. Para aumentar la rentabilidad Re, este factor debe ser superior a uno.

El efecto de todos los elementos de la rentabilidad así descompuesta da lugar a distintas formas de política empresarial y gestión. Pero aunque distintas combinaciones de los factores proporcionen igual rentabilidad, no todas serán óptimas. En cada caso y en cada sector de actividad habrán de analizarse con lógica, y menos con matemáticas, las implicaciones de optar por una u otra combinación.

Un ratio interesante para la gestión de compras es el plazo de pago a proveedores, que podrá definirse como:

$$\left[\text{Plazo de pago}\right] = \left(\frac{\text{Saldo de proveedores}}{\text{Compras anuales}}\right) \times (365)$$

Cuanto mayor es este ratio, más se tarda en pagar a proveedores y mayor, por tanto, es lo que nos financian. Situación deseable, desde luego, siempre y cuando sea convenida por ambas partes.

En contraposición a este ratio, podemos expresar:

$$\begin{pmatrix}\text{Plazo}\\ \text{de}\\ \text{cobro}\end{pmatrix} = (365) \times \left[\frac{\begin{pmatrix}\text{Deudas de}\\ \text{clientes}\end{pmatrix} + \begin{pmatrix}\text{Efectos}\\ \text{a cobrar}\end{pmatrix} + \begin{pmatrix}\text{Efectos descontados}\\ \text{pendientes de vencer}\end{pmatrix}}{\text{Ventas}}\right]$$

Este plazo de cobro expresa el número medio de días que se tarda en cobrar a nuestros clientes.

Ya hemos comentado que, según el sector de actividad, el efecto de disminución del coste de las compras será distinto. Vamos a desarrollar un ejemplo con el objeto de ver con claridad dicho efecto en la rentabilidad.

Supongamos dos empresas distintas con igual rentabilidad pero con distinta distribución de costes (compras y otros).

	VENTAS	COMPRAS	OTROS COSTES	B.°	A_t	M	R_o	R
Empresa 1	100	85	13	2	$16,\widehat{66}$	2%	6	12%
Empresa 2	100	15	73	12	100	12%	1	12%

Partiendo de:

$$R = \frac{B^o}{V} \times \frac{V}{A_t} = (\text{Margen}) \times (\text{Rotación})$$

$R_1 = 12\%$ y $R_2 = 12\%$, pero el volumen de compras es muy superior en la empresa 1.

Supongamos que ambas empresas consiguen reducir el coste de las compras en la misma cantidad, un 6%. La nueva situación será:

	VENTAS	COMPRAS	OTROS COSTES	B.°	A_t	M	R_o	R
Empresa 1	100	79,9	13	7,1	$16,\widehat{66}$	7,1	6	32,6
Empresa 2	100	14,1	73	12,9	100	12,9	1	12,9

Como vemos, la empresa 1 ha incrementado su rendimiento en un 20,6%, mientras que la empresa 2 sólo en un 0,9%. Así pues, la empresa 2 deberá dedicar más esfuerzo en reducir otros costes (producción, comerciales, etc.), ya que las compras representan un tanto por ciento pequeño en relación a los costes totales.

Pero no todo es reducción de costes de compras, sobre todo si ello afecta a la calidad de los materiales, ya que esto puede suponer a largo plazo un grave deterioro del valor de marca y de la imagen de la empresa.

2. PROCESO DE COMPRA. FUNCIONES

El departamento de compras debe conocer perfectamente al mercado proveedor mediante su adecuada valoración, tema que desarrollaremos más adelante. Y por supuesto deberá cubrir todas las labores administrativas que implican la emisión, seguimiento y recepción del pedido. Para todo esto deberá estar en contacto con otros departamentos empresariales, como son producción, financiero, comercial, logístico y, por último, con la misma dirección general.

Existen cuatro parámetros básicos en la decisión de compra. A saber:

— Precio.
— Calidad.
— Condiciones de pago.
— Plazo de entrega.

Con respecto al precio, cabe decir que éste debe ser claro. Es lógico que sea unitario e incluya toda clase de conceptos como transporte, manipulación, etc. Existen productos que por su especial naturaleza o destino no los consideran, sobre todo aquellos que son de importación y exportación, debiéndose detallar entonces conceptos como seguros, recepción, impuestos, divisas, etc.

Desde luego, el objetivo no es comprar lo más barato posible, sino optimizar el conjunto precio, calidad y servicio. En función de la posición de la empresa en el mercado, la negociación será de una forma o de otra. Cabe establecer descuentos a partir de un cierto número de unidades adquiridas y existen otras fórmulas de revisión dependiendo de los tipos de contratos establecidos. La forma de pago puede afectar seriamente al precio, ya que un pago aplazado es como si el proveedor estuviese financiando al comprador.

En un sistema de mercado de libre competencia, el precio puede venir fijado por la ley de la oferta y la demanda. Si la oferta es mayor que la demanda se dice que estamos en un mercado de compradores. La situación contraria supone un mercado de vendedores. En el primero, el proveedor se muestra dispuesto a la negociación, mientras que si el mercado es de vendedores deberemos ceder ante ciertas exigencias del proveedor para poder conseguir los pedidos en el plazo deseado.

El plazo de entrega es otro factor importante a considerar, para no entrar en ruptura de stock o, lo que es peor, paralización del proceso productivo (interesa que el plazo de entrega sea lo más pequeño posible para trabajar con una menor cartera de pedidos y tener una menor financiación comprometida. Es preciso también que sea fiable). Si no lo fuera, nos veríamos obligados a mantener un mayor nivel de stock de seguridad, lo que se traduce en mayores costes de mantenimiento y mayor capacidad máxima de almacén. Para lograr plazos adecuados será conveniente conocer la evolución de nuestra demanda al principio del ejercicio económico y poder acordar y negociar con el proveedor la cantidad y frecuencia de los pedidos, facilitando asimismo la planificación con aquél.

Por otra parte, siempre que sea posible, es conveniente contar con varios proveedores para el suministro, lo que fomenta la competividad entre ellos en cuanto a precio, calidad y servicio, proporcionándonos además flexibilidad a la hora de repartir pedidos. Finalmente, es preciso tener cuidado con las promociones a bajo precio. Serán fiables si un nuevo proveedor desea ganarse nuestra confianza dándonos a conocer su producto, pero en otras ocasiones los artículos pueden provenir de stocks almacenados durante mucho tiempo o pueden ser de baja calidad. Por el contario, una calidad excesiva de los productos puede ser innecesaria y hace incrementar los precios sin aportar valor añadido al consumidor (análisis de valor).

Las funciones más destacables de un departamento de compras derivan de las siguientes cuestiones:

<table>
<tr><td>DÓNDE COMPRAR</td><td rowspan="4">DEPARTAMENTO
DE
COMPRAS</td></tr>
<tr><td>CÓMO COMPRAR</td></tr>
<tr><td>A QUIÉN COMPRAR</td></tr>
<tr><td>EN QUÉ CONDICIONES COMPRAR
(Precio, calidad, servicio)</td></tr>
</table>

Y aunque pueda ser, según la estructura de la empresa, competencia de otros departamentos, compras puede colaborar en otras funciones:

<table>
<tr><td>QUÉ COMPRAR
(Especificaciones)</td><td colspan="2">DEPARTAMENTO
TÉCNICO</td><td rowspan="2">COLABORACIÓN
DE
COMPRAS</td></tr>
<tr><td>CUÁNTO COMPRAR
Y CUÁNDO</td><td>DEPARTAMENTO
GESTIÓN
DE STOCKS</td><td>DEPARTAMENTO
DE
PRODUCCIÓN</td></tr>
</table>

Sin duda, a menudo surgen conflictos entre diversos departamentos. Quizá compras dé importancia al precio y piense que las especificaciones técnicas de un cierto artículo son excesivas en función de su uso, pero quizá producción piense que compras da demasiada importancia al precio y desconoce aspectos técnicos que justifican la petición de dicho material. Sólo la necesaria colaboración interdepartamental en la empresa, a veces basada en el simple diálogo y exposición de argumentos, pueda poner de acuerdos a todos, para obtener el máximo rendimiento de todas las funciones.

En el siguiente esquema se muestra una posible enumeración de tareas relativas a un departamento de compras y su relación con otros departamentos empresariales o servicios.

<table>
<tr><th rowspan="2">FUNCIONES
DE COMPRAS</th><th colspan="6">COLABORACIONES</th></tr>
<tr><th>Proveedores</th><th>Producción
Técnico</th><th>Comercial</th><th>Stocks</th><th>Financiero</th><th>Calidad</th></tr>
<tr><td>Previsión de necesidades</td><td></td><td></td><td>X</td><td>X</td><td></td><td></td></tr>
<tr><td>Análisis del valor del producto</td><td></td><td>X</td><td>X</td><td></td><td></td><td>X</td></tr>
<tr><td>Determinación de la cantidad</td><td></td><td></td><td>X</td><td>X</td><td></td><td></td></tr>
<tr><td>Determinación de la necesidad</td><td></td><td>X</td><td></td><td>X</td><td></td><td></td></tr>
<tr><td>Selección de proveedores</td><td>X</td><td>X</td><td></td><td></td><td></td><td>X</td></tr>
<tr><td>Negociaciones y acuerdos</td><td></td><td></td><td></td><td></td><td></td><td></td></tr>
<tr><td>Precios</td><td>X</td><td>X</td><td>X</td><td></td><td></td><td></td></tr>
<tr><td>Contratos</td><td>X</td><td>X</td><td></td><td>X</td><td></td><td>X</td></tr>
<tr><td>Labores administrativas
(factores, reducción, archivo)</td><td></td><td></td><td></td><td></td><td></td><td></td></tr>
<tr><td>Recepción e inspección</td><td>X</td><td></td><td></td><td>X</td><td></td><td>X</td></tr>
</table>

Un ejemplo de un posible ciclo de compras se da también a continuación:

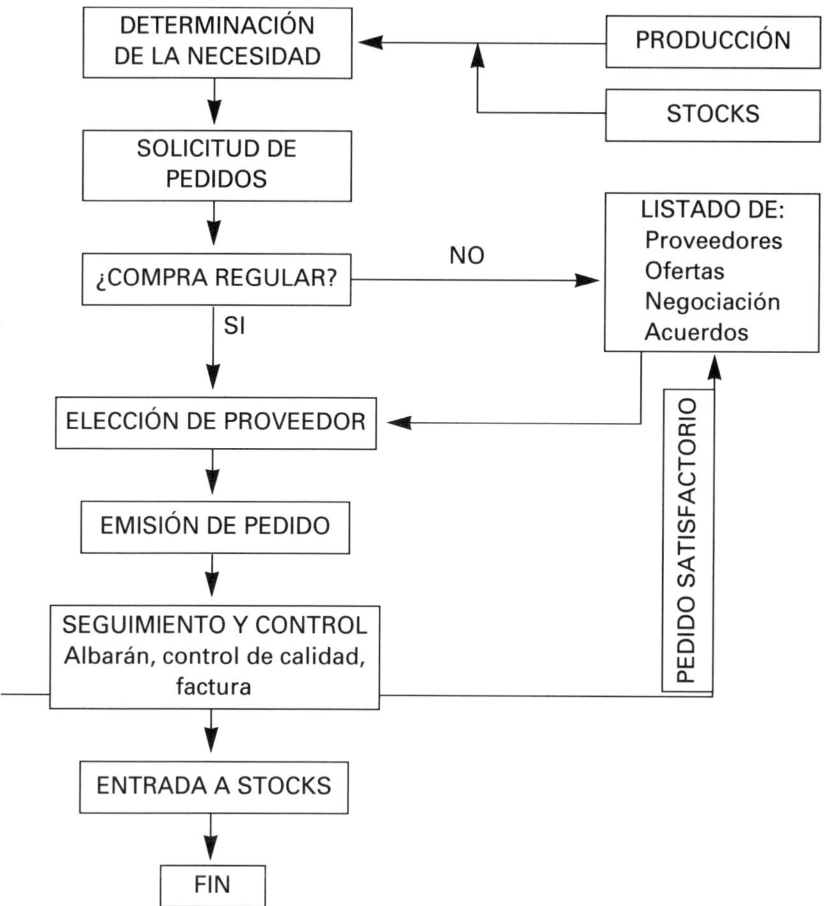

3. CLASIFICACIÓN ABC. CURVA DE LORENZ-PARETO

Cuando los artículos a tratar son muy numerosos y su incidencia en una determinada característica bastante dispar, es conveniente clasificarlos por orden de importancia.

Para ello conviene atender primero a las siguientes cuestiones:

¿Qué se puede clasificar?
Definición de características importantes
¿Existen datos suficientes?
Unidades de medida
Criterios de comparación
Es un modelo soporte para la decisión

Mediante la clasificación ABC pueden agruparse muchas cosas para su posterior evaluación:

— Productos.
— Proveedores (compras).
— Clientes.
— Vendedores.
— Etcétera.

Mediante diversas características:

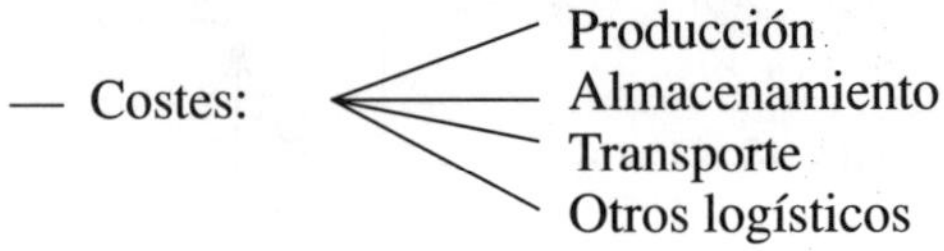

— Beneficio.
— Margen.
— Defectos.
— Facturación.
— Inversión.
— Consumo.
— Servicio.
— Ruptura.
— Rotación.
— Otras.

Imaginemos una fábrica que produce ocho artículos diversos referenciados de 001 a 008. Cada uno de ellos tiene asociados unos costes de producción unitarios y, por otra parte, una contribución al beneficio empresarial distinta. Así pues, las características elegidas para clasificar los productos son dos: coste y beneficio.

Los datos recogidos son:

ARTÍCULOS	001	002	003	004	005	006	007	008	8
COSTE	5	40	15	3	38	1	2	16	120
BENEFICIO	13	120	12	120	15	5	5	10	300
									TOTAL

Los ocho artículos dan un coste total de producción de 120 u.m. y contribuyen a un beneficio total de 300 u.m.

Empecemos por agrupar ordenadamente los artículos de forma creciente o decreciente en función del coste.

1.ª fase — Ordenación de artículos de forma creciente según una característica (columnas III y IV de la tabla de la página siguiente).

2.ª fase — Cálculo en tanto por ciento respecto al total de los costes para cada artículo (columnas V y VI).

Cada uno supone un 12,50 del total (hay ocho artículos) con un coste concreto.

3.ª fase — Ordenación acumulada de artículos y costes (columnas VII y VIII).

4.ª fase — Clasificación.

Existen reglas de cálculo para clasificar; no obstante, podemos utilizar un criterio relativamente subjetivo para hacerlo. Fijémonos en que un 12,5% de los artículos (un artículo) representa un $33,\widehat{33}\%$ de los costes totales.

Un 25% (dos artículos) representa un 65% del coste total. Un 37,50% (tres artículos), un $78,\widehat{33}\%$, y así sucesivamente.

Lo importante es darse cuenta de que «sólo» tres artículos implican casi el 80% de los costes de producción. Es decir, si los controlamos excepcionalmente logrando reducir costes en algunos de ellos, estaremos reduciendo la mayor parte del total. Una preocupación excesiva por los artículos últimos (001, 004, 007, 006) no proporcionará aumento del rendimiento. Luego los artículos más importantes serán los 002, 005, 008.

Sin embargo, el artículo 003 tiene un importancia relativa similar al 008. ¿Por qué, entonces, no incluirlo en la lista de excepcional importancia?

He aquí la cuestión que hace que la clasificación pueda ser subjetiva. Si los medios disponibles para controlar artículos (calidad, mano de obra, etc.) son suficientes, controlaremos los cuatro: 002, 005, 008, 003. Si no son suficientes, controlaremos los 002 y 005, ya que sólo ellos implican un 65% del coste total de producción. Esto hace que, según las circunstancias, clasifiquemos como «artículos A» los dos primeros o los cuatro primeros de la columna III de la tabla.

Un criterio aparentemente razonable para clasificar como «A» las referencias 002 y 005 solamente puede ser el hecho de que éstos suponen un coste más del doble de los 008 y 003. Así, pues, decidiremos que los 002 y 005 son artículos «categoría A» (columna IX).

Mediante el mismo criterio podemos clasificar como «categoría B» los artículos 008 y 003, y como «categoría C» los restantes.

En la columna X se coloca el tanto por ciento de los artículos «acumulados» que están dentro de cada categoría (leído en la columna VII). Es decir, en la categoría A están el 25% de los artículos (dos artículos). En la categoría A y B («acumulado») están los A y los B, un 25% más otro 25%, en total el 50%. Por último, en A, B y C están todos, el 100%. Esta forma de marcar obedece a la determinación de los puntos de la curva de Pareto que vamos a ver a continuación. Exactamente lo mismo se hace para el % Costes acumulados (columna XI), leyendo en la columna VIII. El último punto siempre es el mismo: el 100% de los artículos supone el 100% de los costes.

Así, pues, tenemos tres puntos:

$$A \equiv (25, 65)$$
$$B \equiv (50, 90{,}8\hat{3})$$
$$C \equiv (100, 100)$$

			ORDENACIÓN				ACUMULACIÓN		CLASIFICACIÓN		
	Ref.	Coste	Ref.	Coste	% Ref.	% Coste	% Ref.	% Coste	Categoría	% Ref.	% Coste
	001	5	002	40	12,50	$33{,}\widehat{33}$	12,50	$33{,}\widehat{33}$	A	25	65
	002	40	005	38	12,50	$31{,}\widehat{66}$	25,00	65,00			
	003	15	008	16	12,50	13,33	37,50	$78{,}\widehat{33}$	B	50	$90{,}8\hat{3}$
	004	3	003	15	12,50	12,50	50,00	$90{,}8\hat{3}$			
	005	38	001	5	12,50	$4{,}1\hat{6}$	62,50	95,00	C	100	100
	006	1	004	3	12,50	2,50	75,00	97,50			
	007	2	007	2	12,50	$1{,}6\hat{6}$	87,50	$99{,}1\hat{6}$			
	008	16	006	1	12,50	$0{,}8\hat{3}$	100,00	100,00			
TOTAL	8	120	8	120	100%	100%					

La curva de Pareto-Lorenz se dibuja sobre ejes coordenados, donde el eje de abcisas es % de artículos «acumulado» y el de ordenadas % de costes «acumulado», es decir, los puntos A, B y C.

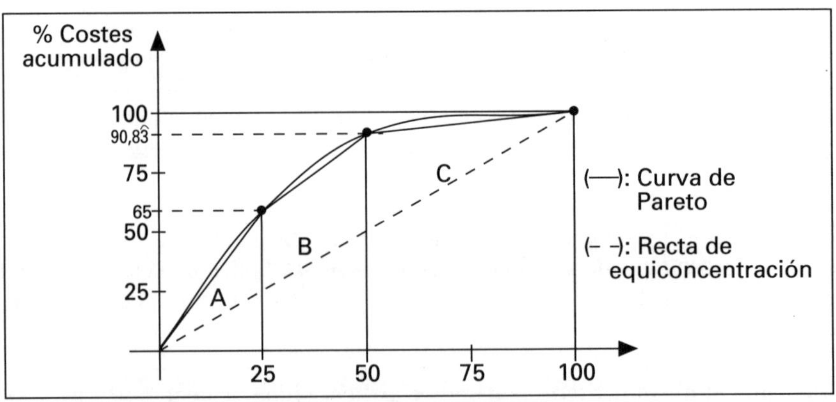

Curva de Pareto para el coste

La recta que une el origen de los ejes de coordenadas con el punto (100, 100) es la «recta de equiconcentración» o equidistribución, o sea, donde todos los artículos adquieren exactamente la misma importancia. Cuánto más alejada de ésta esté la curva de distribución de Pareto o, lo que es lo mismo, mayor sea el área entre la curva y la recta mencionada, mayor es la desigualdad entre los artículos. Esto es un «índice de concentración».

Observaciones

— Pueden elegirse todas las categorías que sean necesarias, sobre todo si los artículos son muchos y muy distintas sus importancias. En nuestro ejemplo, sólo hemos tomado tres: A, B y C.

— Sobre el gráfico se ponen las letras A, B y C, pero su importancia no es calculable mediante las áreas sobre las que están. Es preciso leer los puntos proyectados sobre los ejes de coordenadas.

— Un artículo, según la característica coste, puede ser de una categoría totalmente distinta según otra característica distinta, por ejemplo el beneficio. El desarrollo y clasificación ABC para esta característica en nuestro ejemplo se da a continuación en la tabla y figura siguientes:

		ORDENACIÓN				ACUMULACIÓN		CLASIFICACIÓN		
Ref.	Beneficio	Ref.	B.°	% Ref.	% B.°	% Ref.	% B.°	Categoría	% Ref.	% B.°
001	13	002	120	12,50	40,00	12,50	40,00	A	25	80
002	120	004	120	12,50	40,00	25,00	80,00			
003	12	005	15	12,50	5,00	37,50	85,00	B	75	96,$\widehat{66}$
004	120	001	13	12,50	4,$\widehat{33}$	50,00	89,$\widehat{33}$			
005	15	003	12	12,50	4,00	62,50	93,$\widehat{33}$			
006	5	008	10	12,50	3,$\widehat{33}$	75,00	96,66			
007	5	007	5	12,50	1,$\widehat{66}$	87,50	98,33	C	100	100
008	10	006	5	12,50	1,$\widehat{66}$	100,00	100,00			
TOTAL 8	300	8	300	100	100					

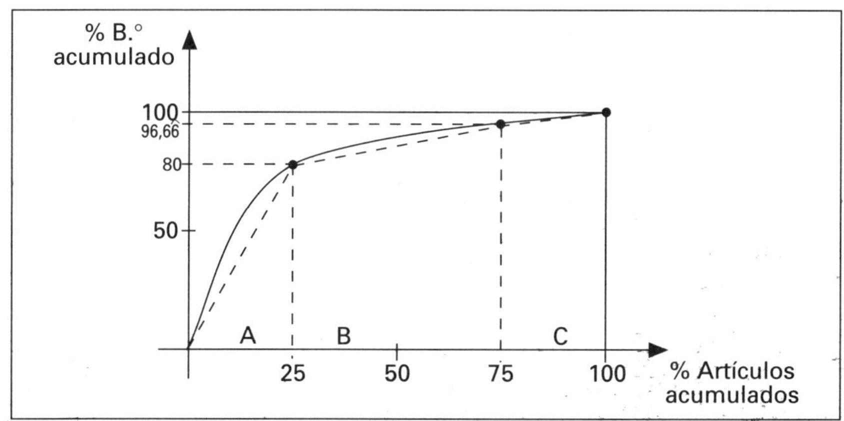

Curva de Pareto para el beneficio

Un criterio para la decisión

Artículos Referencias	CLASIFICACIÓN	
	Coste	Beneficio
001	C	B
002	A	A
003	B	B
004	C	A
005	A	B
006	C	C
007	C	C
008	B	B

Interesan los artículos que siendo C para el coste sean A para el beneficio. El artículo más interesante es, pues, el 004. Podrían llegar incluso a dejarse de fabricar aquellos que, aportando poco beneficio, tienen gran coste de producción y grandes recursos implicados, es decir, son A para el coste y B ó C para el beneficio: éste es el 005. Otras combinaciones son dignas de un estudio particular.

Otras aplicaciones ABC

— Clasificación de proveedores. De acuerdo con características importantes como son volumen de compras, calidad, condiciones de pagos y retrasos en los plazos de entrega.
— Clasificación de artículos almacenados. De acuerdo con costes de almacenamiento, rotación, número de movimientos, características físicas (volumen, peso, forma…), precio, coste de inmovilización, etc.
— Clasificación de clientes. De acuerdo con características de mayor interés, volumen de compras, forma y ciclo de pago, etc.
— Organización del espacio en almacenes. En función del número de movimientos y rotación junto con las características físicas y geométricas.
— Control de gastos y de inversiones, capital circulante.
— Eficiencia de instalaciones. En función de fallos, reparaciones, mantenimiento, horas de preparación de máquinas y de ajuste, etc.
— Análisis de absentismo laboral.
— Análisis del tiempo. Tiempo de gestión, de dirección, de preparación y realización de actividades, de entrevistas y reuniones, etc.

Clasificación dinámica

Es preciso actualizar los datos constantemente, con el período adecuado a los productos o temas considerados y a sus características elegidas. Esto proporciona la comparación en el tiempo para detectar una evolución determinada. Por ejemplo, el cliente que hoy es C puede convertirse en A el día de mañana. Ya vemos que según lo que se trate no hay que despreciar ni al más insignifcante clasificado C: sean clientes o piezas. Un tornillo faltante puede provocar un paro de producción lamentable. Para terminar, el simple método descrito de ordenación tiene el efecto de la responsabilidad y análisis sistemático en cada cosa que se hace, provocando un eficaz modo de trabajo.

4. VALORACIÓN DE PROVEEDORES Y COMPARACIÓN DE OFERTAS

Las tres características fundamentales que han de tenerese en cuenta a la hora de valorar a los proveedores con el objeto, además, de comparar las diversas ofertas que de ellos recibimos son:

— Calidad.
— Servicio.
— Precio.
— Condiciones de pago.

Las condiciones de pago pueden englobarse perfectamente en la característica precio, mediante fórmulas económicas de financiación, considerando volúmenes de crédito, costes financieros de oportunidad, equivalente de crédito, etc.

Calidad: Una forma cómoda y rápida de medir la calidad de los productos de un determinado proveedor es mediante el número de defectuosos.

Servicio: En esta característica se refleja principalmente el plazo de entrega del pedido, midiendo el número de retrasos ocurridos en un determinado período de gestión.

Precio: Indudablemente, el mejor proveedor, atendiendo únicamente al precio, será aquel que proporcione uno más bajo.

Supongamos que disponemos de la siguiente información de tres de nuestros mejores proveedores (ver tabla).

PROVEEDOR / CARACTERÍSTICAS	P1	P2	P3
CALIDAD	30 defectos sobre 1.000 uds.	180/1.000	250/1.000
SERVICIO	3 plazos incumplidos sobre 10	10/20	5/10
PRECIO	300 ptas./uds.	280	280

Podemos operar para localizar al mejor o al peor proveedor. Ambas mecánicas son idénticas. Si deseamos encontrar al mejor, valoraremos más al que presente mejor características. La mejor característica de calidad se presenta cuando un proveedor ofrece menos defectos, o más unidades buenas. A tal efecto, convertiremos los defectos en unidades buenas y, en la misma base, en tanto por ciento.

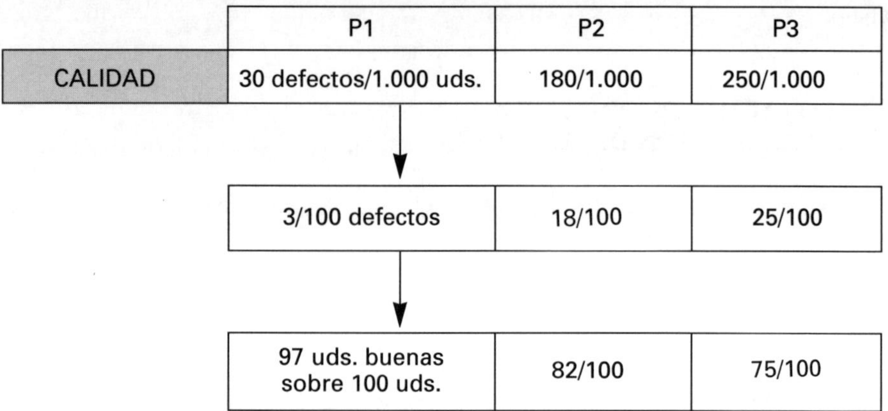

	P1	P2	P3
CALIDAD	30 defectos/1.000 uds.	180/1.000	250/1.000
↓	3/100 defectos	18/100	25/100
↓	97 uds. buenas sobre 100 uds.	82/100	75/100

Proceso análogo seguiremos para el servicio:

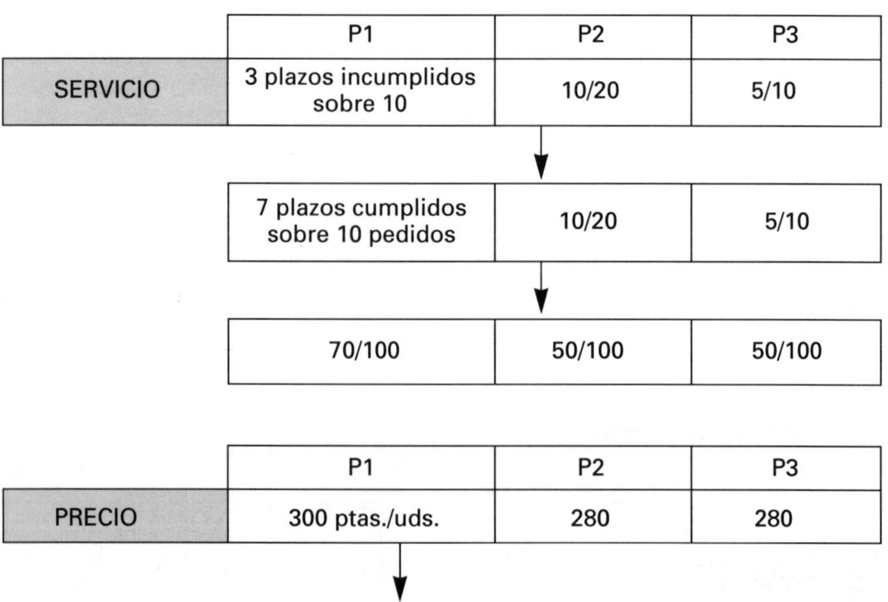

	P1	P2	P3
SERVICIO	3 plazos incumplidos sobre 10	10/20	5/10
↓	7 plazos cumplidos sobre 10 pedidos	10/20	5/10
↓	70/100	50/100	50/100

	P1	P2	P3
PRECIO	300 ptas./uds.	280	280

Se pretende dar mayor valoración en base 100 al de menor precio. Podemos utilizar para ello la expresión:

$$\frac{\text{Precio menor}}{\text{Precio del proveedor}} \times 100$$

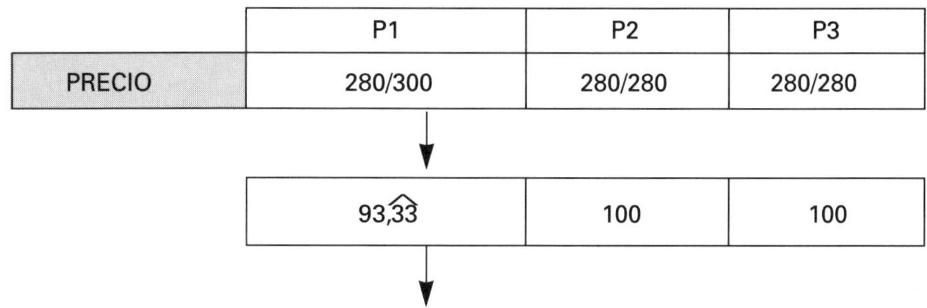

Una vez convertida la información disponible en la misma base, tanto porcentual, las calificaciones pueden ser ponderadas. Para nuestro ejemplo hemos dado una «importancia subjetiva» (ponderación) de 60, 40 y 30 respectivamente a las características elegidas.

CARACTERÍSTICA	P1	P2	P3	PONDERACIÓN
CALIDAD	97	82	75	60
SERVICIO	70	50	50	40
PRECIO	$93,\widehat{33}$	100	100	30

Las ponderaciones pueden ser, numéricamente hablando, las que deseemos. No suele ser demasiado fácil escogerlas, dado que los criterios no son siempre cuantitativos. Además dependerán del tipo de sector de operación y de muchas más circunstancias. Por ejemplo, en el sector farmacéutico y químico la calidad es lo más importante. Un error de etiquetado o un envase defectuoso puede ocasionar daños materiales y humanos irreparables. Y se exigirá la «calidad total» al precio que sea. Análogamente, un cierto componente electrónico defectuoso ocasionará que un electrodoméstico no funcione; peor será que por el defecto un aparato en electromedicina proporcione información errónea. En estos casos, la calidad será practicamente lo único valorable. En otros sectores no tendrá apenas importancia un envase en malas condiciones, por ejemplo, ya que su precio puede ser insignificante o las consecuencias perfectamente inocuas.

La expresión para la evaluación definitiva de los proveedores, según las ponderaciones dadas, es la misma que la de la media aritmética ponderada. Es decir:

$$E = \frac{(P_c \cdot C) + (P_s \cdot S) + (P_p \cdot P)}{P_c + P_s + P_p}$$

donde:

P_c = ponderación de la característica calidad,
P_s = ponderación de la característica servicio,
P_p = ponderación de la característica precio,
C = calificación de la calidad,
S = calificación del servicio,
P = calificación del precio,
E = evaluación definitiva para cada proveedor.

Para el proveedor 1

$$E_1 = \frac{(P_c \cdot C_1) + (P_s \cdot S_1) + (P_p \cdot P_1)}{P_c + P_s + P_p} =$$

$$= \frac{(60 \times 97) + (40 \times 70) + (30 \times 93,\widehat{33})}{60 + 40 + 30} =$$

$$= \frac{(5.820) + (2.800) + (2.800)}{130} = 87,85$$

Para el proveedor 2

$$E_2 = \frac{(60 \times 82) + (40 \times 50) + (30 \times 100)}{130} = 76,31$$

Para el proveedor 3

$$E_3 = \frac{(60 \times 75) + (40 \times 50) + (30 \times 100)}{130} = 73,08$$

Con lo que el mejor proveedor, a pesar de tener el mayor precio, es el proveedor número uno. Pero ya hemos dicho que existen otras circunstancias que definen el comportamiento del proveedor.

Por ejemplo, podemos citar:

— Descuentos.
— Embalaje.
— Transporte.
— ¿Admite revisión de precios?
— Experiencia anterior.
— Capacidad de supervisión.
— Validez de la oferta.
— Situación financiera.
— Artículo de importación.
— ¿Pesetas, o moneda extranjera?
— Localización.
— Calidad de la gestión.

5. FÓRMULAS DE NEGOCIACIÓN DE PRECIOS

Cuando se contemplan los contratos para períodos de tiempo elevados, mínimo un año, es más que conveniente incluir una fórmula de revisión de precios que actúe de forma objetiva para proveedor y cliente a la vez. Estas fórmulas de revisión se diseñan para absorber variaciones en los costes de materiales y mano de obra especialmente. Por supuesto que pueden incluirse otros condicionantes que se deseen y la expresión es similar a la que vamos a presentar.

Estas fórmulas son de especial interés en sectores donde los materiales van a fluctuar constantemente. Pensemos, por ejemplo, en el cobre. Los cables de transmisión eléctrica, sean de potencia o de telecomuncación, incorporan cobre como principal material conductor, aparte de otros diversos con otras funciones, como el aluminio o el polietileno. En especial el cobre sufre tales fluctuaciones de precio que pasa a considerarse material estratégico y por supuesto el precio final del cable dependerá en gran medida del de aquél. El cobre es un material para, incluso, la especulación.

Una expresión simple para la revisión de precios que incorpora materiales y mano de obra puede ser la siguiente:

$$P_t = P_0 \cdot \left[P_1 + P_2 \left(\frac{C_{mt}}{C_{m0}}\right) + P_3 \left(\frac{C_{at}}{C_{a0}}\right)\right]$$

debe cumplirse que $P_1 + P_2 + P_3 = 1$,

donde:

- P_1 = parte fija del precio inicial pactado y no sujeta a revisión,
- P_2 = ponderación o valoración subjetiva de la importancia de la relación de costes para la mano de obra en el momento de la entrega y en el momento del acuerdo,
- P_3 = ídem para los costes de las materias primas, componentes y auxiliares,
- C_{mt} = coste de la unidad de mano de obra en el momento t de la entrega,
- C_{m0} = ídem en la oferta,
- C_{at} = ídem para los materiales a la entrega,
- C_{a0} = ídem para la oferta,
- P_0 = precio inicial firmado,
- P_t = precio revisado mediante la expresión adoptada.

Si admitimos que las importancias relativas para mano de obra y materiales son del 30 y 40% respectivamente, reservando un 30% fijo del precio inicial P_0, la expresión queda:

$$P_t = P_0 \cdot \left[0,3 + 0,3 \left(\frac{C_{mt}}{C_{m0}}\right) + 0,4 \left(\frac{C_{at}}{C_{a0}}\right)\right]$$

cumpliéndose que

$$P_1 + P_2 + P_3 + = 0,3 + 0,3 + 0,4 = 1.$$

Si admitimos que las variaciones en la mano de obra son escasas, dándole una importancia relativa de sólo un 20%, la expresión es:

$$P_t = P_0 \cdot \left[0,3 + 0,2 \left(\frac{C_{mt}}{C_{m0}}\right) + 0,5 \left(\frac{C_{at}}{C_{a0}}\right)\right]$$

Veamos unos ejemplos:

Sea $P_0 = 70$ u.m./u.d.

Caso 1:

PERÍODO / COSTES	(0) a la oferta	(T) a la entrega
C_m	30	50
C_a	42	41
P	70	78,50

$$P_t = 70 \cdot \left[0{,}3 + 0{,}2\left(\frac{50}{30}\right) + 0{,}5\left(\frac{41}{42}\right)\right] =$$

$$= 70 \cdot \left[0{,}3 + (0{,}3333) + (0{,}4881)\right]$$

$$= 70 \cdot \left[1{,}1214\right] \cong 78{,}50 \text{ u.m/ud.}$$

Es decir, el precio es un 12,14% mayor del inicial firmado. En este caso, al proveedor le interesa que la ponderación P_2 sea la mayor posible, mientras que al comprador le sucede lo contrario. Es la habilidad particular la que decide las ponderaciones, en base a informaciones o previsiones en la evolución de los conceptos de coste de mano de obra y materiales. También debe acudirse a publicaciones que recogen índices generales y específicos de evolución de los precios.

Caso 2:

Sean los mismos valores de C_m y C_a de la tabla anterior, pero con otra fórmula de revisión de precios:

$$P_t = 70 \cdot \left[0{,}3 + 0{,}5\left(\frac{50}{30}\right) + 0{,}2\left(\frac{41}{42}\right)\right] =$$

$$= 70 \cdot \left[0{,}3 + (0{,}8333) + (0{,}1952)\right]$$

$$= 70 \cdot \left[1{,}3285\right] \cong 93 \text{ u.m/ud.}$$

Ahora el precio a la entrega ha crecido un 32,85% sobre el inicial. Sólo una negociación adecuada establecerá la justa ponderación, absorbiendo proveedor y comprador de manera justa y equitativa las previstas fluctuaciones.

Por supuesto que pueden introducirse otros términos en la negociación. En general, podemos escribir que:

$$P_t = P_0 \cdot \left[P_1 + P_2\left(\frac{V_{1t}}{V_{10}}\right) + P_3\left(\frac{V_{2t}}{V_{20}}\right) + P4\left(\frac{V_{3t}}{V_{30}}\right) + \ldots\right]$$

siempre y cuando $P_1 + P_2 + P_3 + P_4 + \ldots = 1$

donde V_{1t} es la variable 1 fluctuante a la entrega,
V_{10} es la variable fluctuante a la oferta,
$V_2, V_3, V_4, \ldots$, son las variables en la negociación.

Para el establecimiento de una fórmula de revisión de precios, es aconsejable tener presentes ciertas observaciones:

— Establecer con claridad el período de tiempo de validez de la fórmula.

— Determinar una expresión clara y eficaz que tenga en cuenta los costes verdaderamente relevantes.

— Buscar información sobre números índice en fuentes fiables y en número suficiente para tomar una decisión negociadora.

— Tener en cuenta en la fórmula, si existe, el reabastecimiento uniforme y las entregas parciales.

— Acordar los límites de validez en la fórmula para las variables de costes, estableciendo un mínimo y un máximo.

— Contrastar cualquier tipo de información que provenga de la otra parte negociadora.

6. CURVA DE APRENDIZAJE

La curva de aprendizaje puede tener aplicación en algunos casos como buen instrumento para la negociación de fórmulas de revisión de precios, en lo que concierne a los costes de la mano de obra. Puede aplicarse fundamentalmente en el caso de que un comprador adquiera artículos que son nuevos para el fabricante proveedor de dicho comprador.

El concepto en el que se basa la curva de aprendizaje es bien simple: con la repetición de una tarea se adquiere práctica y se gana en velocidad y eficacia, aumentando el rendimiento o productividad. Así, pues, un comprador puede usar este concepto para ir reduciendo progresivamente hasta un cierto límite el precio unitario, estimando que los costes laborales del fabricante-proveedor irán bajando con el tiempo.

Pero ya hemos dicho que no siempre puede ser adecuada la aplicación de la curva. Concretamente, conviene en los siguientes casos:

— para piezas no estandarizadas,
— para volúmenes grandes de contratación,
— cuando el mercado no es de libre competencia,
— cuando la mano de obra es porcentualmente muy superior a otros costes relevantes.

Pues bien, admitamos una reducción porcentual constante unitaria cada vez que se produce el doble de piezas que en el instante anterior.

En este supuesto, si la reducción porcentual es del noventa por ciento cada vez que se dobla la producción, los puntos de la curva de aprendizaje serán los de la tabla siguiente:

NÚMERO DE UNIDADES	TIEMPO DE TRABAJO
1	100,00
2	90,00
4	81,00
8	72,90
16	65,61
32	59,05
64	53,15

Es decir, según se aprecia, para fabricar una unidad especial se estiman cien unidades de tiempo; al realizar dos, un noventa por ciento solamente o, lo que es lo mismo, un diez por ciento menos, noventa unidades de tiempo, y así sucesivamente. Resultando que para fabricar sesenta y cuatro unidades especiales sólo se requiere un 53,15% del tiempo unitario empleado en fabricar la primera unidad.

Con esto puede indicarse que la productividad se incrementa en este último caso en un (100 – 53,15) = 46,85%, sirviendo este dato como una reducción de costes a considerar en la fórmula de revisión de precios. La curva puede representarse en un sistema de ejes coordenados de la siguiente manera:

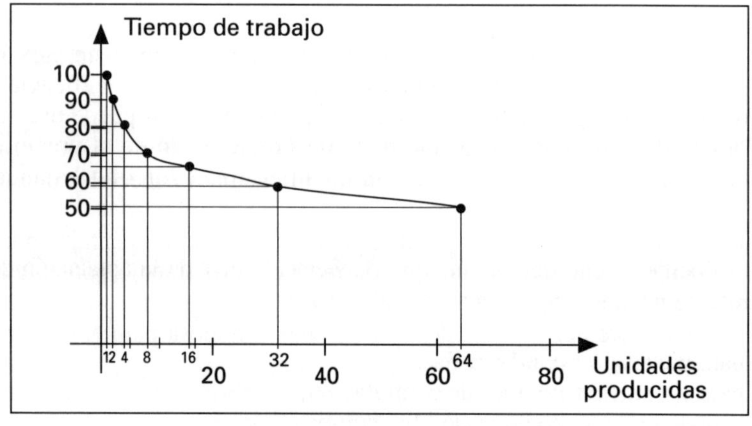

Curva de aprendizaje del 90%

Análogamente, la curva del 80% será:

NÚMERO DE UNIDADES	TIEMPO DE TRABAJO
1	100,00
2	80,00
4	64,00
8	51,20
16	40,96
32	32,77
64	26,21

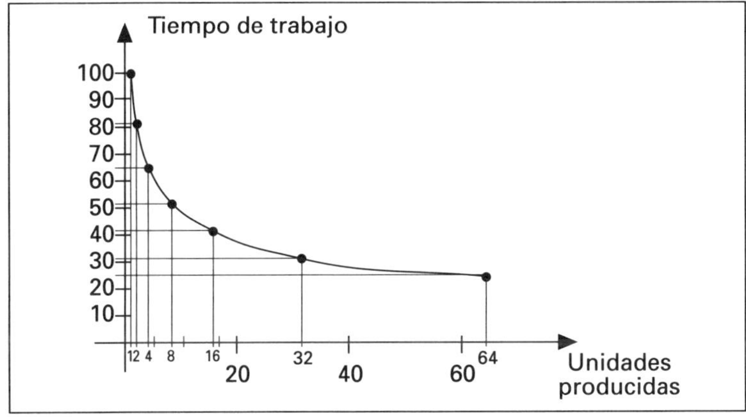

Curva de aprendizaje del 80%

Para no hacer un uso inadecuado de la curva, han de tenerse en cuenta las siguientes observaciones:

— No aplicarla a productos estándar.
— No aplicarla cuando se incorporen modificaciones especiales que no hayan sido previstas anteriormente.
— Cada caso concreto corresponde a una curva de un porcentaje concreto. Incluso puede encontrarse una ley de reducción de trabajo porcentual que no sea constante.
— Una curva de aprendizaje del 80% es más ventajosa para el comprador que una del 90%.
— Deben contrastarse las curvas dadas por el fabricante, sobre todo en base a la observación anterior.
— Por supuesto, debe admitirse por ambas partes la curva como instrumento de negociación de precios.

7. INDICADORES DE GESTIÓN

Se reproducen a continuación algunos números índice de utilidad en la gestión de aprovisionamiento, tanto para la calificación de proveedores como para nuestro propio control y planificación logística.

Para coste de materiales vendidos:

$$\frac{\text{Coste de materiales}}{\text{Ventas}} \times 100$$

Deberá ser lo menor posible.

Rotación de stocks:

$$\frac{\text{Consumo}}{\text{Stock total}}$$

Financiación de proveedores:

$$\frac{\text{(Período medio de pago) x (Rotación de stocks)}}{365} \times 100$$

Debe ser lo más alto posible, pero teniendo cuidado con los recargos financieros.

Calidad de compras:

$$\frac{\text{Valor de las devoluciones a proveedores}}{\text{Valor de las compras}} \times 100$$

Fiabilidad del proveedor:

$$\frac{\text{Valor de los pedidos retrasados}}{\text{Valor de las compras}} \times 100$$

Anteriormente, en el apartado de valoración de proveedores y comparación de ofertas, hemos utilizado otro concepto más simple para la característica servicio y más concretamente para el plazo de entrega. Ambos pueden servir, siendo además complementarios.

Plazo medio de espera:

$$\frac{\text{Valor de los pedidos pendientes}}{\text{Promedio diario de compras}}$$

Eficacia operativa:

$$\frac{\text{Gastos de operación}}{\text{Valor de las compras}} \times 1.000$$

Esto es similar al «coste promedio de emisión de pedidos». Si multiplicamos por 1.000 el ratio, se está expresando el gasto administrativo de gestión implicado en la compra de mil pesetas.

Carga de trabajo:

$$\frac{\text{Valor de las compras}}{\text{Plantilla del departamento de compras}}$$

Índice de precios de compra:

$$IPC_A = \frac{\Sigma\,(IPC_n) \cdot (q_n)}{\Sigma\, q_n}$$

El índice para un artículo A es directamente proporcional al índice de cada proveedor n multiplicado por la cantidad q adquirida a cada uno de ellos, e inversamente proporcional a la cantidad total adquirida del artículo. Para un solo proveedor:

$$IPC_{At} = \frac{P_t}{P_0} \times 100$$

donde P_0 es el precio de adquisición en el período base elegido.

Lo más importante de los indicadores es el seguimiento de su evolución en el tiempo. Cada empresa, y según el tipo de contabilidad elegida, tendrá sus propios índices, los más adecuados al tipo de gestión establecida.

8. CONSIDERACIONES INTERESANTES PARA LA FUNCIÓN DE COMPRAS

8.1. Orden de compra

Una orden de compra debe incorporar con claridad muchos datos para evitar cualquier mala interpretación que ocasione la entrega de artículos confundidos, en plazo retrasado o en cantidad y calidad erróneas, con el consiguiente deterioro del buen funcionamiento empresarial, en términos de coste por devoluciones y de otra índole.

Se reseñan a continuación algunas anotaciones en la orden de compra que son imprescindibles:

- Fecha de la orden de compra. No confundir con la fecha de redacción de la orden. Debe coincidir con la comunicación oficial con acuse de recibo a ser posible.
- ¿Quién cursó y redactó la solicitud?
- Nombre y dirección completos del comprador.
- Códigos de identificación fiscal.
- Precios unitarios y total de la compra, impuestos incluidos.
- Descripción exhaustiva de los materiales objeto de la orden de compra, y cantidad.

— Fecha de envío.
— Dirección de envío y observaciones importantes (hora, cierres a mediodía, etcétera.)
— Medio de transporte empleado (urgente, aéreo, etc.).
— Portes pagados o debidos.
— Condiciones de pago.
— Confirmación. Indicar si la orden emitida es original o es confirmación de pedido telefónico.
— Cualquier detalle preocupante: advertencias (frágil, urgente, sustitución por devolución…).
— Para comercio internacional, consultar términos de comercio internacional (*Incoterms),* donde se fijan con claridad las obligaciones de cada una de las partes.

8.2. Descuentos

La primera regla a observar es recordar la competencia. Solicítense ofertas a varios proveedores.

No obstante, los descuentos más típicos son los siguientes:

— Descuento comercial. Se hace a ciertos distribuidores. Suele establecerse una escala de descuentos en función de la cantidad comprometida.
— Descuento por cantidad. Por adquisición de grandes cantidades de artículos.
— Descuento por acuerdo temporal. Quizá no se trate de grandes cantidades, pero se firma un contrato para el suministro seguro durante un gran período de tiempo. Debe incluirse aquí fórmula de revisión de precios.
— Descuentos por fin de temporada. Aplicables sobre todo a productos de carácter estacional. Se corre el riesgo de excesivo nivel de stocks y de obsolescencia (artículos de moda pasada).
— Descuentos por pronto pago. Se suelen aplicar como porcentaje del valor neto de la factura. Deben estudiarse con gran minuciosidad, teniendo en cuenta el precio del dinero en el mercado. Suelen expresarse de la forma siguiente:

P % / d neto D días

donde

P % expresa el tanto por ciento de descuento si se paga dentro de los «d» días desde la entrega acusada del pedido,
D es el número máximo de días para pagar sin recargo alguno.

Así, pues, por ejemplo:

2 % / 15, neto 30

Si se paga antes de 15 días, se obtiene un 2% de descuento sobre el precio estipulado.

Se tratará de apurar al máximo, pagando el mismo día 15. Si no es posible, se pagará el día 30.

8.3. Recepción e inspección

Una de las funciones más importantes en recepción de materiales en almacén es el control de calidad. Cada vez es más frecuente diferir esta tarea al fabricante-proveedor, estableciendo penalizaciones, en algunos sectores severas, si no se cumplen las especificaciones. Esta labor es delicada y costosa. Un buen acuerdo por ambas partes conciliará posturas.

También es importante la operativa administrativa de inspección y recepción del material. Si es posible, debe hacerse siempre en el mismo lugar y tener el mismo personal encargado, dejando pasar el menor tiempo posible para la formalización de los impresos y documentos necesarios. En ellos debe anotarse cualquier anomalía detectada en embalajes, artículos, y cualquier otra circunstancia digna de mención, tanto buena como mala, ya que ello contribuirá a un mejor servicio en el futuro.

Si deben hacerse devoluciones, se harán lo antes posible, comunicándolo a todas las personas y departamentos implicados, indicando las causas y circunstancias que motivan dichas devoluciones.

8.4. Estrategias en tiempo de crisis

Crisis como sinónimo de cambio. Los precios suben y bajan, según ciclos económicos. Influye la competencia y la escasez de materias primas. Cuando un precio empieza a subir, el miedo a una mayor subida posterior hace que ciertos compradores aumenten excesivamente el tamaño de sus pedidos, no importándoles en absoluto el mantenimiento de un elevado nivel de stock, pensando que podrán beneficiarse de un ahorro posterior. Se crea así una demanda ficticia que tiene un límite, pero que mientras tanto empuja a los precios a seguir subiendo. En este período, es aconsejable mantener el nivel de pedidos habitual, si bien es difícil conseguir una postura conjunta en todos los compradores.

Por otra parte, en épocas de precios a la baja no debe comprarse tampoco grandes cantidades, en parte por la espera de menores precios y en parte por no almacenar artículos sobrevalorados. Además, la demanda parece disminuir así, favoreciendo más aún la bajada de los precios.

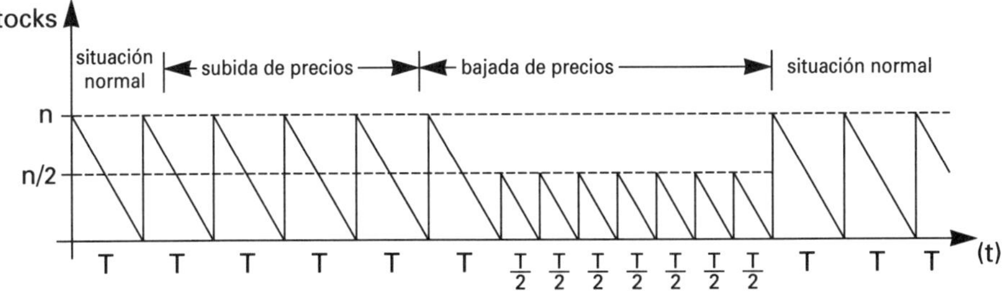

8.5 Compras y stocks

Ya vimos en el segundo apartado de este capítulo cómo es necesaria la colaboración de todos los departamentos empresariales, unos en unas funciones, otros en otras. Concretamente, stocks debe intervenir en la cantidad a comprar (modelos de optimización de gestión de stocks) y cuándo comprar. También determinará la necesidad de compra, sobre todo ante imprevistos aumentos de la demanda, y colaborará en la confección de contratos y en la recepción e inspección de materiales a la entrega por parte del proveedor. Pero para que esta cooperación interdepartamental funcione perfectamente, debe existir comunicación eficaz y rápida. Esto implica una documentación adecuada, cuando no un buen sistema informático. Hoy día, existen ordenadores y sistemas capaces en cuanto a rapidez y capacidad de proceso. Todo, ayudado por sistemas lectores de información láser, código de barras, sistemas de lectura por visión artificial, etc.

Los almacenes automáticos con vehículos autoguiados y otros sistemas hacen que la información adecuada esté disponible en tiempo real. En fin, queda el establecer una metodología ordenada de trabajo que facilite la óptima consecución de los objetivos de la actividad.

Mostramos a continuación un simple esquema que puede ayudarnos a conseguir una buena integración entre los distintos departamentos.

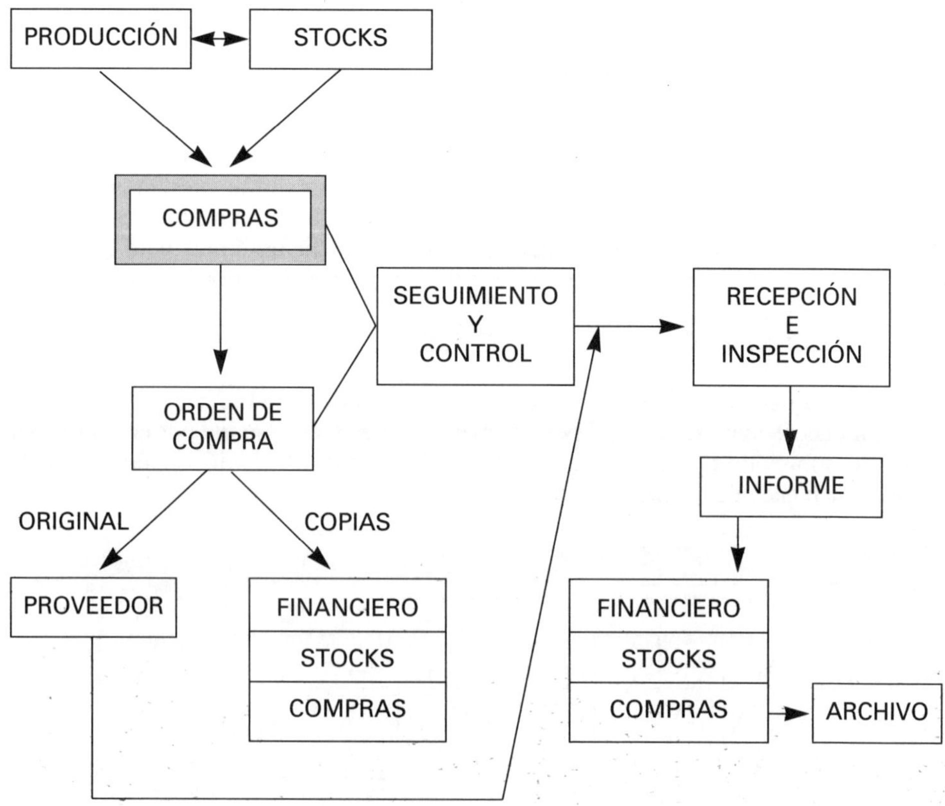

9. PROBLEMAS PROPUESTOS

Problema 1

Una empresa cuenta con diez proveedores para un mismo artículo, cuyas características y valoración se dan en siguiente tabla:

	P1	P2	P3	P4	P5	P6	P7	P8	P9	P10
CALIDAD	6	5	10	6	2	2	1	10	5	6
SERVICIO	6	10	6	2	10	2	10	6	2	2
PRECIO	3	3	5	3	10	5	10	5	10	5

Realizar una clasificación adecuada de los proveedores.

Problema 2

Con los datos del problema anterior, y suponiendo que la calidad se considera el doble importante que el servicio y éste el doble que el precio, evaluar a los proveedores con el objeto de elegir el mejor.

Problema 3

Se obtienen los siguientes datos para cinco proveedores habituales:

	P1	P2	P3	P4	P5
CALIDAD	18	12	5	20	11

La calidad se mide en número de defectuosos por pedido. Los proveedores P1, P3 y P5 sirven anualmente mil unidades de artículos en doce veces con un período de aprovisionamiento constante, y los proveedores P2 y P4 sirven 500 unidades en cuatro veces al año. Los retrasos en los pedidos se cuantifican en la tabla siguiente:

	P1	P2	P3	P4	P5
RETRASOS	1	0	2	1	3

Los precios unitarios de adquisición para el artículo son los siguientes:

	P1	P2	P3	P4	P5
PRECIO (ptas.)	227	200	199	210	180

Si las características calidad/servicio/retrasos guardan una proporción de importancia 1/2/5, se desea determinar el proveedor más adecuado.

Problema 4

Encargamos a un taller especializado la producción del prototipo industrial de un sistema electromecánico que pensamos lanzar al mercado en breve. El taller nos informa que el número mínimo de unidades del pedido debe ser de tres, que pueden terminarse en una hora. El precio del montaje de dicho prototipo es de 15.000 ptas. por unidad.

Nuestra idea, si funciona el prototipo, es encargar cuanto antes otras cien unidades y, con mucha vista por nuestra parte, antes solicitamos precio para otras seis unidades solamente. El taller nos dice que el precio por unidad para este pedido es de 13.500 ptas.

Con esta información en la mano, solicitamos precio y plazo para las cien unidades a comercializar, resultanto ser 11.000 ptas. por sistema.

— ¿Podemos aceptar este precio o por el contrario poseemos argumentos para negociar a la baja?
— ¿Cuánto debería ser el precio para un pedido de 200 unidades?
— ¿Cuál será el plazo de entrega mínimo que puede darnos el taller para 100 unidades?
— ¿Y el plazo mínimo para 200 unidades?

Problema 5

Varios proveedores nos pasan las siguientes ofertas de precio y forma de pago:

	PRECIO	FORMA DE PAGO
Proveedor 1	800 ptas.	Sin descuento/contado
Proveedor 2	825 ptas.	3%/15, neto 30
Proveedor 3	830 ptas	5%/5, neto 15

Se desea saber:

— ¿Cuál es la mejor oferta?
— ¿Qué día deberemos pagar?

Problema 6

Se prevé un incremento salarial del 10% como máximo a lo largo de seis meses, mientras que los materiales no es previsible que suban en más de un 15%.

Se firma un contrato de suministro con un cierto fabricante por tiempo indefinido, revisable cada año, y siempre que se cumplan las mínimas condiciones establecidas de calidad y servicio. El precio por artículo inicial firmado es de 100 ptas., incluyendo todos los gastos de transporte, descarga e inspección.

En la fabricación del producto los costes implicados son fundamentalmente de mano de obra y de materiales, siendo el coste de los materiales un 80% del total de los costes. Se admite, por otra parte, un precio mínimo de 110 ptas. dentro de seis meses aunque no suban ni los materiales ni la mano de obra.

— ¿Cuál será el precio máximo previsible dentro de seis meses para el artículo?

Problema 7

Se dispone de tres proveedores con las siguientes ofertas:

	P1	P2	P3
PRECIO (ptas./ud.)	300	280	260
CALIDAD (n.º de defectos)	125/500	180/1.000	30/1.000
SERVICIO (n.º de retrasos)	0	5/20	10/20

Las características guardan una relación de importancia 2/4/8.

Evaluar a los proveedores.

Problema 8

En las condiciones del problema propuesto anterior, se reciben ofertas de los proveedores en cuanto a la forma de pago. Estas son:

	P1	P2	P3
FORMA DE PAGO	+15% anual a 30 días	Contado	+10% anual a 60 días

Evaluar nuevamente a los proveedores.

Problema 9

Dada la lista de proveedores y sus características siguientes:

	P1	P2	P3	P4	P5	P6	P7	P8
CALIDAD (% defectos)	0,1	2	1	6	1	6	1	0,2
SERVICIO (% retrasos/pedido)	4	1	0,2	4	1	0,2	4	0,3
PRECIO (ptas./ud.)	1.000	800	900	990	950	840	1.000	1.000
FORMA DE PAGO	5%10, neto 60	CONTADO	5%/15, neto 30	5%/10, neto 30	2%/30, neto 60	CONTADO	5%/15, neto 30	5%10, neto 30

Siendo el interés para la financiación de un 20%, se desea:

— Clasificar a los proveedores mediante el método ABC.
— Dibujar las curvas de Pareto.
— Evaluar a los proveedores.
— ¿Cuál es el proveedor más conveniente?
— ¿Cuál es el más conveniente si el tipo de interés para la financiación es del 10%?

Nota: La característica de calidad tiene una importancia subjetiva de 10, el servicio, un 100% más, y el precio y forma de pago, una importancia de 30.

Capítulo 6
Gestión de stocks

1. Cálculo de niveles de stock. Parámetros básicos
2. Programación de órdenes de pedido. Punto de pedido
   2.1. Programación temporal
   2.2. Programación por punto de pedido
3. Sistemas de revisión
   3.1. Revisión periódica
   3.2. Revisión continua
4. Incidencias básicas en la gestión de stocks. Nivel de servicio
5. Definición y simplificación de costes. Representación
6. Modelo de Wilson. Lote económico de pedido y coste total mínimo
7. Caso práctico
8. Desviación sobre el lote económico
9. Sensibilidad
10. Cálculo del LEP en función del precio. Un factor de almacén
11. Influencia de la relación entre costes en el cálculo del modelo de Wilson
12. Gestión de stocks con ruptura
13. Función de costes con ruptura
14. Tasa de ruptura
15. Caso práctico. Ventajas de la ruptura
16. Reabastecimiento uniforme. Entrada y salida simultáneas
17. Función de coste para reabastecimiento uniforme
18. Caso práctico. Punto de pedido
19. Modelos de gestión con descuento para grandes pedidos
20. Formulario
21. Problemas propuestos

1. CÁLCULO DE NIVELES DE STOCK. PARÁMETROS BÁSICOS

Se trata de representar gráficamente el número de unidades que existen en almacén de un cierto artículo en función del tiempo. Así pues, en el eje de abcisas colocaremos la variable tiempo (t) en las unidades que nos interese (días por ejemplo), y en el eje de ordenadas, la variable número de unidades (n).

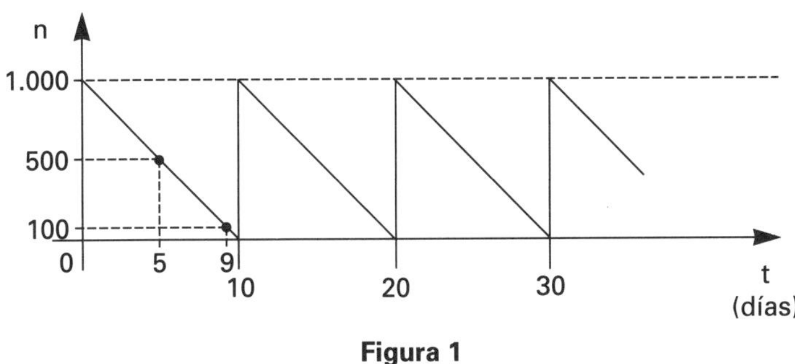

Figura 1

Para el desarrollo de nuestro estudio vamos a considerar una situación determinista de la demanda, es decir, una demanda uniforme o constante y, además, conocida. Estos supuestos pueden parecer en principio muy restrictivos, pero existen muchas situaciones en la práctica que pueden adaptarse a este modelo. Por ejemplo, pensemos en una gran fábrica de automóviles. En realidad, la demanda llega al límite con la capacidad de producción de la fábrica. En el caso de producción a plena capacidad la demanda es conocida, de modo que, pensando de otra forma, es como decir que la oferta no puede superar dicha capacidad. Y es lógico que se produzcan las unidades de forma uniforme, a tantas por día. Llegamos, pues, a una situación determinista. En muchos otros sectores productivos (vidrio, plásticos, transporte...) puede darse tal situación.

Incluso para artículos de menor importancia en lo que a costes se refiere puede utilizarse este modelo (artículos clasificados como C) aunque la demanda no corresponda a nuestras hipótesis.

Definiremos a continuación la «tasa de demanda» d como la cantidad de artículos solicitada por los clientes por la unidad de tiempo. Si deseamos controlar diariamente el almacén, podría ser:

$$d = 100 \, \frac{\text{uds.}}{\text{día}}$$

Partamos de que en el almacén existen mil unidades el día cero. Con el valor de d considerado se consumirán a lo largo de este día 100 unidades, por lo que el día 1 quedarán 900 unidades, el día 2 quedarán 800 unidades y así sucesivamente hasta el día 10, momento en el cual se habrán consumido las 1.000 unidades existentes al principio, quedando a cero el nivel de stock del artículo gestionado (ver figura 1).

Analíticamente, las unidades consumidas de almacén pueden expresarse como el producto de d por t.

Llegados al día 10, no tenemos otro remedio que aprovisionarnos de nuevo para poder atender la demanda, cursando un pedido a proveedores.

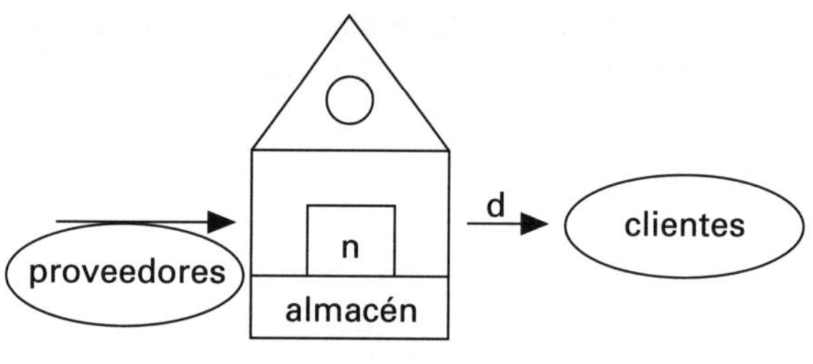

Figura 2

Nuevamente vamos a realizar otro supuesto: el «aprovisionamiento instantáneo», que es como decir «plazo de entrega» nulo:

$$PE = 0$$

Con esta hipótesis se cursa el pedido el día 10 y se recibe instantáneamente, restableciendo el nivel de stock para el artículo al número de unidades solicitadas, que en este caso supondremos que es también 1.000. A partir de este momento, la evolución del nivel es idéntica al anterior período, originándose el típico «diente de sierra» de la figura 1.

Esta nueva hipótesis puede parecer también demasiado restrictiva, pero pensemos que el almacén motivo de la gestión es un almacén de entrada para materias primas (o componentes) instalado junto a la unidad de producción (figura 3).

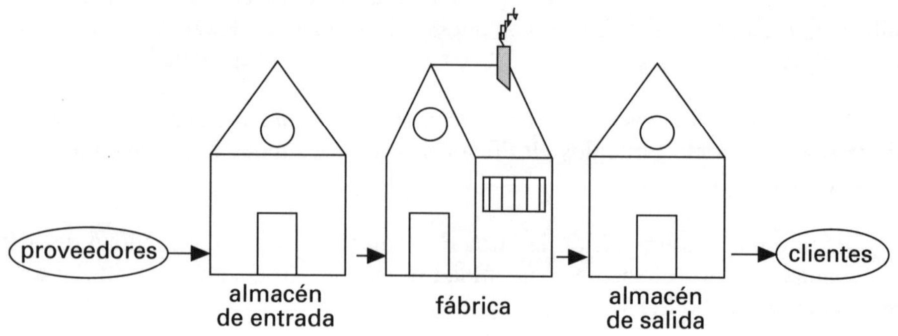

Figura 3

Siempre y cuando haya existencias, el traslado de materias hasta el sistema de producción puede ser inmediato. En cualquier caso, veremos más adelante el caso de plazo de entrega no nulo.

Hasta aquí tenemos definida la gráfica representativa del nivel de stock en el tiempo. Con el diente de sierra originado podemos definir la capacidad de almacén que coincidirá con el nivel de stock máximo:

$$n_{máx} = 1.000 \text{ uds.}$$

Será de utilidad posteriormente el cálculo del nivel medio de stock. En nuestro simple caso (línea recta), el valor medio de stock es:

$$n_m = \frac{n_{máx}}{2} = \frac{1.000}{2} = 500 \text{ uds.}$$

Se interpreta pensando que por término medio existen en almacén 500 unidades diarias, y esto puede decirse así a efectos del cálculo de costes que trataremos más adelante. La verdad es que el día 0 hay 1.000 unidades, mientras que el día 10 hay cero unidades; el día 1 quedan 900 unidades, mientras que el día 9 sólo quedan 100 unidades; el día 2 hay 800 unidades, por 200 unidades el día 8, etc. Vemos que como promedio existen 500 unidades diarias.

El nivel medio n_m puede calcularse mediante la media aritmética de las existencias diarias (figura 4).

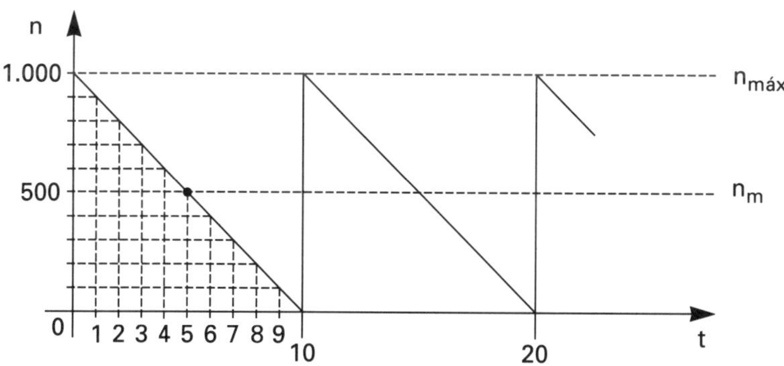

Figura 4

$$n_m = \frac{n_0 + n_1 + n_2 + n_3 + n_4 + n_5 + n_6 + n_7 + n_8 + n_9 + n_{10}}{11} =$$

$$= \frac{1.000 + 900 + 800 + 700 + 600 + 500 + 400 + 300 + 200 + 100 + 0}{11} = 500$$

Este procedimiento es particularmente útil cuando el diente de sierra no corresponde a un único trazo recto por período, o es curvo. En este último caso pueden emplearse elementos matemáticos para el cálculo del valor medio (figura 5).

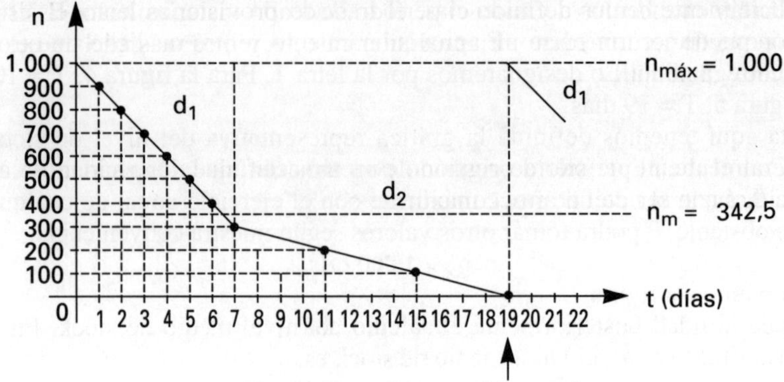

Figura 5

En esta figura vemos que existen dos tramos rectos por período de reaprovisionamiento (cada 19 días). Para el primer tramo la tasa de demanda d_1 es de 100 unidades diarias y para el segundo tramo d_2 es de 25 unidades diarias.

En esta gráfica,

$$n_{máx} = 1.000 \text{ uds.}$$

$$= \frac{1.000 + 900 + 800 + 700 + 600 + 500 + 400 + 300 + 275 + 250 + 225 + 200}{20} +$$

$$+ \frac{+175 + 150 + 125 + 100 + 75 + 50 + 25 + 0}{20} = \frac{6850}{20} = \underline{342{,}50}$$

El nivel medio es de 342,50 unidades por cada día del período de reaprovisionamiento.

Otras formas de las gráficas de niveles de stocks vienen presentadas en la figura 6.

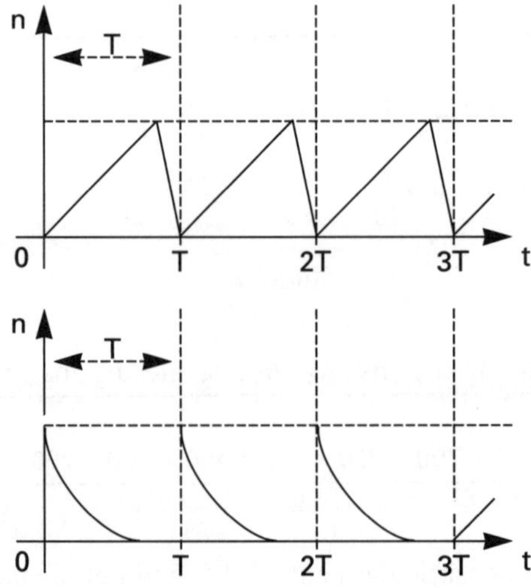

Figura 6

Implícitamente hemos definido el período de reaprovisionamiento: Es el período de tiempo que transcurre entre un aprovisionamiento y otro o, dicho de otro modo, entre pedido y pedido. Lo designaremos por la letra T. Para la figura 4, T = 10 días y para la figura 5, T = 19 días.

Generalmente, el período de gestión de un almacén, que designaremos con la letra griega θ, suele ser de un año, coincidente con el ejercicio anual de cualquier empresa. No obstante, θ podrá tomar otros valores según nuestra conveniencia.

Observemos la figura 7.

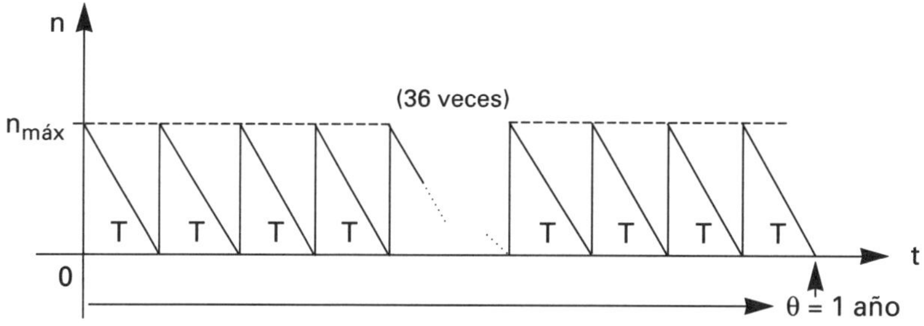

Figura 7

Si elegimos θ = 1 año = 360 días, el número de dientes que tendrá el diente de sierra en ese tiempo será el cociente entre θ y T. Esto es lo que se llama «rotación», y expresa el número de veces que se repite el diente, o bien el número de períodos de reaprovisionamiento, o bien el número de pedidos o de lotes en el período θ, en nuestro caso un año. Analíticamente:

$$r = \frac{\theta}{T} = \frac{360}{10} = 36 \text{ lotes /año}$$

Veamos que puede expresarse de otra forma. Sigamos con la figura 4. Si cada vez que pido son 1.000 unidades, y pido 36 veces al año, el total de unidades que pasan por el almacén, o la demanda anual N, será:

$$N = 36 \times 1.000 = 36.000 \text{ uds.}$$

Es fácil ver que

$$r = \frac{N}{n_{máx}} = \frac{36.000}{1.000} = 36$$

Luego podemos poner que

$$\boxed{r = \frac{\theta}{T} = \frac{N}{n_{máx}}}$$

ecuación fundamental que nos acompañará en toda gestión de stocks.

2. PROGRAMACIÓN DE ÓRDENES DE PEDIDO. PUNTO DE PEDIDO

2.1. Programación temporal

En los siguientes datos (figura 8):

$$d = 100 \text{ uds./día}$$
$$n_{máx} = 1.000 \text{ uds.}$$
$$\theta = 360 \text{ días.}$$
$$T = 10 \text{ días.}$$
$$N = 36.000 \text{ uds.}$$
$$PE = 0$$

se observa que se cumple la ecuación fundamental

$$r = 36 = \frac{\theta}{T} = \frac{360}{10} = \frac{N}{n} = \frac{36.000}{1.000}$$

Dado que todavía estamos con aprovisionamiento instantáneo o plazo de entrega nulo, los pedidos se cursarán justo en el momento en que el almacén se quede a cero unidades del artículo a gestionar. Así, pues, los pedidos se harán los días 10, 20, 30, …, 350 y 360.

Si las condiciones de partida no varían, y esto es muy importante tenerlo en cuenta, se podrá establecer un plan temporal de órdenes de pedido OP para las fechas anteriormente indicadas, y simbolizadas en la figura 8 mediante OP.

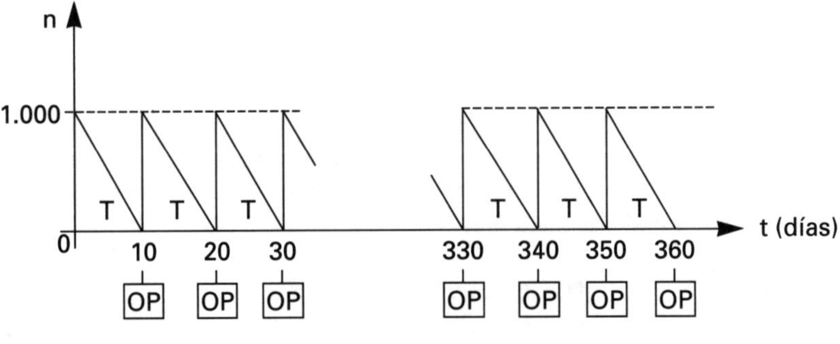

Figura 8

Ahora imaginemos que el plazo de entrega que nos da nuestro proveedor es de tres días, por ejemplo, o sea:

$$PE = 3 \text{ días}$$

Lógicamente, deberemos cursar el pedido tres días antes de que sepamos que nos vamos a quedar a cero, esto es, los días 7, 17, 27, 37, …, 347, 357.

La programación temporal, en este caso, es la dibujada en la figura 9.

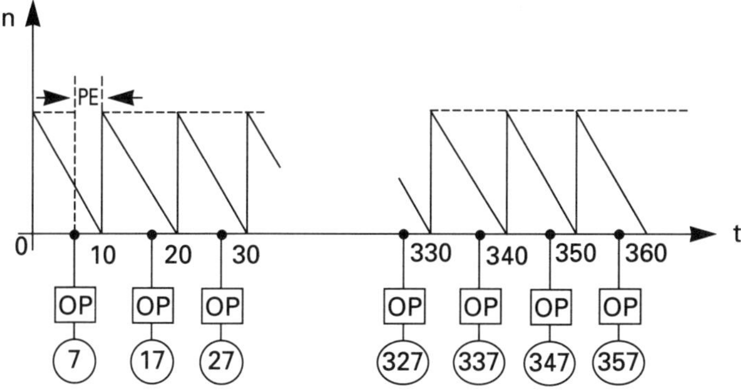

Figura 9

2.2. Programación por punto de pedido

Conceptualmente la metodología es similar a la descrita en el apartado anterior. Volvamos a la figura 8. Es lo mismo decir que cursaremos pedido los días 0, 10, 20, 30, ..., que cuando la cantidad de artículo en almacén sea n = 0. Analicemos ahora la figura 9. Es lo mismo decir que cursaremos pedido los días 7, 17, 27, 37, ..., que cuando la cantidad de artículo en almacén sea n = 300 unidades. Veamos esto con más detalle en la figura 10.

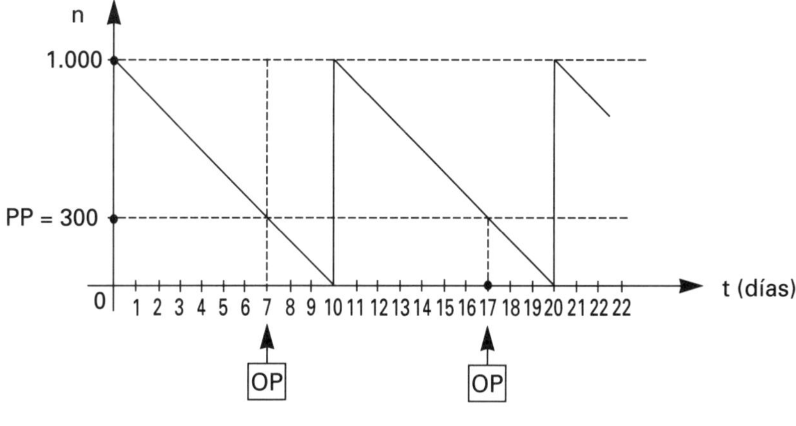

Figura 10

El día 7, 17, 27, ..., tendrá que haber en almacén 300 unidades exactamente para poder llegar a los días 10, 20, 30, ..., dado que la tasa de demanda es de 100 unidades/día.

Démonos cuenta de que la existencia del nivel 300 unidades es común a los días de pedido OP. Luego bastará fijar esta cantidad como «punto de pedido» en vez de fijar los días. Analíticamente puede ponerse que

$$PP = d \times PE = 100 \times 3 = 300 \text{ uds.}$$

Pero ¡cuidado!, que ésta no es una fórmula que sirva para calcular el punto de pedido en cualquier situación. Nos sirve con los supuestos hasta aquí planteados. Veremos más adelante otras formas razonadas de cálculo.

Entonces, una vez fijada la cantidad PP = 300, será necesario controlar el nivel de existencias en almacén. Cuando al efectuar un recuento del artículo veamos que hay esa cantidad o una muy próxima a ella, cursaremos la orden de pedido.

Este sistema tiene ventajas importantes respecto a la simple programación temporal. La principal de todas es que pueden detectarse inmediatamente aumentos imprevistos de la demanda o retrasos en los plazos de entrega de proveedores. Ello dependerá, además, del sistema de revisión de inventarios o stocks implantado. De esto hablaremos a continuación.

3. SISTEMAS DE REVISIÓN

3.1. Revisión periódica

Consiste en calcular el nivel de existencias cada cierto tiempo. Este tiempo vendrá fijado, sobre todo, por nuestra disponibilidad de recursos humanos y/o materiales para realizar el recuento y de cómo esté organizado el control de entradas y salidas del almacén.

Si nuestro personal es poco y nuestros artículos muchos, será casi imposible controlar los niveles y a diario. Se establecerá un recuento periódico, cada semana por ejemplo. Durante este tiempo existe el riesgo de que la demanda aumente y no lo detectemos, no teniendo, por tanto, tiempo para reaccionar cuando hayamos agotado las existencias antes de recibir el nuevo pedido.

3.2. Revisión continua

Hoy día es posible gracias a los almacenes automatizados y al control de entradas y salidas informatizadas. En cada momento es posible saber el nivel de stock para cada artículo sin necesidad de hacer un recuento específico.

En las figuras 11 y 12 se presentan los distintos sistemas de revisión periódica y continua.

Analicemos la figura 11.

Los días marcados con R son días de revisión. Se ve que el perído de revisión es de 7 días. Supongamos que no conocemos con exactitud la evolución de la demanda, por tanto puede presentar la forma dibujada.

El día cero hay 1.000 unidades del supuesto artículo a gestionar. La próxima revisión es el día 7. Con la evolución dada nos encontraremos este día con 200 unidades. Como sabemos que la próxima revisión es siete días más tarde y que previsible-

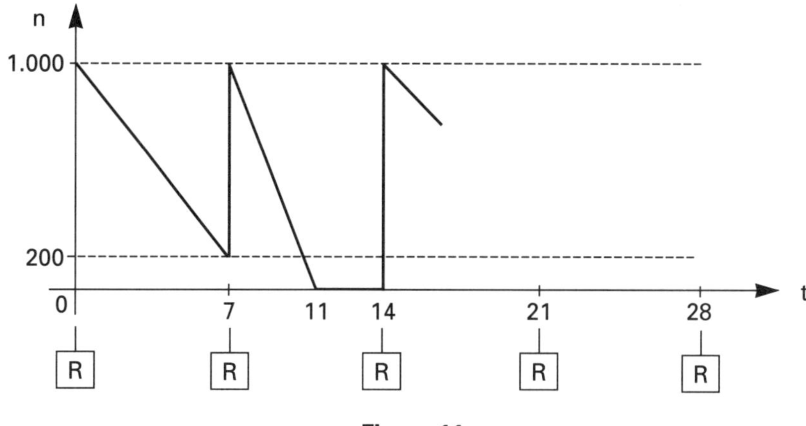

Figura 11

mente estas 200 unidades se agotarán antes de aquélla, deberíamos cursar un pedido que alcance a llenar de nuevo el almacén, es decir, de 800 unidades, que si es PE = 0, llegarán instantáneamente.

Pero a partir del día 7 la demanda aumenta considerablemente, lo que se traduce en un trazo recto de mayor pendiente, llegando a cero el stock antes de la próxima revisión del día 14, concretamente el día 11. Entre los días 11 y 14 se produce lo que se conoce con el nombre de «ruptura de stock», días en los que no podemos servir a clientes por haber ausencia del artículo. Y en este sistema de revisión no puede remediarse, teóricamente, hasta el día 14, donde se pedirán 1.000 unidades al proveedor.

Esta situación podría haberse evitado en un sistema de revisión continua (figura 12).

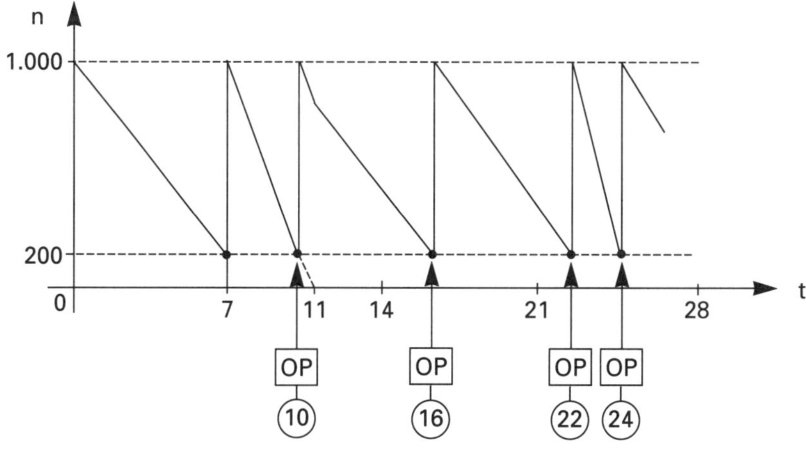

Figura 12

Dado que la revisión es diaria y supuesto fijado un nivel del que no se debe sobrepasar, en nuestro caso 200 unidades, por ejemplo, se aprecia que el día 10 no se ha llegado a este nivel, momento en el cual se cursa pedido hasta la capacidad máxima de almacén, o sea, OP = 800 unidades. Lo mismo ocurre los días 16, 22, 24, etc. Por supuesto, aquí no cabe hablar de programación de órdenes de pedido, ya que la demanda no es conocida ni uniforme, sino aleatoria.

Obsérvese que en nuestro ejemplo de la figura 12 se trata de no bajar en almacén de 200 unidades. Esta cantidad podrá tomarse como punto de pedido y, además en este caso simple, como un «stock de seguridad», ya que en almacén siempre existen 200 unidades como mínimo, como reserva, digamos, como seguridad de no quedarnos sin artículo.

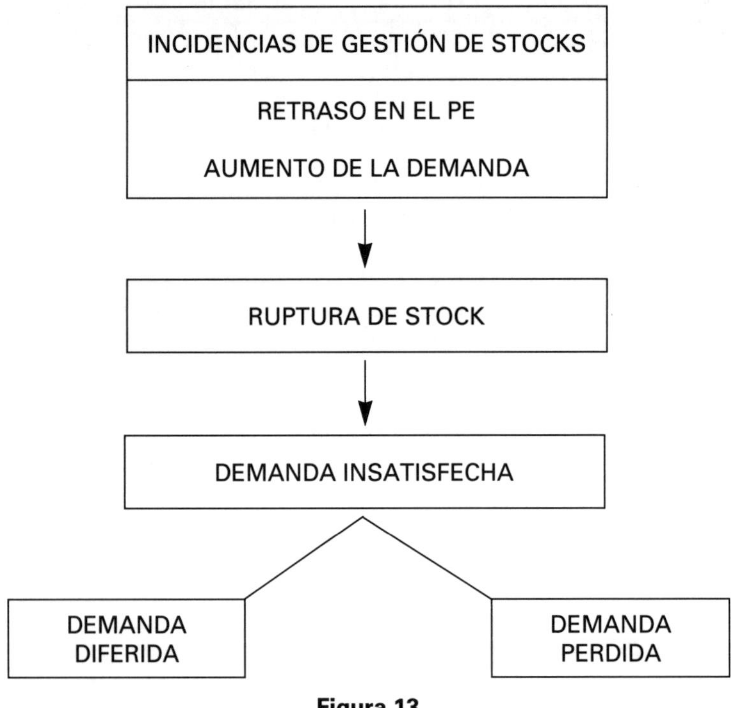

Figura 13

4. INCIDENCIAS BÁSICAS EN LA GESTIÓN DE STOCKS. NIVEL DE SERVICIO

Sigamos el esquema de la figura-cuadro 13. Si nuestro pedido se retrasa, que es como decir que nuestro proveedor no cumple el plazo de entrega dado, podemos quedarnos sin existencias de artículo en almacén. Entonces se habrá producido la ruptura de stock. Pero puede ocurrir lo mismo si aparece un aumento inesperado de la demanda. Veámoslo graficamente.

En la figura 14 el artículo presenta una d = 100 unidades/día, un PE = 0 y un $n_{máx}$ = 1.000 unidades. Todo va perfecto hasta el día 30 en el que se espera un nuevo pedido. Si éste no llega, no podremos atender la demanda este día ni la de los días siguientes hasta que no llegue el pedido. Esta situación de ruptura provoca una caída del diente de sierra por debajo del eje de tiempos, que es como pensar que en el alma-

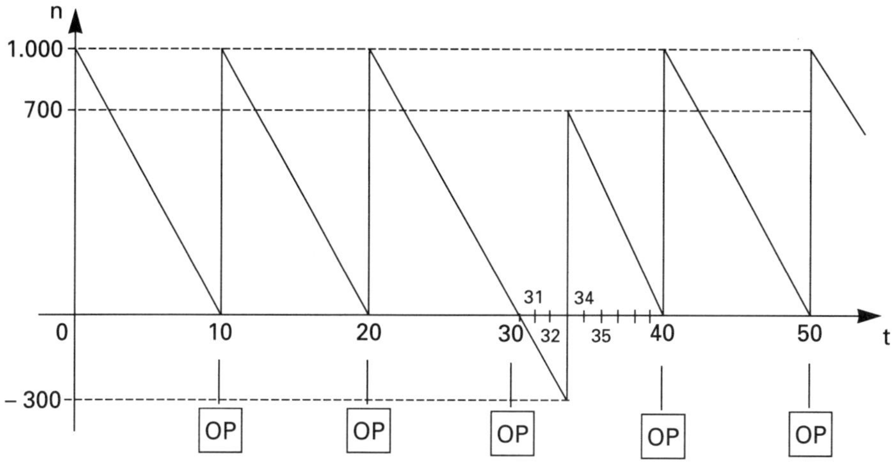

Figura 14

cén tengo unidades negativas. Realmente, esto expresa una deuda para con nuestros clientes del día 30, 31 y 32.

Supongamos que el pedido llega, por fin, con tres días de retraso, el día 33. Hasta entonces hemos acumulado una deuda de 100 unidades por cada día, es decir, 300 unidades (como si en almacén hubiera –300 unidades). Este día llegan las 1.000 unidades y nada más recibirlas se sirven las 300 debidas y se almacena el resto, 700 unidades. A partir del día 33 podemos funcionar con normalidad sirviendo a los clientes sus 100 unidades diarias requeridas. Hasta el día 40 desde el día 33 vamos sirviendo las 700 unidades a razón de 100 diarias. El día 40 nos quedamos a cero, pero si todo va bien, llegará el pedido programado, restableciéndose así el nivel de almacén y, en general, el diente de sierra. El otro caso de aumento inesperado de la demanda puede verse en la figura 15.

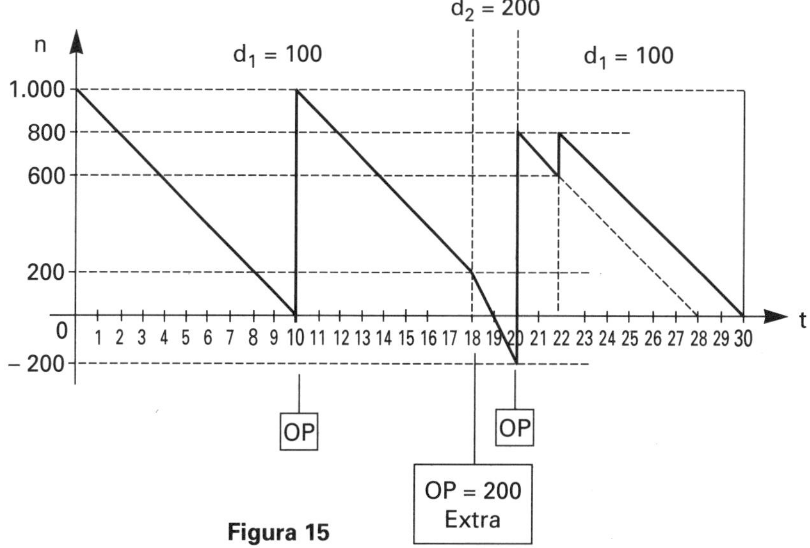

Figura 15

Empezamos operando con una tasa de demanda d_1 = 100 unidades/día, hasta el día 18, en que se produce una d_2 = 200 unidades/día. Este día tenemos en almacén 200 unidades y al producirse la nueva d_2, se sirven todas el día 19, quedándonos por tanto en ruptura este día.

Si no tenemos más remedio que esperar la OP del día 20, el día 19 no podremos servir. Alguien podría pensar que si tenemos una revisión continua o el departamento de pedido informa a gestión de stocks del aumento de la demanda, se podría reaccionar pidiendo urgentemente a proveedor un pedido extra. En la realidad no es tan sencillo. Hay que pensar que de la misma forma que nosotros programamos nuestros pedidos, los proveedores programan sus servicios y no pueden en la mayoría de los casos atender imprevistos con la eficacia deseada. Otra solución sería analizar el cliente nuevo que ha provocado el aumento de demanda. Quizá entonces sería posible no atender inmediatamente a éste y darle un plazo de entrega estimado, para poder atender a los clientes de siempre sin producir ruptura. Pero todo este mecanismo requiere una gran coordinación interdepartamental y una gran eficacia a la vez que flexibilidad.

Supongamos que todo esto no es posible y que atendemos toda la demanda diaria según se nos presenta. Entonces se producirá inexorablemente la ruptura el día 19 y durará hasta el día 20, en que llegará el pedido programado. Hasta este día habremos acumulado una deuda de 200 unidades que serviremos inmediatamente, restableciendo un nivel de stock de hasta 800 unidades.

Supongamos que a partir del 20 volvemos a tener una d_1 = 100. La pendiente de la recta vuelve a tener la inclinación de antes. Pero ¡cuidado! Deberemos cursar una OP extra para poder llegar al día 30 sin ruptura. En efecto, si no existe OP extra, la evolución del nivel es la de la línea de puntos, que llega a cero el día 28. ¿Cuál será la cantidad de OP extra? Será exactamente las unidades no previstas demandadas. En nuestro caso han sido 200 unidades durante los dás 18 y 19, en vez de las 100 unidades previstas. Es decir, 100 unidades más de las previstas por cada día 18 y 19. Es decir, en total 200 unidades no previstas. ¿Cuándo cursaremos OP extra? Lo antes posible, nada más detectar el aumento de demanda el día 18. Supongamos que el PE para OP extra es de cuatro días. Ésta llegará el día 22 sumándose al nivel existente entonces, que es de 600 unidades. Tendremos ahora 800 unidades para cumplir nuestros compromisos previstos con los clientes hasta el día 30. La ruptura de sotcks en ambas incidencias ha provocado lo que se conoce con el nombre de «demanda insatisfecha». Ésta, a su vez, puede clasificarse en diferida y perdida. Demanda diferida, en general, es cualquier demanda aplazada, pero si ello produce la pérdida del cliente o del pedido en concreto será demanda perdida. Esta última es de difícil y a veces imposible cuantificación. Realmente, no será fácil saber por qué un cliente pasó a la competencia, si por nuestra demanda insatisfecha o por otros parámetros de mercado (precio, calidad, etc.). Lo único que es cierto es que deberemos evitar por todos los medios la demanda insatisfecha. Fijémonos en que la ruptura de stock tal y como la acabamos de plantear produce demanda insatisfecha, pero esto no es siempre así. Veremos más adelante el modelo de gestión con ruptura, donde ésta está planificada por las ventajas de capacidad de almacén que supone. En el tiempo de ruptura en ese modelo, los clientes han aceptado previamente un plazo de entrega, no ocasionando entonces demanda insatisfecha.

Una forma de tratar de evitar la ruptura de stock es crear un «stock de seguridad», que no es ni más ni menos que mantener siempre un nivel adecuadamente calculado de unidades de artículo en almacén como reserva.

Reproducimos esquemáticamente las figuras 14 y 15 en las figuras 16 y 17, donde se ha incorporado un stock de seguridad de 300 unidades.

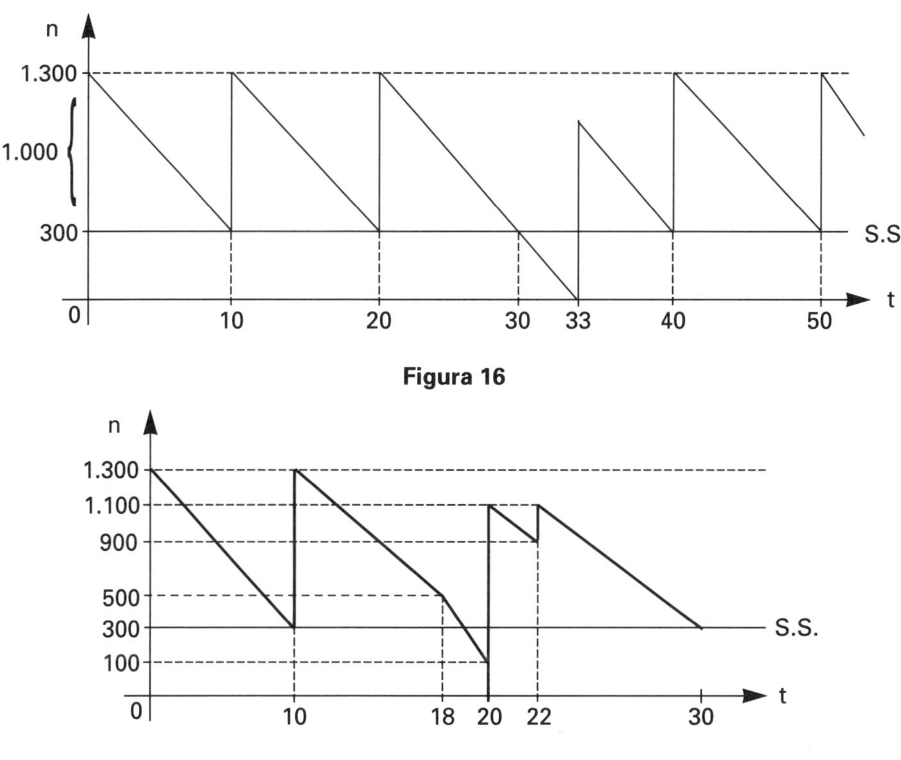

Figura 16

Figura 17

En ellas vemos que no se ha sobrepasado el eje de tiempos, no existiendo en ningún momento unidades negativas de deuda en el almacén. El cálculo del stock de seguridad suele hacerse por métodos estadísticos. Pero el mantenimiento de un stock de seguridad acarrea algún inconveniente. El primero es el aumento de capacidad de almacén. Como se ve en las figuras 16 y 17, ahora el almacén deberá tener los metros cúbicos necesarios para albergar 1.300 unidades frente a las 1.000 unidades del modelo anterior. Esto se traduce en coste de todo tipo. Costes de alquiler, de seguros, de mantenimiento, etc., y, por otra parte, coste de inmovilización de 300 unidades. Pero a veces compensará si se trata de mantener nuestros clientes y, por tanto, los niveles de demanda.

Trataremos ahora de encontrar unas relaciones que puedan servirnos para cuantificar los niveles de demanda insatisfecha, diferida y perdida.

Una forma simple de expresarlo, y suficiente la mayoría de las ocasiones, es en tanto por ciento de unidades insatisfechas con respecto al número total de unidades servidas al año (eligiendo como período de gestión el anual, que es lo más corriente). Así, expresaremos: Tanto por ciento de demanda diferida (DD) es la relación entre el número de unidades diferidas al año y el número total de unidades servidas en ese tiempo:

$$\% \text{ DD (uds.)} = \frac{\text{n.º uds. dif./año}}{\text{n.º uds. serv./año}}$$

De forma similar, para la demanda perdida:

$$\% \text{ DP (uds.)} = \frac{\text{n.º uds. perd./año}}{\text{n.º uds. serv. año}}$$

En el denominador de la relación que da el % DP hemos puesto número de unidades servidas. Esto es discutible. Habrá quien prefiera dar las unidades previstas, que incluyen las servidas y las diferidas perdidas. De cualquier forma, no debe tener demasiada importancia la discusión, ya que hemos comentado anteriormente lo difícil y subjetivo que puede resultar el cálculo de dicho ratio.

Hay también quien preferirá dar el % DD y % DP en función del número de clientes en vez del número de unidades. No tiene mayor trascendencia esta observación, ya que, como sabemos, no todos los ratios económicos y empresariales proporcionan la misma información a todo el mundo. Dependerá del tipo de empresa, del tipo de producto, gestión, contabilidad, etc., el tipo de ratio elegido para nuestro control, si bien sería bueno lograr una cierta homogeneidad que facilite la comparación entre diversos modelos de gestión.

Volvamos a nuestra figura 14. Supongamos que la situación presentada de ruptura se produce quince veces en todo el año. Quince veces por tres días de ruptura cada vez, y por cien unidades insatisfechas cada día, resultan:

$$\text{N.º uds. diferidas/año} = 15 \times 3 \times 100 = 4.500 \frac{\text{uds. dif.}}{\text{año}}$$

La demanda anual atendida ha sido:

$$N = d \times t = (100 \text{ uds./día}) \times (360 \text{ días}) = 36.000 \text{ uds.}$$

Por tanto:

$$\% \text{ DD (uds.)} = \frac{4.500}{36.000} = 0{,}125 = 12{,}5\%$$

Puede decirse que tenemos una ruptura del 12,5%.

El % DP podrá calcularse de forma análoga si supiéramos con exactitud qué unidades han sido perdidas por causa de la ruptura.

A partir de la cuantificación de estos ratios, podría definirse el «nivel de calidad» o «nivel de servicio» de nuestro almacén.

Intuitivamente, podría ser el tanto por ciento de unidades servidas en el momento previsto, es decir, sin insatisfacción. Una posible forma de formular esta definición sería:

$$\% \text{ NS} = [100\% - \% \text{ DI}]$$

y dado que DI = DD + DP

$$\% \text{ N S} = [100\% - (\% \text{ DD} + \% \text{ DP})]$$

Supongamos que, en general, % DP = 0. Entonces:

$$\% \text{ NS} = [100\% - \% \text{ DD}]$$

Nótese que, si no hay ruptura, % DD = 0, y por consiguiente:

$$\% \text{ NS} = [100\% - 0] = 100\%$$

En nuestro caso de la figura 14, y con los supuestos planteados para ella, el nivel de servicio NS será del 87,5%:

$$\% \text{ NS} = [100\% - 12{,}5\%] = 87{,}5\%$$

5. DEFINICIÓN Y SIMPLIFICACIÓN DE COSTES. REPRESENTACIÓN

Todos los costes que inciden en la problemática de la gestión de stocks pueden agruparse en dos para el tratamiento simplificado mediante el modelo determinista de Wilson. Por una parte, hablaremos del «coste unitario de reaprovisionamiento» o de «emisión de pedidos», que simbolizaremos por C_R. Éste es un coste unitario cuyas unidades son «ptas./lote» o «ptas./pedido».

Es decir, representa el coste unitario de realizar un pedido. Incluye todos los costes implicados administrativos y de otra índole para realizar esta gestión (mano de obra, material informático, teléfono, etc.). Su determinación puede hacerse en base al coste total anual del departamento encargado dividido por el número de pedidos que se cursan. Si C_{TR} representa el coste total anual de reaprovisionamiento, y C_R el unitario por pedido, puede ponerse que:

$$C_{TR} \text{ (ptas.)} = C_R \frac{\text{ptas.}}{\text{pedido}} \times r \text{ (n.º de pedidos)}$$

Recordar que r es la rotación y podía expresarse como

$$r = \frac{N}{n} = \frac{\theta}{T}$$

de donde:

$$C_{TR} = C_R \times \frac{N}{n_{máx}}$$

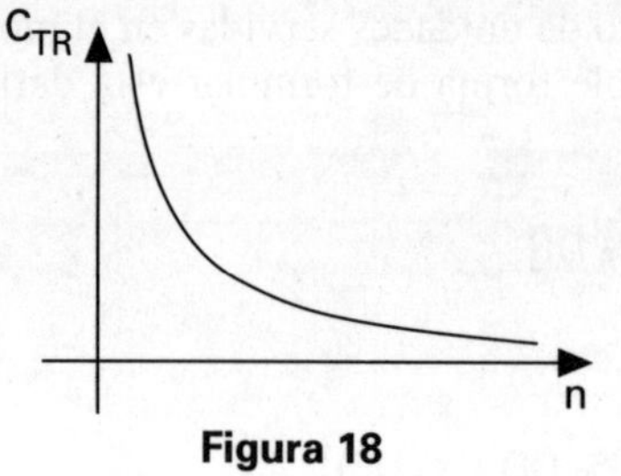

Figura 18

Interesa representar los costes en función de $n_{máx}$, número máximo de unidades en almacén (figura 18).

Se aprecia que, a medida que aumenta $n_{máx}$, menor es C_{TR}. Se explica con ayuda de las figuras 19 y 20.

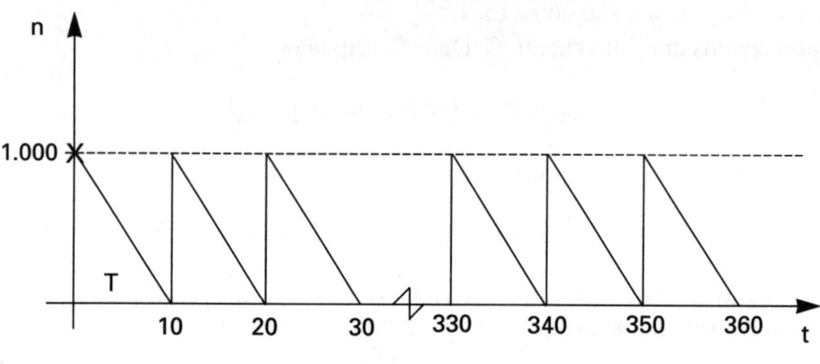

Figura 19

Supongamos que $n_{máx}$ = 1.000 unidades; $n_{máx}$ indica, a la vez, la capacidad del almacén, el tamaño de cada pedido que se cursa cada T = 10 días. El número de pedidos r, o rotación, es

$$r = \frac{\theta}{T} = \frac{360}{10} = 36 \text{ pedidos}$$

Siendo además la demanda d = 100 unidades/día.

Si pudiéramos disminuir el tamaño de los pedidos a $n_{máx}$ = 500, la situación quedaría representada en la figura 20.

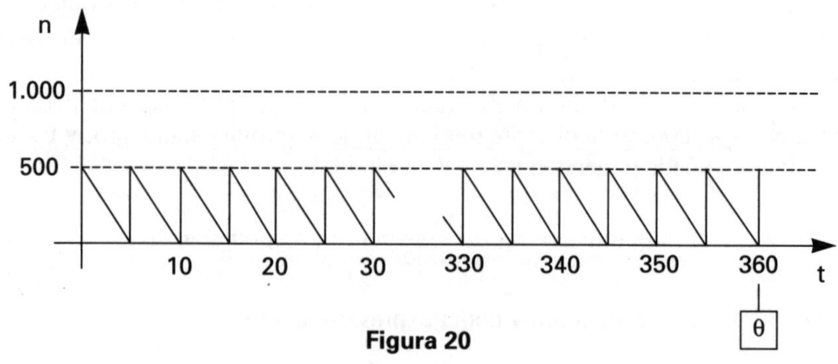

Figura 20

Para un mismo C_{TR} cuyo valor es

$$C_{TR} = C_R \times \frac{N}{n} = 10.000 \times \frac{36.000}{1.000} = 360.000 \text{ ptas.}$$

siendo

$$C_R = 10.000 \frac{\text{ptas.}}{\text{pedido}}$$

$$N = 36.000 \text{ uds.}$$
$$n_{máx} = 1.000 \text{ uds.}$$

al disminuir $n_{máx}$ a 500 unidades

$$C_{TR} = 360.000 = C_R \times \frac{36.000}{500}$$

de donde

$$C_R = 360.000 \times \frac{500}{36.000} = 5.000 \frac{\text{ptas.}}{\text{pedido}}$$

Es lógico, ya que el coste departamental de gestión de pedidos gasta la mitad por pedido que antes al realizar el doble de pedidos (figura 20).

Pero esta situación, para algunos lógica, no es fácil que se dé. Para que el departamento con los mismos recursos realice el doble de pedidos deberá darse un milagro. Lo normal es que en cada pedido se invierta un tiempo y un material determinado y por tanto el coste de hacer un pedido no varíe sustancialmente. Así pues, hay que considerar C_R como aproximadamente constante. Cuantos más pedidos se cursen, mayor será el coste departamental anual C_{TR}, que es como pensar que cuanto mayor sea el tamaño del pedido $n_{máx}$, menor será r, menor será C_{TR}, y viceversa. Esto es lo que ilustra la figura 18 mediante una función potencial inversa.

Por otra parte, consideraremos el «coste de mantenimiento» total C_{TM}, que indica los costes agrupados de mantener las unidades en el almacén. Esto incluye el coste de los metros cuadrados, seguros implicados, y en general todo tipo de servicios necesarios para el buen funcionamiento del almacén.

C_{TM} puede desglosarse de la siguiente forma:

$$C_{TM} = C_M \times \theta \times \frac{n_{máx}}{2}$$

donde

$$C_M = \frac{\text{pesetas}}{\left(\begin{array}{c}\text{unidad}\\ \text{de artículo}\end{array}\right) \times \left(\begin{array}{c}\text{unidad}\\ \text{de tiempo}\end{array}\right)}$$

θ = período de gestión; si es anual, 360 días

$\frac{n_{máx}}{2}$ = nivel medio de almacén.

Pensemos que el coste total de mantenimiento es lo que cuesta mantener una unidad durante un día (C_M) por el número de días que está almacenada (θ) y por el número de unidades que por «término medio» tengo en el almacén durante ese tiempo θ ($n_{máx}/2$). De aquí el porqué de la fórmula anterior.

Representemos esta ecuación en función del tamaño $n_{máx}$ y ello nos dará lugar a la figura 21.

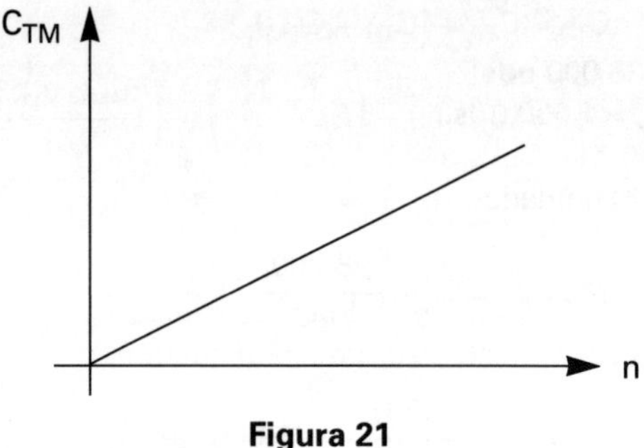

Figura 21

Matemáticamente se trata de una recta que pasa por el origen. Si $n_{máx} = 0$, $C_{TM} = 0$, y cuanto mayor sea $n_{máx}$, mayor será C_{TM}.

Así, pues, si admitimos que todos los costes de gestión de stocks pueden agruparse en C_{TR} y C_{TM}, tendremos que el coste total de gestión es

$$C_T = C_{TR} + C_{TM}$$

dando lugar a la figura 22. En ella se aprecia que C_T, obtenida sumando punto a punto C_{TM} y C_{TR}, tiene un mínimo C_{T0}, que se corresponde con una cantidad n_0. A esta cantidad la llamaremos «lote económico de pedido» (LEP) por ser la cantidad $n_{máx}$ que minimiza los costes totales de gestión (C_{T0}).

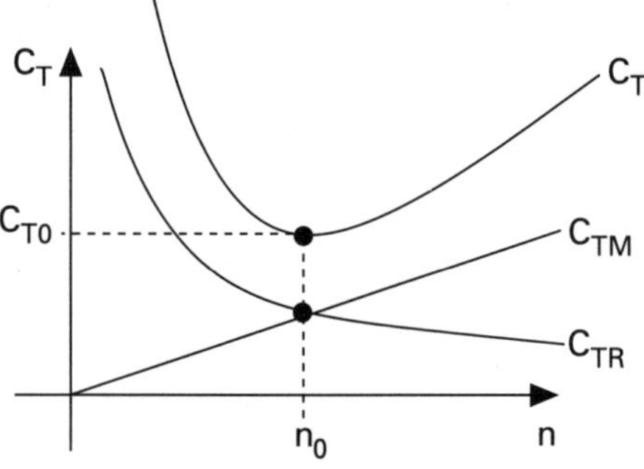

Figura 22

Para redundar en este concepto recordemos las figuras 19 y 20. Cuando el pedido es de 500 unidades (figura 20), la capacidad necesaria de almacén se reduce a la unidad en relación con la situación de la figura 19. Obviamente, C_{TM} se reduce de forma considerable (figura 21). Pero al pedir menos cantidad, C_{TR} aumenta (figura 18).

El compromiso óptimo entre los valores C_{TR} y C_{TM} es aquel que optimice (en este caso minimice) costes, es decir, n_0 = LEP.

Por último, no hay que olvidar, aunque no influya en la optimización como veremos más adelante, el coste de adquisición. Éste es el coste de las unidades compradas en función de su precio. Por homogeneizar la nomenclatura, pondremos

$$C_{TA} = C_A \times N$$

donde C_{TA} es el coste total de adquisición en el período de gestión (anual generalmente), N es el número de unidades demandadas en ese período y C_A es el coste unitario de adquisición (para cada unidad) o precio. Indistintamente pondremos $C_A = P$.

Resumiendo:

$$C_{TT} = C_{TA} + C_T$$
$$C_{TT} = C_{TA} + (C_{TR} + C_{TM})$$
$$C_{TT} = (C_A \cdot N) + \left(C_R \cdot \frac{N}{n}\right) + \left(\frac{C_M \cdot \theta}{2} \cdot n\right)$$

donde recordemos claramente que:

C_{TT} = costes totales de stocks.
C_T = costes totales de gestión.
C_{TA} = coste total de adquisición.
C_{TR} = coste total de reaprovisionamiento.
C_{TM} = coste total de mantenimiento.
C_A = coste unitario de adquisión; precio.
C_R = coste unitario de reaprovisionamiento.
C_M = coste unitario de mantenimiento.

La palabra «total» hace referencia al período de gestión θ (generalmente un año, pero puede ser otro), y la palabra «unitario», al coste por unidad de que se trate.

Es importante recordar las unidades en que están dadas C_R, C_M y C_A:

$$C_R = \frac{\text{ptas.}}{\text{pedido}}$$

$$C_M = \frac{\text{ptas.}}{(\text{ud.}) \times (t)}$$

$$C_A = \frac{\text{ptas.}}{\text{uds.}}$$

Recordaremos esto en los problemas planteados para este capítulo. Por último, la única diferencia en cuanto a la forma gráfica de C_{TT} con respecto a C_T es una constante que es C_{TA}. La figura 23 hace notar esto.

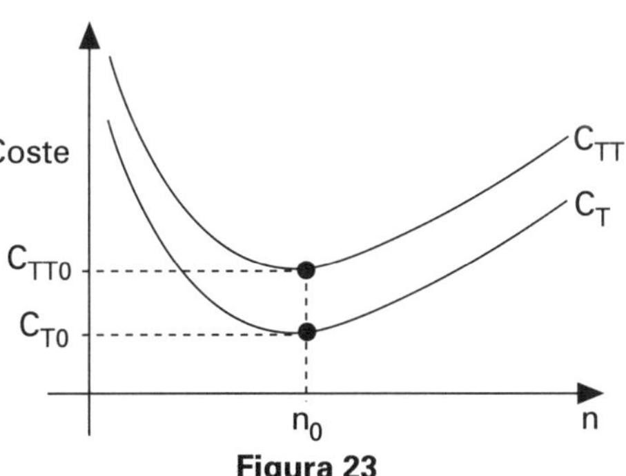

Figura 23

6. MODELO DE WILSON. LOTE ECONÓMICO DE PEDIDO Y COSTE TOTAL MÍNIMO

Nuestro objetivo ahora es precisamente calcular el valor de n_0, lote económico de pedido, que minimiza los costes totales de almacén en función de los valores N, θ, C_R y C_M.

El procedimiento matemático es siempre el mismo. Dada una función a optimizar con respecto a una variable, será preciso derivar, igualar a cero esta derivada y despejar de aquí el valor de la variable que minimiza, en nuestro caso, la función.

Hasta ahora sabemos que

$$C_{TT} = (C_A \cdot N) + \left(C_R \cdot \frac{N}{n}\right) + \left(\frac{C_M \cdot \theta}{2} \cdot n\right)$$

donde N, θ, C_A, C_R y C_M son constantes calculadas para cada situación de inventario, stock o existencias.

Así pues, la variable a determinar es $n_{máx}$ (a partir de ahora, por simplificar, denotaremos por n simplemente) y la función C_{TT}.

Entonces

$$\frac{d\,(C_{TT})}{dn} = 0 + \left[- C_R \cdot N \cdot \frac{1}{n^2}\right] + \left[\frac{C_M \cdot \theta}{2}\right]$$

$$- C_R \cdot N \cdot \frac{1}{n^2} + \frac{C_R \cdot \theta}{2} = 0$$

$$\frac{C_R \cdot N}{n^2} = \frac{C_M \cdot \theta}{2}$$

$$\frac{C_R \cdot N \cdot 2}{C_M \cdot \theta} = n^2$$

$$n = \sqrt{\frac{2 \cdot C_R \cdot N}{C_M \cdot \theta}}$$

Y este valor de n, dado que ha salido de derivar la función de costes, será el que minimice dicha función. Por tanto será el valor óptimo, LEP. Lo denotaremos, pues, mediante n_0:

$$n_0 = \sqrt{\frac{2 \cdot C_R \cdot N}{C_M \cdot \theta}}$$

Es importante recordar (figura 22) que para este valor n_0 los costes totales de reaprovisionamiento y mantenimiento son iguales.

Es decir, para n_0 se cumple que $C_{TM0} = C_{TR0}$:

$$C_R \cdot \frac{N}{n_0} = \frac{C_M \cdot \theta}{2} \cdot n_0$$

El valor $C_{T0} = C_{TM0} + C_{TR0}$ puede calcularse sin más que introducir en la expresión general

$$C_T = C_R \cdot \frac{N}{n} + \frac{C_M \cdot \theta}{2}\, n$$

el valor de $n = n_0$

$$C_{T0} = C_T\,(n = n_0) = C_R \cdot \frac{N}{\sqrt{\dfrac{2 \cdot C_R \cdot N}{C_M \cdot \theta}}} + \frac{C_M \cdot \theta}{2} \cdot \sqrt{\frac{2 \cdot C_R \cdot N}{C_M \cdot \theta}} =$$

$$= C_R \cdot N \cdot \sqrt{\frac{C_M \cdot \theta}{2 \cdot C_R \cdot N}} + \frac{C_M \cdot \theta}{2} \cdot \sqrt{\frac{2 \cdot C_R \cdot N}{C_M \cdot \theta}} =$$

introduciendo $C_R \cdot N$ y $\dfrac{C_M \cdot \theta}{2}$ dentro de la raíz:

$$= \sqrt{\frac{C_M \cdot \theta \cdot C_R^2 \cdot N^2}{2 \cdot C_R \cdot N}} + \sqrt{\frac{2 \cdot C_R \cdot N}{C_M \cdot \theta} \cdot \frac{C_M^2 \cdot \theta^2}{2^2}} =$$

$$= \sqrt{\frac{C_M \cdot \theta \cdot C_R \cdot N}{2}} + \sqrt{\frac{C_R \cdot N \cdot C_M \cdot \theta}{2}} =$$

$$= 2\sqrt{\frac{N \cdot \theta \cdot C_R \cdot C_M}{2}} = \sqrt{2 \cdot N \cdot \theta \cdot C_R \cdot C_M}$$

Es decir,

$$C_{T0}\,(n = n_0) = \sqrt{2 \cdot N \cdot \theta \cdot C_R \cdot C_M}$$

Hay que tener siempre muy presente que esta expresión de la raíz es válida solamente para calcular el coste total **de gestión** mínimo. O sea, para $n = n_0$ = LEP. E, insistiendo, coste total de gestión:

$$C_{T0} = C_{TM0} + C_{TR0}$$

aunque hayamos partido de C_{TT} para derivar. ¿Por qué? Porque C_{TA} es un valor constante y valga lo que valga no influye al calcular n_0, ya que la derivada de una constante es siempre nula.

Para cualquier otro valor del tamaño de pedido n que no sea n_0, los costes se calcularán por la expresión general dada al principio.

Este proceso desarrollado hasa aquí se conoce por el modelo del **lote económico fijo de pedido**. A partir de n_0 y recordando la expresión de la rotación

$$r = \frac{N}{n} = \frac{\theta}{T}$$

pueden calcularse los valores T_0 y r_0 correspondientes al valor concreto de $n = n_0$:

$$r_0 = \frac{N}{n_0} = \frac{\theta}{T_0}$$

y

$$T_0 = \frac{\theta}{r_0}$$

o

$$T_0 = \frac{\theta}{N} \cdot n_0$$

de donde:

$$T_0 = \frac{\theta}{N} \sqrt{\frac{2 \cdot C_R \cdot N}{C_M \cdot \theta}}$$

$$T_0 = \sqrt{\frac{2 \cdot C_R \cdot \theta}{C_M \cdot N}}$$

Veamos un ejemplo numérico que nos sirva para aclarar lo dicho hasta aquí.

7. CASO PRÁCTICO

Se sabe que el coste total mínimo de la gestión de stocks para un modelo determinista es de veinte millones de pesetas al año, siendo el coste unitario de almacenaje de 50 pesetas por cada unidad y por cada día, y el de reaprovisionamiento de 55.000 pesetas. Con estos datos deseamos determinar:

1) El lote económico de pedido.
2) Número de pedidos.
3) Período de reaprovisionamiento.
4) Costes.
5) Si el proveedor trata de negociar suministros habituales de 5.500 unidades, ¿puede aceptarse dicha condición manteniendo los costes unitarios?

Resolución

Apartado 1

Los datos de que disponemos son:

$$C_R = 55.000 \text{ ptas./pedido}$$

$$C_M = 50 \frac{\text{ptas.}}{(\text{uds.}) \times (\text{día})}$$

$$C_{T0} = 20.000.000 \text{ ptas.}$$

$$\theta = 1 \text{ año} = 360 \text{ días.}$$

Deseamos calcular

$$n_0 = LEP = \sqrt{\frac{2 \cdot N \cdot C_R}{\theta \cdot C_M}}$$

pero no conocemos N. Luego calculémosla primero. Sabemos que

$$C_{T0} = 20.000.000 = \sqrt{2 \cdot N \cdot \theta \cdot C_R \cdot C_M} =$$

$$= 20 \cdot 10^6 = \sqrt{2 \cdot N\ (360)\ (55.000)\ (50)}$$

de donde:

$$N = \frac{(20 \cdot 10^6)^2}{2 \cdot (360)\ (55.000)\ (50)} = 202.020{,}20 \text{ uds.}$$

Observación importante: Hemos puesto $\theta = 360$ días en vez de $\theta = 1$ año porque C_M lo tenemos en pesetas/unidad por día. El no observar esta circunstancia nos aparta considerablemente del óptimo.

Así pues,

$$n_0 = \sqrt{\frac{2 \cdot (202.020{,}20)\ (55.000)}{(360)\ (50)}} = 1.111{,}11 \text{ uds.}$$

Pero teníamos otro camino para calcular el LEP, si recordamos que en el punto n_0 se cumple que $C_{TM0} = C_{TR0}$. Entonces:

$$C_R \cdot \frac{N}{n_0} = \frac{C_M \cdot \theta}{2} \cdot n_0$$

o, lo que es lo mismo,

$$C_{T0} = C_{TR0} + C_{TM0} = 2C_{TR0} = 2C_{TM0}$$

de donde, por ejemplo:

$$C_{T0} = 2C_{TM0} = 2 \cdot \frac{C_M \cdot \theta}{2} \cdot n_0 = C_M \cdot \theta \cdot n_0$$

siendo

$$n_0 = \frac{C_{T0}}{C_M \cdot \theta} = \frac{20 \cdot 10^6}{(50)\ (360)} = 1.111,\ 11 \text{ uds.}$$

Apartados 2 y 3

El número de pedido o de lotes es la rotación, cuya expresión es

$$r = \frac{N}{n} = \frac{\theta}{T}$$

que para $n = n_0$ es

$$r_0 = \frac{N}{n_0} = \frac{\theta}{T_0}$$

siendo $N = 202.020,20$ uds. = constante
$\theta = 1$ año = 360 días = constante

para cualquier valor de n.

Entonces

$$r_0 = \frac{202.020,20}{1.111,11} = \frac{360}{T_0}$$

De esta doble igualdad sacamos que

$$r_0 = \frac{202.020,20}{1.111,11} = 181,82 \text{ lotes}$$

$$T_0 = \frac{360}{r_0} = \frac{360}{181,82} = 1,98 \text{ días}$$

Hasta aquí la situación puede representarse gráficamente mediante la figura 24.

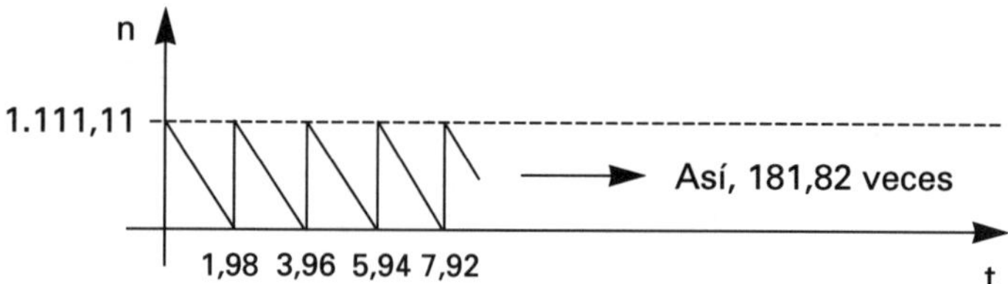

Figura 24

Teóricamente, al cabo de un año, realizaría 181,82 pedidos de 1.111,11 unidades cada uno y cada 1,98 días, para satisfacer una demanda de 202.020,20 unidades.

Pero a nadie se le escapa el hecho de encontrarnos con unos números poco prácticos. Será realmente absurdo cursar pedidos de 1.111,11 unidades (sean litros o kilos) en vez de 1.100 ó simplemente 1.000. Pero quizá sea todavía más absurdo el hacerlo cada 1,98 días en vez de cada dos. Una cosa es el cálculo teórico-matemático y otra la realidad. Trataremos de ajustar todos los valores a números practicables (lo cual no siempre será posible). Si cursáramos pedidos cada dos días, sería:

$$T_0 = 2$$

y por tanto

$$n_0 = \frac{N \cdot T_0}{\theta} = \frac{(202020)\ (2)}{360} = 1122,33 \text{ uds.}$$

y

$$r_0 = \frac{\theta}{T_0} = \frac{360}{2} = 180 \text{ pedidos}$$

Ahora n_0 podríamos ajustarlo a 1.200 unidades aunque al final de cada período nos sobrara algo. Veremos más adelante que no conviene en absoluto apartarse del LEP sin consecuencias económicas nefastas en la mayoría de los casos.

Pero aquí podemos topar con algo insalvable: el proveedor. Hace falta que nos acepte nuestros pedidos de 1.200 unidades cada vez y para períodos de aprovisionamiento requeridos por nosotros. Dependerá de muchas cosas el que acepte o no. Por supuesto, de nuestra fuerza en el mercado, de nuestra habilidad negociadora, de nuestro volumen de pedidos, de nuestra forma de pago, etc.

Si fuera imposible de cualquier forma acercarse a nuestro LEP, tendríamos que cambiar nuestro C_R y C_M, cosa nada fácil. C_R es básicamente gestión administrativa y C_M es tamaño de almacén y servicios de mantenimiento. En definitiva, mano de obra en cuantía importante. Todos sabemos que modificar tales costes es labor francamente penosa. Pero quizá la subsistencia obligue.

Apartado 4: Costes

$$C_{TR0} = C_{TM0} = \frac{C_{T0}}{2} = 10 \cdot 10^6 \text{ ptas.}$$

Gráficamente se dan en la figura 25.

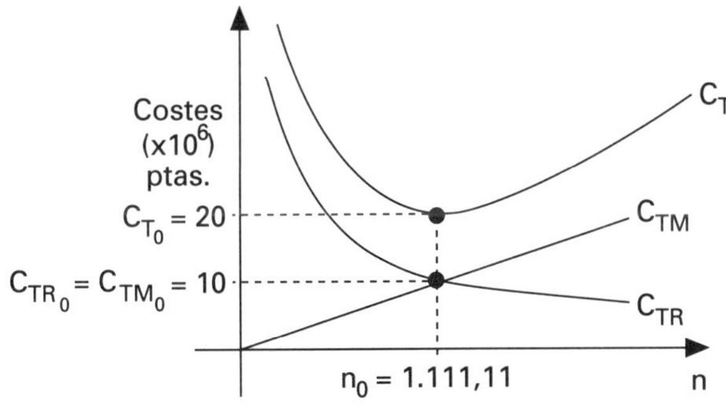

Figura 25

Apartado 5

Ahora el proveedor nos está obligando a cursar pedidos de n = 5.500 unidades ≠ n_0 = 1.111,11 unidades. Si hacemos esto, los costes totales de gestión de stocks serán:

$$C_T = C_{TR} + C_{TM} = C_R \cdot \frac{N}{n} + \frac{C_M \cdot \theta}{2} \cdot n =$$

$$= (55.000) \cdot \frac{202.020}{5.500} + \frac{(50)\ (360)}{2} \cdot (5.500) =$$

$$= 202.200 + 49.500.000 = 51.520.200 \text{ ptas.}$$

Asumir dichas condiciones es inadmisible. Supone un incremento de costes respecto al óptimo de más de treinta millones de pesetas.

Gráficamente puede verse tal situación en la figura 26.

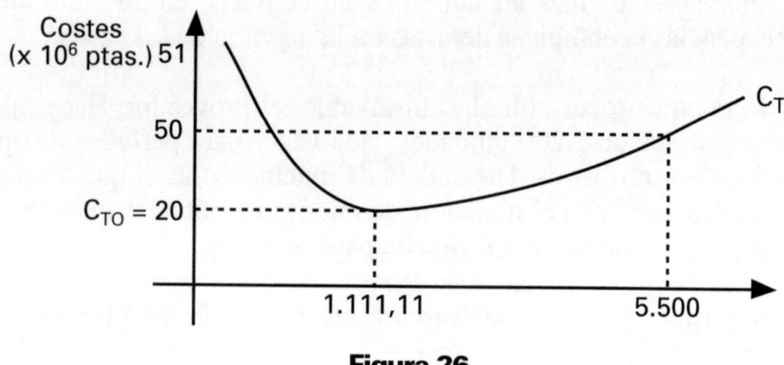

Figura 26

8. DESVIACIÓN SOBRE EL LOTE ECONÓMICO

En el apartado 5 del caso práctico anterior veíamos cómo al apartarnos del LEP los costes aumentaban considerablemente. Dada la forma de la curva, se ve que es más gravoso apartarse del LEP por defecto que por exceso, y esto es siempre así con nuestro modelo de gestión establecido.

Es francamente interesante saber hasta qué valor podemos cursar pedidos sin incrementar los costes totales de gestión en una cantidad prudentemente aceptada. Una medida, quizá poco intituitiva, de esta información la proporciona el concepto «sensibilidad de costes» que desarrollaremos seguidamente. Pero otra forma más concreta de establecer límites del lote de pedido pueda ser la que presentamos a continuación mediante el siguiente ejemplo numérico.

Se trata de gestionar un pedido de cien mil unidades durante cien días, siendo el coste de pedido de 200 pesetas y el de posesión de 0,1 pesetas por unidad y día. La pregunta será: ¿Cuál podrá ser el tamaño del lote de pedido para que los costes totales de gestión no excedan en un diez por ciento del coste total óptimo? Primero calculemos cuál será el LEP y el coste óptimo de gestión. Tenemos los siguientes datos:

$$N = 100.000 \text{ uds.}$$
$$\theta = 100 \text{ días}$$
$$C_R = 200 \text{ ptas./pedido}$$
$$C_M = 0{,}1 \frac{\text{ptas.}}{(\text{ud.}) \times (\text{día})}$$

$$LEP = n_0 = \sqrt{\frac{2 \cdot N \cdot C_R}{\theta \cdot C_M}} = \sqrt{\frac{2 \cdot (10^5) \cdot (200)}{(100) \cdot (0{,}1)}} = 2.000 \text{ uds.}$$

$$C_{T0} = \sqrt{2 \cdot N \cdot \theta \cdot C_R \cdot C_M} = \sqrt{2 \cdot (10^5) \cdot (100) \cdot (200) \cdot (0{,}1)} = 20.000 \text{ ptas.}$$

Queremos saber cuál es la cantidad mínima y máxima que podremos pedir para no apartarnos más de un diez por ciento de 20.000 pesetas de coste. Es decir, que el coste para un n genérico (incógnita) C_T (n) no supere el 10% de C_{T0} para n = n_0. En forma de ecuación:

$$C_T(n) \leq 1{,}10 \cdot C_{T0}$$

y dado que

$$C_{T0} = 20.000 \text{ ptas.}$$

$$C_T(n) = C_R \cdot \frac{N}{n} + \frac{C_M \cdot \theta}{2} \cdot n$$

podemos establecer que

$$C_R \cdot \frac{N}{n} + \frac{C_M \cdot \theta}{2} \cdot n \leq 22.000$$

sustituyendo los valores conocidos

$$(200) \cdot \frac{(10^5)}{n} + \frac{(0{,}1) \cdot (100)}{2} \cdot n \leq 22.000$$

realizando operaciones, llegamos a la ecuación en n de segundo grado

$$5n^2 - 22.000\, n + (2 \cdot 10^7) \leq 0$$

de donde obtenemos las dos soluciones límite deseadas

$$n = \frac{(22 \cdot 10^3) \pm \sqrt{(22 \cdot 10^3)^2 - (4)\,(5)\,(2 \cdot 10^7)}}{(2) \cdot (5)} = \begin{cases} 3.120 \\ 1.280 \end{cases}$$

Podemos cursar pedidos de hasta 3.120 unidades como mucho y de 1.280 unidades como poco, y ello incrementando como máximo los costes óptimos en un 10%, tan sólo. La figura 27 ilustra esta situación.

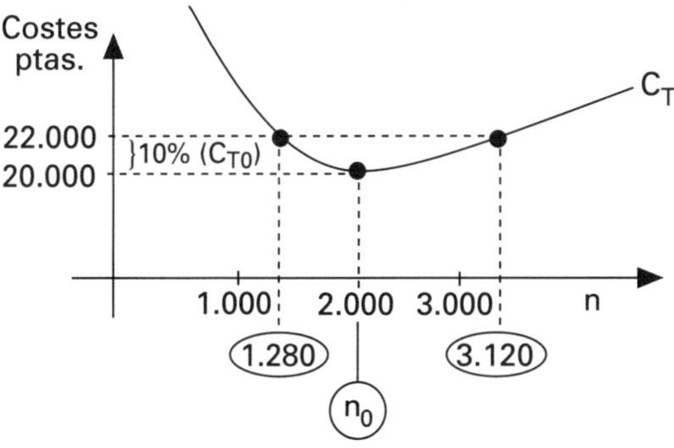

Figura 27

Para cada caso los períodos de aprovisonamiento y rotación serán:

Para n = 1.280:

$$r = \frac{N}{n} = \frac{\theta}{T}; \qquad r = \frac{100.000}{1.280} = 78,125$$

$$T = \frac{\theta}{r} = \frac{100}{78,125} = 1,28$$

Para n_0 = 2.000:

$$r = \frac{100.000}{2.000} = 50$$

$$T = \frac{100}{50} = 2$$

Para n = 3.120:

$$r = \frac{100.000}{3.120} = 32,05$$

$$T = \frac{100}{32,05} = 3,12$$

9. SENSIBILIDAD

Ya hemos hablado en el apartado anterior de este concepto, que además podría proporcionar una informacion similar al cálculo ecuacional que allí hemos desarrollado. De hecho, son varios los autores que definen esta sensiblidad como un indicador de la variación de los costes totales de gestión alrededor del lote económico de pedido.

La diferencia esencial con nuestro proceso del apartado anterior es que para el cálculo de esta sensibilidad se toman valores de costes totales de gestión para un ± 10% de variación del LEP. Nosotros, antes, calculamos valores del lote para una variación de ±10% de los costes. La exprexión normalmente utilizada para la sensibilidad es la siguiente:

$$S = \frac{1}{2} \cdot \left[\frac{C_T\,(0,9 \cdot n_0) + C_T\,(1,1 \cdot n_0)}{C_{T0}} \right] - 1$$

donde

$C_T\,(0,9 \cdot n_0)$ indica el valor de los costes totales C_t para $n_1 = 0,9 \cdot n_0$ (un 10% menos de n_0)
$C_T\,(1,1 \cdot n_0)$ ídem para $n_2 = 1,1 \cdot n_0$ (un 10% más de n_0)

Hagamos un ejemplo numérico con los datos del ejercicio anterior.

Donde

$$n_0 = 2.000 \text{ uds.}$$
$$C_{T0} = 20.000 \text{ ptas.}$$

$$n_1 = 0,9 \cdot n_0 = (0,9) \cdot (2.000) = 1.800 \text{ uds.}$$
$$n_2 = 1,1 \cdot n_0 = (1,1) \cdot (2.000) = 2.200 \text{ uds.}$$

$$C_T\,(0{,}9 \cdot n_0) = C_T\,(n_1 = 1.800) = C_R \frac{N}{n} + \frac{C_M \cdot \theta}{2}\, n =$$

$$= (200)\,\frac{(10^5)}{(1.800)} + \frac{(0{,}1)\cdot(100)}{(2)}\,(1.800) =$$

$$= 11.111{,}11 + 9.000 = 20.111{,}11 \text{ ptas.}$$

$$C_T\,(1{,}1 \cdot n_0) = C_T\,(n_2 = 2.200) = (200)\,\frac{(10^5)}{(2.200)} + \frac{(0{,}1)\,(100)}{2}\,(2.200) =$$

$$= 9.090{,}90 + 11.000 = 20.090{,}90 \text{ ptas.}$$

$$S = \frac{1}{2}\cdot\left[\frac{(20.111{,}11) + (20.090{,}90)}{20.000}\right] - 1 = \frac{1}{2}\cdot\left[2{,}01010\right] - 1 = 0{,}005050$$

Este valor indica que para nuestros supuestos la sensibilidad es muy pequeña. De hecho observamos que los costes al variar el lote de pedido en ±10% sólo varían en 111,11 pesetas en un caso y 90,90 pesetas en otro en relación al óptimo.

¿Cuándo la sensibilidad es nula?

En el caso de que

$$C_T\,(0{,}9 \cdot n_0) = C_T\,(1{,}1 \cdot n_0) = C_T\,(n_0) = C$$

Entonces

$$S = \frac{1}{2}\left[\frac{C + C}{C}\right] - 1 = \frac{1}{2}\left[\frac{2 \cdot C}{C}\right] - 1 = 0$$

Esta situación correspondería a la figura 28, donde los costes son casi una línea recta paralela al eje de unidades en el margen (n_1, n_2).

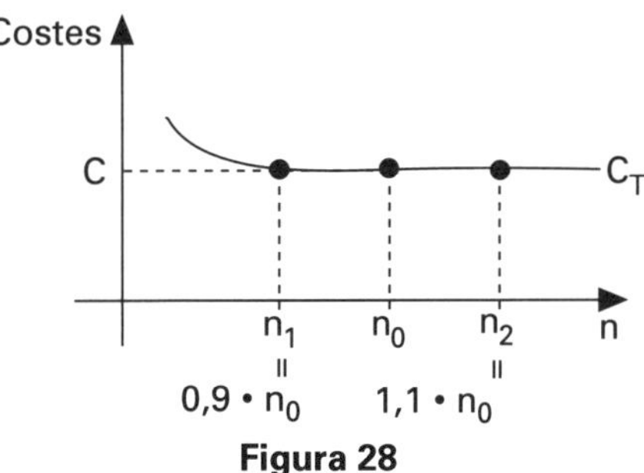

Figura 28

La sensibilidad puede ser, al menos en teoría, tan grande como quiera. Imaginemos la situación en que

$$C_T\,(0.9 \cdot n_0) = 3 \cdot C_{T0}$$

$$C_T\,(1{,}1 \cdot n_0) = 2 \cdot C_{T0}$$

Entonces

$$S = \frac{1}{2}\left[\frac{3C_{T0} + 2C_{T0}}{C_{T0}}\right] - 1 = 1{,}5$$

Esta situación se representa en la figura 29.

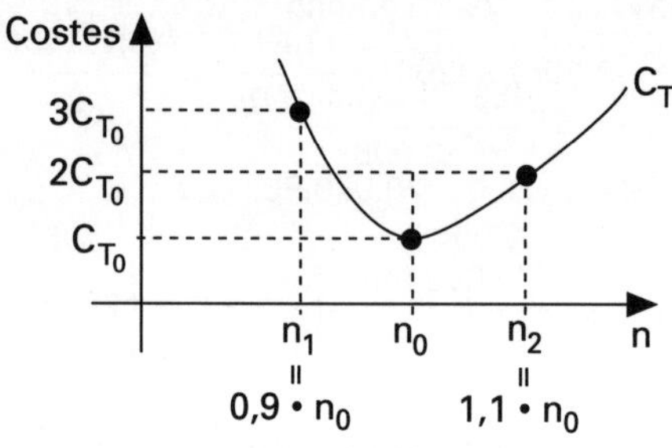

Figura 29

Hasta ahora hemos calculado sensibilidades para variaciones del LEP del 10%. Podría hacerse igualmente los cálculos para otras variaciones alrededor del LEP. Si escogiéramos, por ejemplo, variaciones del 20%, la fórmula será estructuralmente idéntica:

$$n_1 = (0.8 \cdot n_0)$$
$$n_2 = 1{,}2 \cdot n_0$$

$$S = \frac{1}{2}\left[\frac{C_T\,(0{,}8 \cdot n_0) + C_T\,(1{,}2 \cdot n_0)}{C_{T0}}\right] - 1$$

Otra forma de medir la sensibilidad que nos recuerda a la elasticidad de una función es la siguiente:

$$S = \frac{\%\triangle C_T}{\%\triangle n}$$

donde $\% \triangle C_T$ representa el tanto por ciento de variación ($\triangle$) de los costes totales para dos valores de n dados, y el $\% \triangle$ n es el tanto por ciento de variación de n.

Volviendo a los datos numéricos anteriores y para el margen n_0 y $(0{,}9 \cdot n_0)$:

$$\% \triangle C_T = \frac{C_T\,(1.800) - C_T\,(2.000)}{C_{T0}} =$$

$$= \frac{(20.111{,}11) - (20.000)}{20.000} = 0{,}005$$

$$\% \triangle n = \frac{(1.800) - (2.000)}{2.000} = -\frac{200}{2.000} = -0{,}1$$

$$S = -\frac{0{,}005}{0{,}1} = -0{,}05$$

Para el margen n_0 y $(1{,}1 \cdot n_0)$

$$\% \triangle C_T = \frac{C_T\ (2.200) - C_T\ (2.000)}{C_{T0}} =$$

$$= \frac{(20.090{,}90) - (20.000)}{20.000} = 0{,}004545$$

$$\% \triangle n = \frac{(2.200) - (2.000)}{2.000} = 0{,}1$$

$$S = \frac{0{,}004545}{0{,}1} = 0{,}04545$$

El hecho de que mediante esta definición la sensibilidad sea negativa sólo quiere indicar que estamos midiendo costes por debajo del LEP. Cuando sea positiva, estamos por encima del LEP. De hecho, $\% \triangle C_T$ siempre será positivo, ya que C_{T0} es mínimo, y $\% \triangle n$ será negativo si trabajo con un valor inferior a n_0, y positivo si trabajo con un valor superior a n_0.

Otra forma de utilizar esta forma de definición de la sensibilidad es despejando $\% \triangle C_T$:

$$\% \triangle C_T = S \cdot \left[\% \triangle n\right]$$

Si disponemos de una tabla de valores de S, dado $\% \triangle n$ podremos obtener directamente el $\% \triangle C_T$.

Para finalizar con este tema, S para valores de n comprendidos entre ±10% del LEP será:

$$n_1 = 0{,}9 \cdot n_0 = (0{,}9)\ (2.000) = 1.800$$

$$n_2 = 1{,}1 \cdot n_0 = (1{,}1)\ (2.000) = 2.200$$

$$S = \frac{\% \triangle C_T}{\% \triangle n}$$

$$\% \triangle C_T = \frac{C_T\ (2.200) - C_T\ (1.800)}{C_{T0}} =$$

$$= \frac{(20.090{,}90) - (20.111{,}11)}{20.000} = -\ 0{,}0010105$$

$$\% \triangle n = \frac{(2.200) - (1.800)}{2.000} = 0{,}2$$

$$S = -\frac{0{,}0010105}{0{,}2} = -\ 0{,}0050525$$

Si el resultado es negativo, es solamente porque hemos restado en el numerador de % $\triangle C_T$ los costes para n = 2.200 de los de n = 1.800. Ya hemos comentado anteriormente que los costes suben más deprisa a la izquierda que a la derecha del LEP.

10. CÁLCULO DEL LEP EN FUNCIÓN DEL PRECIO. UN FACTOR DE ALMACÉN

Recordando que C_M representa el coste unitario de mantenimiento, esto es, el coste de almacenar una unidad en la unidad de tiempo, el producto ($C_M \cdot \theta$) representará el coste anual (si θ = 1 año) de almacenaje unitario; dicho de otro modo, lo que costaría almacenar una unidad durante todo el período θ.

Si el artículo en cuestión tiene un coste de adquisición, o lo valoramos en su precio P, podemos calcular el coste de inmovilizar una unidad monetaria en un tiempo θ. Este coste lo denominamos f (un factor de almacén) y vendrá definido por la relación

$$f = \frac{C_M \cdot \theta}{P}$$

de donde

$$C_M \cdot \theta = f \cdot P$$

Recordando la fórmula del LEP:

$$n_0 = \sqrt{\frac{2 \cdot N \cdot C_R}{\theta \cdot C_M}}$$

y sustituyendo adecuadamente:

$$n_0 = \sqrt{\frac{2 \cdot N \cdot C_R}{f \cdot P}}$$

análogamente podremos poner que

$$C_{T0} = \sqrt{2 \cdot N \cdot \theta \cdot C_R \cdot C_M} = \sqrt{2 \cdot N \cdot C_R \cdot f \cdot P}$$

Así, tenemos dos expresiones para calcular el LEP y su coste total de gestión C_{T0} conociendo solamente el coste unitario de emisión de pedidos C_R, la demanda anual N, el precio del producto a gestionar y el factor «coste de inmovilización de una unidad monetaria».

11. INFLUENCIA DE LA RELACIÓN ENTRE COSTES EN EL CÁLCULO DEL MODELO DE WILSON

Supongamos una demanda anual N = 10^6 unidades, y un período de gestión θ = 1 año, para todos los casos que vamos a analizar en los siguientes cuadros:

1.er caso	2.° caso
$C_R = 10^6 \quad \frac{C_R}{C_M} = 10^6 \quad C_M = 1$	$C_R = 10^2 \quad \frac{C_R}{C_M} = 10^2 \quad C_M = 1$
$C_{T0} = 10^6 \frac{10^6}{1.414.200} + \frac{1 \cdot 1}{2} \cdot 1.414.200 \simeq \simeq 1.414.200$	$C_{T0} = 10^2 \frac{10^6}{14.142} + \frac{1 \cdot 1}{2} \cdot 14.142 \simeq \simeq 14.142$
$n_0 = \sqrt{\frac{2 \cdot N}{\theta} \cdot \frac{C_R}{C_M}} = \sqrt{\frac{2 \cdot 10^6}{1} \cdot 10^6} = 1.414.200$	$n_0 = \sqrt{\frac{2 \cdot 10^6}{1} \cdot 10^2} = 14.142$
$r = \frac{N}{n} = \frac{10^6}{1.414.200} = 0,7071$	$r = \frac{N}{n} = \frac{10^6}{14.142} = 70,71$

Las situaciones comparadas para el 1.er y 2.º caso se dan en las figuras 30 y 31.

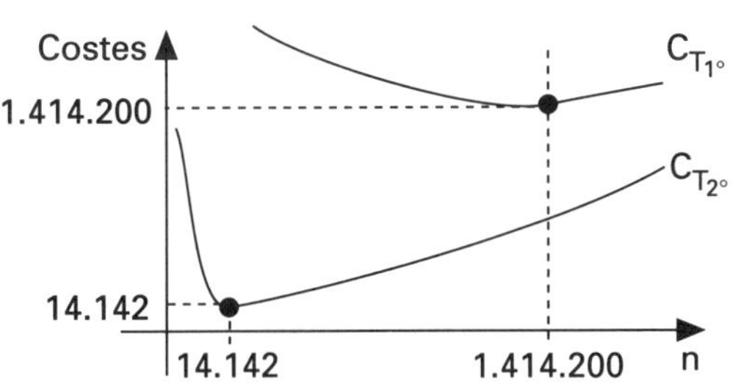

Figura 30

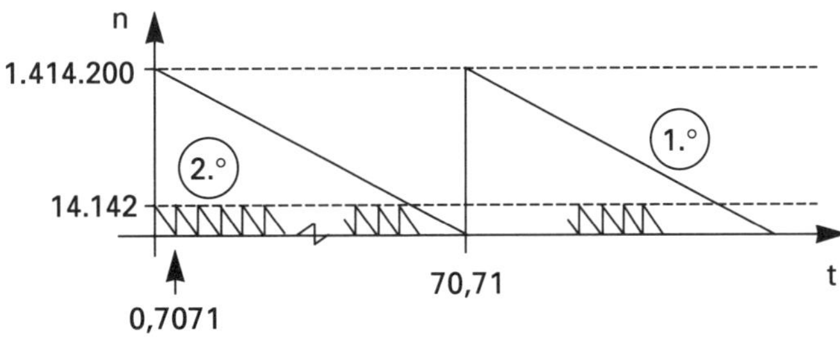

Figura 31

3.er caso	**4.° caso**
$C_R = 10^{10}$ $\quad C_M = 10^4$ $\quad \dfrac{C_R}{C_M} = 10^6$	$C_R = 10^{20}$ $\quad C_M = 10^{18}$ $\quad \dfrac{C_R}{C_M} = 10^2$
$n_0 = \sqrt{\dfrac{2 \cdot 10^6}{1} \cdot 10^6} = 1.414.200$	$n_0 = \sqrt{\dfrac{2 \cdot 10^6}{1} \cdot 10^2} = 14.142$
$C_{T0} = 10^{10} \dfrac{10^6}{1.414.200} + \dfrac{10^4 \cdot 1}{2} \cdot 1.414.200 \simeq$ $\simeq 14.142.000.000$	$C_{T0} = 10^{20} \dfrac{10^6}{14.142} + \dfrac{10^{18} \cdot 1}{2} \cdot 14.142 \simeq$ $\simeq 1.414.200.000.000$
$r = \dfrac{N}{n} = \dfrac{10^6}{1.414.200} = 0{,}7071$	$r = \dfrac{N}{n} = \dfrac{10^6}{14.142} = 70{,}71$

En el 3.er y 4.º casos el lote n_0 y la rotación r es la misma que en el 1.er y 2.º casos respectivamente, ya que la relación C_R/C_M es la misma. Luego la figura 31 sigue representando la situación correspondiente al 3.er y 4.º caso también.

Sin embargo los costes son muy superiores en estos últimos casos. El factor de superioridad está en relación directa con la raíz cuadrada del producto $C_R \cdot C_M$. No hay más que recordar que

$$C_{T0} = \sqrt{2 \cdot N \cdot \theta \cdot C_R \cdot C_M}$$

Entonces, entre el 1.er y el 3.er casos, aunque C_R/C_M es la misma, el producto en uno y otro varía en un factor de ocho, y la raíz cuadrada, por tanto, en un factor de cuatro. Lo mismo cabe decir para el 2.º y 4.º casos.

12. GESTIÓN DE STOCKS CON RUPTURA

Ya comentamos en apartados precedentes que si bien la ruptura de stock es una incidencia de gestión no deseable, tiene también sus ventajas, sobre todo si está bien planificada y admitida por nuestro clientes. La evolución típica del nivel de inventario para el caso de ruptura admitida es la de la figura 32.

Debemos prestar la máxima atención a la nomenclatura. La letra s indica la máxima cantidad de existencias en almacén del producto o artículo considerado para la gestión. Así, pues, en un instante, que supondremos t = 0, partimos con el almacén lleno (capacidad máxima) con una cantidad s.

Como seguimos trabajando con un modelo determinista, la demanda es una cierta cantidad d (n.º de unidades/ud. de t), como el modelo simple anterior. De este mo-

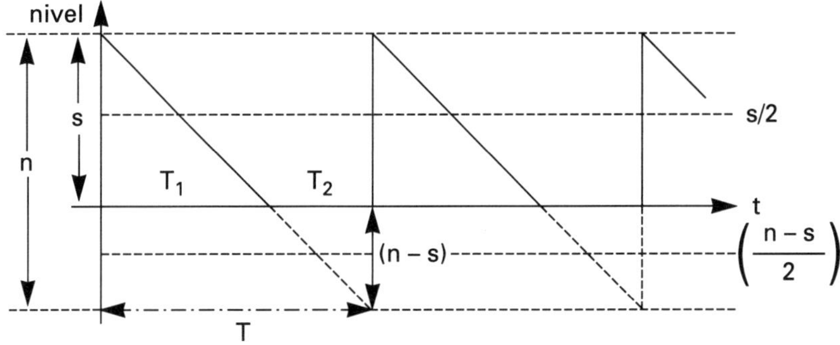

Figura 32

do, el nivel irá bajando uniformemente en una cantidad d, hasta que transcurrido un tiempo T_1 quede a cero.

A partir de aquí, y durante T_2, estamos en ruptura. Podríamos llamar a T_1 tiempo de servicio y a T_2 tiempo de ruptura.

Pasado el tiempo establecido T_2, llega un pedido que restituye el nivel máximo en almacén. El valor de este pedido es n. De estas unidades una parte se entrega inmediatamente a los clientes que durante T_2 no pudieron ser servidos, y el resto se colocan en el almacén. Se coloca, precisamente, la cantidad s.

Hasta aquí, ha transcurrido un tiempo T que es la suma de T_1 y T_2, cumpliéndose las relaciones

$$T = T_1 + T_2$$

$$r = \frac{N}{n} = \frac{\theta}{T}$$

Podemos, pues, llamar a n lote de pedido, a s capacidad del almacén o nivel máximo, y a la cantidad (n – s) stock de ruptura. Asimismo, los niveles medios que utilizamos para el siguiente cálculo de costes serán:

s/2, para el nivel medio del almacén,

$\frac{n-s}{2}$, para el stock medio de ruptura.

r, N y θ tienen el mismo significado que en el modelo simple descrito anteriormente.

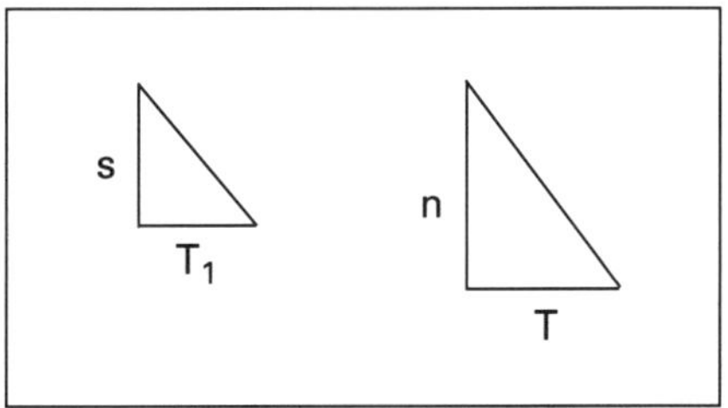

Figura 33

Observando la figura 32 y por semejanza de triángulos, podremos establecer las relaciones siguientes:

Según la figura 33, y dado que todos los lados de un triángulo son paralelos a los del otro, y ambos poseen los mismos ángulos, se cumple que

$$\frac{T_1}{T} = \frac{s}{n}$$

de donde

$$T_1 = T \cdot \frac{s}{n}$$

Análogamente para la figura 34

de donde

$$\frac{T_2}{T} = \frac{(n-s)}{n}$$

$$T_2 = T \cdot \frac{(n-s)}{n}$$

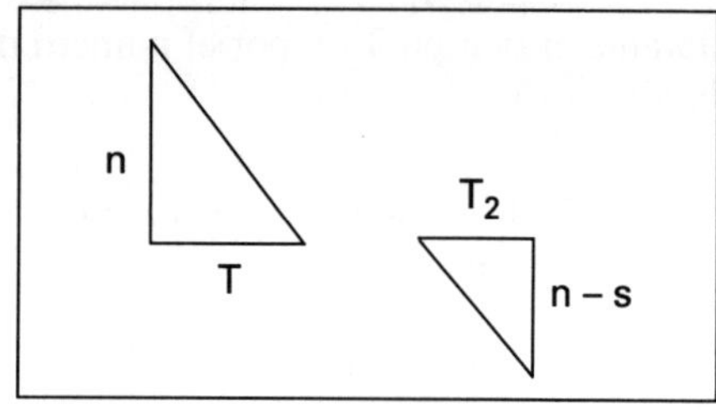

Figura 34

13. FUNCIÓN DE COSTES CON RUPTURA

En este modelo de gestión con ruptura consideramos el coste total de reaprovisionamiento o de emisión de pedidos, C_{TR}, cuya expresión en función del coste unitario C_R es la misma que en el modelo anterior:

$$C_{TR} = C_R \cdot \frac{N}{n}$$

El coste total de mantenimiento o de almacenaje, C_{TM}, podremos expresarlo ahora en función del unitario C_M según el siguiente razonamiento: El coste total de mantener por término medio (s/2) unidades es el producto de estas unidades por lo que cuesta mantener cada una (C_M) por el tiempo que están en almacén (T_1 por el número de períodos que haya en θ). Es decir:

$$C_{TM} = C_M \cdot \left(\frac{s}{2}\right) \cdot T_1 \cdot r$$

y dado que

$$r = \frac{N}{n}$$

$$C_{TM} = C_M \cdot \left(\frac{s}{2}\right) \cdot T_1 \cdot \left(\frac{N}{n}\right)$$

Del mismo modo pensamos para el coste originado durante el tiempo T_2 de ruptura. Llamaremos a este coste, coste total de ruptura, o de penuria, C_{TP}, y su sentido es lo que cuesta no tener unidades en almacén durante T_2, difiriendo la demanda. Formalmente, la expresión analítica es idéntica a C_{TM}. Se define un coste unitario de ruptura, C_P, cuyas unidades son:

$$C_P = \frac{\text{pesetas}}{\begin{pmatrix}\text{unidad de}\\ \text{artículo}\end{pmatrix} \times \begin{pmatrix}\text{unidad de}\\ \text{tiempo}\end{pmatrix}}$$

Así pues, el coste total de ruptura para el período de gestión θ será lo que cuesta no tener una unidad (C_P) por el número medio de unidades

$$\left(\frac{n-s}{2}\right)$$

durante el tiempo T_2 y por el número de veces que ocurre T_2 en el período θ (que es la rotación):

$$C_{TP} = C_P \cdot \left(\frac{n-s}{2}\right) \cdot T_2 \cdot r$$

$$C_{TP} = C_P \cdot \left(\frac{n-s}{2}\right) \cdot T_2 \left(\frac{N}{n}\right)$$

Ahora, el coste total de gestión se compone de tres términos, C_{TR}, C_{TM} y C_{TP}, y es función no sólo de n, sino también de s:

$$C_T\,(n, s) = C_{TR} + C_{TM} + C_{TP}$$

$$C_T\,(n, s) = \left(C_R \cdot \frac{N}{n}\right) + \left(C_M \cdot \frac{s}{2} \cdot T_1 \cdot \frac{N}{n}\right) + \left(C_P \cdot \frac{n-s}{2} \cdot T_2 \cdot \frac{N}{n}\right)$$

Recordando que

$$T_1 = T \cdot \frac{s}{n} \quad \text{y} \quad T_2 = T \cdot \frac{n-s}{n}$$

$$C_T\,(n, s) = \left(C_R \cdot \frac{N}{n}\right) + \left(C_M \cdot \frac{s}{2} \cdot T \cdot \frac{s}{n} \cdot \frac{N}{n}\right) + \left(C_P \cdot \frac{n-s}{2} \cdot T \cdot \frac{n-s}{n} \cdot \frac{N}{n}\right)$$

y como
$$T \cdot \frac{N}{n} = T \cdot r = \theta$$

$$C_T\,(n, s) = \left(C_R \cdot \frac{N}{n}\right) + \left(C_M \cdot \frac{s^2}{2} \cdot \frac{\theta}{n}\right) + \left(C_P \cdot \frac{(n-s)^2}{2} \cdot \frac{\theta}{n}\right)$$

Faltaría añadir para completar la estructura de costes el total de adquisición, C_{TA}, cuyo valor es

$$C_{TA} = C_A \cdot N = p \cdot N$$

$$C_{TT} = (p \cdot N) + \left(C_R \cdot \frac{N}{n}\right) + \left(C_M \cdot \frac{s^2}{2} \cdot \frac{\theta}{n}\right) + \left(C_P \cdot \frac{(n-s)^2}{2} \cdot \frac{\theta}{n}\right)$$

A partir de aquí, nuestro objetivo es calcular el tamaño óptimo de pedido que minimice el coste total. Pero tenemos dos variables independientes, n y s. Luego derivaremos parcialmente la función C_{TT} respecto a cada una de ellas:

$$\frac{\delta C_{TT}(n, s)}{\delta s} = 0 + 0 + \frac{C_M \cdot \theta}{n} \cdot s - \frac{C_P \cdot \theta}{n}(n - s) = 0$$

$$\frac{\delta C_{TT}(n, s)}{\delta n} = 0 - \frac{C_R \cdot N}{n^2} - \frac{C_M \cdot s^2 \cdot \theta}{2\,n^2} + \frac{4n\,(n - s) - 2\,(n - s)^2}{4\,n^2} C_P \cdot \theta = 0$$

De la primera derivada parcial se obtiene:

$$s \cdot C_M \cdot \theta = (n - s) \cdot C_P \cdot \theta$$
$$s\,C_M = nC_P - sC_P$$
$$s\,(C_M + C_P) = nC_P$$

$$s = n \cdot \frac{C_P}{C_M + C_P}$$

A la cantidad entre paréntesis la denominaremos «tasa de ruptura», ρ:

$$\rho = \frac{C_P}{C_M + C_P}$$

De la segunda derivada parcial se obtiene:

$$\frac{4n^2 - 4ns - 2n^2 + 4ns - 2s^2}{4\,n^2} \cdot C_P \cdot \theta = \frac{2C_R N + C_M\,s^2\,\theta}{2\,n^2}$$

$$\frac{n^2 - s^2}{2} \cdot C_P \cdot \theta = \frac{2 \cdot C_R \cdot N + C_M \cdot s^2 \cdot \theta}{2}$$

$$n^2 \cdot C_P \cdot \theta - s^2 \cdot C_P \cdot \theta = 2 \cdot C_R \cdot N + C_M \cdot s^2 \cdot \theta$$

$$n^2 \cdot C_P - s^2 \cdot C_P = \frac{2 \cdot C_R \cdot N}{\theta} + C_M \cdot s^2$$

$$n^2\,C_P - (C_M + C_P) \cdot s^2 = \frac{2 \cdot C_R \cdot N}{\theta}$$

Dado que, de la primera derivada parcial,

$$s = n \cdot \frac{C_P}{C_M + C_P}$$

introducimos en la última ecuación este valor:

$$n^2\,C_P - (C_M + C_P) \cdot n^2 \frac{C_P^2}{(C_M + C_P)^2} = \frac{2 \cdot C_R \cdot N}{\theta}$$

$$n^2 \cdot \left[C_P - \frac{C_P^2}{(C_M + C_P)}\right] = 2 \cdot \frac{C_R \cdot N}{\theta}$$

$$n^2 \cdot \left[\frac{C_P \cdot C_M + C_P^2 - C_P^2}{C_M + C_P}\right] = 2 \cdot \frac{C_R \cdot N}{\theta}$$

$$n^2 \cdot \left[\frac{C_P \, C_M}{C_M + C_P} \right] = 2 \cdot \frac{C_R \cdot N}{\theta}$$

$$n^2 = \frac{2 \cdot C_R \cdot N \cdot (C_M + C_P)}{\theta \cdot C_P \cdot C_M}$$

$$n_0 = \text{LEP} = \sqrt{\frac{2 \cdot N \cdot C_R}{\theta \cdot C_M} \cdot \left(\frac{C_M + C_P}{C_P} \right)}$$

Y esta cantidad n es ya el LEP, ya que ha sido obtenida al minimizar la función total de costes. Puesto en función de la tasa de ruptura, queda:

$$n_0 = \sqrt{\frac{2 \cdot N \cdot C_R}{\theta \cdot C_M} \cdot \frac{1}{\rho}}$$

Por consiguiente, y dado que

$$s = n \cdot \frac{C_P}{C_M + C_P}$$

y para el valor óptimo de n, n_0, se obtendrá el valor óptimo de s, s_0:

$$s_0 = n_0 \cdot \frac{C_P}{C_M + C_P} = n_0 \cdot \rho$$

$$s_0 = \left(\sqrt{\frac{2 \, N \, C_R}{\theta \cdot C_M} \cdot \frac{1}{\rho}} \right) \cdot \rho$$

$$s_0 = \sqrt{\frac{2 \cdot N \cdot C_R}{\theta \cdot C_M} \cdot \rho}$$

Cualquier otro valor de interés puede obtenerse recordando que se cumplen las relaciones:

$$r = \frac{N}{n} = \frac{\theta}{T}$$

Haciendo operaciones, que omitimos intencionadamente, se obtiene que

$$C_{T0} \, (n_0, s_0) = \sqrt{2 \cdot N \cdot \theta \cdot C_R \cdot C_M \cdot \rho}$$

14. TASA DE RUPTURA

Ya ha sido definida como la relación

$$\rho = \frac{C_P}{C_M + C_p}$$

A partir del desarrollo del apartado anterior, obtuvimos que

$$S = n \cdot \frac{C_P}{C_M + C_P} = n \cdot \rho$$

Así pues:

$$\rho = \frac{s}{n}$$

Para los tiempos de mantenimiento y ruptura puede escribirse:

$$T_1 = T \cdot \frac{s}{n} = T \cdot \rho$$

$$T_2 = T \cdot \frac{(n-s)}{n} = T \cdot \left(1 - \frac{s}{n}\right) = T\,(1 - \rho)$$

La tasa de ruptura tiene un campo de variación entre cero y uno:

$$0 < \rho < 1$$

En efecto, ρ tenderá a cero cuando C_P sea mucho más pequeño que C_M, y tenderá a uno cuando C_P sea mucho mayor que C_M.

$$\text{Si } C_P <<< C_M \,; \quad \rho \longrightarrow 0$$

$$\text{Si } C_P >>> C_M \,; \quad \rho \longrightarrow 1$$

Pero no tienen sentido los valores $\rho = 0$ y $\rho = 1$. Ya veremos por qué.

El campo de variación de ρ puede expresarse de forma más intuitiva en tanto por ciento, en vez de en tanto por uno. Así, una tasa de ruptura de 0,3 es como una tasa de 30%.

Pero ¡cuidado! Analicemos el origen de la definición de ρ. Al realizar la derivada parcial del coste total con respecto a s, se llegaba a una expresión donde se relacionaban C_P y C_M. Adoptamos esta relación denominándola tasa de ruptura. Pero esta denominación no es totalmente intuitiva. Parecería ser que a mayor valor de ρ, mayor ruptura, y por tanto mayor período de ruptura, y viceversa. Sin embargo, no es así.

Pongamos varios ejemplos concretos numéricos:

Para una tasa de ruptura del 10%, $\rho = 0{,}1$.

Entonces:

$$\begin{aligned} \rho &= 0{,}1 \\ s &= n \cdot \rho = 0{,}1 \cdot n \\ T_1 &= T \cdot \rho = 0{,}1 \cdot T \\ T_2 &= T\,(1 - \rho) = 0{,}9\;T \end{aligned}$$

Esta situación se representa en la figura 35.

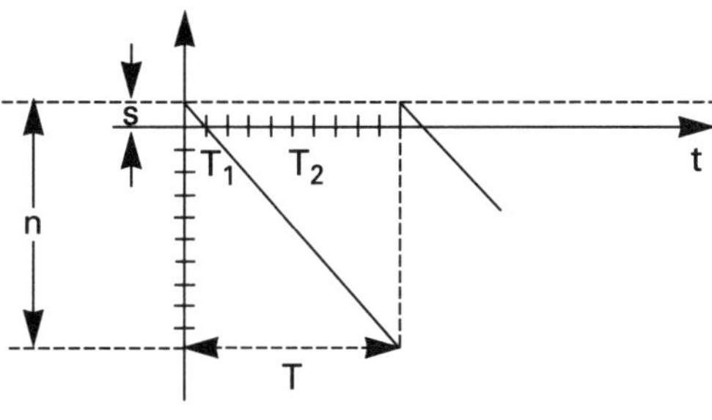

Figura 35

Para una tasa de ruptura del 90%, $\rho = 0{,}9$.

Entonces:

$$\begin{aligned} \rho &= 0{,}9 \\ s &= 0{,}9 \cdot n \\ T_1 &= 0{,}9 \cdot T \\ T_2 &= 0{,}1 \cdot T \end{aligned}$$

La situación queda representada en la figura 36.

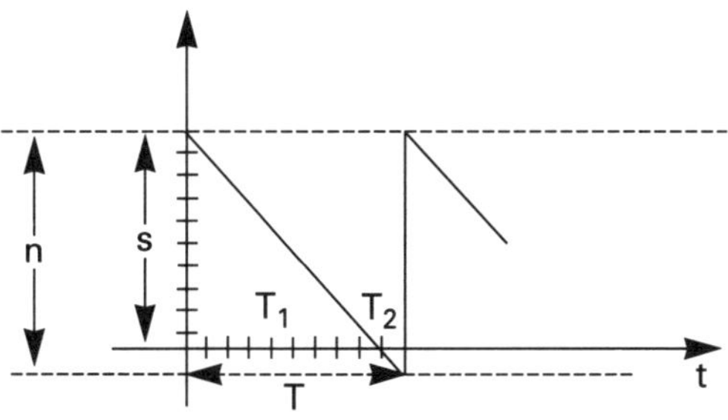

Figura 36

En resumen, hay que interpretar las situaciones de esta forma: Si r es muy pequeño, C_P es muy pequeño y por tanto no importará que el período de ruptura sea muy grande. Sin embargo, cuando C_P sea muy grande (entonces r es grande) interesará gestionar con un período de ruptura muy pequeño para no sobrecargar los costes totales. Cierto que no es fácil la cuantificación de C_P, pero recordemos lo que de analogía pueda tener este concepto con la demanda insatisfecha y el nivel de servicio vistos en apartados anteriores de este capítulo.

Por último, supongamos una tasa de ruptura del 50%. Entonces (ver figura 37)

$$\rho = 0,5$$
$$s = 0,5 \cdot n$$
$$T_1 = 0.5 \cdot T$$
$$T_2 = 0,5 \cdot T$$

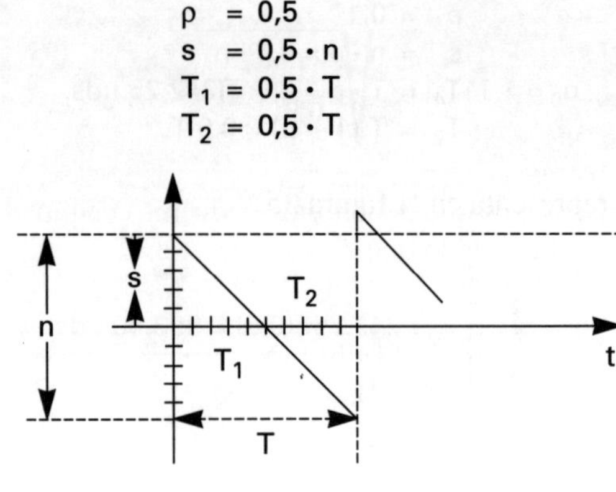

Figura 37

15. CASO PRÁCTICO. VENTAJAS DE LA RUPTURA

Consideremos los datos del caso práctico que resolvimos anteriormente para el modelo de Wilson simple. Los parámetros dados y calculados eran:

$$C_M = 50 \frac{\text{ptas.}}{\text{ud. x día}}$$

$$C_R = 55.000 \frac{\text{ptas.}}{\text{lote}}$$

$$n_0 = 1.111,11 \text{ uds.}$$
$$N = 202.020,20 \text{ uds.}$$
$$r = 181,82 \text{ lotes}$$
$$To = 1,98 \text{ días}$$
$$C_{T0} = 20 \text{ M ptas.}$$

Se desea, con el objeto de abaratar costes totales, gestionar el almacén con ruptura. Previamente, para ello, se ha conversado con nuestros clientes habituales para que acepten una determinada demora en la entrega de sus pedidos, aceptando la propuesta. Se considera que una tasa de ruptura del 80% es suficiente. Vamos, con este supuesto, a recalcular todos los parámetros del almacén, teniendo en cuenta que los costes C_M y C_R en un principio adoptan los mismos valores y es preciso asumir un coste de penuria.

El nuevo lote económico de pedido viene dado por la fórmula

$$n_0 = \sqrt{\frac{2\,N\,C_R}{\theta\,C_M}} \cdot \sqrt{\frac{1}{\rho}}$$

La raíz $\sqrt{\frac{2NC_R}{\theta\,C_M}}$, dado que ningún valor bajo ella ha variado, es precisamente el

LEP del modelo hasta ahora implantado sin ruptura. Su valor era de 1.111,11 unidades. Por definición, $\rho = 0{,}8$.

$$n_0 = 1.111{,}11 \cdot \sqrt{\frac{1}{0{,}8}} = 1.242{,}25 \text{ uds.}$$

La primera observación es que deberemos pedir más cantidad que antes cada vez que cursemos un pedido. Pero dado que

$$s_0 = n_0 \cdot \rho = (1.242{,}25)\ (0{,}8) = 993{,}80 \text{ uds.}$$

almacenaremos sólo 993,80 unidades frente a las 1.111,11 que almacenábamos antes. Según esto, es lógico pensar que en un período de gestión posterior el valor de C_M podremos hacerlo disminuir.

Los valores de los períodos correspondientes son:

$$r = \frac{N}{n} = 162{,}6244 \quad / \quad T = \frac{\theta}{r} = 2{,}2137$$

$$T_1 = T \cdot \rho = 1{,}7710 \quad / \quad T_2 = T\ (1 - \rho) = 0{,}4427$$

Con los parámetros de gestión hasta ahora calculados podemos construir la figura 38.

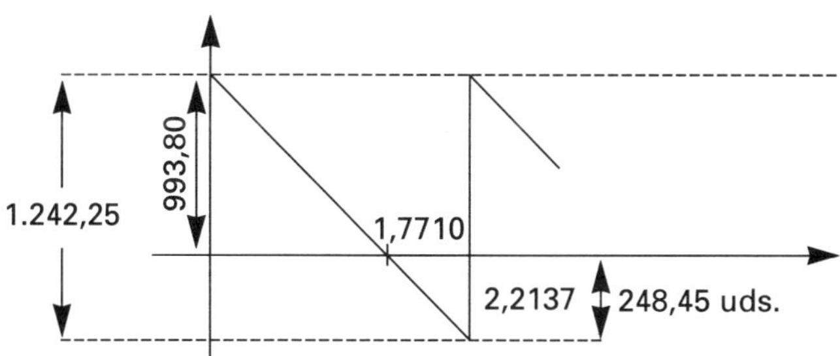

Figura 38

El stock de ruptura vale:

$$(n - s) = (1.242{,}25) - (993{,}80) = 248{,}45 \text{ uds.}$$

Con la implantación de la ruptura los pedidos son mayores (habrá que renegociar con proveedores) pero la capacidad de almacén necesaria es menor. El número de unidades diferidas es de 248,45. Hay que observar que la demanda total sigue siendo la misma, al igual que la tasa de demanda.

Nuevamente es preciso notar que una tasa de ruptura del 80% no quiere decir que el 80% del tiempo de gestión esté en ruptura. Recordar que, por la propia definición, sólo quiere decir que la relación $C_P/(C_M + C_P)$ es de 0,8.

Y a partir de esta relación, ya podemos saber qué coste de penuria deberemos asumir:

$$\rho = \frac{C_P}{C_M + C_P} = 0{,}8$$

$$0{,}8 = \frac{C_P}{50 + C_P}$$

$$0{,}8\ (50 + C_P) = C_P$$
$$40 + 0{,}8\ C_P - C_P = 0$$
$$40 + C_P\ [0{,}8 - 1] = 0$$
$$40 - 0{,}2\ C_P = 0$$
$$40 = 0{,}2 \cdot C_P$$

$$C_P = \frac{40}{0{,}2} = 200\ \frac{\text{ptas.}}{\text{uds. x día}}$$

El coste total para el LEP con ruptura será

$$C_{T0} = \sqrt{2N\theta\ C_R\ C_M \cdot \rho} = \sqrt{2\ (202.020{,}20)\ (360)\ (55.000)\ (50)\ (0{,}8)} =$$
$$= 17.888.544 \text{ ptas.}$$

El ahorro con respecto al modelo simple es de

$$(20.000.000) - (17.888.544) = 2.111.456 \text{ ptas.,}$$

que en tanto por ciento supone

$$\frac{2.111.456}{20.000.000} = 0{,}1056$$

es decir, un 10,56% de ahorro sobre los costes totales anteriores.

En general, el ahorro, de forma analítica, puede calcularse mediante el siguiente proceso:

$$\frac{C_{T0} \text{ con ruptura}}{C_{T0} \text{ sin ruptura}} = \frac{\sqrt{2N\theta\ C_R\ C_M\ \rho}}{\sqrt{2N\theta C_R\ C_M}} = \sqrt{\rho} = \sqrt{0{,}8} = 0{,}8944$$

Quiere decir que el C_{T0} con ruptura es el 89,44% del valor de C_{T0} sin ruptura.

$$\begin{aligned} C_{T0} \text{ con ruptura } &= (0{,}8944)\ (C_{T0} \text{ sin ruptura}) = \\ &= (0{,}8944)\ (20.000.000) = \\ &= 17.888.000 \text{ ptas.} \end{aligned}$$

Por tanto el ahorro puede expresarse como

$$\text{Ahorro} = 1 - \sqrt{\rho} = 1 - 0{,}8944 = 0{,}1056$$

o bien, en tanto por ciento, como

$$\text{Ahorro} = 100\,(1 - \sqrt{\rho}\,) = 10{,}56\%$$

Por último, nuestro proveedor habitual decide cambiar de política y nos obliga a cursar pedidos de 2.000 unidades en base, sobre todo, a la optimización del tranporte, ya que esta cantidad permite la optimización del medio utilizado para su distribución. ¿De qué forma repercute la adopción de esta nueva política en nuestros costes?

La demanda no varía, es N = 202.020,20 unidades.

Si deseamos mantener ρ = 0,8, ahora

$$n = 2.000 \text{ uds.}$$
$$s = n \cdot \rho = (2.000)\,(0{,}8) = 1.600$$
$$(n - s) = (2.000) - (1.600) = 400$$

$$r = \frac{N}{n} = \frac{202.020{,}20}{2.000} = 101{,}01$$

$$T = \frac{\theta}{r} = \frac{360}{101{,}01} = 3{,}5640$$

$$T_1 = (3{,}5640)\,(0{,}8) = 2{,}8512$$
$$T_2 = (3{,}5640)\,(0{,}2) = 0{,}7128$$

y dado que n = 2.000 unidades ya no es el LEP; la expresión de costes totales de gestión es

$$C_T = \left(C_R \frac{N}{n}\right) + \left(\frac{C_M\,\theta}{2} \cdot \frac{s^2}{n}\right) + \left(\frac{C_P\,\theta}{2} \cdot \frac{(n-s)^2}{n}\right) =$$

$$= \left(5.500 \cdot \frac{202.020{,}20}{2.000}\right) + \left(\frac{(50)\,(360)}{2} \cdot \frac{(1.600)^2}{(2.000)}\right) + \left(\frac{(200)\,(360)}{2} \cdot \frac{(400)^2}{(2.000)}\right) =$$

$$= (5.555.555{,}5) + (11.520.000) + (2.880.000) = 19.955.555{,}5 \text{ ptas.}$$

que se aparta del óptimo en

$$(19.955.555{,}5) - (17.888.544) = 2.067.011{,}5 \text{ ptas.}$$

Esto es, un

$$\frac{2.067.011{,}5}{17.888.544} = 0{,}1155 = 11{,}55\%$$

16. REABASTECIMIENTO UNIFORME. ENTRADA Y SALIDA SIMULTÁNEAS

La idea fundamental de este modelo de gestión es conseguir que nuestros proveedores nos sirvan los pedidos de forma uniforme. Si cursamos un pedido de 1.000

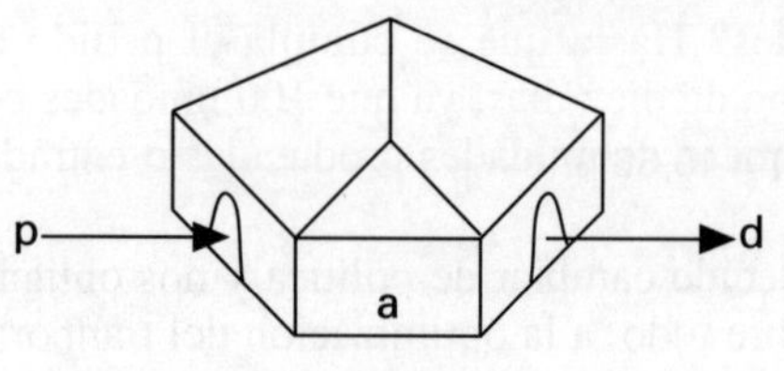

Figura 39
Modelo de reabastecimiento uniforme

unidades, no las queremos juntas el mismo día sino poco a poco, por ejemplo 100 unidades cada día.

Esto sería hablar de una «tasa de entrada», o de una tasa de producción p, cuyo valor es:

$$p = 100 \text{ uds./día}$$

Está claro que esto será posible siempre y cuando las circunstancias no lo impidan, como la política del proveedor, existencia de transporte diario y otras.

Por otra parte, existe una demanda uniforme d, por ejemplo, de 60 unidades diarias:

$$d = 60 \text{ uds./día}$$

A d se le denominan «tasa de demanda». Debe cumplirse que p y d sean constantes y p > d.

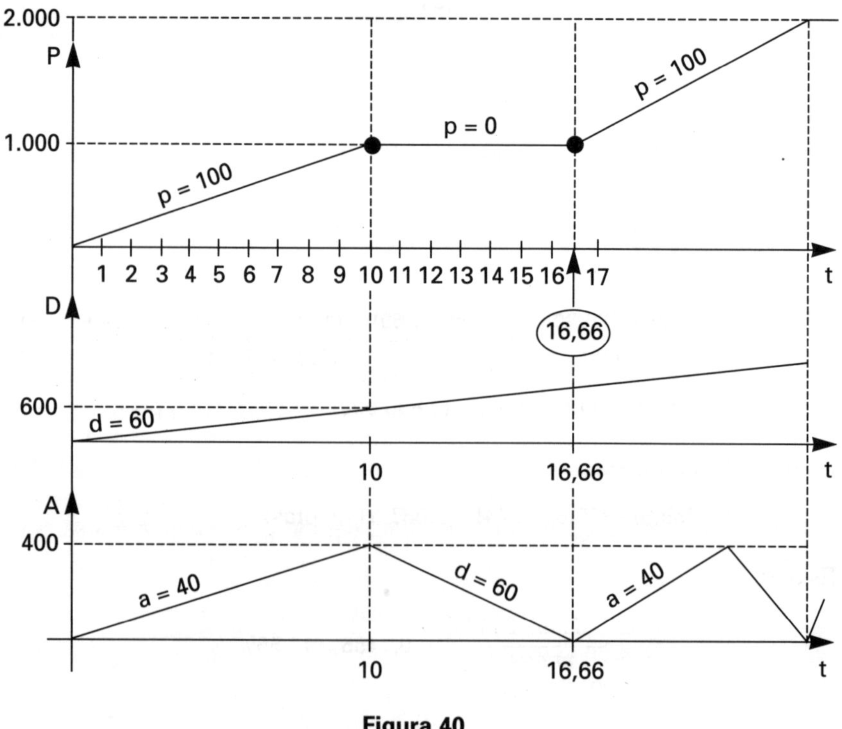

Figura 40

¿Qué ocurre en el almacén? A diario, entran 100 unidades y salen 60, por tanto quedan, se almacenan, 40 unidades en almacén. Así, pues, el primer día se almacenan 40 unidades; el segundo, 40 más; el tercero, 40 más, etc. (figura 40).

¿Hasta cuándo estarán entrando unidades? Hasta que se cumpla el pedido de 1.000 unidades. ¿Cuándo se cumplirá? Al cabo de diez días, ya que 100 unidades por 10 días son 1.000 unidades y p expresa el número de unidades producidas o entradas al cabo de t días. O sea:

$$P = p \cdot t$$

de donde
$$t = \frac{P}{p} = \frac{1.000 \text{ uds.}}{100 \text{ uds./día}} = 10 \text{ días}$$

En este tiempo se habrán demandado un número total de unidades.

$$D = d \cdot t = \\ = 60 \cdot 10 = 600 \text{ uds.}$$

y las unidades almacenadas vienen dadas por

$$A = a \cdot t$$

donde «a» es la «tasa de almacenamiento», que sabemos que es

$$a = p - d = 100 - 60 = 40 \text{ uds./día}$$

Al cabo de diez días se habrán almacenado

$$A = a \cdot t = 40 \cdot 10 = 400 \text{ uds.}$$

Llegado el día 10, puesto que ya se ha cumplido el pedido, y como no se ha cursado otro, dejan de entrar unidades, es decir, a partir de t = 10, p = 0.

Sin embargo, la tasa de demanda es uniforme y siguen saliendo d = 60 unidades/día.

El almacén, para t = 10, ha llegado a tener, como hemos visto, 400 unidades.

¿Qué ocurre el día t = 11? Ya no entran unidades, sin embargo salen. Al final de este día, el almacén tendrá (400 – 60) = 340 unidades; el día t = 12 tendrá (340 – 60) = 280 unidades; el día t = 13 tendrá (280 – 60) = 220 unidades, y así sucesivamente hasta el día en que nos quedemos a cero. Este tiempo puede determinarse por la siguiente relación:

$$\frac{\text{n.° de uds. en almacén}}{\text{tasa de demanda (uds. que salen)}} = \frac{400 \text{ uds.}}{\frac{60 \text{ uds.}}{\text{día}}} = 6,\widehat{66} \text{ días}$$

$6,\widehat{66}$ días expresa el tiempo que tardamos en sacar las 400 unidades del almacén, a razón de 60 diarias.

Llegado el día 16,66 (ver figura), debemos cursar otro pedido (suponiendo PE = 0) para no entrar en ruptura de stock.

Cursamos, pues, el pedido de otras 1.000 unidades para que nos vayan trayendo de 100 en 100 unidades/día. El proceso vuelve a repetirse. Vuelven a entrar 100 unidades diarias, a salir 60 unidades diarias, y a almacenarse 40 unidades diarias. Todo es periódico (figura 41).

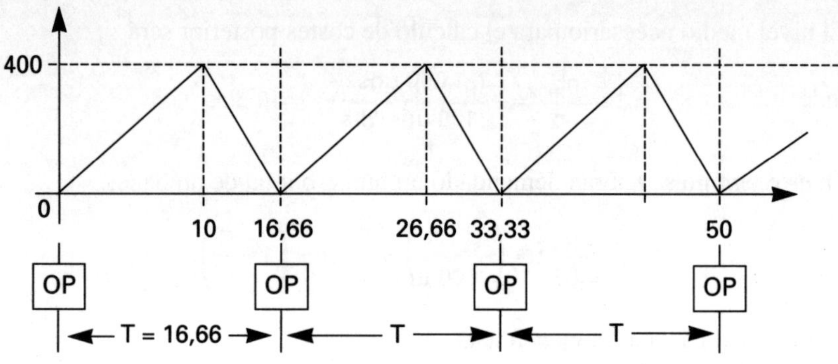

Figura 41

En este modelo hemos ajustado los parámetros para que se siga cumpliendo la ecuación

$$r = \frac{N}{n} = \frac{\theta}{T}$$

De aquí, y con lo datos que disponemos, si θ = 1 año = 365 días, la demanda total anual será:

$$N = \frac{\theta \cdot n}{T} = \frac{(365)\ (1.000)}{16,\widehat{66}} = 21.900 \text{ uds.}$$

La rotación, número de lotes o pedidos, o número de veces que se repite el diente de sierra, será:

$$r = \frac{N}{n} = \frac{\theta}{T} = \frac{21.900}{1.000} = \frac{365}{16,\widehat{66}} = 21,9 \text{ veces/año.}$$

El nivel máximo en almacén puede calcularse por la expresión

$$n_{máx} = (p - d) \cdot t_{máx} = a \cdot t_{máx}$$

donde $t_{máx}$ es el tiempo necesario para que el almacén llegue a su capacidad máxima, que en nuestro caso es, observando la figura, $t_{máx} = 10$. Este valor puede deducirse de la relación

$$t_{máx} = \frac{n}{p}$$

donde n es el tamaño del lote de pedido. En nuestro caso:

$$t_{máx} = \frac{1.000}{100} = 10 \text{ días}$$

Así, pues, puede ponerse que

$$n_{máx} = (p - d) \cdot \frac{n}{p}$$

El nivel medio necesario para el cálculo de costes posterior será

$$n_m = \frac{n_{máx}}{2} = \frac{(p-d)}{2} \cdot \frac{n}{p}$$

O, de otra forma,

$$n_m = \frac{1}{2} \cdot n \cdot \left(\frac{p-d}{p}\right) = \frac{1}{2} \cdot n \cdot \left(1 - \frac{d}{p}\right)$$

Comprobemos esta fórmula para nuestros datos:

$$n_{máx} = (100 - 60) \cdot \frac{1.000}{100} = 400 \text{ uds.}$$

$$n_{med} = \frac{400}{2} = 200 \text{ uds.}$$

17. FUNCIÓN DE COSTE PARA REABASTECIMIENTO UNIFORME

Los costes a contemplar en este modelo son el de mantenimiento y el de reaprovisionamiento. El coste total de reaprovisionamiento, C_{TR}, será como siempre:

$$C_{TR} = C_R \cdot \frac{N}{n}$$

Y el coste total, en el período de gestión θ, de mantenimiento, será lo que cuesta mantener una unidad de artículo en la unidad de tiempo, C_M, por el tiempo que está, θ, y por el número de unidades que por «término medio» se mantienen (nivel medio en stock):

$$C_{TM} = C_M \cdot \theta \cdot (n_m)$$

$$C_{TM} = C_M \cdot \theta \cdot \left(\frac{1}{2} n \left[1 - \frac{d}{p}\right]\right)$$

Entonces:

$$C_T = C_{TR} + C_{TM} =$$

$$C_T = \left(C_R \cdot \frac{N}{n}\right) + \left(\frac{1}{2} C_M \cdot \theta \cdot n \cdot \left[1 - \frac{d}{p}\right]\right)$$

$$C_T = \left(C_R \cdot \frac{N}{n}\right) + \left(\frac{1}{2} \cdot C_M \cdot \theta \cdot \frac{n}{p} (p - d)\right)$$

Para calcular el lote óptimo económico de pedido, derivamos, como siempre:

$$\frac{dC_T}{dn} = -\frac{C_R \cdot N}{n^2} + \frac{1}{2} C_M \cdot \theta \cdot \frac{(p-d)}{p} = 0$$

$$\frac{C_R \cdot N}{n^2} = \frac{C_M \cdot \theta \cdot (p-d)}{2p}$$

$$n_0 = LEP = \sqrt{\frac{2 \cdot N \cdot C_R}{\theta \cdot C_M \cdot \left(1 - \frac{d}{p}\right)}}$$

Para calcular el coste óptimo de gestión:

$$C_{T0} = \frac{C_R \cdot N}{n_0} + \frac{C_M \cdot \theta}{2}\left(1 - \frac{d}{p}\right) \cdot n_0 =$$

$$= \frac{C_R \cdot N \cdot \sqrt{\theta \cdot C_M \left(1 - \frac{d}{p}\right)}}{\sqrt{2\, C_R\, N}} + \frac{C_M \cdot \theta}{2}\left(1 - \frac{d}{p}\right) \cdot \frac{\sqrt{2 \cdot C_R \cdot N}}{\sqrt{\theta \cdot C_M \cdot \left(1 - \frac{d}{p}\right)}} =$$

$$= \frac{2\, C_R\, N \left(\sqrt{\theta \cdot C_M \cdot \left(1 - \frac{d}{p}\right)}\right)^2 + C_M \cdot \theta \left(1 - \frac{d}{p}\right)\left(\sqrt{2\, C_R\, N}\right)^2}{2\sqrt{2 \cdot C_R \cdot N} \cdot \sqrt{\theta \cdot C_M \cdot \left(1 - \frac{d}{p}\right)}} =$$

$$C_{T0} = \sqrt{2 \cdot N \cdot \theta \cdot C_R \cdot C_M \cdot \left(1 - \frac{d}{p}\right)}$$

18. CASO PRÁCTICO. PUNTO DE PEDIDO

Una cierta estación suministradora de gasolina consta de quince depósitos de 3.000 litros cada uno. Diariamente debe servir a diversos camiones cisterna la cantidad de 20.000 litros, y para ello se abastece de varios proveedores. Entre todos éstos sólo pueden transportar hasta la estación la cantidad de 25.000 litros diarios.

Se desea saber:

1) ¿Cuántos pedidos cursará la estación al año *, de qué tamaño y cada cuánto tiempo?

2) ¿Cuál será el punto de pedido, si el plazo de entrega es de dos días?

---

* Considerar el año de 200 días laborables.

3) ¿Y si el plazo de entrega fuera de quince días?

4) ¿Cuánto deberá ser el coste de realizar un pedido para que con un coste unitario de almacenamiento de 0,1 ptas. el coste total de gestión sea mínimo? (Ver figura 42).

Apartado 1

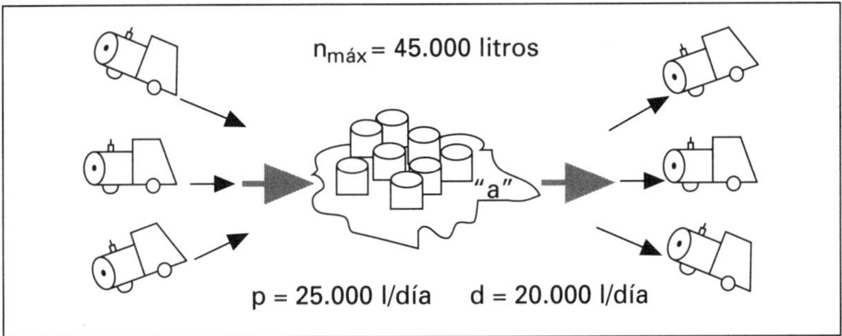

Figura 42

La capacidad máxima de la estación es de

$$n_{máx} = (15) \cdot (3.000) = 45.000 \text{ litros}$$

Y se supone que para lograr el máximo rendimiento de las instalaciones llegaremos a llenar todos los depósitos. Para que esto ocurra, el pedido se cursará por una cantidad:

$$n_{máx} = n \left(1 - \frac{d}{p}\right)$$

$$45.000 = n \left(1 - \frac{20.000}{25.000}\right)$$

$$n = 225.000 \text{ litros}$$

La tasa de almacenamiento es:

$$a = p - d = (25.000) - (20.000) = 5.000 \text{ litros/día.}$$

Con estos datos podemos dibujar la figura 43.

El valor de $t_{máx}$, tiempo en que el almacén tarda en llenarse, y que coincide con el tiempo de servicio del pedido, será:

$$t_{máx} = \frac{45.000}{5.000} = 9 \text{ días}$$

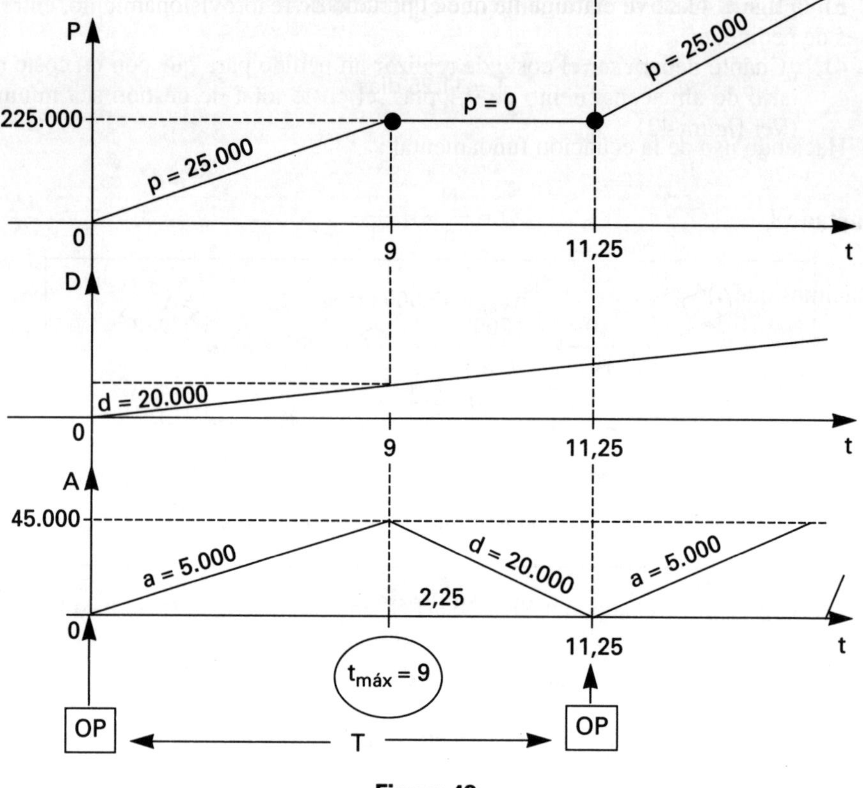

Figura 43

También se podría haber calculado con los datos de la gráfica de P:

$$t_{máx} = \frac{225.000}{25.000} = 9 \text{ días}$$

Para este día 9 se ha cumplido el pedido y los proveedores dejan de suministrar en espera de una nueva orden de pedido, que se producirá (con PE = 0) en el momento en que se haya vaciado la estación. ¿Cuánto tiempo tardará en vaciarse?

$$t = \frac{45.000}{20.000} = 2{,}25 \text{ días.}$$

Recordar que durante este tiempo sólo hay tasa de demanda, ya que p = 0:

$$a = p - d = 0 - 20.000 = -20.000 \text{ uds./día.}$$

El almacén tiene, pues, tasa de vaciamiento, que es la tasa de demanda.

Llegados a t = 11,25 días, debo cursar una OP. En el supuesto de que PE = 0, el aprovisionamiento es instantáneo uniforme. Es decir, los proveedores vuelven a traer litros a razón de p = 25.000, y el almacén empieza a llenarse a razón de a = 5.000, ya que d = 20.000 en todo momento. Y se repite todo el ciclo.

En la figura 43 se ve claramente que el período de reaprovisionamiento, entre órdenes de pedido, es

$$T = 11{,}25 \text{ días.}$$

Haciendo uso de la ecuación fundamental

$$r = \frac{N}{n} = \frac{\theta}{T}$$

deducimos que

$$r = \frac{\theta}{T} = \frac{200}{11{,}25} = 17{,}\widehat{77} \text{ pedidos/año.}$$

Apartado 2

Si el plazo de entrega es de dos días, deberemos cursar pedidos dos días antes de que hayamos previsto quedarnos a cero.

En el apartado 1, al suponer PE = 0, las órdenes de pedido estaban localizadas en

OP, s = 0, 11'25, 22'50, ...

y se correspondían con un nivel en almacén cero

PP = 0 uds.

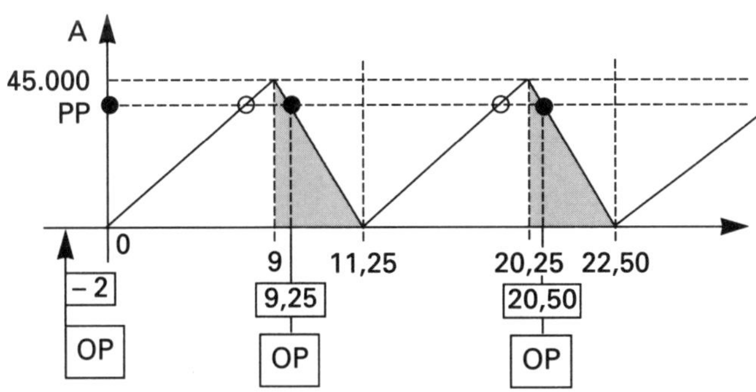

Figura 44

Ahora, con PE = 2, las OP se localizarán en

OP, s = – 2, 9'25, 20'50, ...

El punto de pedido PP correspondiente es el nivel de existencias en esos momentos y que dada la simetría cíclica de la figura será el mismo para todos los tiempos de las OP.

Su cálculo puede razonarse como sigue:

La zona sombreada de la figura es una zona donde sólo hay consumo o salida de artículos de almacén. La zona no sombreada es la zona de entrada y salida, o producción y consumo simultáneos.

El día 9,25 habrá en la estación los 45.000 litros del día 9, menos lo que se hayan consumido en 0,25 días.

En 0,25 días se habrán consumido:

$$(0{,}25) \cdot (20.000) = 5.000 \text{ liros}$$

Luego $\quad PP = (45.000) - (5.000) = 40.000$ litros

Esta cantidad debe ser la justa para llegar al día 11,25 desde que se cursó OP el día 9,25. Es decir, en ese tiempo se consumirán:

$$(11{,}25 - 9{,}25) \cdot (20.000) = (2) \cdot (20.000) = 40.000 \text{ litros}$$

que es otra forma de calcular el PP en esta zona de solo consumo. (En el apartado siguiente se comentará una precaución importante a tener en cuenta con el PP en este modelo.)

Apartado 3

Si PE = 15 días, el concepto de PP es idéntico. Veamos la figura 45.

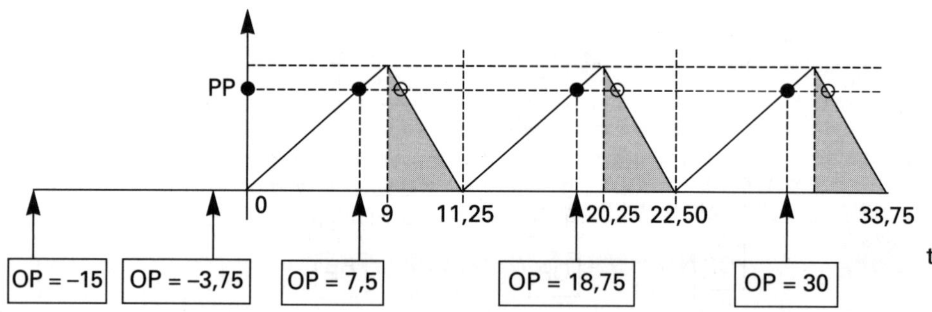

Figura 45

Deberemos pedir quince días antes de quedarnos a cero en la estación. Nos situamos con OP quince días antes de toda situación de nivel cero. La OP correspondiente a la llegada del pedido en t = 22,50 está localizada en OP = 7,5.

La OP para t = 11,25 está en OP = – 3,75
La OP para t = 0 está en OP = –15
La OP para t = 33,75 está en OP = 18,75

El hecho de localizar OP, s en tiempos negativos sólo quiere expresar que antes de empezar a funcionar en t = 0, hemos tenido que cursar dos pedidos: quince días antes y 3,75 días antes de empezar el proceso.

Dado que por simetría el valor de PP es igual para todas las OP, puede calcularse en el tramo que se quiera.

Vamos a elegir el primer tramo del diente de sierra por ser el más cómodo. El PP será el nivel de existencias en la estación en el día 7,5. Ese nivel será:

$$PP = (7{,}5) \times (5.000) = 37.500 \text{ litros.}$$

Cada vez que por revisión continua detectemos que hay 35.000 litros, deberemos cursar un pedido. Sin embargo, hay que tener una precaución ineludible.

Démonos cuenta de que el nivel 37.500 litros se da dos veces por ciclo, en los puntos negros y en los puntos blancos de la figura (esta situación se da también en el apartado 2 anterior, aunque no la hayamos comentado). Sin embargo, las OP verdaderas corresponden a los puntos negros. Luego en ese caso deberemos especificar que las órdenes se cursarán «sólo y sólo si» el nivel es 37.500 litros y, además, se está recibiendo otro pedido.

En el apartado 2 habría que haber especificado que se cursará OP si el nivel es de 40.000 litros y no se está cumpliendo a la vez otro pedido (es decir, estamos en zona de consumo sólo).

Apartado 4

Recordemos que

$$n_0 = \sqrt{\frac{2\,N\,C_R}{\theta\,C_M} \cdot \left(\frac{1}{1 - \frac{d}{p}}\right)}$$

Calculamos antes la demanda total anual

$$N = r \cdot n = (17{,}77) \cdot (225.000) = 4 \cdot 10^6 \text{ uds.}$$

$$225.000 = \sqrt{\frac{2\,(4 \cdot 10^6) \cdot C_R}{(200) \cdot (0{,}1)} \cdot \left(\frac{1}{1 - \frac{20.000}{25.000}}\right)}$$

de donde

$$C_R = 25.312{,}50 \text{ ptas./pedido}$$

$$C_{T0} = \sqrt{2\,N\,\theta\,C_R\,C_M\,(1 - \frac{d}{p})} = \sqrt{2\,(4 \cdot 10^6)\,(200)\,(25.312{,}50)\,(0{,}1)\,(0{,}2)} = 900.000 \text{ ptas.}$$

19. MODELOS DE GESTIÓN CON DESCUENTO PARA GRANDES PEDIDOS

Es usual el hecho de que nuestros proveedores ofrezcan descuentos sobre el precio del artículo cuando les garantizamos un nivel de pedido suficientemente interesante. Pero dependiendo de los parámetros de almacén nos convendrá o no. La oferta de descuento es, en principio, tentadora, pero deberemos averiguar si, además, es conveniente.

Vamos a seguir trabajando bajo los supuestos de demanda determinista y con una estructura de costes similar hasta la ahora estudiada en los modelos de gestión anteriores. Y vamos a hacerlo considerando distintos casos prácticos.

Caso práctico 1

Se desea gestionar un almacén durante el período de 200 días, para atender una demanda total de un millón de unidades. Los costes unitarios correspondientes son:

$$C_R = 10.000 \text{ (ptas./lote)}$$
$$C_M = 100 \text{ (ptas./ud. x día)}$$

El precio del artículo es de 10 unidades monetarias, pero será de 9 si nuestro pedido supera las 500 unidades. Vamos a calcular el lote económico de pedido.

La operativa de estos problemas es siempre la misma. Primero calculamos el n_0 que nos propone Wilson, según las fórmulas vistas:

$$n_0 = \sqrt{\frac{2\, N\, C_R}{\theta\, C_M}}$$

Fijarse que este n_0 es independiente del precio del artículo, y es válido si C_R y C_M son constantes.

$$n_0 = \sqrt{\frac{2 \cdot (10^6) \cdot (10^4)}{(200) \cdot (10^2)}} = 1.000 \text{ unidades}$$

Para un precio p los costes totales, en función de n, son:

$$C_{TT} = C_{TA} + C_{TR} + C_{TM} =$$

$$= (N \cdot p) + \left(C_R \cdot \frac{N}{n}\right) + \left(\frac{C_M \cdot \theta}{2} \cdot n\right) =$$

$$= (10^6 \cdot p) + \left(10^4 \cdot \frac{10^6}{n}\right) + \left(\frac{10^2 \cdot (200)}{2} \cdot n\right) =$$

$$C_{TT} = (10^6 \cdot p) + \left(\frac{10^{10}}{n}\right) + (10^4 \cdot n)$$

Recordaremos que C_{TR} es una función potencial inversa y C_{TM} es una recta que pasa por el origen, mientras que C_{TA} es un valor constante para un precio dado. Entonces, la representación intuitiva de la función de costes será la de la figura 46.

Tenemos dos precios en función del lote de pedido y los costes totales para estos precios serán:

Para $P_1 = 10$ u.m.

$$C_{TT1} = (10^7) + \left(\frac{10^{10}}{n}\right) + (10^4 \cdot n)$$

Para $P_2 = 9$ u.m.

$$C_{TT2} = (9 \cdot 10^6) + \left(\frac{10^{10}}{n}\right) + (10^4 \cdot n)$$

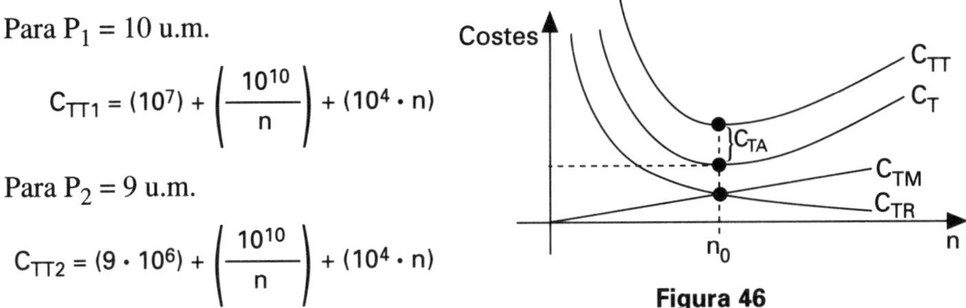

Figura 46

Las funciones C_{TT1} y C_{TT2} tienen exactamente la misma forma. Se diferencian sólo en una constante, que es la correspondiente a CT_A, que en un caso es 10^7 y en otro $(9 \cdot 10^6)$. Representemos C_{TT1} y C_{TT2} en la figura 47. Lógicamente, C_{TT1} estará por encima de C_{TT2} por ser mayor C_{TA1} que C_{TA2}.

A continuación distingamos dos zonas de precios en función de n.

Zona 1: para $p_1 = 10$; entre $0 < n < 500$ uds.

Zona 2: para $p_2 = 9$; para $500 < n$

En la zona 1 la curva de costes que los define es la C_{TT1} y en la zona 2 es la C_{TT2}. Así pues, los costes totales en función de n y de p los da la curva con trazo grueso.

Observamos que si mi pedido es de 500 unidades, los costes totales serán:

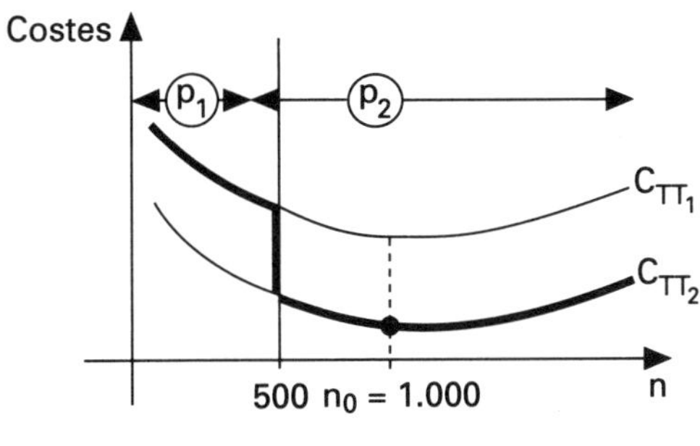

Figura 47

$$C_{TT1}\,(n = 500) = (10^7) + \left(\frac{10^{10}}{500}\right) + (10^4 \cdot 500) =$$

$$= (10^7) + (2 \cdot 10^7) + (5 \cdot 10^6) = 35.000.000$$

y si pido 1.000 unidades:

$$C_{TT2}\,(n_0 = 1.000) = (9 \cdot 10^6) + \left(\frac{10^{10}}{1.000}\right) + (10^4 \cdot 1.000) =$$

$$= (9 \cdot 10^6) + (10^7) + (10^7) = 29.000.000$$

Y tenemos la seguridad de que para toda la zona 2, C_{TT2} (n_0 = 1.000) es el mínimo, por la forma típica de la curva. Y sabemos que cualquier otro valor de C_{TT1} es superior al calculado C_{TT1} (n = 500) por la misma razón anterior. Luego, en este caso, el mínimo coste se produce para un LEP = 1.000 unidades.

Caso práctico 2

Con los mismo datos del caso práctico 1 anterior, el proveedor nos ofrece un descuento cuando cursamos pedidos superiores a 2.000 unidades.

Ya sabemos que (figura 48)

$$C_{TT1} = (10^7) + \left(\frac{10^{10}}{n}\right) + (10^4\, n)$$

$$C_{TT2} = (9 \cdot 10^6) + \left(\frac{10^{10}}{n}\right) + (10^4\, n)$$

Pero ahora las zonas de precios son distintas y la curva en trazo grueso también.

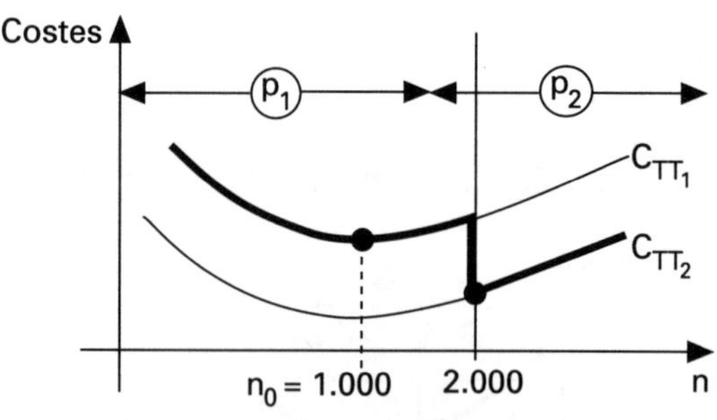

Figura 48

En la zona 1 la curva que define mis costes es la C_{TT1} (para p_1), y en la zona 2, la C_{TT2} (para p_2). Tenemos la seguridad de que en la zona 1 el mínimo coste se da en n_0 = 1.000, y en la zona 2 el mínimo de coste se da en n = 2.000.

Ahora bien, debemos comprobar cuál de los dos es menor. Para ello:

$$C_{TT1}\,(n_0 = 1.000) = (10^7) + \left(\frac{10^{10}}{1.000}\right) + (10^4 \cdot 1.000) =$$

$$= (10^7) + (10^7) + (10^7) = 30.000.000$$

$$C_{TT2}\,(n = 2.000) = (9 \cdot 10^6) + \left(\frac{10^{10}}{2.000}\right) + (10^4 \cdot 2.000) =$$

$$= (9 \cdot 10^6) + (5 \cdot 10^6) + (2 \cdot 10^7) = 34.000.000$$

Luego $C_{TT1}\,(n_0 = 1.000) < C_{TT2}\,(n = 2.000)$

A pesar del descuento ofrecido por el proveedor, para nuestra estructura de costes unitarios y nuestra demanda es más conveniente cursar pedidos de

LEP = 1.000 uds., a 10 u.m.

renunciando al ofrecido descuento.

A la vista de este resultado, fijémonos en algo importante que puede conducirnos a confusión. Hemos deducido que el mínimo coste se da para $n_0 = 1.000$, cosa que no parece representar la figura 48. ¿Por qué? Los gráficos de costes que estamos dibujando siguen una forma prevista adecuada, pero no exacta. Para que la representación fuera exacta, necesitaríamos dar valores a n, lo que precisaría la ayuda de un ordenador. Pero un ordenador no nos ayudaría a entender lo que sucede. Puede razonarse cualitativamente. La verdadera gráfica de costes a la vista de los resultados obtenidos, es la que se da en la figura 49.

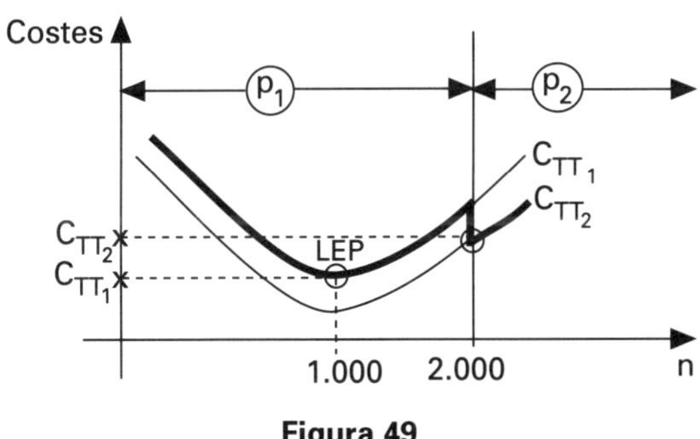

Figura 49

Ahora, la figura 49 refleja más fielmente la realidad. Ya se ve que C_{TT2} (n = 2.000) es mayor que C_{TT1} (n_0 = 1.000).

Resumiendo, debemos pensar que se pueden dibujar las curvas de costes intuitivamente, según la forma esperada que sabemos deben tener. Pero para que esto no nos conduzca a engaño, deberemos comprobar los valores de los costes en los puntos críticos de los valores de n.

Caso práctico 3

Con los mismos datos de los casos anteriores, ahora el proveedor nos ofrece la siguiente lista de descuentos:

Precio (u.m.)	Cantidad (uds.)
10	$n < 800$
8	$800 \leq n \leq 1.200$
7	$n > 1.200$

$$C_{TT} = C_{TA} + C_{TR} + C_{TM} =$$

$$C_{TT} = (N \cdot p) + \left(C_R \cdot \frac{N}{n} \right) + \left(\frac{C_M \cdot \theta}{2} \cdot n \right)$$

Para $p_1 = 10$:

$$C_{TT1} = (10^7) + \left(\frac{10^{10}}{n} \right) + (10^4 \cdot n)$$

Para $p_2 = 8$:

$$C_{TT2} = (8 \cdot 10^6) + \left(\frac{10^{10}}{n} \right) + (10^4 \cdot n)$$

Para $p_3 = 7$:

$$C_{TT2} = (7 \cdot 10^6) + \left(\frac{10^{10}}{n} \right) + (10^4 \cdot n)$$

En la zona 1, de p_1, el menor valor de C_{TT1} se dará siempre para n = 800:

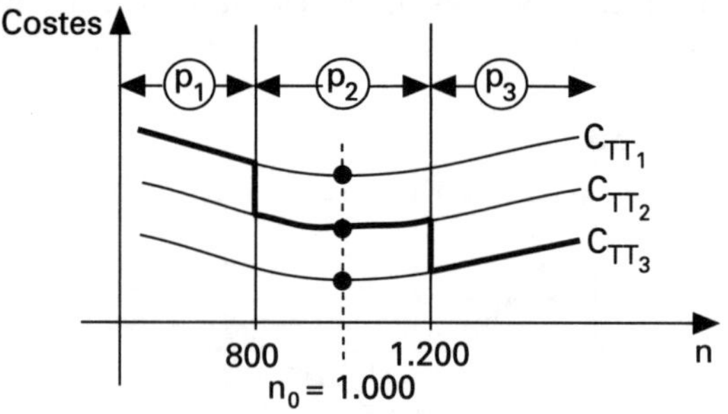

Figura 50

$$C_{TT1}\ (n = 800) = (10_7) + \left(\frac{10^{10}}{800} \right) + (10^4 \cdot 800) =$$

$$= (10^7 + (125 \cdot 10^5) + (8 \cdot 10^6) = 30.500.000$$

En la zona 2, de p_2, el menor valor de C_{TT2} se dará siempre para $n_0 = 1.000$:

$$C_{TT2}\ (n_0 = 1.000) = (8 \cdot 10^6) + \left(\frac{10^{10}}{1.000} \right) + (10^4 \cdot 1.000) =$$

$$= (8 \cdot 10^6) + (10^7) + (10^7) = 28.000.000$$

En la zona 3, de p_3, el menor valor de C_{TT3} se dará siempre para n = 1.220:

$$C_{TT3}\ (n_0 = 1.200) = (7 \cdot 10^6) + \left(\frac{10^{10}}{1.200} \right) + (10^4 \cdot 1.200) =$$

$$= (7 \cdot 10^6) + (8.333.333,33) + (12 \cdot 10^6) = 27.333.333,33$$

Luego, como C_{TT3} es el menor coste, el lote económico de pedido es ahora:

$$LEP = 1.200 \text{ unidades.}$$

Estamos estudiando un modelo asilado, el modelo de descuento. Por supuesto que, a la hora de la verdad, habremos de tener en cuenta otras consideraciones que pueden ser importantes. Por ejemplo, por ahorrarnos una o dos unidades monetarias por unidad de artículo, podemos necesitar de una capacidad de almacén elevada. Esto haría subir inmediatamente los costes unitarios de mantenimiento, lo que supondría, aparte de la inversión inicial para aumentar el tamaño de almacén, una estructura distinta de costes. Tendríamos que recalcular el LEP con un resultado distinto, quizá, al calculado anteriormente.

Caso práctico 4

Supongamos que el coste de mantenimiento es proporcional, de alguna forma, al precio y que la función de costes totales es la siguiente:

$$C_{TT} = (10^6 \cdot p) + \left(\frac{10^{10}}{n}\right) + (10^3 \cdot p \cdot n)$$

Sea la política de descuentos siguiente:

Precio (u.m.)	Cantidad (uds.)
10	n ≤ 800
9	800 < n < 1.100
7	n ≥ 1.100

Calculemos, para empezar, el valor de n_0 de Wilson. Ahora la fórmula que recordamos no sirve, pues C_{TM} no es constante sino que depende del precio. Pero sabemos que para calcular valores de n_0 debemos derivar la función de costes:

$$\frac{d\,C_{TT}}{d_n} = 0 - \frac{10^{10}}{n^2} + 10^3 \cdot p$$

de donde

$$\frac{10^{10}}{n^2} = 10^3 \cdot p$$

$$n_0 = \sqrt{\frac{10^7}{p}}$$

En función del precio, se darán distintos mínimos:

Para $p_1 = 10$: $$n_{01} = \sqrt{\frac{10^7}{10}} = 1.000 \text{ uds.}$$

Para $p_2 = 9$: $n_{02} = \sqrt{\frac{10^7}{9}} \simeq 1.054$ uds.

Para $p_3 = 7$: $n_{03} = \sqrt{\frac{10^7}{7}} \simeq 1.195$ uds.

En función del precio, los costes son:

$$C_{TT1} = (10^7) + \left(\frac{10^{10}}{n}\right) + (10^4 \cdot n)$$

$$C_{TT2} = (9 \cdot 10^6) + \left(\frac{10^{10}}{n}\right) + (9 \cdot 10^3 \cdot n)$$

$$C_{TT3} = (7 \cdot 10^6) + \left(\frac{10^{10}}{n}\right) + (7 \cdot 10^3 \cdot n)$$

Representemos estos resultados en la figura 51.

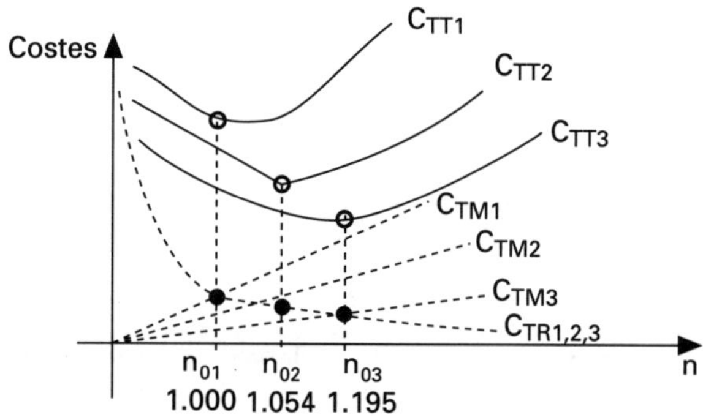

Figura 51

Interpretemos los resultados. Los mínimos de cada función se dan en la intersección de C_{TR} con C_{TM} (recordar modelo simple de Wilson). Pero C_{TR} es la misma para C_{TT1}, C_{TT2} y C_{TT3}. Esto lo ponemos como $C_{TR1,2,3}$. Sin embargo, C_{TM1} es una recta que tiene mayor pendiente que C_{TM2} y C_{TM3}, y C_{TM2} tiene mayor pendiente que C_{TM3}. Además, C_{TA1} es mayor que C_{TA2} y C_{TA3}, y C_{TA2} es mayor que C_{TA3}. De aquí la disposición gráfica de la figura 51.

A partir de aquí, el mecanismo operativo del problema es como en los casos prácticos anteriores. Determinemos zonas de precios (figura 52).

Para la zona de p_1, la ecuación que rige los costes es la C_{TT1}; para la zona p_2, la C_{TT2}; para la zona p_3, la C_{TT3} (trazo grueso). En la zona 1 el mínimo se da para n = 800; en la zona 2, para $n_{02} = 1.054$, y en la zona 3, para $n_{03} = 1.195$ unidades.

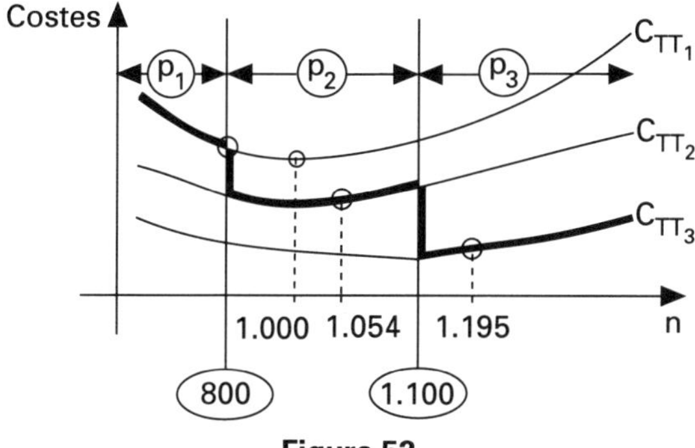

Figura 52

Comprobemos cuál de estos mínimos relativos es el mínimo de todos.

$$C_{TT1}\ (n = 800) = (10^6 \cdot 10) + \left(\frac{10^{10}}{800}\right) + (10^3 \cdot 10 \cdot 800) =$$

$$= (10^7) + (125 \cdot 10^5) + (8 \cdot 10^6) = 30.500.000$$

$$C_{TT2}\ (n_{02} = 1.054) = (9 \cdot 10^6) + \left(\frac{10^{10}}{1.054}\right) + (10^3 \cdot 9 \cdot 1.054) =$$

$$= (9 \cdot 10^6) + (9.487.666) + (9.486 \cdot 10^3) = 27.973.666$$

$$C_{TT3}\ (n_{03} = 1.195) = (7 \cdot 10^6) + \left(\frac{10^{10}}{1.195}\right) + (10^3 \cdot 7 \cdot 1.195) =$$

$$= (7 \cdot 10^6) + (8.368.201) + (8.365 \cdot 10^3) = 23.733.201$$

Luego: LEP = 1.195 unidades.

20. FORMULARIO

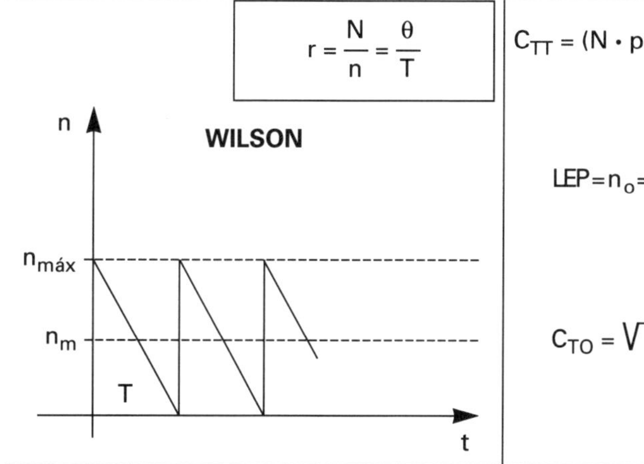

$$C_{TT} = (N \cdot p) + \left(C_R \frac{N}{n}\right) + \left(\frac{C_M \theta}{2} \cdot n\right)$$

$$LEP = n_o = \sqrt{\frac{2 \cdot N \cdot C_R}{\theta \cdot C_M}}$$

$$C_{TO} = \sqrt{2 \cdot N \cdot \theta \cdot C_R \cdot C_M}$$

RUPTURA

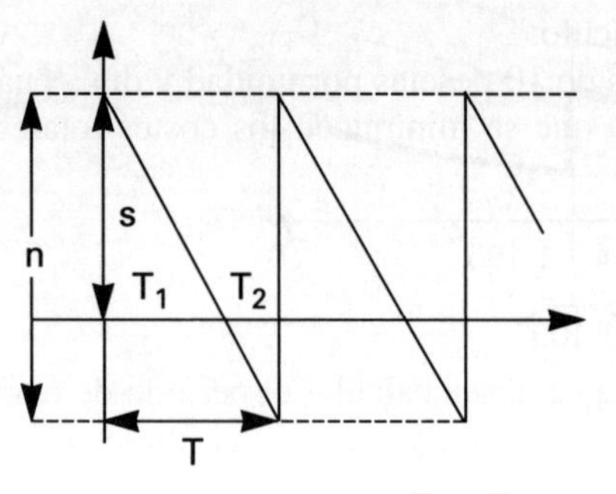

$s = n \cdot \rho$

$T_1 = T \cdot \rho$

$T_2 = T \cdot (1 - \rho)$

$$C_{TT} = (N \cdot p) + \left(C_R \frac{N}{n}\right) + \left(C_M \cdot \frac{s^2}{2} \cdot \frac{\theta}{n}\right) + \left(C_p \cdot \frac{(n-s)^2}{2} \cdot \frac{\theta}{n}\right)$$

$$LEP = n_0 = \sqrt{\frac{2 \cdot N \cdot C_R}{\theta \cdot C_M} \cdot \frac{1}{\rho}}$$

$$C_{T0} = \sqrt{2 \cdot N \cdot \theta \cdot C_R \cdot C_M \cdot \rho}$$

$$\rho = \frac{C_p}{C_M + C_p}$$

REABASTECIMIENTO UNIFORME

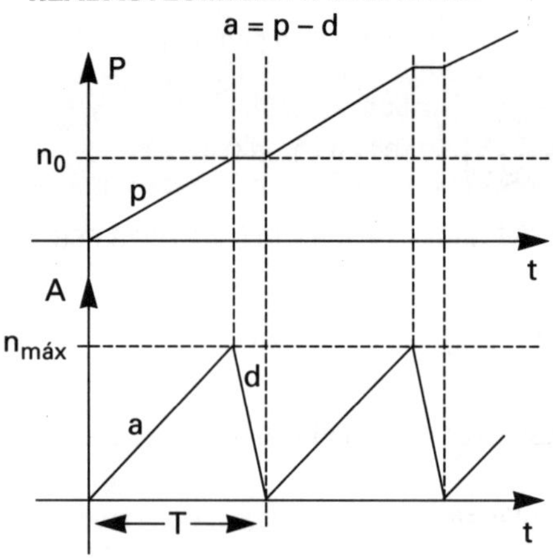

$$n_{máx} = n_o \left(1 - \frac{d}{p}\right)$$

$$C_{TT} = (N \cdot p) + \left(C_R \frac{N}{n}\right) + \left(\frac{C_M \theta}{2} \cdot \frac{n}{p} (p - d)\right)$$

$$LEP = n_o = \sqrt{\frac{2 \cdot N \cdot C_R}{\theta \cdot C_M} \cdot \frac{1}{\left(1 - \frac{d}{p}\right)}}$$

$$C_{T0} = \sqrt{2 \cdot N \cdot \theta \cdot C_R \cdot C_M \cdot \left(1 - \frac{d}{p}\right)}$$

21. PROBLEMAS PROPUESTOS

Problema 1

La figura P_1 representa los costes en función del tamaño del pedido para un cierto artículo, donde C_T son los costes totales de gestión y C_{TT} son los totales (gestión y adquisición).

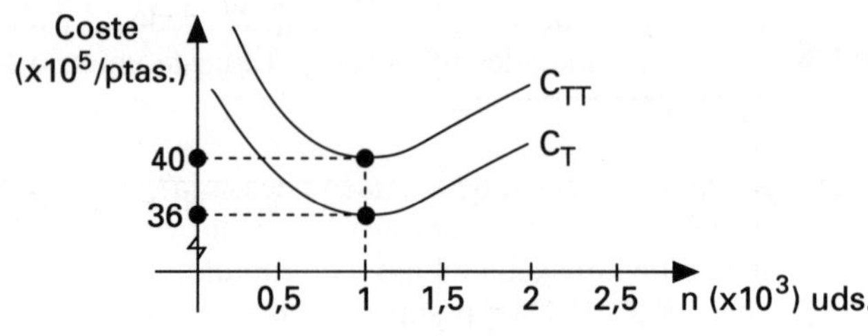

Figura P1

Si la demanda anual es de 100.000 unidades, calcular:

1.°) El valor de la relación (C_R/C_M).
2.°) El precio de compra unitario del artículo.
3.°) Si el coste unitario de almacenaje es de 10 pesetas por unidad y día, ¿cuánto deberá costar emitir un pedido para que se minimicen los costes totales de almacén?

Problema 2

En un almacén con demanda determinista se desea calcular el período de reaprovisionamiento óptimo partiendo de la función de costes y, de aquí, el lote económico de pedido.

Problema 3

Se va a abrir un almacén con un presupuesto anual para la gestión del mismo de un millón de pesetas, cantidad que se admite como la mínima indispensable para la buena marcha de dicho almacén. El producto que va a distribuirse viene en cajas, y nuestro proveedor está dispuesto a servir pedidos de solamente dos mil y, además, semanalmente, cada siete días. Con estos datos, ¿qué valores deberían tomar los costes unitarios de mantenimiento y aprovisionamiento para la gestión anual óptima del stock? Considerar que el almacén funciona todos los días del año para atender una demanda uniforme, y que el año tiene 365 días laborables.

Problema 4

Demostrar que el nivel físico de stock en un modelo Wilson con ruptura es menor siempre que en un modelo de gestión sin ruptura. ¿Qué ventajas e inconvenientes presenta un modelo respecto a otro?

Problema 5

Un almacén se gestiona según el modelo simple de Wilson determinista, con un pedido óptimo de mil unidades, y se cuestiona la opción de introducir una ruptura del dieciséis por ciento, a pesar de tener que asumir un coste de penuria. Este planteamiento dado para un período de gestión de seis meses no modificaría los costes unitarios asumidos hasta el momento ni tampoco la demanda establecida, siendo el coste de mantenimiento de diez unidades monetarias por unidad de producto y día, y el coste de emisión de pedidos de diez mil unidades monetarias. El coste unitario de adquisición es de 1.450 unidades monetarias por producto.

1.°) ¿Cuál será la nueva capacidad de almacén necesaria?
2.°) Calcular entonces el período de aprovisionamiento y el stock de ruptura.
3.°) Calcular el tiempo de almacenamiento y de ruptura.
4.°) ¿Qué tanto por ciento de ahorro supone sobre los costes de gestión la implantación del nuevo modelo?

5.°) ¿En qué coste de ruptura se incurre para cada unidad de producto?
6.°) ¿Cuál será el coste total si el proveedor obliga a pedir cinco mil unidades cada vez?

Nota: Suponer el año de 360 días laborables.

Problema 6

Gestionando un almacén con ruptura se obtiene un ahorro del 15% respecto a los costes totales de gestión óptimos del almacén gestionado sin ruptura. Suponiendo que los costes unitarios de mantenimiento y pedido han permanecido constantes, así como la demanda uniforme, se desea saber qué tanto por ciento sobre el coste unitario de mantenimiento supone el coste unitario de penuria que debemos considerar al adoptar el modelo de gestión con ruptura.

Problema 7

Una fábrica de cerveza con alcohol incrementa su capacidad de producción durante los seis meses de primavera y verano hasta un millón de litros diarios. Simultáneamente, atiende una demanda diaria de ochocientos mil litros al día, para satisfacer a sus clientes que vienen a retirar la cerveza de sus instalaciones.

Sin embargo, cada ocho días productivos debe dejar de fabricar cerveza con alcohol para fabricar cerveza sin alcohol, pero sólo durante el tiempo necesario para no llegar a la ruptura de stock con la cerveza con alcohol.

Si el coste de almacenar un litro de cerveza con alcohol en sus depósitos es de un céntimo por día, ¿cuál será el coste de parar y arrancar la producción de este tipo de cerveza cada vez que se precise, para que el coste de gestión de los depósitos sea óptimo durante la época de calor? ¿Cuál será dicho coste?

Nota: Suponer el año de 220 días laborables.

Problema 8

Un almacén observa una demanda uniforme determinista de diez mil unidades al año, y soporta un coste de mantenimiento anual por cada unidad de veinte mil pesetas. Para satisfacer dicha demanda, se sirve de un cierto proveedor que ofrece la siguiente política de descuentos:

Precio (u.m.)	Cantidad de pedido (uds.)
10	menos de 5.000
9	más de 5.000
8	más de 10.000

Ahora bien, dadas las características del producto y su condición de importado, el coste de reaprovisionamiento es muy elevado, concretamente de un millón de pesetas por lote; en estas condiciones se desea saber cuál será el lote económico de pedido y el coste total asociado.

Problema 9

En el almacén del problema propuesto anterior, surge otro proveedor que propone su política de descuento, aparentemente más interesante, y que es la siguiente:

Precio	Cantidad
10	$n < 500$
8	$500 \leq n < 1.000$
7	$n \geq 1.000$

¿Cuál será el lote económico de pedido más conveniente y cuál el coste total?

Capítulo 7
Diseño y capacidad de instalaciones. Gestión de la producción

1. Tipos de producción
2. Productividad
3. Capacidad de un sistema. Eficacia y eficiencia
4. Equilibrado de línea. Cronogramas de producción. Ciclos de tiempo y de fabricación
5. Caso práctico de equilibrado de línea. Secuencia de operaciones
6. Distribución en planta
   6.1. Tipos de distribución
   6.2. Mínimos flujos no adyacentes
   6.3. Análisis carga-distancia
   6.4. Matriz de Muther
7. Un problema resuelto mediante un modelo de gestión de stocks
8. Concepto CIM. Un concepto de gestión logística de futuro para la producción
9. Problemas propuestos

1. TIPOS DE PRODUCCIÓN

Se entiende por producción una de las actividades de la empresa cuyo objetivo es la creación de bienes o servicios, mediante la realización y gestión de operaciones o transformaciones de diversos materiales y/o componentes, obteniendo en cada momento un valor añadido en cada etapa con respecto a la anterior. A la gestión de la producción se la conoce también por el término gestión de las operaciones, entendiendo por ello la utilización económica de todos los recursos necesarios, humanos y materiales.

Un proceso productivo puede subdividirse en un gran conjunto de operaciones diversas, que serán distintas según el tipo de producción tratado, siguiendo el concepto de generación de valor añadido. Existen actividades logísticas que sólo suponen cargo o coste añadido al producto y, en este sentido, no son productivas. Pero no puede generalizarse siempre. Por ejemplo, transportar hidrocarburos, o simplemente transportar agua al desierto, daría un valor añadido al producto agua, constituyendo así el transporte una actividad productiva.

Una clasificación posible de los tipos de producción podría ser:

— Producción tipo taller.
— Producción tipo línea.
— Producción por proyectos.
— Producción de servicios.

Cada tipo tiene sus particularidades en lo que se refiere a las siguientes características:

— Número de productos.
— Tipo de proceso.
— *Layout* de planta (distribución).
— Ciclos productivos.
— Tipo de gestión.

Vamos a analizar a continuación por separado cada uno de los tipos de producción descritos, considerando las caracterísitcas mencionadas.

Producción tipo taller

El modelo más típico lo constituye un taller de reparaciones de automóviles. Aquí se entiende por producto cualquier combinación de todas las operaciones posibles dentro del taller.

Cada combinación de operaciones define un proceso distinto que requerirá de una adecuada secuencia y una gestión de recursos y tiempo.

	MECÁNICA	CHAPA	ELECTRICIDAD	PINTURA	PRODUCTOS
Automóvil 1	Reparar carburador	X	Comprobar luces	X	Producto 1
Automóvil 2	X	Reparar puertas	X	Pintar puertas	Producto 2
Automóvil 3	Puesta a punto	Pequeñas abolladuras	Revisión del sistema eléctrico	Pintar todo	Producto 3

En la tabla siguiente se aprecian tres tipos de productos que definen tres procesos distintos:

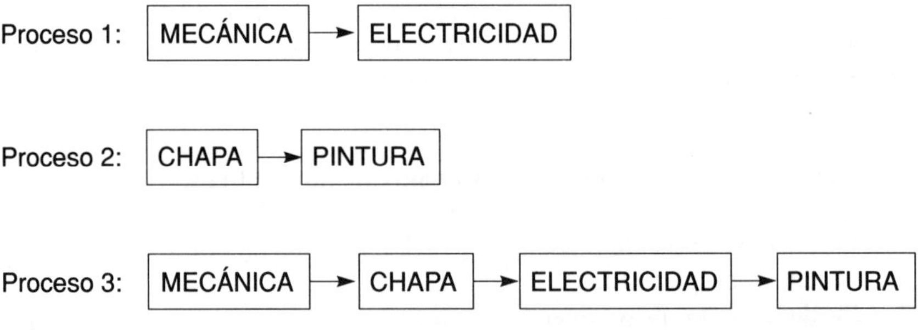

Es cuestión de gestión de operaciones ordenar cada etapa de los procesos y controlar los tiempos para lograr el máximo de productividad y evitar líneas de espera. El orden de las actividades de cada proceso podrá ser cualquiera que optimice los recursos, cumpliendo restricciones, como por ejemplo la de que no se puede pintar sin antes haber pasado por chapa, y la de atender ciertas reglas de prioridad. La distribución de cada puesto funcional estará determinada por diversos factores. Unas

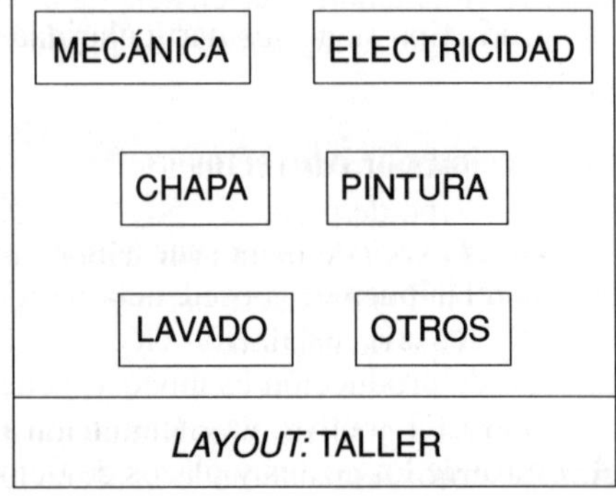

LAYOUT: TALLER

veces será el espacio, otras, condiciones especiales (ruido, atmósfera inerte, etc.). A tal efecto, se desarrollarán posteriormente modelos distintos, como el análsis distancia-carga y otros.

El ciclo de producción o de fabricación suele ser largo en contraposición, sobre todo, al ciclo de fabricación de la producción tipo línea.

Producción tipo línea

Se establece un proceso único bastante complejo para la obtención de un producto único. Por ejemplo, una línea de fabricación de caramelitos.

Para conseguir caramelitos han de realizarse muy diversas operaciones secuenciales, totalmente definidas y planificadas.

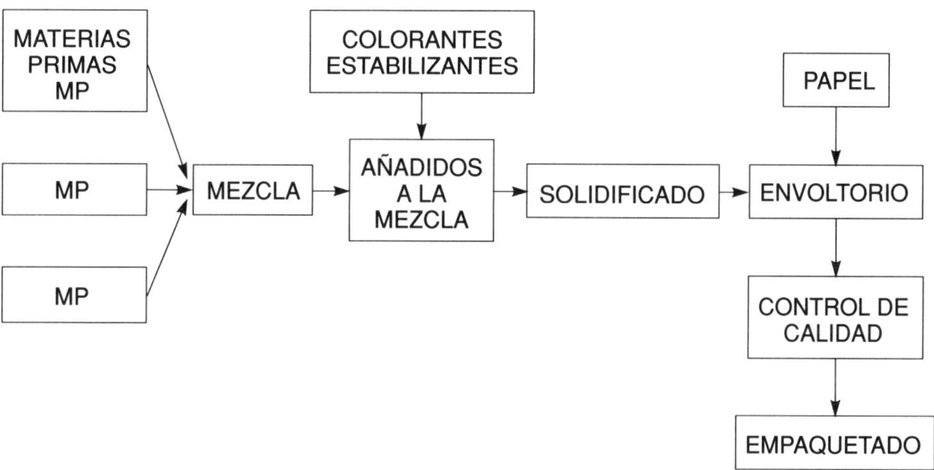

Para producir otro tipo de caramelos necesitaríamos otra línea, aunque quizá pudiéramos utilizar algún puesto funcional de la anterior que no estuviese saturado.

El ciclo de producción es corto, con lo que se obtienen series muy largas. La gestión de las operaciones está encaminada, sobre todo, a lograr una mayor productividad incrementando la eficiencia de la línea, y a contar con un mantenimiento perfecto de la línea que evite paradas de producción en todo momento.

Producción por proyectos

Un proyecto es una sucesión de actividades distintas e independientes pero con ciertas relaciones de precedencia para la consecución de un bien único. Por ejemplo, un edificio, una instalación eléctrica, un proyecto de investigación y desarrollo, etc. El ciclo de producción es único y, generalmente, muy largo. La gestión de proyectos, método PERT y otros, va encaminada a la coordinación entre actividades y recursos y al control de los costes y plazos de tiempo de consecución.

Producción de servicios

Son muchos los tipos de servicios que pueden generar valor añadido: transporte público, enseñanza, asesoría-consultoría, etc. Según se trate, el proceso puede ser muy distinto a otro, así como los ciclos de producción y los productos. En cualquier caso, la gestión se orienta a conseguir la mayor eficiencia de los recursos y los costes mínimos.

En la tabla siguiente se detallan las funciones más importantes según el tipo de producción:

PRODUCCIÓN	FUNCIONES MÁS IMPORTANTES
Tipo taller	Ordenación y programación de la producción. Control de resultados.
Tipo línea	Previsión de la demanda. Planificación de la capacidad. Planificación de la producción. Gestión de stocks. Aprovisionamiento.
Proyectos	Programación y control. Gestión de materiales.
Servicios	Previsión de la demanda. Planificación de la capacidad.

2. PRODUCTIVIDAD

Los factores de producción son aquellas aportaciones en términos de recursos materiales y humanos (capital y trabajo) para la consecución de bienes o servicios.

Un técnica de producción queda determinada cuando se especifican los factores que intervienen en el proceso. La mayoría de los que utilizaremos serán controlables, que podrán ser fijos o variables. Un factor fijo es aquel que no puede variarse fácilmente a corto plazo, como las instalaciones, equipos, mano de obra. Dentro de los variables existen factores ligados, que son aquellos que no varían sino uno en función del otro, factores limitativos cuya cantidad determina la cantidad de producto, y factores sustituibles cuyo efecto es compensable aumentando o disminuyendo las cantidades de otros:

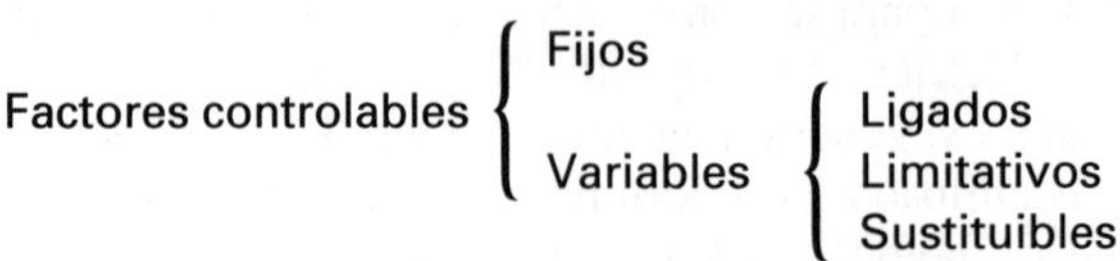

Una forma de medir la productividad es mediante la relación

$$\text{Productividad} = \frac{\text{Producción}}{\text{Factores productivos}}$$

Y son factores productivos el capital, las amortizaciones, las materias primas, el trabajo, etc.

Vamos a definir, como medida de apoyo, los conceptos clásicos de productividad total, media y marginal, mediante un ejemplo para un único factor. Consideremos que el número de unidades vendidas a diversos clientes es función del tiempo empleado en preparar una entrevista y en la propia entrevista. A más tiempo de dedicación al cliente, mayor número de unidades vendidas. Ahora bien, todo tiene un límite: a partir de una duración máxima, el cliente se aburre y no sólo no compra más sino que compra incluso menos. Supongamos los datos de la tabla siguiente:

FACTOR TIEMPO I		PRODUCCIÓN O PRODUCTIVIDAD TOTAL II	PRODUCTIVIDAD MEDIA III	PRODUCTIVIDAD MARGINAL IV	
Tiempo de entrevista		Unidades vendidas (uds.)	Unidades vendidas por unidad de tiempo (uds./hora)	Incremento de unidades vendidas por incremento de una unidad de tiempo	
Horas	minutos				
0,50	36	10	20,00	—	PRODUCTIVIDAD MARGINAL CRECIENTE
0,60	36	13	21,$\widehat{66}$	30,00	
0,70	42	20	28,57	70,00	
0,80	48	20	25,00	0	PRODUCTIVIDAD MARGINAL DECRECIENTE
0,90	54	18	20,00	–20	
1,00	60	15	15,00	–30	
1,10	66	10	9,$\widehat{09}$	–50	
1,20	72	5	4,$\widehat{16}$	–50	

La productividad media se calcula dividiendo los valores de la columna II entre los de la columna I en las unidades deseadas. La productividad marginal es el incremento del número de unidades vendidas por unidad aumentada de tiempo. Así por ejemplo, si el tiempo de preparación y de entrevista es de 0,50 horas (30 minutos), se colocan 10 unidades. La productividad media por hora indica que si dedicásemos una hora completa, podrían venderse 10/0,5 = 20 unidades, cosa que no tiene por qué ocurrir, como se ve después en la tabla. Si pasamos de 0,5 horas a 0,6 horas, la productividad total se incrementa en (13 – 10) = 3 unidades.

$$\frac{13 - 10}{0{,}6 - 0{,}5} = \frac{3}{0{,}1} = 30 \text{ uds./hora.}$$

Esta cantidad positiva expresa que por cada hora dedicada de más puede aumentarse la producción en 30 unidades. Luego nos compensará dedicar más tiempo a la entrevista. Sin embargo, si para 0,8 horas se colocan 20 unidades y para 0,9 horas se colocan 18 unidades, la productividad marginal será:

$$\frac{18-20}{0{,}9-0{,}8} = -\frac{2}{0{,}1} = -20 \text{ uds./hora.}$$

Es decir, a partir de 0,8 horas de dedicación, la productividad decrece, luego en principio no interesa dedicar más de 0,8 horas, ya que el rendimiento marginal (unitario) es negativo.

Si en vez de valores tabulados contáramos con una función de producción, las expresiones para las distitas productividades serían:

$$P_t = p\,(f)$$

$$\overline{P} = \frac{p\,(f)}{f}$$

$$P' = \frac{d}{df}[p(f)]$$

donde:
- f = factor de producción,
- P_t = productividad total,
- $\overline{P}$ = productividad media,
- P' = productividad marginal.

Ejemplo:

El rendimiento en una línea en función del número de unidades fabricadas se ha calculado como la ecuación matemática

$$R = 6\,n - 0{,}5\,n^2$$

(ley de los rendimientos decrecientes)

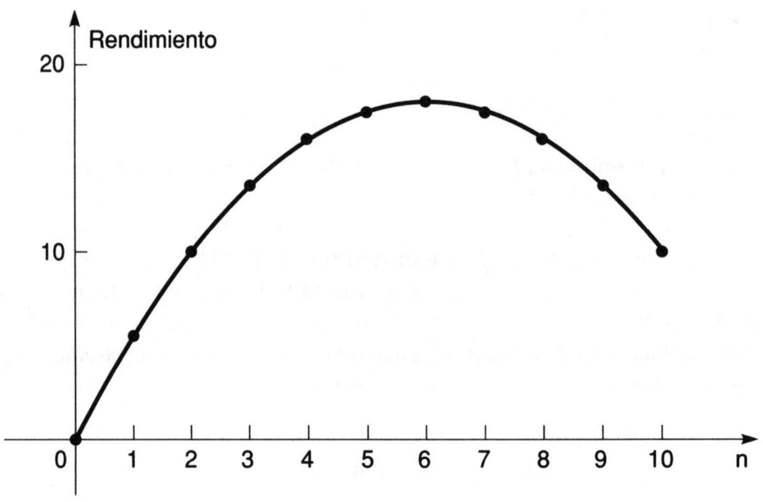

NÚMERO DE UNIDADES N	RENDIMIENTO TOTAL	RENDIMIENTO MEDIO	RENDIMIENTO MARGINAL
0	0	6,0	6,0
1	6 – 0,5 = 5,5	5,5	5,0
2	12 – 2 = 10	5,0	4,0
3	18 – 4,5 = 13,5	4,5	3,0
4	24 – 8 = 16	4,0	2,0
5	30 – 12,5 = 17,5	3,5	1,0
6	36 – 18 = 18	3,0	0,0
5	42 – 24,5 = 17,5	2,5	–1,0
8	48 – 32 = 16	2,0	–2,0
9	54 – 40,5 = 13,5	1,5	–3,0
10	60 – 50 = 10	1,0	–4,0

$$R_t = 6\ n - 0{,}5\ n^2$$

$$\overline{R} = \frac{6\ n - 0{,}5\ n^2}{n} = 6 - 0{,}5\ n$$

$$R' = \frac{d}{dn}(6\ n - 0{,}5\ n^2) = 6 - n$$

Dando valores a n desde 0 hasta 10 unidades, obtenemos los resultados de la tabla.

3. CAPACIDAD DE UN SISTEMA. EFICACIA Y EFICIENCIA

La capacidad de un sistema de una determinada instalación es el número máximo de unidades que puede producir en la unidad de tiempo (tasa de producción).

Sin embargo, no siempre es posible llegar a esta tasa de producción por muchas causas: demanda, fallos, defectuosos, etc.

La eficiencia de un sistema Ef mide la relación existente entre la producción útil y la capacidad del sistema:

$$Ef = \frac{\text{Producción útil}}{\text{Capacidad del sistema}}$$

Un sistema es eficaz cuando cumple los objetivos propuestos. Si los objetivos de producción son menores que la capacidad máxima, el sistema no será eficiente cien por cien, pero podrá ser eficaz.

Veamos los siguientes ejemplos:

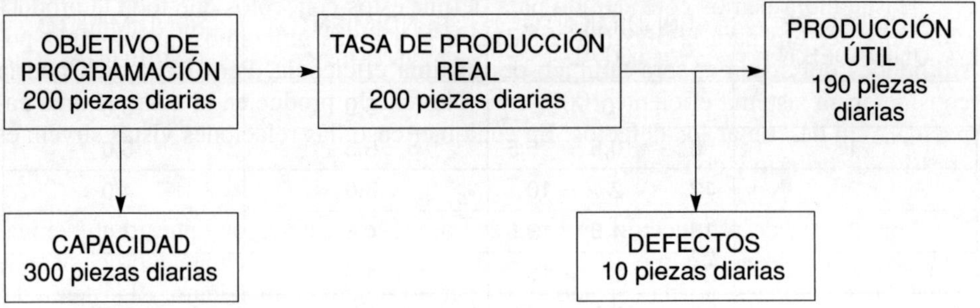

Si la producción útil hubiera sido de 200 piezas diarias, se habría cumplido el objetivo, pero debido a los defectuosos encontrados la producción real no ha sobrepasado las 190 piezas. Luego la medida de eficacia del sistema nos da:

$$\text{Eficacia} = \frac{190}{200} = 0{,}95 \equiv 95\%$$

Dado que no estamos utilizando al máximo la instalación de capacidad 300 piezas diarias, la eficiencia del sistema será:

$$\text{Eficiencia} = \frac{190}{300} = 0{,}6\widehat{3} \equiv 63{,}\widehat{33}\%$$

Si no hubiera habido defectos, la eficacia habría sido del 100% y la eficiencia del 200/300 = $66{,}\widehat{66}\%$.

Sea ahora el diagrama de bloques siguiente:

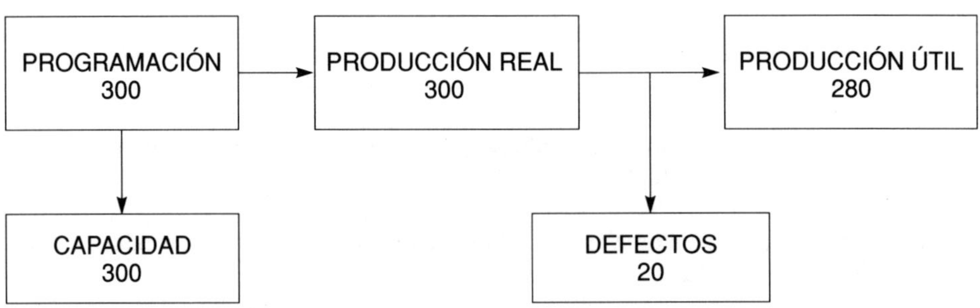

Dado que el sistema está operando a su capacidad máxima, se podría considerar que es eficiente 100%, pero debido a los defectuosos la eficiencia es del

$$\frac{280}{300} \equiv 93{,}\widehat{33}\%$$

valor que coincide con la eficacia en este caso.

Hasta ahora hemos considerado para definir estos conceptos que toda la producción debe ser útil para la máxima eficacia. Y si además utilizamos las máximas posibilidades del sistema, será también de máxima eficiencia. Pero hay quien podría considerar un sistema eficiente 100% con sólo tenerlo produciendo a su máxima capacidad, sin descontar los defectos. En cualquier caso, las relaciones vistas sirven: es cuestión de criterio y convenio,

Un sistema de producción en línea se compone de diversos «puestos funcionales» ordenados secuencialmente y que definen un proceso. La capacidad del sistema viene dada, entonces, por la capacidad del puesto funcional más lento. El sistema del diagrama siguiente consta de cinco puestos individuales de trabajo. Sus capacidades operativas son 50, 35, 40, 30 y 40 unidades por unidad de tiempo:

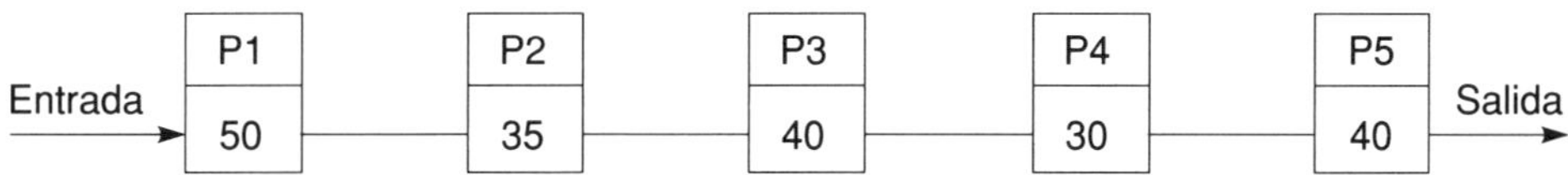

La capacidad del sistema será de 30 unidades.

Veamos los casos siguientes:

Caso 1

Se producen a la salida 30 unidades sin defectos. Entonces, para:

Sistema: $\text{Eficacia} = \text{Eficiencia} = \dfrac{30}{30} = 100\%$

Puesto 1: Eficacia = 100%

$$\text{Eficiencia} = \frac{30}{50} = 0{,}6 = 60\%$$

Puesto 2: Eficacia = 100%

$$\text{Eficiencia} = \frac{30}{35} = 0{,}86 = 86\%$$

Puesto 3: Eficacia = 100%

$$\text{Eficiencia} = \frac{30}{40} = 0{,}75 = 75\%$$

Puesto 4: Eficacia = 100%

$$\text{Eficiencia} = \frac{30}{30} = 100\%$$

Puesto 5: Eficacia = 100%.

$$\text{Eficiencia} = \frac{30}{40} = 0{,}75 = 75\%$$

Será imposible lograr la máxima eficiencia para cada puesto funcional, a no ser que estemos dispuestos a mantener un stock intermedio entre puestos. Esto no constituiría un grave problema si los obreros encargados por puesto fuesen multidisciplinares y pudieran efectuar otra labor en los tiempos muertos o en otro momento.

Por supuesto, lo más adecuado sería obtener una máxima eficiencia en todos los puestos, y sin stocks; diríamos entonces que la línea está equilibrada.

Caso 2

El flujo de materiales se observa sobre las flechas del diagrama. Supongamos que se han programado 20 unidades para fabricar. Cada puesto presenta al final del día un número de defectuosos:

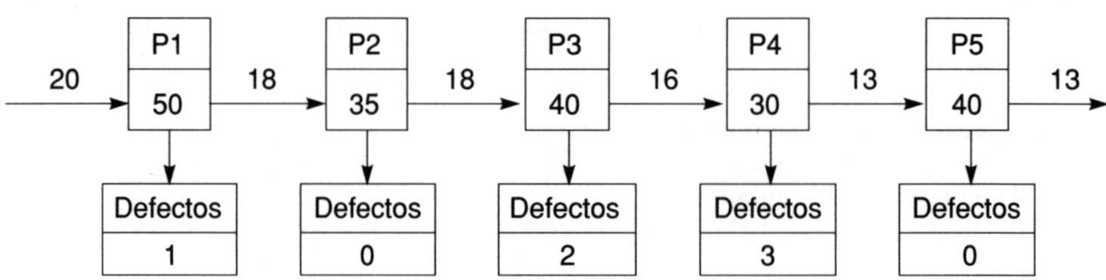

Sistema: $\text{Eficacia} = \frac{13}{20} = 0{,}65 = 65\%$

$\text{Eficiencia} = \frac{13}{30} = 0{,}4\widehat{3} = 43{,}\widehat{33}\%$

Puesto 1: $\text{Eficacia} = \frac{18}{20} = 0{,}90 = 90\%$

$\text{Eficiencia} = \frac{18}{50} = 0{,}36 = 36\%$

Puesto 2: $\text{Eficacia} = \frac{18}{18} = 1 = 100\%$
(ya que presenta cero defectuosos)

$\text{Eficiencia} = \frac{18}{35} = 0{,}5143 = 51{,}43\%$

Puesto 3: $\text{Eficacia} = \frac{16}{18} = 0{,}8\widehat{8} = 88{,}88\%$

$\text{Eficiencia} = \frac{16}{40} = 0{,}4 = 40\%$

Puesto 4: $\text{Eficacia} = \dfrac{13}{16} = 0{,}8125 = 81{,}25\%$

$$\text{Eficiencia} = \frac{13}{30} = 0{,}4\hat{3} = 43{,}3\hat{3}\%$$

Puesto 5: $\text{Eficacia} = \dfrac{13}{13} = 1 = 100\%$

$$\text{Eficiencia} = \frac{13}{40} = 0{,}325 = 32{,}50\%$$

En este caso la eficiencia mide la relación entre unidades útiles buenas y la capacidad de cada puesto funcional. Pero los puestos han estado ocupados también produciendo unidades defectuosas. Podríamos realizar análogos cálculos si quisiéramos saber tiempos de ocupación sin más que considerar el total de piezas a la entrada del puesto en vez de a la salida.

4. EQUILIBRADO DE LÍNEA. CRONOGRAMAS DE PRODUCCIÓN. CICLOS DE TIEMPO Y DE FABRICACIÓN

El equilibrado de línea es la distribución de los puestos funcionales de forma secuencial para conseguir el máximo aprovechamiento de los recursos mano de obra y equipo, reduciendo al máximo los tiempos muertos. Volveremos sobre esto.

Supongamos tres puestos funcionales A, B y C.

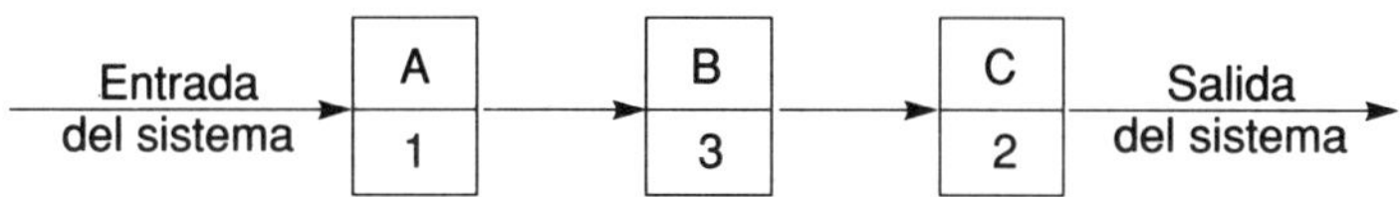

Los números A = 1, B = 3 y C = 2 expresan unidades de tiempo de proceso necesarias para desempeñar su función o actividad. Imaginemos que deseamos fabricar caramelos y éstos precisan de tres operaciones A, B y C distintas y ordenadas como en la figura. El tiempo que se tarda en fabricar un caramelo es lo que llamaremos ciclo de fabricación. Éste es:

$$CF = t_A + t_B + t_C = 1 + 3 + 2 = 6 \text{ u.t.}$$

Es decir, tardaríamos seis unidades de tiempo en fabricar un caramelo. Entonces, ¿cuánto tardaremos en fabricar 60 caramelos? Desde luego, la respuesta no es 60 x 6 = 360 unidades de tiempo, ya que estamos produciendo en línea y eso significa que hay varios caramelos a la vez en la línea y en cada puesto.

Para verlo con claridad, realizaremos el siguiente cronograma de producción:

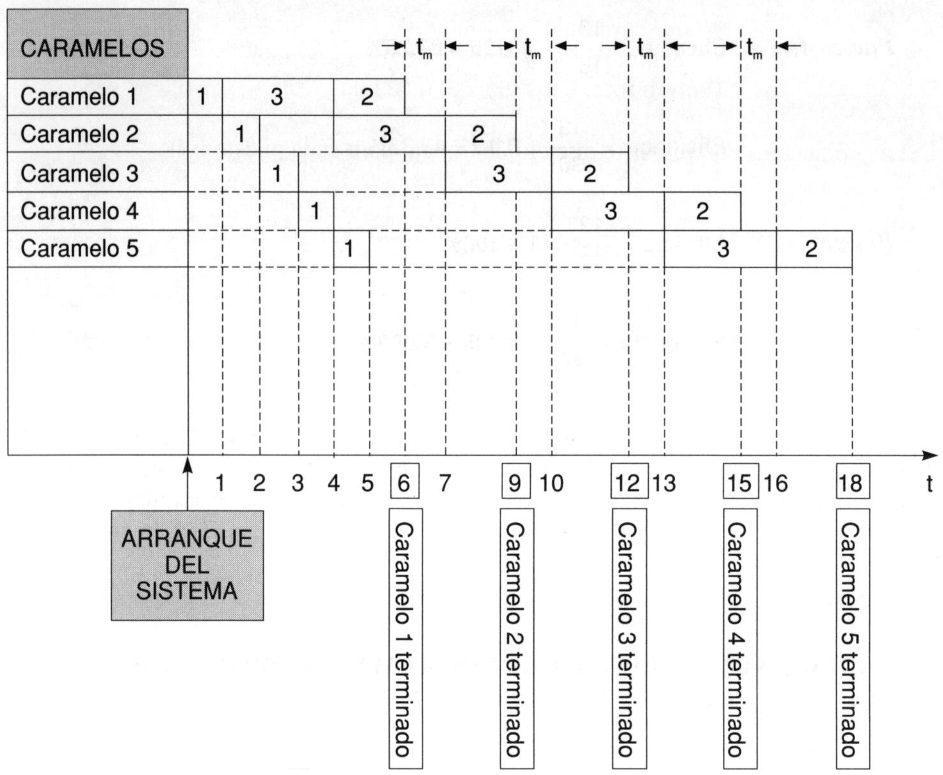

Empieza a procesarse el primer caramelo. Está en el puesto A durante una unidad de tiempo y luego pasa al B. Queda libre el A, que puede empezar con el segundo caramelo, mientras el B sigue todavía con el primero. Como B tarda 3 unidades de tiempo en procesar el primer caramelo, el A puede procesar mientras tanto otros tres caramelos. Se creará así un stock intermedio o «cuello de botella» entre A y B para el que hará falta disponer un contenedor.

Vemos que el primer caramelo se termina a las 6 unidades de tiempo. Cuando el puesto B termina con el primer caramelo, lo pasa a C, que lo procesa en 2 unidades de tiempo. B toma el segundo cuando A está tomando ya el quinto (a las 4 unidades de tiempo). Al contrario que B, el puesto C tiene que esperar a que aquél le sirva, originándose así un «tiempo muerto» en este puesto (t_m). Y así sucesivamente ocurren las cosas. Hay que tratar de seguir y comprender el cronograma, de donde podemos sacar gran información.

Apreciamos que cada 3 unidades de tiempo sale un nuevo caramelo. Precisamente el tiempo de proceso del puesto funcional más lento. Éste es el ciclo de trabajo o tiempo de producción de una nueva unidad.

CT = tiempo de proceso más lento = tiempo de operación mayor = 3 u.t.

Ahora ya podemos saber en cuánto tiempo habremos producido 60 caramelos.

Con todo rigor, sería:

Primer caramelo ⟶ 6 u.t.
59 restantes ⟶ cada 3 u.t., un caramelo.
Tiempo total = 6 + (59 x 3) = 183 u.t.

Las eficiencias con respecto al ciclo de trabajo para cada puesto son:

Puesto A: $$Ef = \frac{t_{\text{operación A}}}{CT} = \frac{1}{3} \equiv 33,\widehat{33}\,\%$$

Puesto B: $$Ef = \frac{t_{\text{operación B}}}{CT} = \frac{3}{3} \equiv 100\%$$

Puesto C: $$Ef = \frac{t_{\text{operación C}}}{CT} = \frac{2}{3} \equiv 66,\widehat{66}\,\%$$

Es decir, el puesto B no para nunca. El puesto C tiene un tiempo muerto de 1 unidad de tiempo; luego para obtener una producción «sin stocks intermedios» el puesto C trabaja 2 unidades de tiempo de cada 3 unidades de tiempo, y el puesto A necesitará trabajar la tercera parte del ciclo de tiempo.

Se define la eficiencia del sistema en línea según la expresión

$$E_{SISTEMA} = \frac{CF}{CT \cdot N}$$

donde: $CF = t_A + t_B + t_C = \Sigma t$
N = número de puestos funcionales.

En nuestro caso:

$$E_S = \frac{6}{3 \cdot 3} = 0,\widehat{66} \equiv 66,66\%$$

Los tiempos muertos de cada puesto funcional pueden darse respecto al CT y como complementarios de las eficiencias de cada puesto.

$$t_m = \frac{Ct - t_{op}}{CT} = 1 - \frac{t_{op}}{CT}$$

Puesto A: $$t_{mA} = 1 - \frac{1}{3} = \frac{2}{3} \equiv 66,\widehat{66}\%$$

Puesto B: $$t_{mB} = 1 - \frac{2}{3} = \frac{1}{3} \equiv 33,\widehat{33}\%$$

Puesto C: $$t_{mC} = 1 - \frac{3}{3} = 0 \equiv 0\%$$

Volvamos al concepto equilibrado de línea. Éste será óptimo cuando sea máxima la eficiencia del sistema.

Con un poco de intuición, es lógico pensar que la eficiencia será máxima cuando todos los puestos funcionales tengan el mismo tiempo de operación. Hasta ahora no hemos hablado de operarios en los puestos funcionales, pero suponíamos que cada uno disponía de un operario. Obviamente, la eficiencia del operario con esa disposición secuencial es la misma que la de su puesto. Sin embargo, nada nos impide agrupar puestos funcionales en «estaciones».

Deberemos, pues, conseguir de esta forma estaciones con igual tiempo de operación, igual al ciclo de tiempo del proceso.

El número de estaciones adecuado lo da la relación entre ciclos de fabricación y tiempo:

$$N = \frac{CF}{CT}$$

En nuestro caso:

$$N = \frac{6}{3} = 2 \text{ estaciones}$$

Dos estaciones con actividades o puestos cuya suma de tiempo de operación sea el ciclo de trabajo.

Vemos fácilmente que

$$t_A + t_C = 1 + 2 = 3 \text{ u.t.} = CT$$
$$t_B = 3 \text{ u.t.} = CT$$

La solución es:

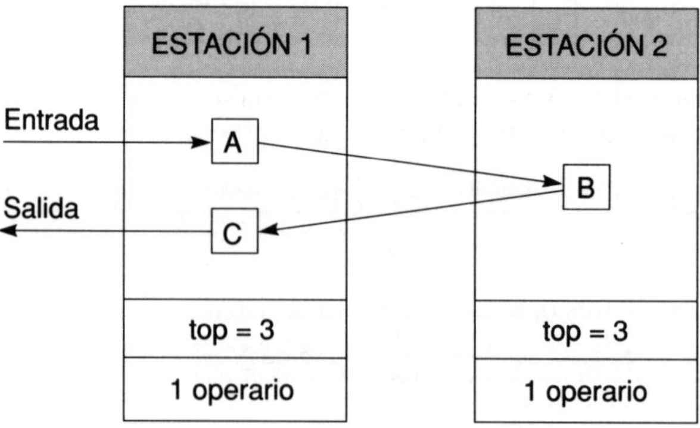

La eficiencia del nuevo sistema es

$$E_S = \frac{CF}{CT \cdot N} = \frac{6}{3 \cdot 2} \equiv 100\%$$

Por supuesto, las eficiencias de los puestos no han variado, pero sí las de los operarios. Ahora sólo precisamos de dos (antes de tres) y están totalmente ocupados, con el consiguiente ahorro de mano de obra.

5. CASO PRÁCTICO DE EQUILIBRADO DE LINEA. SECUENCIA DE OPERACIONES

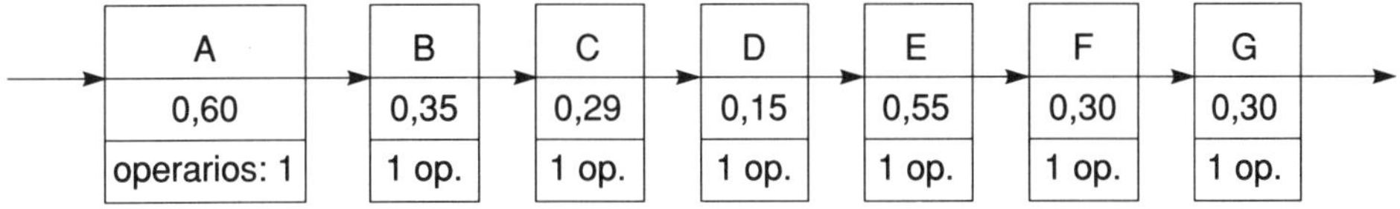

Resumimos todo el proceso de cálculo desarrollado en el apartado anterior.

$$CF = \sum t_{operación} =$$
$$= 0,60 + 0,35 + 0,29 + 0,15 + 0,55 + 0,30 + 0,30 = 2,54 \text{ u.t.}$$

$$CT = t_{op.\ mayor} = 0,60 \text{ u.t.}$$

$$N = \frac{CF}{CT} = \frac{2,54}{0,60} = 4,23 \simeq 4 \text{ estaciones.}$$

Una agrupación posible es:

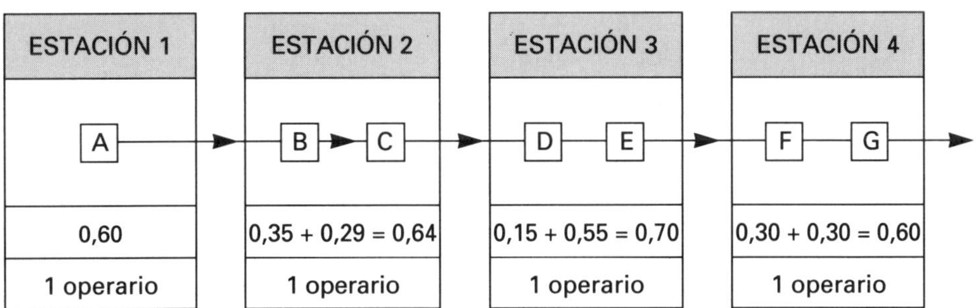

Hemos ahorrado tres operarios respecto al sistema inicial.

Pero hemos variado un poco el ciclo de trabajo.

Ahora es:

$$CT = 0,70 \text{ u.t.}$$

Esto quiere decir que produciremos algo menos en la jornada, pero puede compensar respecto a la disminución de costes producida.

Otra definición del ciclo de trabajo puede ser:

$$CT = \frac{\text{tiempo de funcionamiento de la línea}}{\text{número de unidades a producir}}$$

Si deseamos que la línea funcione un turno diario de ocho horas, es decir, 480 minutos, con un CT = 0,70 minutos, se podrán fabricar aproximadamente:

$$n = \frac{t_{funcionamiento}}{CT} =$$

$$= \frac{480}{0{,}70 \text{ minutos}} \simeq 686 \text{ unidades}$$

Si queremos fabricar más unidades, sólo es posible a base de horas extraordinarias. Únicamente cuando sean cantidades múltiplo de la anterior y duplicando la línea, será posible conseguir el objetivo con máxima eficiencia.

Si queremos producir 1.400 unidades, el CT debería ser:

$$CT = \frac{t_{funcionamiento}}{\text{n.° uds.}} =$$

$$= \frac{480 \text{ minutos}}{1.400 \text{ uds.}} \simeq 0{,}34 \text{ m/ud.}$$

El CT debe ser ahora la mitad. El número de operarios necesarios es:

$$N = \frac{CF}{CT} = \frac{2{,}54}{0{,}34} = 7{,}47 \simeq 8 \text{ operarios}$$

Es decir, dos operarios por cada estación. Ahora, en 0,70 minutos saldrán dos unidades, que es como una unidad cada 0,35 minutos.

Pero debemos respetar siempre las secuencias de operaciones en línea. La actividad B sólo podrá realizarse después de A y antes de C. Lo mismo cabe decir para el resto.

Otro caso

Deseamos producir por jornada 1.000 unidades. Entonces:

$$CT = \frac{480}{1.000} = 0{,}48 \text{ minutos}$$

Y este valor no es múltiplo de los anteriores CT.

Pero existe una agrupación posible en estaciones para este ciclo de trabajo, o «para sus múltiplos». Veamos:

$$t_A + t_B + t_C = 0,60 + 0,35 + 0,29 = 1,24 \text{ minutos.}$$
$$t_D + t_E + t_F + t_G = 0,15 + 0,55 + 0,30 + 0,30 = 1,30 \text{ minutos.}$$

Considerando que los múltiplos de 0,48 son

0,48, 0,96, 1,44, 1,92, etc.

el valor más próximo es 1,44, y puede ponerse:

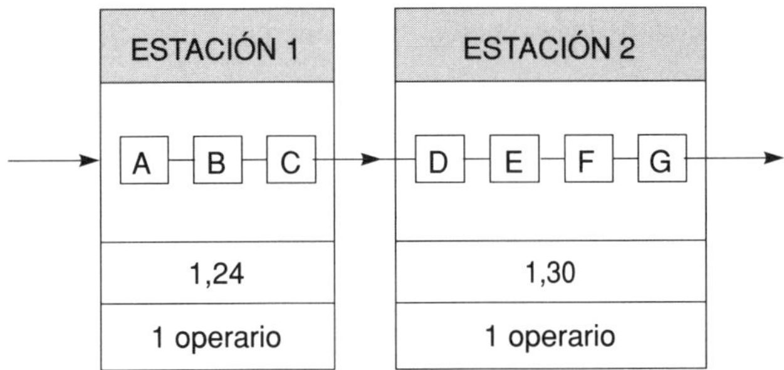

En esta agrupación, el nuevo CT es 1,30. Luego:

$$N = \frac{CF}{CT} = \frac{2,54}{1,30} = 1,95 \simeq 2 \text{ operarios por estación}$$

El número de unidades a obtener con esta disposición es:

$$n = \frac{t_{func.}}{CT} = \frac{480 \text{ m}}{1,30 \text{ m}} \simeq 370 \text{ uds.}$$

Si deseamos obtener 1.000 unidades, triplicaremos la línea, obteniendo (370 x 3) = 1.110 unidades, valor más aproximado al objetivo.

La disposición es:

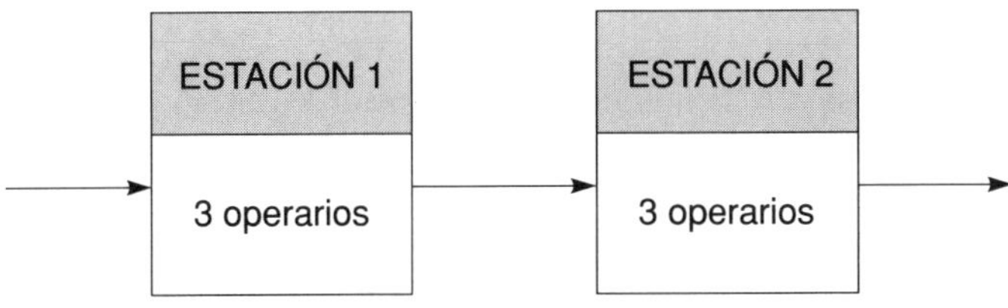

Dependiendo del trabajo a realizar, el número de operarios es el mismo que el de equipos. Triplicar un equipo es imposible a veces por la elevada inversión que supone.

En otros casos, donde se requiera sólo trabajo administrativo, gestión interna, o transporte en almacén, es bastante más asequible y realizable.

6. DISTRIBUCIÓN EN PLANTA

6.1. Tipos de distribución

Hemos visto en el capítulo anterior un proceso en línea como la sucesión de diversas actividades. Esto no quiere decir que en la práctica la distribución de los puestos funcionales que las realizan sea de idéntica forma a la representada. En función de muchas condiciones determinantes, la ubicación de cada puesto o estación de trabajo será distinta, pudiendo existir entre puesto y puesto la distancia suficiente como para requerir de contenedores y de la función transporte en planta.

Dependiendo del tipo de produccción considerada, del tipo de producto y del volumen de productividad, la distribución en planta (*layout*) será de una forma u otra. En general, podemos clasificar los tipos de distribución anteriormente vistos:

— Distribución tipo taller (funcional).

— Distribución tipo línea (por productos).

— Distribución de componente fijo (proyectos).

Una adecuada distribución disminuye el coste de las operaciones, como el manejo y transporte de materiales, stocks, eficiencias de los trabajadores, etc.

Distribución tipo línea

Ordena y agrupa puestos funcionales y operarios según los conceptos que conducen al equilibrado de línea. Requiere de todo el esfuerzo del equipo de planificación y una vez instalada la línea los cambios son costosos y difíciles de hacer. El flujo de trabajo y de materiales es continuo y se determinan órdenes concretas de programación de la producción (ordenación de la producción) para cada puesto funcional. Las técnicas de mejora de productividad en los procesos de línea van orientadas a la simplificación de trabajos y a la automatización, con el objetivo de ganar en tiempos de ajuste y preparación de máquinas, eliminación de stocks intermedios (contenedores), mejora del control de calidad por puesto funcional, y un perfecto mantenimiento, tanto preventivo como correctivo.

La tendencia actual en el mundo industrializado es la línea de fabricación CIM (Computer Integrated Manufacturing). Aquí los elementos fundamentales se llaman «células flexibles de fabricación» (puestos funcionales), dispuestas a realizar diversas actividades sin más que cambiar las órdenes de trabajo y las herramientas de un manipulador o robot.

En la figura 1 se presenta un posible esquema de una distribución en planta para un proceso por producto en línea.

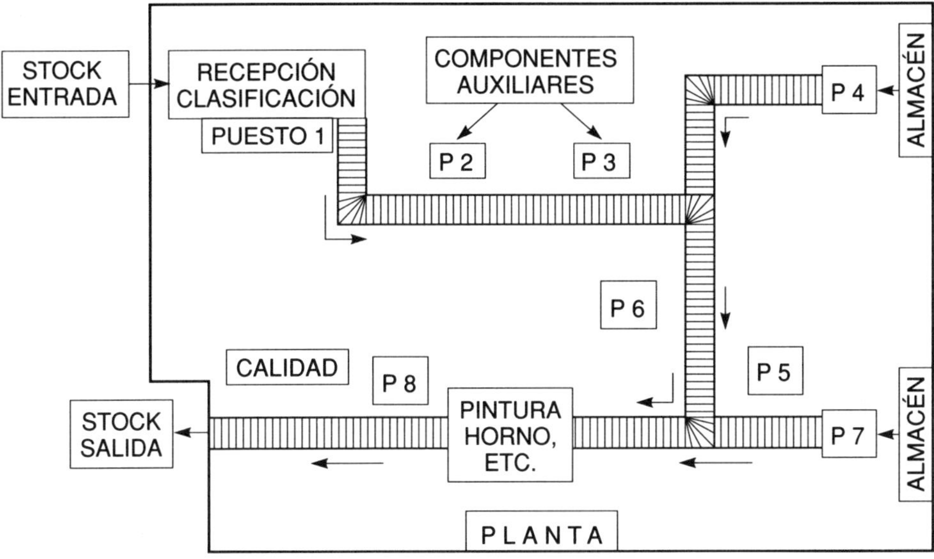

Figura 1

En la figura 2 puede apreciarse un sistema de fabricación flexible con un robot central y varios puestos funcionales alrededor.

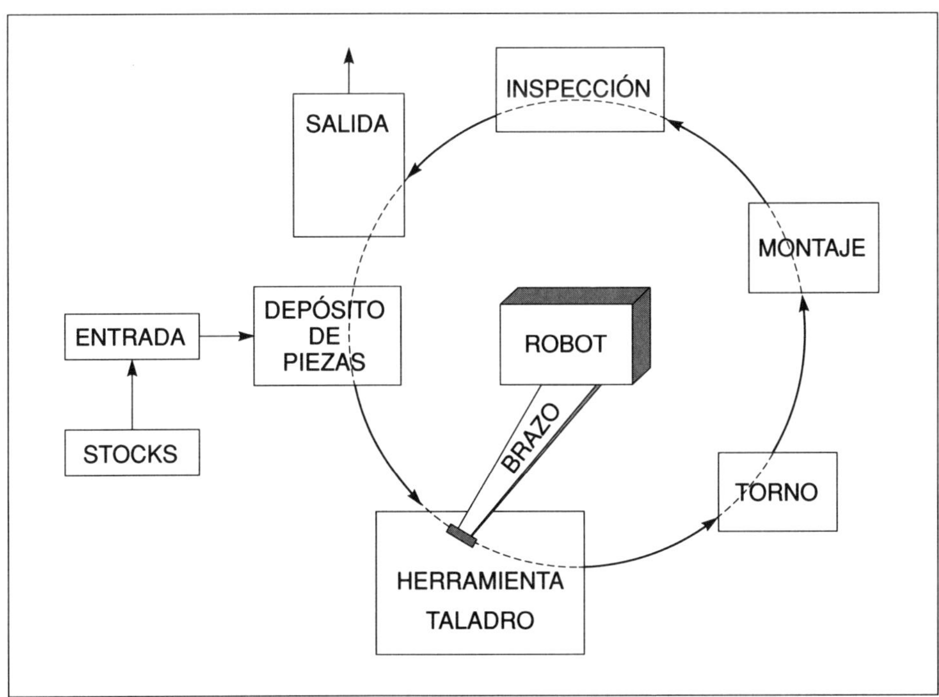

Figura 2

Distribución tipo taller

Se trata ahora de realizar agrupaciones o estaciones con personal y equipo capaces de realizar una actividad similar. El ciclo de trabajo puede ser discontinuo e intermitente, siendo por tanto más difícil el control de la producción.

Se debe optimizar el flujo de materiales en planta mediante el análisis de la carga en movimiento y/o la distancia recorrida. Para esto, pueden utilizarse los siguientes métodos:

— Enfoque gráfico: mínimos flujos no adyacentes.

— Análisis de secuencia de operaciones: análisis distancia-carga.

— Planificación sistemática: matriz de Muther.

A continuación desarrollaremos brevemente cada uno de los métodos apuntados.

Distribución por componente fijo

Corresponde esta denominación a la producción por proyectos. Todos los factores que intervienen en el proceso, mano de obra, materiales, equipo, están localizados en el lugar de la realización (astillero naval, construcción, etc.). Así pues, en este caso solamente cabe hablar de optimización en la programación y en el control del proyecto, para lograr que los costes mínimos calculados se cumplan, así como las fechas de ejecución del calendario para las actividades en las que se ha desconpuesto el proyecto. Las técnicas más usuales, y que no trataremos aquí, son:

— Gráficos GANT.

— Método PERT/CPM.

— Método ROY.

6.2. Mínimos flujos no adyacentes

Se trata de estudiar el número de movimientos realizados en la unidad de tiempo entre diversos puestos de trabajo o de almacenamiento, según se trate de producción o de stocks. Para ello se confecciona una «tabla de recorridos» en primer lugar, examinando al mismo tiempo un «croquis de planta».

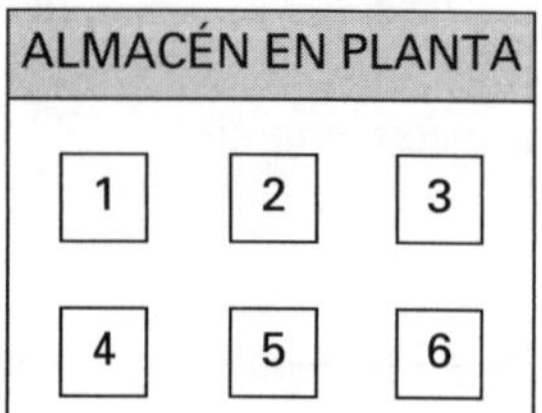

Sea un almacén con seis áreas distintas de almacenamiento.

Un encargado cuenta el número de movimientos entre cada área al día y los anota en la siguiente tabla de movimientos o recorridos:

ALMACÉN EN PLANTA		
1	2	3
4	5	6

TABLA DE MOVIMIENTOS						
Desde \ Hacia	1	2	3	4	5	6
1	—	4	11	—	3	3
2	—	—	—	12	—	—
3	11	5	—	9	—	—
4	—	—	17	—	—	—
5	—	—	8	—	—	—
6	—	—	9	—	—	—

Las etapas de la metodología son las siguientes:

1.ª etapa:
Determinar el número de asignaciones para cada departamento o área.

Hay que sumar para cada área las asignaciones en la fila y en la columna correspondientes (una asignación puede tener varios movimientos).

Por ejemplo, desde [1] hay movimientos hasta cuatro departamentos: [2], [3], [5] y [6]. Y hacia [1] hay movimientos desde [3]. En total hay cinco asignaciones.

Así, se construye la siguiente «tabla de asignaciones»:

Área	Asignaciones
1	5
2	3
3	7
4	3
5	2
6	2

2.ª etapa:
Las áreas con mayor número de asignaciones se colocan en las posiciones centrales.

Las áreas con mayor número de asignación son la [3] y la [1], con 7 y 5 asignaciones respectivamente.

Así pues, la distribución inicial a probar será:

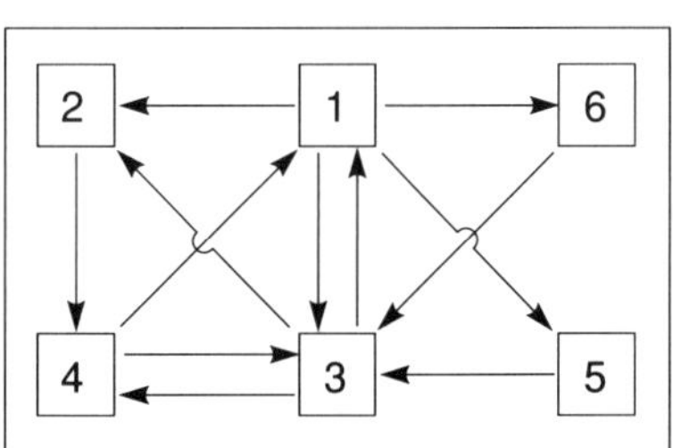

3.ª etapa:
Si se han eliminado los flujos o movimientos no adyacentes, la solución básica puede considerarse óptima.

Obsérvese que no existe movimientos entre áreas no adyacentes. Luego la solución es óptima. (No hay flujo entre [2] y [6], entre [2] y [5], ni entre [4] y [6] y [4] y [5]. Lo mismo para [5] y [6]).

4.ª etapa:
Si no pudieran aliminarse totalmente los movimientos no adyacentes, minimícense.

Sea, como nuevo ejemplo, la siguiente tabla de movimientos, similar a la anterior, donde se han añadido 10 recorridos desde [4] hasta [6]. A continuación se presenta la tabla de asignaciones correspondientes:

Desde \ Hacia	1	2	3	4	5	6
1	—	4	11	—	3	3
2	—	—	—	12	—	—
3	11	5	—	9	—	—
4	—	—	17	—	—	10
5	—	—	8	—	—	—
6	—	—	9	—	—	—

ÁREA	ASIGNACIONES
1	5
2	3
3	7
4	4
5	2
6	3

Para la misma localización de áreas, la representación de flujos es la siguiente:

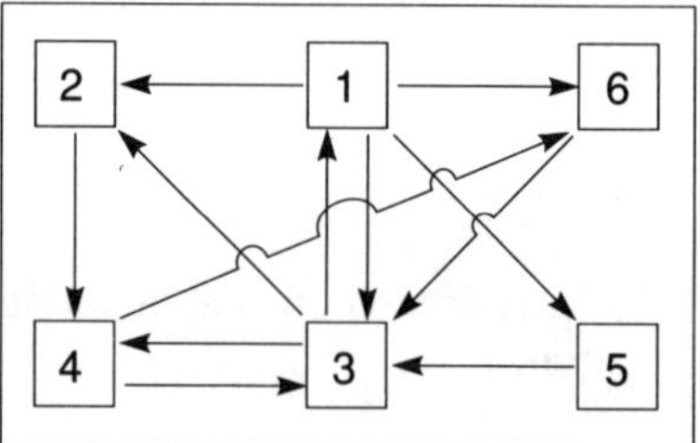

No se elimina el flujo no adyacente entre [4] y [6] mediante la distribución presentada. Dejamos al lector que trate de localizar de distintas formas las áreas hasta comprobar si pueden eliminarse.

3.3. Análisis carga-distancia

Supongamos un almacén con cuatro zonas como muestra la figura de la página siguiente.

Las acotaciones indican la distancia aproximada entre ellas, considerando que pueden trazarse distintas rutas sobre su superficie. La carga diaria transportada entre las distintas áreas se da en la siguiente matriz, y los cálculos carga-distancia a continuación:

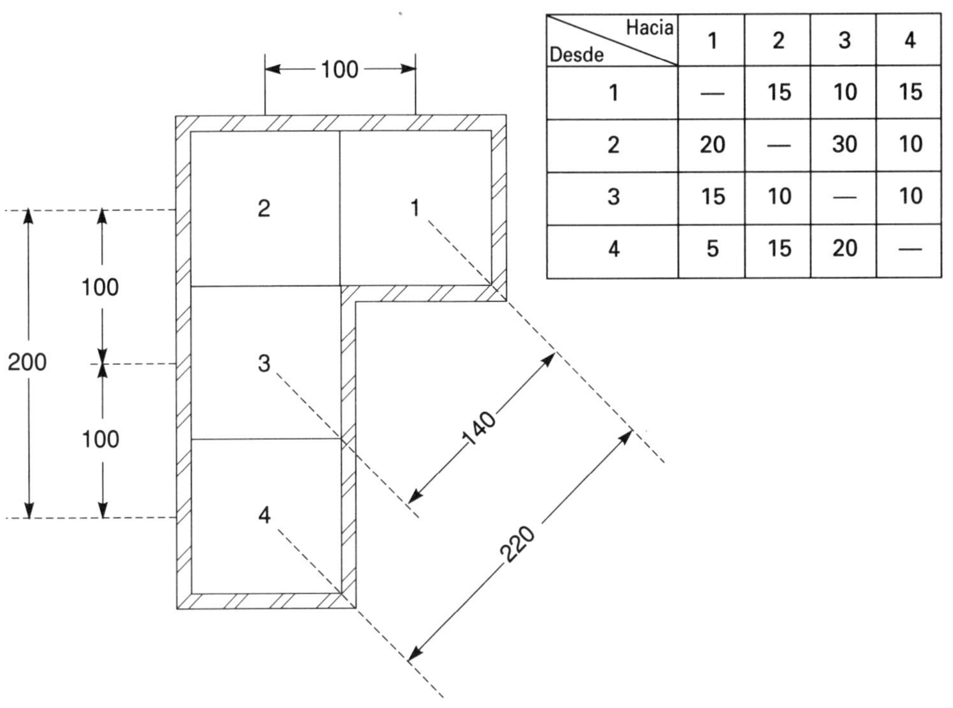

Desde \ Hacia	1	2	3	4
1	—	15	10	15
2	20	—	30	10
3	15	10	—	10
4	5	15	20	—

NÚMERO DE CARGAS	(CARGA) x (DISTANCIA)
[1] → [2] (+) [2] → [1] (15) + (20)	(35) x (100) = 3.500
[1] → [3] (+) [3] → [1] (10) + (15)	(25) x (140) = 3.500
[1] → [4] (+) [4] → [1] (15) + (5)	(20) x (220) = 4.400
[2] → [3] (+) [3] → [2] (30) + (10)	(40) x (100) = 4.000
[2] → [4] (+) [4] → [2] (10) + (15)	(25) x (200) = 5.000
[3] → [4] (+) [4] → [3] (10) + (20)	(30) x (100) = 3.000
	TOTAL = 23.400

Sea la nueva configuración:

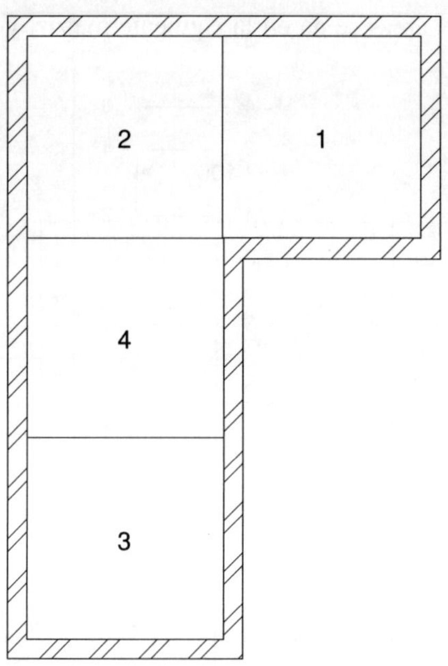

NÚMERO DE CARGAS	(CARGA) x (DISTANCIA)
1 → 2 (+) 2 → 1	(35) x (100) = 3.500
1 → 3 (+) 3 → 1	(25) x (220) = 5.500
1 → 4 (+) 4 → 1	(20) x (140) = 2.800
2 → 3 (+) 3 → 2	(40) x (200) = 8.000
2 → 4 (+) 4 → 2	(25) x (100) = 2.500
3 → 4 (+) 4 → 3	(30) x (100) = 3.000
	TOTAL = 25.300

Se aprecia que esta distribución de almacén es más cara que la anterior.

Debiéramos ir haciendo todas las posibles permutaciones cambiando de lugar las áreas hasta encontrar la distribución de coste mínimo. Las cargas entre áreas son siempre las mismas; lo que varía son las distancias interdepartamentales.

Las opciones vienen dadas por las permutaciones de cuatro elementos:

$$P_4 = 4! = 4 \times 3 \times 2 \times 1 = 24$$

que ordenadas son:

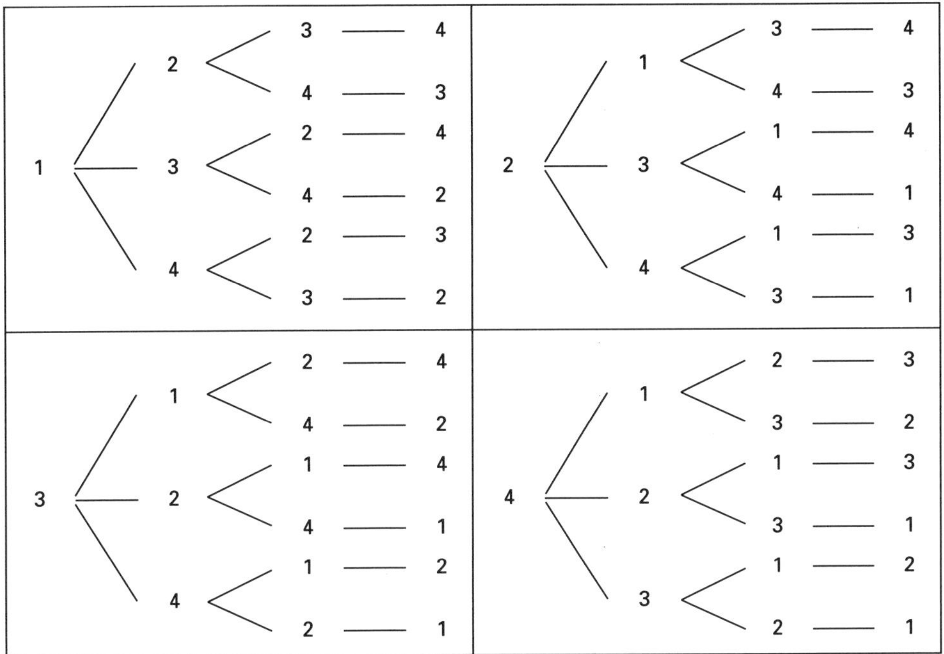

Si el criterio de orden de las permutaciones es

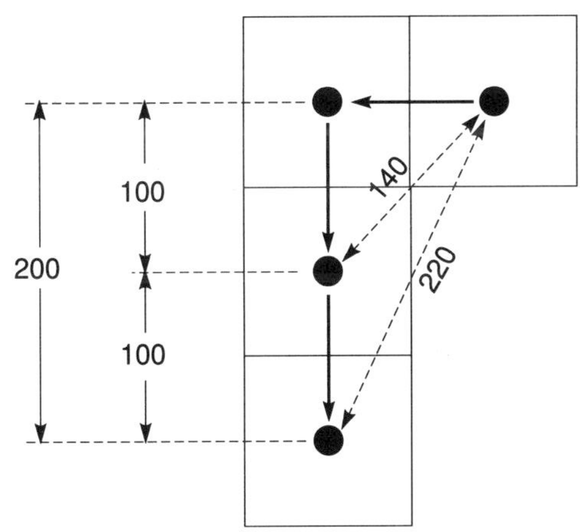

Figura 6.3

ya hemos calculado las dos primeras:

1 – 2 – 3 – 4
y
1 – 2 – 4 – 3

Las restantes podemos calcularlas simplificadamente por la siguiente tabla:

CARGA	DISTANCIA SEGÚN PERMUTACIONES																								ORDEN DE CARGA DE REFERENCIA
	1 2 3 4	1 2 4 3	1 3 2 4	1 3 4 2	1 4 2 3	1 4 3 2	2 1 3 4	2 1 4 3	2 3 1 4	2 3 4 1	2 4 1 3	2 4 3 1	3 1 2 4	3 1 4 2	3 2 1 4	3 2 4 1	3 4 1 2	3 4 2 1	4 1 2 3	4 1 3 2	4 2 1 3	4 2 3 1	4 3 1 2	4 3 2 1	
35	100	100	140	220	140	220	100	100	140	220	140	140	100	200	100	200	100	100	100	200	100	200	100	100	1 – 2/2 – 1
25	140	220	100	100	220	140	100	200	100	200	100	100	100	100	140	220	140	220	200	100	100	100	100	200	1 – 3/3 – 1
20	220	140	220	140	100	100	200	100	100	100	100	100	200	100	100	100	100	200	100	100	140	220	140	220	1 – 4/4 – 1
40	100	200	100	200	100	100	140	220	100	100	220	220	140	220	100	100	220	140	100	100	200	100	200	100	2 – 3/3 – 2
25	200	100	100	100	100	200	220	140	220	140	100	100	100	100	200	100	200	100	140	220	100	100	220	140	2 – 4/4 – 2
30	100	100	200	100	200	100	100	100	200	100	200	200	220	140	220	140	100	100	220	140	220	140	100	100	3 – 4/4 – 3
ORDEN EN PLANTA	2 1 3 4	2 1 4 3	3 1 2 4	3 1 4 2	4 1 2 3	4 1 3 2	1 2 3 4	1 2 4 3	3 2 1 4	3 2 4 1	4 2 1 3	4 2 3 1	1 3 2 4	1 3 4 2	2 3 1 4	2 3 4 1	4 3 1 2	4 3 2 1	1 4 2 3	1 4 3 2	2 4 1 3	2 4 3 1	3 4 1 2	3 4 2 1	

Construcción de la tabla:

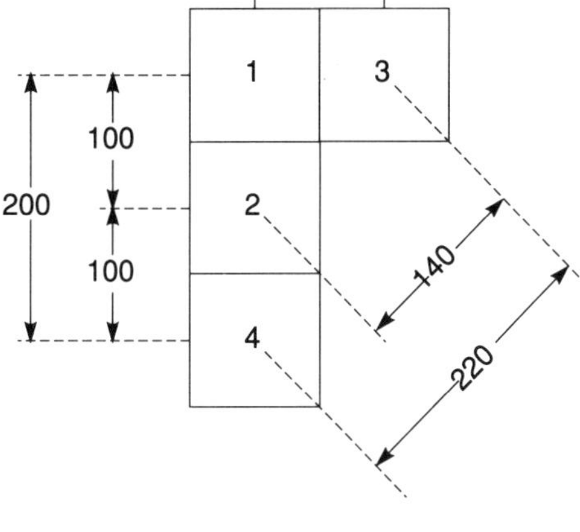

- Tenemos cuatro áreas a distribuir.
- Formas de distribuir (permutaciones) = 24.
- Las 24 permutaciones se colocan ordenadamente, previo cálculo, mediante los árboles dibujados.
- Se fija un orden de referencia (figura 6.3) y las distancias entre las localizaciones. A partir de aquí, si tratamos con la permutación 3 – 1 – 2 – 4, la supondremos ordenada como se refleja a la derecha.
- Hay que minimizar el producto de una carga por la distancia entre puestos. En la primera columna colocaremos las cargas. La carga (35) corresponde a las unidades transportadas entre el puesto 1 y 2 (en un sentido y en otro). Esto se indica en la última columna de la tabla (orden de carga de referencia).
- La carga anterior es un factor constante entre puestos. Las casillas de la tabla se rellenarán con la distancia entre puestos correspondientes a la carga dada en la fila, según el orden de la permutación de cada columna.

Así, por ejemplo:

CARGA		3 1 2 4		ORDEN DE CARGA DE REFERENCIA
35				1 - 2 / 2 - 1
25				1 - 3 / 3 - 1
20				1 - 4 / 4 - 1
40		140		2 - 3 / 3 - 2
25				2 - 4 / 4 - 2
30				3 - 4 / 4 - 3
ORDEN EN PLANTA		1 3 2 4		

La carga (40) es la carga correspondiente a la transportada entre los puestos 2 y 3 en ambos sentidos: 2→3 (+) 3→2, y se deberá multiplicar por la distancia entre ellos según el orden elegido por la permutación correspondiente. O sea, entre 2 y 3 hay 140 unidades de distancia. Así se procede con el resto de las casillas de la tabla.

— La siguiente tabla expresa todos los productos carga-distancia para todas las permutaciones, donde se ve el óptimo:

2	1
3	
4	

y

3	4
2	
1	

	TABLA (CARGA x DISTANCIA)																							
	PERMUTACIONES																							
	1	1	1	1	1	1	2	2	2	2	2	2	3	3	3	3	3	3	4	4	4	4	4	4
	2	2	3	3	4	4	1	1	3	3	4	4	1	1	2	2	4	4	1	1	2	2	3	3
	3	4	2	4	2	3	3	4	1	4	1	3	2	4	1	4	1	2	2	3	1	3	1	2
	4	3	4	2	3	2	4	3	4	1	3	1	4	2	4	1	2	1	3	2	3	1	2	1
	3.500	3.500	4.900	7.700	4.900	7.700	3.500	3.500	4.900	7.700	4.900	4.900	3.500	7.000	3.500	7.000	3.500	3.500	3.500	7.000	3.500	7.000	3.500	3.500
	3.500	5.500	2.500	2.500	5.500	3.500	2.500	5.000	2.500	5.000	2.500	2.500	2.500	2.500	3.500	5.500	3.500	5.500	5.000	2.500	2.500	2.500	2.500	5.000
	4.400	2.800	4.400	2.800	2.000	2.000	4.000	2.000	2.000	2.000	2.000	2.000	4.000	2.000	2.000	2.000	2.000	4.000	2.000	2.000	2.800	4.400	2.800	4.400
	4.000	8.000	4.000	8.000	4.000	4.000	5.600	8.800	4.000	4.000	8.800	8.800	5.600	8.800	4.000	4.000	8.800	5.600	4.000	4.000	8.000	4.000	8.000	4.000
	5.000	2.500	2.500	2.500	2.500	5.000	5.500	3.500	5.500	3.500	2.500	2.500	2.500	2.500	5.000	2.500	5.000	2.500	3.500	5.500	2.500	2.500	5.500	3.500
	3.000	3.000	6.000	3.000	6.000	3.000	3.000	3.000	6.000	3.000	6.000	6.000	6.600	4.200	6.600	4.200	3.000	3.000	6.600	4.200	6.600	4.200	3.000	3.000
TOTAL	23.400	25.300	24.300	26.500	24.900	25.200	24.100	25.800	24.900	25.200	26.700	26.700	24.700	27.000	24.600	25.200	25.800	24.100	24.600	25.200	25.900	24.600	25.300	23.400

6.4. Matriz de Muther

El método que vamos a presentar no es ni más ni menos que establecer una jerarquía de importancia entre varios elementos y según una variable cualquiera. Se establece el siguiente código:

CÓDIGO	IMPORTANCIA
a	Absolutamente imprescindible
e	Muy importante
i	Importante
o	Normal
u	No importante
X	Indeseable

Puede asignarse asimismo un «código de razones» a la jerarquización mediante un número (seguridad, condiciones ambientales, etc.).

El aspecto de la matriz de Muther es el siguiente:

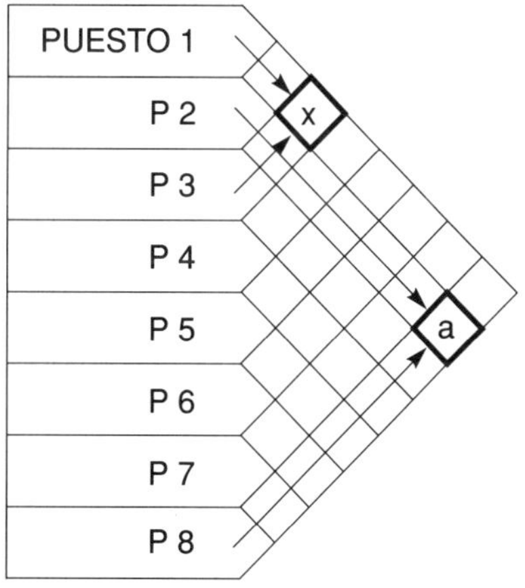

Una «X» en la casilla intersección entre P1 y P3 indica que no es deseable la proximidad entre ambos puestos. Por el contrario, una «a» entre P 2 y P 8 indica que es absolutamente necesaria la cercanía entre ambos. Generalmente, son los primeros grados de importancia a determinar.

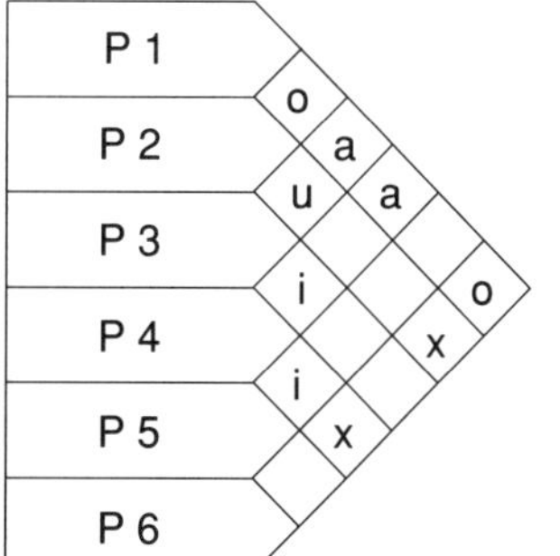

Veamos un ejemplo: Dada la siguiente matriz, determinar una distribución en planta de los puestos funcionales.

Relaciones críticas: Código a:

1 —— 3
1 —— 4

Relaciones críticas: Código X:

2 —— 6
4 —— 6

Deben ser localizados en el centro aquellos puestos que tienen más relación con otros. Éstos son el P 1 y el P 4.

Una posible distribución que cumple todos los requisitos es la siguiente:

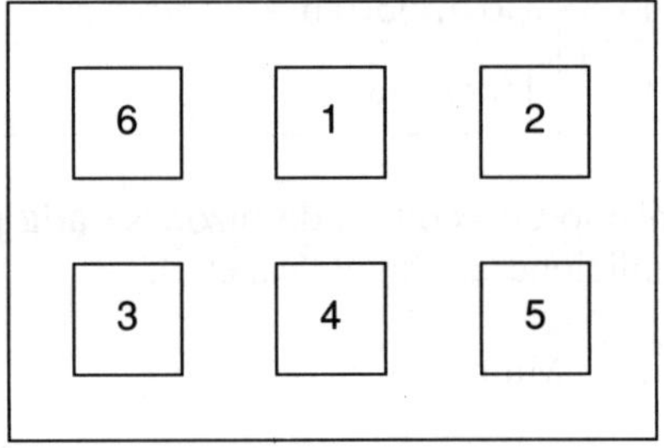

A partir de aquí y con información recogida pueden aplicarse los análisis anteriores para confirmar o no la conveniencia de esta distribución.

7. UN PROBLEMA RESUELTO MEDIANTE UN MODELO DE GESTIÓN DE STOCKS

Un cliente realiza un pedido de 100.000 unidades de una cierta referencia y desea recibirlas lo antes posible.

El artículo, antes de poder servirse, requiere dos operaciones que pueden ser ejecutadas por dos máquinas M1 y M2 dispuestas en serie, como se indica en la figura, para trabajar 24 horas diarias, necesitando M1 un tiempo de preparación de arranque de máquina de una hora.

La máquina M1 procesa a un ritmo de 1.000 piezas a la hora, mientras que la M2 es más lenta, disponiendo por esta razón un contenedor entre ambas cuya capacidad es 1.800 unidades.

1) ¿Cuál será la velocidad de proceso de M2, si M1 se para cada vez que ha procesado 8.000 piezas, momento en el que el contenedor está lleno?
2) ¿Cuál será en estas condiciones el plazo de entrega al cliente para su pedido?
3) ¿Cuánto tiempo estará parada M1 en todo el proceso y cuántas piezas quedarán en el contenedor cuando empiece a prepararse cada arranque de M1?

4) Si adoptamos el modelo de stocks de Wilson para analizar costes de gestión en el proceso, ¿cuál será el coste de arrancar M1 si el coste de inmovilizar una unidad en el proceso es de 10 pesetas por hora?
5) ¿Qué ocurriría si el tiempo de preparación de M1 fuera de tres horas? ¿Cuál sería, entonces, el plazo de entrega al cliente?

M1
CONTENEDOR
M2

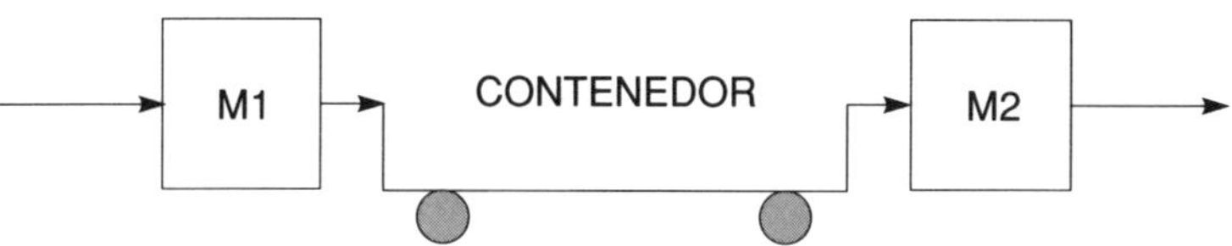

Solución al problema

Utilizaremos el modelo de reabastecimiento uniforme visto en el capítulo anterior sobre gestión de stocks. Trataremos el contenedor como un almacén que recibe 1.000 unidades cada hora, pero que al mismo tiempo va entregando a la máquina M2. Nos apoyaremos en las siguientes gráficas:

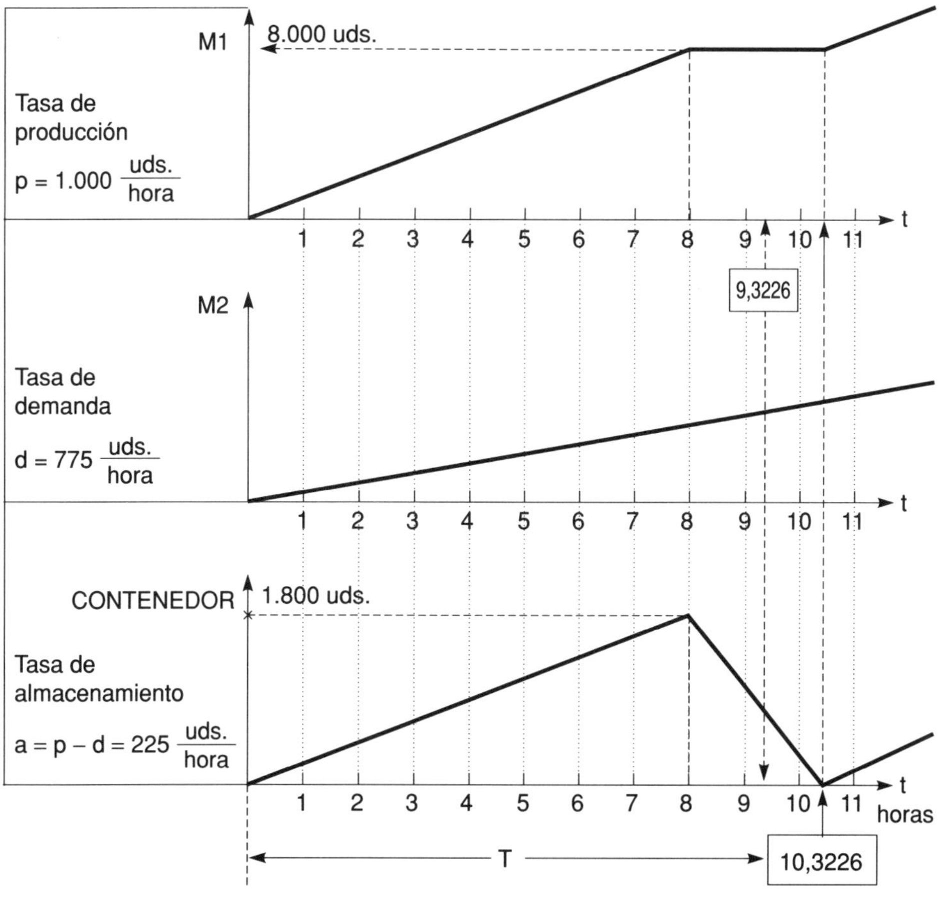
M1
8.000 uds.
Tasa de producción
p = 1.000 uds./hora
M2
Tasa de demanda
d = 775 uds./hora
9,3226
CONTENEDOR
1.800 uds.
Tasa de almacenamiento
a = p – d = 225 uds./hora
t
1 2 3 4 5 6 7 8 9 10 11
horas
T
10,3226

Punto 1

La máquina M1 se para cuando produce 8.000 piezas. Como produce con una tasa p = 1.000 uds./hora, se para en t = 8 horas, momento en el que el contenedor está lleno con 1.800 unidades, que es su capacidad máxima. Se ha llenado en 8 horas, luego con una tasa de almacenamiento:

$$a = \frac{1.800}{8 \text{ horas}} = 225 \text{ uds./hora}$$

Como

$$a = p - d$$
$$d = p - a = 1.000 - 225 = 775 \text{ uds./hora},$$

ésta es precisamente la velocidad de proceso de M2.

Punto 2

A partir de t = 8 horas, M1 para y no produce. M2 sigue demandando piezas al contenedor, que se vacía a razón de 775 uds./hora. Se vaciará totalmente al cabo de:

$$t = \frac{1.800 \text{ uds.}}{775 \text{ uds./hora}} = 2{,}3226 \text{ horas}$$

Es decir, ver gráfica, en t = 8 + 2,3226 = 10,3226 horas.

A partir de aquí, M1 empieza a producir otra vez, repitiéndose el ciclo.

Nota: Podría haberse utilizado la siguiente fórmula:

$$n_{máx} = n_0 \left[1 - \frac{d}{p}\right]$$

sin más que identificar:

$n_{máx}$ = capacidad contenedor = 1.800 uds.
n_0 = lote de pedido = 8.000 uds.

El período de repetición se calcula mediante:

$$r = \frac{N}{n} = \frac{\theta}{T}$$

donde

N = demanda total en θ = 100.000 uds.
n = 8.000 uds.
T = 10,3226 horas.

Entonces:

$$\theta = \text{plazo de entrega al cliente} = \frac{N \cdot T}{n} =$$

$$= \frac{(100.000)\ (10{,}3226)}{8.000} \simeq 129 \text{ horas}$$

En días: θ = 5,37 días

Punto 3

La máquina M1 para 2,3226 horas por cada período T.

Luego en la realización del pedido N del cliente, en θ, parará:

$$2{,}3226 \text{ x (rotación)}$$

$$r = \frac{N}{n} = \frac{\theta}{T} = \frac{100.000}{8.000} = \frac{129}{10{,}3226} = 12{,}5 \text{ períodos}$$

$$\text{Tiempo de paro de M1} = (2{,}3226) \text{ x } (12{,}5) = 29{,}03 \text{ horas}$$

El arranque de M1 puede prepararse una hora antes de volver a producir, es decir, en t = 9,3226 horas. En ese momento en el contenedor deben quedar obligatoriamente 775 unidades para poder suministrar a M2.

En la analogía con stocks, es como el punto de pedido para un plazo de entrega de una hora.

Punto 4

El coste de mantenimiento unitario en el contenedor se ha calculado en 10 ptas./unidad y hora. Es como poner que

$$C_M = 10 \frac{\text{ptas.}}{\text{uds. x hora}}$$

Si adoptamos el modelo simple de Wilson, éste considera, sin ruptura, dos costes: C_M y C_R. C_R debe ser el coste de preparar el arranque de M1 (coste de emisión de pedido de arranque). Entonces:

$$n_0 = \sqrt{\frac{2 \cdot N \cdot C_R}{\theta \cdot C_M \left(1 - \frac{d}{p}\right)}}$$

de donde despejando:

$$C_R = \frac{n_0^2 \cdot \theta \cdot C_M \left(1 - \frac{d}{p}\right)}{2 \cdot N} =$$

$$= \frac{(8.000)^2 \cdot (129) \cdot (10) \cdot (0{,}225)}{(2)\ (100.000)} = 92.880 \text{ ptas./arranque}$$

Punto 5

Si el tiempo de preparación de M1 fuese de tres horas en vez de una hora, debería empezar e ajuste en

$$(10{,}3226) - 3 = 7{,}3226 \text{ horas}$$

Cosa imposible, ya que en ese momento está produciendo el primer lote de 8.000 piezas.

Las nuevas gráficas serían entones:

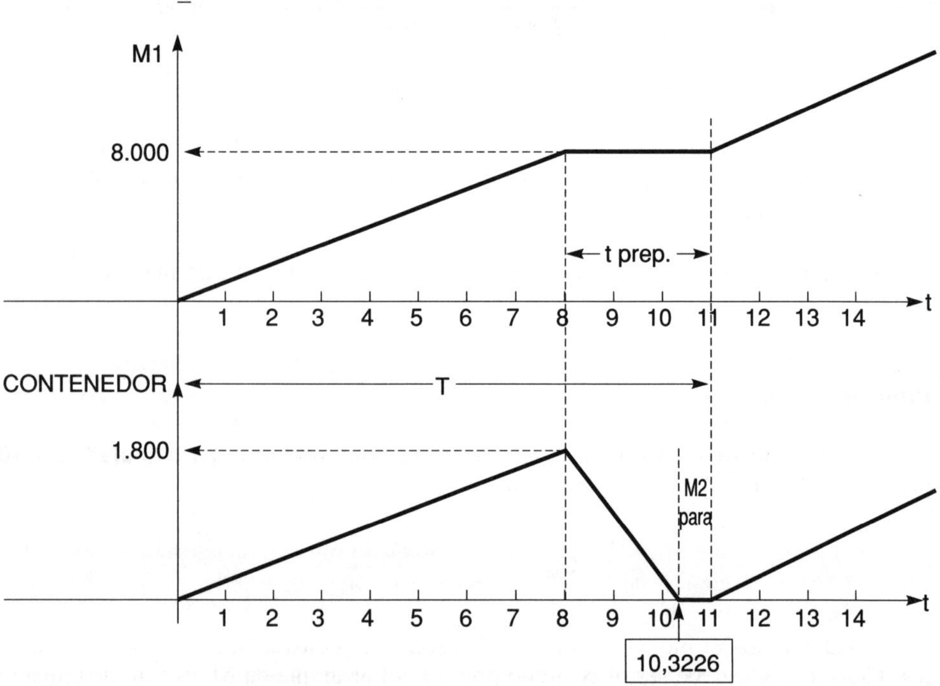

Nada más parar M1 en t = 8 debe volver a prepararse.

Como tarda 3 horas, volverá a comenzar en t = 8 + 3 = 11 horas, pero para ese tiempo el contenedor ya se habrá vaciado y M2 se verá obligada a parar.

El período sería ahora T = 11 horas, y el plazo de entrega a cliente de:

$$\theta = T \cdot \frac{N}{n} = (11) \cdot \left(\frac{(100.000)}{8.000} \right) = 137{,}5 \text{ horas}$$

$$\text{En días: } \theta = 5{,}73 \text{ días}$$

La analogía utilizada es simple:

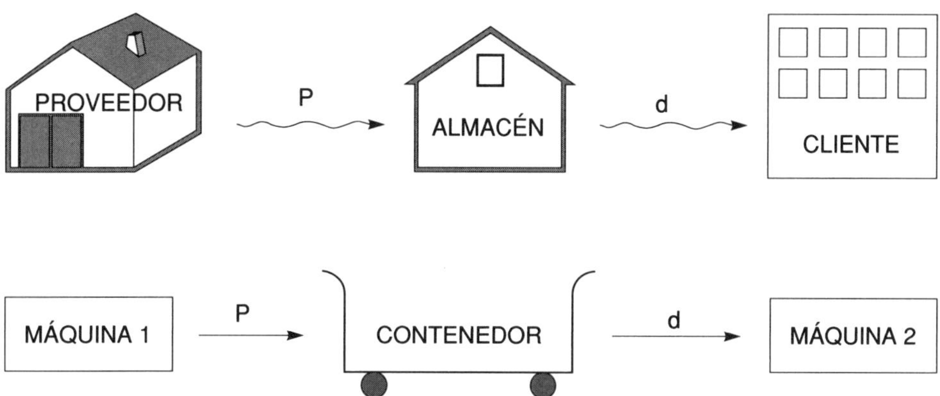

8. CONCEPTO CIM. UN CONCEPTO DE GESTIÓN LOGÍSTICA DE FUTURO PARA LA PRODUCCIÓN

CIM (Computer Integrated Manufacturing) es el concepto que supone la aplicación integrada de técnicas de organización y gestión junto con la adopción de nuevas tecnologías de automatización, con el objeto de fabricar y distribuir con calidad total, óptimo nivel de servicio y a los mínimos costes.

CIM surge en un mercado cada vez más internacionalizado y competitivo, y en un ambiente tecnológico cada vez más avanzado. Pero CIM es una filosofía de trabajo que se adquirirá en no poco tiempo, combinando profundamente en fondo y forma los procesos de diseño y fabricación de productos de gran calidad. El cambio afectará a las relaciones laborales tanto como a la dirección, comprometiendo a todos los niveles empresariales de forma conjunta.

CIM debe ser planificado, definido e implantado muy cuidadosamente, según las perspectivas y estrategias de futuro a largo plazo, con el objeto de minimizar riesgos y costes innecesarios.

En España existen algunas experiencias concretas de implantación CIM en los siguientes sectores:

— Automoción. Mediante sistemas de fabricación flexible.
— Equipos electromecánicos.
— Equipos electrónicos.
— Alimentación.
— Construcciones mecánicas.
— Material de construcción.

En todos los casos se han observado, parcial o totalmente, las siguientes respuestas:

— Disminución de costes de producción hasta casi un 30%.
— Reducción de inventarios y plazos de entrega, mejorando el nivel de servicio al cliente hasta un 50%.
— Incremento del nivel de calidad.
— Aprovechamiento y mayor eficiencia y eficacia de capacidad productivas.
— Reducción hasta un 40% del coste de manipulación de materiales, mediante la redistribución del *layout* de planta.

Pero el flujo de información entre las diversas operaciones del proceso es vital. La clave del éxito también dependerá del establecimiento de niveles de organización, que permitirán:

— Mayor flexibilidad de fabricación, diseños a medida.
— Flexibilidad de diseño, rápida respuesta de la demanda.
— Buen control de proceso, eficacia y eficiencia de instalaciones.
— Reducción de stocks de entrada, salida e intermedios.
— Reducción de paradas de producción, averías, fallos, defectos.

En definitiva, una mejor planificación, programación y ordenación de la producción. Los nuevos conceptos para la organización de la producción pudieran resumirse en los siguientes:

— Establecimiento de células de fabricación flexible donde pueden terminarse subproductos.
— Puntos de recepción y almacenamiento cercanos al lugar de consumo en las células.
— Simplificación de operaciones.
— Calidad concertada con proveedores.
— Reducción de tiempos de preparación de máquinas para poder fabricar lotes más pequeños.
— Responsabilidad de operarios sobre productos.
— Stocks minimizados al máximo.
— Acuerdos con pocos proveedores buenos.
— Competitividad por reducción de costes, no por aumento de precios.

En contraposición a conceptos tradicionales:

— Grandes plantas con puestos funcionales para cada pequeña operación.
— Un solo punto de recepción y almacenamiento de materiales.
— Tiempos de ajuste de máquinas demasiado elevados, lo que origina la fabricación de grandes lotes para disminuir estos costes.
— Eficiencia de máquinas 100%. Se puede producir innecesariamente.
— Stocks intermedios para resolver el problema de máxima eficiencia.
— Si no podemos disminuir los costes, aumentaremos los precios.

CIM puede considerarse como dividido en tres grandes componentes:

— Simplificación.
— Automatización.
— Integración.

Cada una supone una etapa de implantación anterior y necesaria a la siguiente.

Simplificación

Se trata de lograr una esquematización sencilla de todos los procesos y productos, como fase previa anterior a la automatización. Si se logra un buen esquema organizativo, la inversión posterior en tecnología será menor.

En esta componente podemos contar con las siguientes herramientas:

— Stocks mínimos (DRP).
— Lotes mínimos de producción (MRP).
— Cambio rápido de máquinas.
— Técnicas *Just in time* (JIT).
— Tecnologías de grupos.
— Análisis del valor.
— *Layout* de planta.
— Calidad en origen y concertada.
— Subplantas especializadas.
— Círculos de calidad.

Automatización

Podremos utilizar las nuevas tecnologías que nos proporcionarán las siguientes herramientas:

— CAD, CAM, CAE, CAT. Diseño, fabricación, ingeniería y formación asistidas por ordenador.
— FMS. Sistemas de fabricación y montaje flexibles.
— CN. Control numérico.
— Robótica.
— SVA y voz. Sistemas de visión artificial.
— BC. Códigos de barras.
— *Hardware* y *software* de base, gestión y comunicaciones.
— LAN. Redes de área local.
— IA. Inteligencia artificial y sistemas expertos.
— AS/AR. Almacenes automatizados.
— AGV. Vehículos autoguiados.

Integración

Se trata de integrar eficazmente los medios y conceptos definidos en las etapas de simplificación y automatización, estableciendo una típica arquitectura CIM informatizada por niveles:

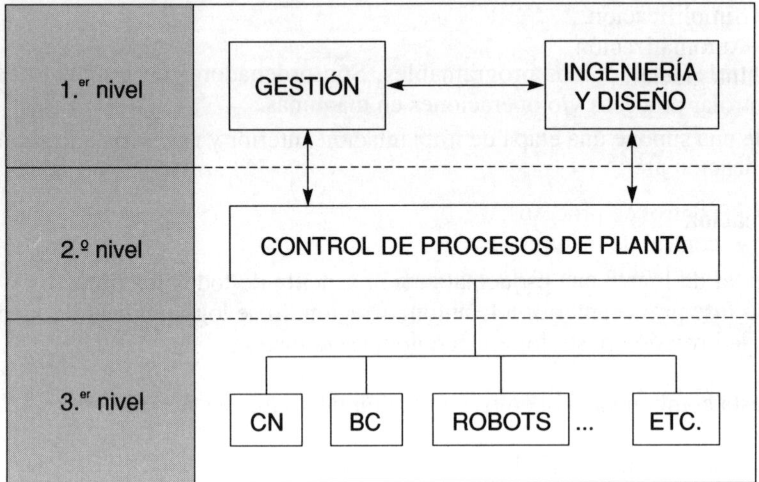

El seguimiento de los conceptos y tecnologías implantados debe ser exhaustivo: éstas cambian rápidamente con el tiempo. Quizá no deba intentar abordarse un proyecto CIM completo a muy largo plazo. Será mejor alcanzar objetivos parciales de mejora de producción y reducción de costes.

Repasemos brevemente cada uno de los conceptos y técnicas descritos hasta el momento.

CAD

Diseño asistido por ordenador.

Aplicación a:

- construcción de superficies,
- análisis estructural,
- modelización,
- integración con fabricación.

CAM

Fabricación asistida por ordenador.

Aplicación a:

- programación de la producción,
- ingeniería,
- control de calidad,
- diseño de *layouts*,
- programación de control numérico,
- planificación de procesos.

PLC

Controladores lógicos programables. Son ordenadores de propósito específico para controlar procesos y/o operaciones en máquinas.

Aplicación a:

- control de procesos,
- control de máquinas,
- regulación automática.

SVA

Sistemas de visión artificial. Reconocimiento de formas y procesos.

Aplicación a:

- control de calidad,
- sistemas de guiado y control de robots,
- vehículos autoguiados.

BC

Códigos de barras.

Aplicación a:

- control de stocks,
- seguimiento de materiales en proceso.

AGV

Vehículos autoguiados por hilo conductor o por visión artificial.

Aplicación a:

- manipulación en planta,
- almacenes.

IA

Inteligencia artificial. Se procesa la información mediante un lenguaje simbólico con reglas de razonamiento e inferencia similares al comportamiento humano.

Aplicación a:

- sistemas expertos,
- sistemas de planificación,
- sistemas de decisión.

Tecnología de grupos

Se agrupan trabajos y productos similares y/o recurrentes, aumentando la eficiencia productiva. Aplicación a planificación de procesos, sobre todo.

Análisis del valor

Trata de identificar costes innecesarios mediante la localización de aquello que no aporta características importantes para el cliente en lo que a calidad, duración, y aplicación se refiere.

La ingeniería del valor considera dos conceptos básicos: Función y valor.

— Función de uso: utilización (bolígrafo = escribir).
— Función de estima: atractivo (color).
— Función de construcción: para obtener uso y estima (material).
— Valor: cantidad mínima a emplear para garantizar sus funciones previstas.

MRP

Planificación de la necesidad de materiales. Considera la demanda dependiente. Ésta es aquella que a partir de un producto demandado genera peticiones de componentes en cantidad directamente proporcional a aquél. La técnica asegura la disposición de materiales en cantidad, tiempo y sitio convenidos.

DRP

Planificación de las necesidades de distribución.

JIT

Justo a tiempo. Nuevo concepto de producción basado en la eliminación de stocks, calidad total, flexibilidad y fluidez (ver figuras siguientes).

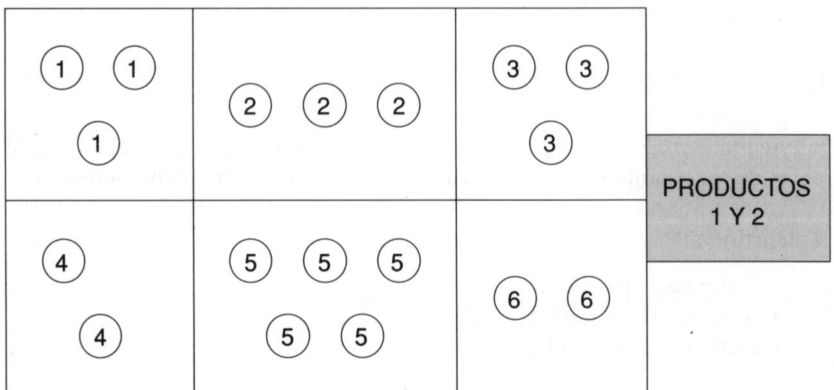

Planta tradicional de producción mediante puestos funcionales homogéneos.

LÍNEA PRODUCTO 1

LÍNEA PRODUCTO 2

Planta JIT.

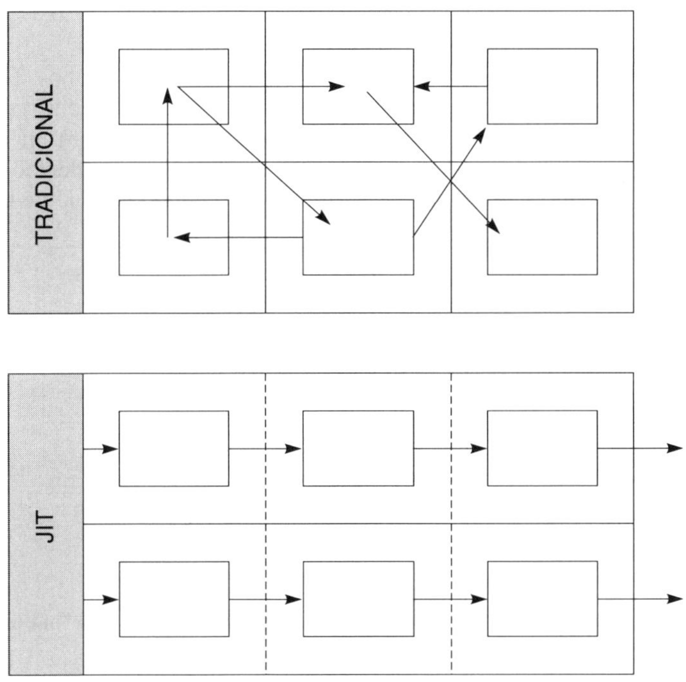

Relación entre puestos funcionales.

Círculos de calidad (JIT)

Promueven la participación de los trabajadores en toda la problemática del proceso productivo, mediante el análisis en grupos perfectamente coordinados. Incrementan la motivación individual y colectiva, mejoran el entorno humano y profesional y permiten la formación y desarrollo de los trabajadores, disminuyendo a la vez el absentismo por la vía de la responsabilidad. Los trabajadores JIT son polivalentes.

9. PROBLEMAS PROPUESTOS

Problema 1

Dibujar el cronograma de producción para la siguiente secuencia de operaciones:

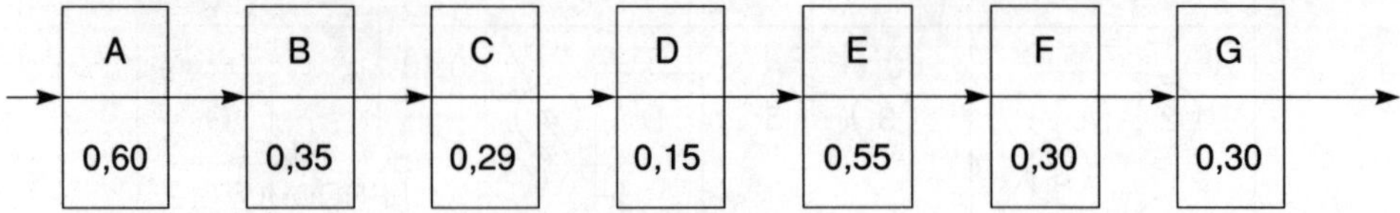

Las cantidades del diagrama expresan tiempos de operación de las distintas actividades.

Problema 2

Un almacén tiene dos pisos y existe un montacargas entre ambos. El número de paquetes transportado del segundo piso al primero será mayor al encargar un mayor número de personas el traslado, pero con un límite, ya que llegará un momento en que se perderá tiempo esperando el regreso del montacargas. Se decide efectuar varios trabajos con distinto número de encargados, obteniendo la siguiente tabla:

N.° de personas	1	2	3	4	5	6
N.° de paquetes trasladados por hora	100	200	280	360	300	200

Calcular la productividad media y marginal.

Problema 3

Calcular la productividad media y marginal para las siguientes funciones:

a) $R = 608\ n - 21 \cdot n^2$.
b) $R = -\ 102\ n^2 + 1.000\ \ n + 100$.

Particularizar los resultados para:

a) n = 10.
b) n = 100.
c) n = 0.

¿Qué significado real pueden tener las soluciones obtenidas?

Representar en un sistema de coordenadas las funciones de rendimiento dadas.

Problema 4

Dada la siguiente línea de producción:

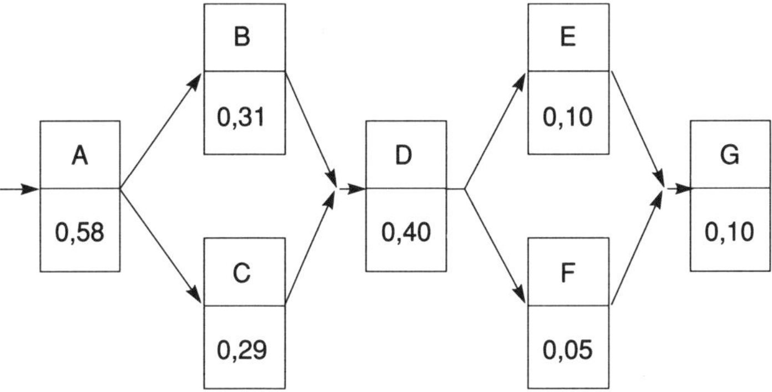

y dado que las actividades necesitan un tiempo de operación que está indicado en la figura en minutos, determinar:

a) Ciclo de fabricación.
b) Ciclo de tiempo.
c) Número de operarios y estaciones.
d) Eficiencia del sistema.
e) Eficiencia de operarios y puestos funcionales.
f) ¿Cuántas unidades pueden producirse en una semana, si la jornada laboral es de ocho horas de lunes a viernes?
g) ¿Cómo pueden producirse mil piezas en una semana?
h) Dibujar el correspondiente cronograma de producción.

Problema 5

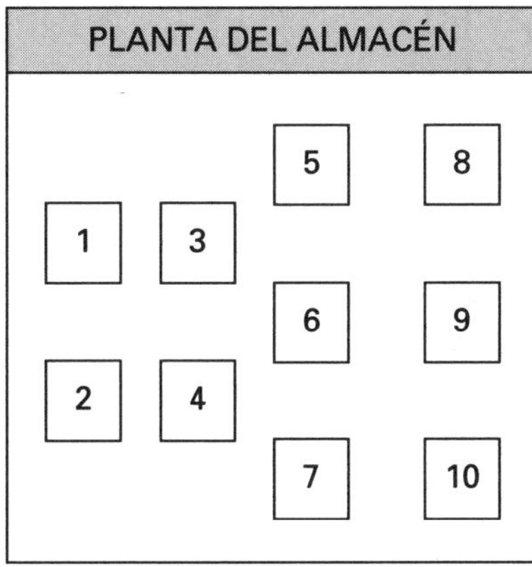

Un almacén dispone de diez áreas distintas para la ubicación de puestos donde se realizarán distintas funciones, según se indica en la figura.

La tabla de movimientos es la siguiente:

Desde \ Hacia	1	2	3	4	5	6	7	8	9	10
1	—	—	5	—	—	—	—	—	—	—
2	—	—	10	—	10	—	—	—	—	—
3	—	6	—	—	—	6	—	—	—	—
4	—	—	—	—	—	—	10	—	—	—
5	—	7	—	2	—	—	4	—	—	—
6	20	—	—	—	—	—	—	—	—	—
7	10	—	—	—	10	5	—	—	—	—
8	5	—	—	—	—	—	5	—	—	—
9	—	10	—	10	20	—	—	—	—	—
10	6	—	6	—	—	—	—	—	—	—

Determinar la distribución en planta más conveniente.

Problema 6

Sea un almacén con tres áreas:

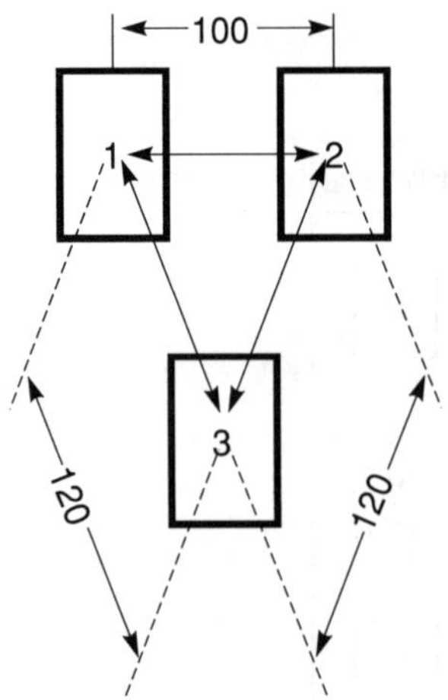

La carga diaria transportada entre las distintas áreas se presenta en la siguiente matriz:

Desde \ Hacia	1	2	3
1	—	12	10
2	16	—	20
3	14	15	—

Determinar la distribución más económica.

Problema 7

Dada la matriz de Muther:

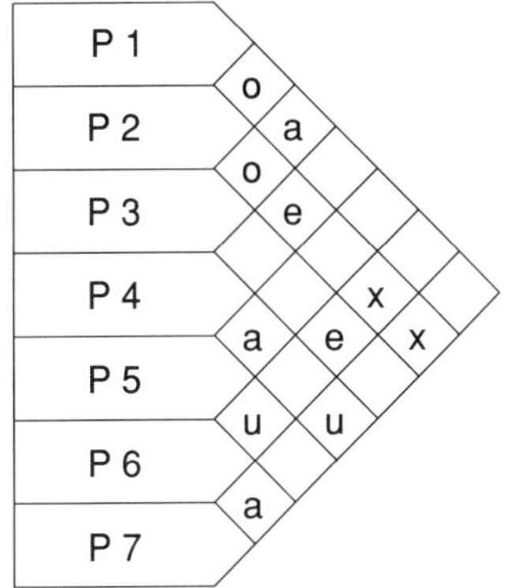

determinar la correcta localización de los diversos puestos funcionales en las siguientes áreas de planta:

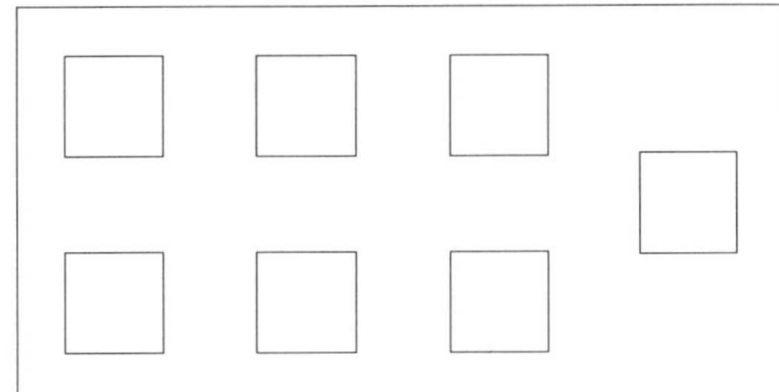

Problema 8

Determinar una posible matriz de Muther para la distribución de la figura:

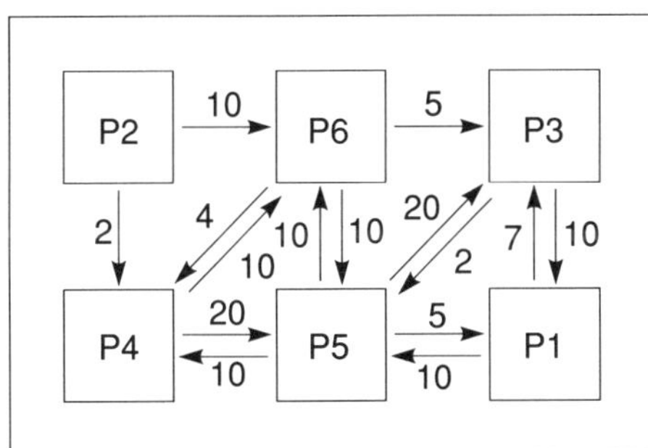

Los valores sobre cada flecha indican el número de movimientos diarios entre áreas.

Bibliografía

Capítulo 1

BACHS, PUJOL, J., *El embalaje y la exportación,* Cámara Oficial de Comercio, 1991.
BARRA, R., *Círculos de calidad en operación: estrategia práctica,* McGraw-Hill, 1985.
BRITISH INSTITUTE OF MANAGEMENT, *Organizarse para producir mejor,* Ed. Francisco Casanova, 1962.
CANDEA, D. I., *Dirección de operaciones en la empresa = Operations management,* Ed. Hispano europea 1983.
CARRALLO MÉNDEZ, A., *Logística comercial,* ESIC Editorial, 1978.
DOUCHY, J. M., *Hacia el «cero defectos» en la empresa,* Tecnologías de Gerencia, 1988.
FERNÁNDEZ DE CASADEVANTE Y MÚJICA, J. L., *Almacenaje,* Ed. Deusto, 1968.
FERON, R., *Organización de la producción,* Ed. Deusto, 1967.
FIORE, C., *La logística en Europa: una nueva estrategia-cliente,* Ed. Díaz de Santos, 1992.
GABOR, A., *Deming, el hombre que descubrió la calidad,* Ed. Granica, 1990.
GROOCOCK, J. M., *La cadena de la calidad,* Ed. Díaz de Santos, 1993.
HARRINGTON, H. J., *El coste de la mala calidad,* Ed. Díaz de Santos, 1990.
ISHIKAWA, K., *Práctica de los círculos de control de calidad,* Tecnologías de Gerencia, 1989.
LARRAÑETA, J., *Métodos modernos de gestión de la producción,* Alianza, 1988.
LAWRENCE, A., *Gestión práctica de la distribución comercial,* Ed. Deusto, 1989.
MARTÍNEZ TERCERO, M., *Canales y redes de distribución comercial,* Ed. Paraninfo, 1976.
MICHEL, P., *Manutención y transporte interior,* Ed. Deusto, 1968.
PALOM IZQUIERDO, F. J., *Círculos de calidad: teoría y práctica,* Ed. Marcombo, 1987.
PEIRÓ, J. M., *Círculos de calidad,* Eudeba, 1993.
RAVELEAU, G., *Les Cercles de Qualité français,* Entreprise moderne, 1983.
SALÉN, H., *Distribución: cómo ser el número 1,* Ed. Henrik Salén, 1988.
TRABUCCHI, R., *Cómo implantar una moderna distribución comercial,* Ibérico Europea de Ediciones, 1970.
UDAONDO DURÁN, M., *Gestión de calidad,* Ed. Díaz de Santos, 1991.

Capítulo 2

CÁMARA OFICIAL DE COMERCIO E INDUSTRIA DE MADRID, *La Integración Comercial,* Cámara Oficial de Comercio, 1976.
CASARES, J. (comp.) *et alii, La economía de la distribución comercial,* Ed. Ariel, 1987.
COLIN, J., *La logistique de la distribution,* Chotard et Associés, 1988.

DÍEZ DE CASTRO, E. C., *Logística Comercial,* MacGraw-Hill, 1992.

DOMÍNGUEZ MACHUCA, J. A., *El subsistema productivo de la empresa: problemas y fundamentos,* Ed. Pirámide, 1990.

HARAY, K., *Marketing Channel Management,* Foremen and Scoot, 1988.

IRESCO, *Las nuevas formas comerciales,* Ed. IRESCO, 1974.

IRESCO, *Vademécum de la distribución comercial,* Ed. IRESCO, 1982.

LAWRENCE, A., *Gestión práctica de la distribución comercial,* Ed. Deusto, 1989.

MARTÍNEZ TERCERO, M., *Canales y redes de distribución comercial,* Ed. Paraninfo, 1976.

OLMI, A., *La réduction des coûts de la distribution operationnelle,* E. Eyrolles, Les Editions d'Organisation, 1971.

SALÉN, H., *Distribución: cómo ser el número 1,* Ed. Henrik Salén, 1988.

TRABUCCHI, R., *Cómo implementar una moderna distribución comercial,* Ibérico Europea de Ediciones, 1970.

WEST, A., *Gestión de la distribución comercial: concepto de distribución,* Ed. Díaz de Santos, 1991.

Capítulo 3

BRONSON, R., *Teoría y problemas de investigacion de operaciones,* McGraw-Hill, 1990.

DESBAIZELLE, G., *Exercices et problémes de recherche opérationnelle,* Dunod, 1976.

DOMÍNGUEZ MACHUCA, J. A., *El subsistema productivo de las empresas: problemas y fundamentos,* Ed. Pirámide, 1987.

DÍEZ DE CASTRO, E. C., *Distribución Comercial,* McGraw-Hill, 1992.

SARABIA VIEJO, A., *Problemas de investigación operativa,* ICAI, 1984.

TARGHETTA ARRIOLA, L., *Transporte y almacenamiento de materias primas en la industria,* Ed. Blume, 1969.

Capítulo 4

BERRY, B. J. L., *Geography of market centers and retalis distribution,* Prentice-Hall, 1967.

BRONSON, R., *Teoría y problemas de invesigación de operaciones,* McGraw-Hill, 1990.

DESBAIZELLE, G., *Exercices et problémes de recherche opérationelle,* Dunod, 1976.

DÍEZ DE CASTRO, E. C., *Distribución Comercial,* McGraw-Hill, 1992.

KANTOROVICH, L. V., *Asignación óptima de los recursos económicos,* Ed. Ariel, 1968.

SARABIA VIEJO, A., *Problemas de investigación operativa,* ICAI, 1984.

Capítulo 5

AMMER, D. S., *La direction de l'aprovisionnement,* Dunod, 1966.

ALJIAN, G. W., *Purchasing handbook,* McGraw-Hill Book Co., 1966.

CALIMERI, M., *Las compras: cómo programarlas, organizarlas y controlarlas,* Ed. Hispano Europea, 1979.

DANTY-LAFRANCE, J., *Stratégie et politique d'approvisionnement,* Fayard-Mame, 1970.

DOLLAR, W. E., *Gestión de compras y existencias en la pequeña empresa,* Ed. Deusto, 1988.
FOURNIALS, G., *El duelo compra venta,* Ed. Omega, 1961.
HEINRITZ, S., *L'approvisionnement dans l'entreprise,* Editions de l'entreprise, 1963.
NATIONAL ASSOCIATION OF ACCOUNTANTS, *Dirección de compras y gestión de almacén,* Ibérico Europea de Ediciones, 1969.
SANTANDREU CAPDEVILA, M. J., *Las compras y la gestión de materiales,* Ed. Hispano Europea, 1986.

Capítulo 6

BERNE, PH., *Rotación de existencias en el comercio,* Ed. Deusto.
BUCHAN, J., *Gestion scientifique des stocks,* Les Editions d'Organisation, 1963.
CALIMERI, M., *Organización del almacén,* Ed. Hispano Europea, 1982.
COMPANYS PASCUAL, R., *Nuevas técnicas de gestión de stocks: MRP y JIT,* Ed. Marcombo, 1988.
D'ANNA, J. P., *Rotation des stocks et marge bénéficiaire à l'américaine,* Entreprise moderne, 1968.
DOMÍNGUEZ MACHUCA, J. A., *El subsistema productivo de la empresa: problemas y fundamentos,* Ed. Pirámide, 1990.
FRIN, E. *et alii, Técnica de la organizacion de almacenes,* Ed. Sagitario, 1965.
LOCKYER, K., *Guide de la gestion des stocks,* Les Editions d'Organisation, 1974.
PLOSS, G. W., *Producction and inventory control: principles and techniques,* Prentice-Hall, 1967.
RAMBAUX, A., *Gestión económica de stocks: introducción a los métodos modernos,* Ed. Hispano Europea, 1980.

Capítulo 7

ALONSO DE LECIÑANA, J., *Ingeniería de producción,* Ed. Deusto, 1979.
ARJONA CIRIA, A., *La producción y su estructura,* Ed. Deusto, 1979.
——, *Aplicaciones del control de producción,* Ed. Deusto, 1979.
BEASCOECHEA ARICETA, J. M., *La dirección de producción y la gestión mediante modelos,* Ibérico Europea de Ediciones, 1971.
BÉRANGER, P., *En busca de la excelencia industrial,* Ed. CDN, 1988.
BERTONI, G., *Los costes de producción: cómo se estiman y cómo se utilizan,* Ed. Index Buffetti, 1977.
BURBIDGE, J., *El control de producción,* Ed. Deusto, 1982.
COMPANYS PASCUAL, R., *Planificación y programación de la producción,* Ed. Marcombo, 1989.
CORRONS PRIETO, L., *Técnicas de ingeniería y tecnología en la producción,* Ed. Deusto, 1979.
CHASE, R. B., *Gestión de la producción y dirección de operaciones,* Ed. Hispano Europea, 1978.
DOMÍNGUEZ MACHUCA, J. A., *El subsistema productivo de la empresa,* Ed. Pirámide, 1987.
——, *El subsistema productivo de la empresa: problemas y fundamentos,* 1990.
FERRÉ MASIP, R., *La fábrica flexible,* Ed. Marcombo, 1988.

HALL, R. W., *Estrategias modernas de fabricación,* Tecnologías de Gerencia, 1988.

HUGE, E. C., *Paradigma de la excelencia en la fabricación,* Tecnologías de Gerencia, 1989.

LITAUDON, M., *La dynamique de l'analyse de la valeur,* Les Editions d'Organisation, 1988.

MAYNARD, H. B., *Manual de ingeniería de la producción industrial,* Ed. Reverté, 1960.

MICHEL, P., *Distribución en planta,* Ed. Deusto, 1968.

MONDEN, Y., *Sistema de producción de Toyota. El Just-in-time,* Ciencias de la Dirección, 1987.

MULLER, G., *Organización de la fabricación,* Ed. Deusto, 1967.

MUTHER, R., *Distribución en planta,* Ed. Hispano Europea, 1981.

PRADOS ARRARTE, J., *Teoría de la producción,* Ed. Guadiana, 1972.

PROKOPENKO, J., *La gestión de la productividad,* Ed. Oficina Internacional, 1989.

OHNO, T., *El sistema de producción Toyota: más allá de la producción,* Ed. Gestión, 1991.

SORET, I., *Visiomática, un híbrido de visión artificial y automática,* Ed. UNU Business Publications España, S.A., 1989.

——, *Software y lenguajes de programación en Inteligencia Artificial,* Ministerio de Defensa, 1992.

TASSINARI, R., *El control de la relación calidad/precio,* Ed. Deusto, 1987.

Propósito general

ACKOFF, R. L., *Fundamentos de investigación de operaciones,* Ed. Limusa-Wiley, 1968.

BRONSON, R., *Teoría y problemas de investigación de operaciones,* McGraw-Hill, 1987.

CÁMARA DE COMERCIO E INDUSTRIA DE MADRID, *Sistemas de distribución de mercancías en Comunidad de Madrid y en la G.,* Cámara Oficial de Comercio, 1990.

CENTRO ESPAÑOL DE LOGÍSTICA, *La logística en la década de los 90, CEL, 1992.*

GUERRAS MARTÍN, L. A., *Gestión de empresas y programación multicriterio,* ESIC Editorial, 1989.

RÍOS INSÚA, S., *Investigación operativa, optimización,* Centro de Estudios, 1993.

SORET, I., *Estacionalidad y estacionariedad mediante análisis gráfico de series cronológicas,* ESIC Market, 1993.

SORET, I., *Logística y Marketing para la distribución comercial,* ESIC Editorial, 1996.

SORET, I., La Gestión logística para la ayuda humanitaria, *Boletín de Estudios Económicos,* DEUSTO, 1994.

SORET, I., *Los Sistemas de Información en la empresa y las actividades logísticas,* Anuario Escurialense, Universidad M.ª Cristina de San Lorenzo de El Escorial, 1997.

SORET, I., *Diversos aspectos de los sistemas de información empresariales: Sistema ofimático y resistencia al cambio,* ESIC Market, n.º 96, 1997.

Revista y Anuarios

Logística Industrial 2.000, Ed. Tecnologística, S.L.

Manutención y Almacenaje, Ed. CETISA.

Distribución Actualidad, Ed. Ediciones y Estudios, S.A.

Distribución y Consumo, Ed. E. N. Mercasa.

Guía de Distribución (y Distribuidores), Ed. Distribución Anual, S.L.

Aral Lineal, Ed. Tecnipublicaciones.

Índice temático

G

H

I

J

L

M

N

O

P

R

S

T

V, W, Z